Manlio Dinucci
Federico Dinucci Carla Pellegrini

1 Diario di viaggio

L'Italia e l'Europa, ambiente e popolazione
Le regioni italiane

Impara con l'eBook multimediale

1 REGÌSTRATI

Vai su **my.zanichelli.it** e iscriviti come studente

2 ATTIVA IL TUO LIBRO

Nella tua area **myZanichelli**, clicca su **attiva opera** e inserisci la **chiave di attivazione** che trovi sul bollino argentato in questa pagina del libro

3 CLICCA SULLA COPERTINA

Puoi:
- sfogliare l'**eBook online**
- **scaricarlo offline** sul tuo computer o sul tuo tablet

Realizzazione editoriale:
- Redazione: Vittoria Balandi, Massimo Evangelisti, con la collaborazione di Stefania Franco
- Segreteria di redazione: Deborah Lorenzini, Rossella Frezzato
- Progetto grafico, ricerca iconografica e impaginazione: Studio 8vo, Bologna
- Disegni: Claudia Saraceni
- Cartine e grafici: Bernardo Mannucci
- Cartine delle regioni e atlantino: Graffito srl, Cusano Milanino
- Rilettura dei testi: Davide Nota, Claudia Bosi
- Disegni della seconda di copertina: Tomomot, Venezia

Contributi:
- Stesura degli esercizi: Michela Salvagno
- Revisione: Francesca Falcone
- Rilettura delle schede geostoria, lettura e patrimonio mondiale, e stesura delle relative domande: Alice Mazzetti

Copertina:
- Progetto grafico: Miguel Sal & C., Bologna
- Ideazione: Studio 8vo, Bologna
- Realizzazione: Roberto Marchetti e Francesca Ponti
- Immagine di copertina: VectorLifestylepic/Shutterstock. Bardocz Peter/Shutterstock. Artwork Studio 8vo, Bologna

Prima edizione: gennaio 2017

Ristampa:

5 4 2020 2021

Zanichelli garantisce che le risorse digitali di questo volume sotto il suo controllo saranno accessibili, a partire dall'acquisto dell'esemplare nuovo, per tutta la durata della normale utilizzazione didattica dell'opera. Passato questo periodo, alcune o tutte le risorse potrebbero non essere più accessibili o disponibili: per maggiori informazioni, leggi my.zanichelli.it/fuoricatalogo

File per sintesi vocale
L'editore mette a disposizione degli studenti non vedenti, ipovedenti, disabili motori o con disturbi specifici di apprendimento i file pdf in cui sono memorizzate le pagine di questo libro. Il formato del file permette l'ingrandimento dei caratteri del testo e la lettura mediante software screen reader. Le informazioni su come ottenere i file sono sul sito http://www.zanichelli.it/scuola/bisogni-educativi-speciali

Grazie a chi ci segnala gli errori
Segnalate gli errori e le proposte di correzione su **www.zanichelli.it/correzioni**.
Controlleremo e inseriremo le eventuali correzioni nelle ristampe del libro.
Nello stesso sito troverete anche l'errata corrige, con l'elenco degli errori e delle correzioni.

Zanichelli editore S.p.A. opera con sistema qualità
certificato CertiCarGraf n. 477
secondo la norma UNI EN ISO 9001:2008

Questo libro è stampato su carta che rispetta le foreste.
www.zanichelli.it/la-casa-editrice/carta-e-ambiente/

Stampa: La Fotocromo Emiliana
Via Sardegna 30, 40060 Osteria Grande (Bologna)
per conto di Zanichelli editore S.p.A.
Via Irnerio 34, 40126 Bologna

Realizzazione eBook:
- Redazione: Vittoria Balandi, Michela Salvagno
- Segreteria di redazione: Deborah Lorenzini
- Progettazione e sviluppo software: duDAT srl, Bologna
- Speakeraggio audiolibro: Versari Audio

Video *Se fossero 100*:
- Coordinamento redazionale: Vittoria Balandi
- Direzione e sceneggiature: Mauro Mennuni
- Animazioni: Alessandro Reali
- Registrazione voce: Matteo Portelli presso The White Lodge Studio
- Voce narrante: Ludovico Versino

Video *Una gita in...*:
- Sceneggiature e coordinamento redazionale: Stefania Franco
- Realizzazione delle grafiche: Stefania Teti
- Speakeraggio: Marcello Sbigoli
- Realizzazione audio: Guia de Martino Norante

Video e carte animate:
- Progettazione didattica, sceneggiatura e realizzazione: dMB editoria e grafica srl, Firenze
- Disegni: Claudia Saraceni
- Cartine e grafici: Bernardo Mannucci

Manlio Dinucci
Federico Dinucci Carla Pellegrini

1 Diario di viaggio

L'Italia e l'Europa, ambiente e popolazione
Le regioni italiane

10 in leggibilità
10 buone regole grafiche
per leggere meglio

L'impaginazione

1. I testi, le illustrazioni e le fotografie sono disposti nella pagina in modo da rendere chiaro il percorso di lettura.
2. Ogni figura è spiegata o richiamata nel testo nel punto in cui è utile che venga guardata.
3. Tutte le figure si trovano vicine al testo a cui si riferiscono.

La composizione del testo

4. Una riga del testo principale non contiene più di 80 battute.
5. L'interlinea, cioè lo spazio tra due righe, è calcolata sulla base della dimensione del carattere e rende ben distinte due righe successive.
6. Il rientro di capoverso segnala che inizia una nuova parte del discorso.

L'uso del colore

7. I colori dei caratteri e dei fondi sono scelti in modo che il testo sia sempre chiaramente leggibile.
8. Non si mettono didascalie sovrapposte alle immagini.

L'uso dei caratteri tipografici

9. I caratteri tipografici hanno lettere ben distinte tra loro e forme regolari.
10. All'interno di un'opera si usano caratteri diversi per presentare contenuti diversi.

Per saperne di più, vai a pag. IV e su.zanichelli.it/10inleggibilita

ZANICHELLI

10 in leggibilità

10 buone regole grafiche per leggere meglio*

«C... aaa... ss... aaa...: casa!». È così che impariamo a leggere: riconosciamo una lettera alla volta, proviamo il suo suono ad alta voce e ricostruiamo la parola intera. Ma quando le lettere diventano forme familiari, come cambia il nostro modo di leggere?

L'occhio esplora la pagina

Quando guardiamo la pagina di un libro, per prima cosa esploriamo lo spazio che abbiamo di fronte. Come in una carta geografica vediamo a colpo d'occhio i confini, le capitali e i fiumi, così in un libro identifichiamo i titoli, i paragrafi, le immagini e le didascalie. Solo in un secondo momento, quando ci siamo fatti un'idea di che cosa c'è nella pagina, cominciamo a leggere il testo.

La grafica con cui è composta la pagina suggerisce un percorso di lettura: prima i titoli, poi il testo, i rimandi alle immagini, le immagini, le didascalie, poi di nuovo il testo e così via.

Per capire qual è il percorso seguito dall'occhio si usa l'*eye tracking*, cioè si registrano i suoi movimenti come tracce sulla pagina: tracce più scure dove l'occhio si sofferma e più sottili dove si muove rapidamente [figura 1]. Da questa analisi si capisce quale percorso di lettura viene davvero seguito: per esempio, se il testo rimanda a un'immagine e il lettore non la trova subito, le tracce mostrano che l'attenzione si perde.

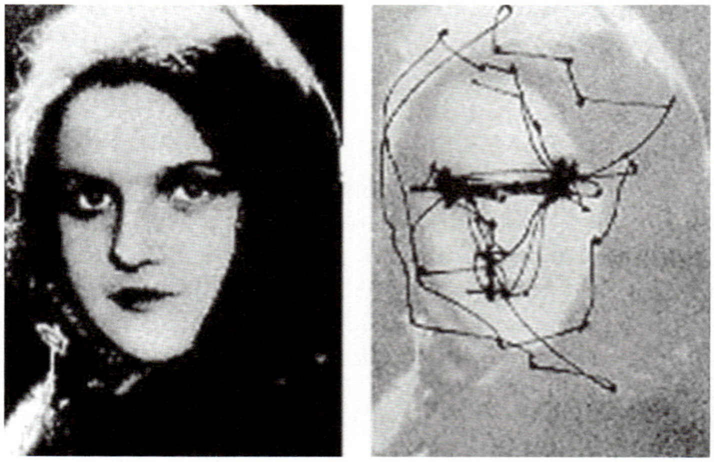

1 Nell'immagine sulla destra, le linee rappresentano il movimento degli occhi impegnati a decifrare l'immagine sulla sinistra. Le zone più scure indicano i punti in cui l'occhio si ferma o torna più volte. (Da uno dei primi studi sull'*eye tracking* negli anni Sessanta.)

L'occhio si muove a scatti tra le lettere

Leggere un testo scritto attiva la stessa zona del cervello che si accende quando guardiamo immagini o oggetti: il processo è talmente automatico che si avvia sia in presenza di parole sia di non-parole. Non abbiamo infatti difficoltà a leggere la parola «ghiresta» sebbene non abbia alcun significato, perché rispetta le regole grammaticali della nostra lingua.

Mentre esplorano un testo o un'immagine, i nostri occhi non si muovono in modo fluido, ma vanno a scatti: alternano rapidi movimenti, detti *saccàdi*, a istanti di immobilità, chiamati *fissazioni*. I movimenti oculari consistono quindi di salti e soste.

Le saccàdi durano 30 millisecondi (metà del tempo di un battito di palpebre) e, a causa della velocità alla quale avvengono i movimenti oculari, provocano un'inibizione della visione. Le fissazioni invece durano dieci volte tanto (300 millisecondi) e sono i momenti nei quali si estraggono le informazioni necessarie per una lettura scorrevole. Come se dovessimo comporre un film, i nostri occhi scattano quindi una serie di fotografie che il cervello mette in sequenza.

I movimenti oculari non sono controllati consapevolmente ma sono comunque *intelligenti*: l'occhio non si muove a caso. In particolare durante la lettura, procede da sinistra a destra (nella lettura occidentale) e molto spesso torna indietro, riportando gli occhi su parole precedenti. Questi movimenti, chiamati *regressioni*, permettono di tornare su porzioni di testo quando è necessario raccogliere ulteriori informazioni che non sono state estratte dopo un primo passaggio. Anche le regressioni avvengono in modo involontario, come se gli occhi sapessero dove andare a cercare l'informazione persa.

* Le 10 regole sono state elaborate in collaborazione con lo studio grafico Chialab.
L'Istituto Superiore per le Industrie Artistiche (ISIA) di Urbino ha verificato che tutte le regole siano rispettate in questo libro.

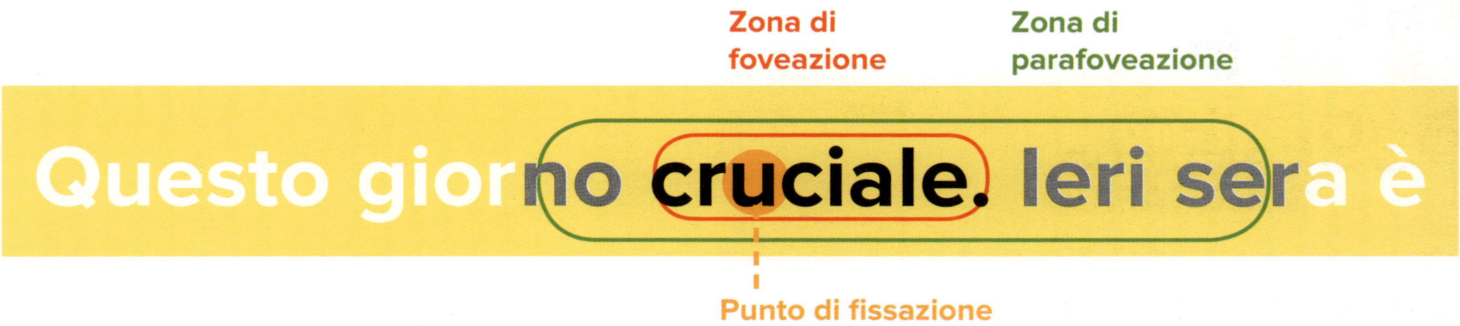

2 La visione durante la lettura.

L'occhio vede bene 9 lettere alla volta

Il punto nell'occhio in cui è massima la definizione delle immagini si chiama *fovea*, un'area di circa 2 mm di diametro al centro della retina. Quando fissiamo un oggetto, la sua immagine si proietta nella fovea e questa operazione è detta *foveazione*. Nel caso specifico della lettura, in una foveazione si riescono a percepire in modo abbastanza dettagliato otto lettere: due a sinistra del punto di fissazione e sei a destra.

La porzione di testo che cade in *parafovea*, ovvero subito al di fuori della fovea, può essere di altri due caratteri a sinistra e sette a destra [figura **2**]. È possibile che proprio la visione parafoveale fornisca indicazioni per le saccàdi: l'attenzione di un lettore è più veloce degli spostamenti saccadici. Infatti, spesso succede che, mentre gli occhi sono ancora fissi su una parola, l'attenzione si sia già spostata sulla parola successiva in parafovea. Proprio questo è uno dei punti su cui ci si sofferma per capire come legge chi ha problemi di dislessia: un lettore potrebbe avere difficoltà a identificare le singole lettere, provando una sensazione di *affollamento*. Una possibile soluzione potrebbe essere quella di distanziare maggiormente le lettere di ogni singola parola, con il rischio però di rendere il testo poco leggibile per un normolettore.

Arrivati al termine della riga si verifica un movimento automatico, che porta l'occhio all'inizio della riga successiva. Perché questo movimento sia efficace, è buona norma che il testo sia allineato a sinistra: in questo modo l'occhio non perde tempo a cercare l'inizio della nuova riga.

Meno energia spesa per leggere, più per imparare

Questa analisi del comportamento del nostro occhio nell'esplorazione della pagina e nella lettura delle parole è importante per stabilire dei criteri per una buona impaginazione. Rimuovere inutili ostacoli alla lettura aiuta a studiare meglio: se si spendono troppe energie per leggere, ne rimangono meno per imparare.

Questo libro segue le 10 regole grafiche per leggere meglio.

LE 10 REGOLE

ORGANIZZAZIONE DELLA PAGINA

1. I testi, le illustrazioni e le fotografe sono disposti nella pagina in modo da rendere chiaro il percorso di lettura.
2. Ogni figura è spiegata o richiamata nel testo nel punto in cui è utile che venga guardata.
3. Tutte le figure si trovano vicine al testo a cui si riferiscono.

COMPOSIZIONE DEL TESTO

4. Una riga non contiene più di 80 battute.
5. L'interlinea, cioè lo spazio tra due righe, è calcolata sulla base della dimensione del carattere e rende ben distinte due righe successive.
6. Il rientro di capoverso segnala che inizia una nuova parte del discorso.

USO DEL COLORE

7. I colori dei caratteri e dei fondi sono scelti in modo che il testo sia sempre chiaramente leggibile.
8. Non si mettono didascalie sovrapposte alle immagini.

SCELTA DEI CARATTERI

9. I caratteri tipografici hanno lettere ben distinte tra loro e forme regolari.
10. All'interno di un'opera si usano caratteri diversi per presentare contenuti diversi.

INDICE

0 IL BAGAGLIO GEOGRAFICO

QUESTO LIBRO È COMPOSTO DA 6 UNITÀ

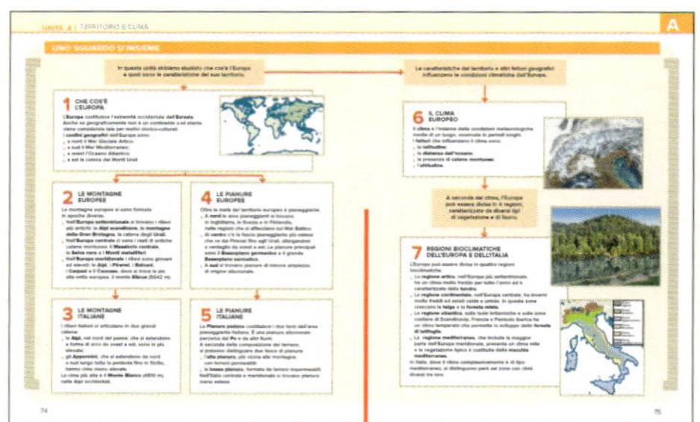

All'inizio di ogni unità puoi farti un'idea dell'argomento che studierai guardando il video **Se fossero 100**.

Prima di cominciare osserva la mappa **Per orientarti nell'unità**: parte dalle conoscenze che hai già e ti mostra come sono organizzati i contenuti dell'unità che stai per iniziare a leggere.

Ogni unità è composta da alcune **lezioni**, tutte di 4 pagine.

La parte di teoria si conclude con la pagina di sintesi **Uno sguardo d'insieme**, che ti permette di ripassare il contenuto dell'unità e di memorizzare più facilmente i collegamenti fra gli argomenti.

A TERRITORIO E CLIMA

CIAK si impara! se fossero 100

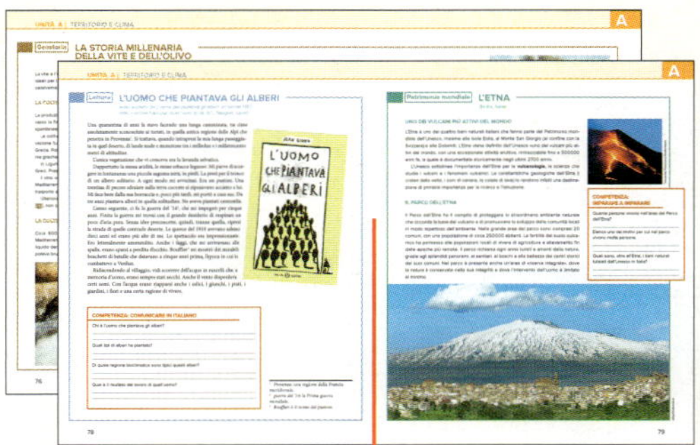

Le schede **Geostoria**, **Lettura** e **Patrimonio mondiale** ti permettono di fare collegamenti con la storia, avere suggerimenti di letture interessanti e conoscere i beni dichiarati Patrimonio dell'umanità dall'Unesco (L'Organizzazione delle Nazioni Unite per l'Educazione, la Scienza e la Cultura).

La pagina **Diario**, alla fine dell'unità, ti guida a costruire una sintesi dei contenuti che hai studiato.

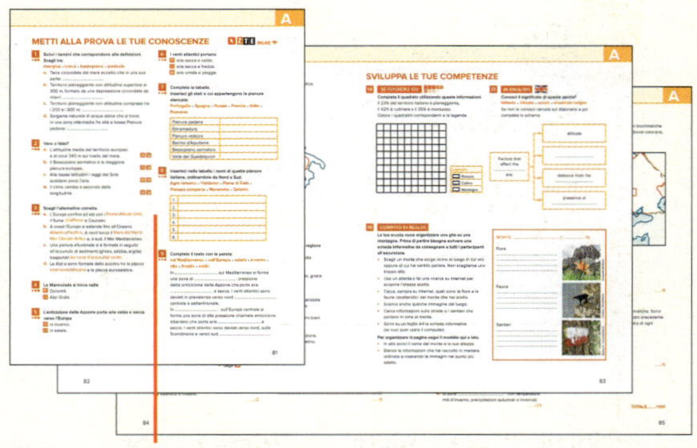

Ogni unità si conclude con 5 pagine di **attività** sulle conoscenze e le competenze coinvolte.

B STATI E POPOLAZIONE

CIAK si impara! se fossero 100

VEDIAMO MEGLIO COME È FATTA UNA LEZIONE

Ogni lezione è formata da 3 pagine di teoria e 1 pagina di attività.

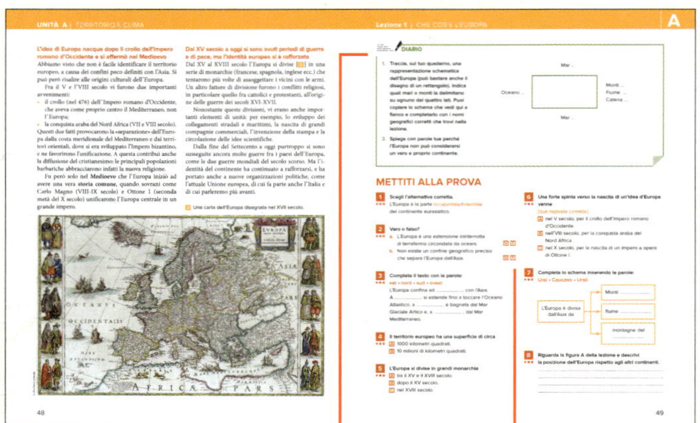

I **titoletti** ti dicono subito quali sono le informazioni più importanti; se li leggi uno di seguito all'altro hai una sintesi della lezione.

La **Guida allo studio** ti dà dei consigli per rintracciare nel testo le informazioni più importanti.

I box **Diario** ti insegnano a schematizzare il contenuto della lezione sul quaderno.

Con le domande **Mettiti alla prova** puoi controllare di aver studiato bene la lezione.

C LA PRESSIONE UMANA SUL TERRITORIO E SULL'ATMOSFERA

CIAK si impara! se fossero 100

VEDIAMO MEGLIO COME SONO FATTI GLI ESERCIZI DELL'UNITÀ

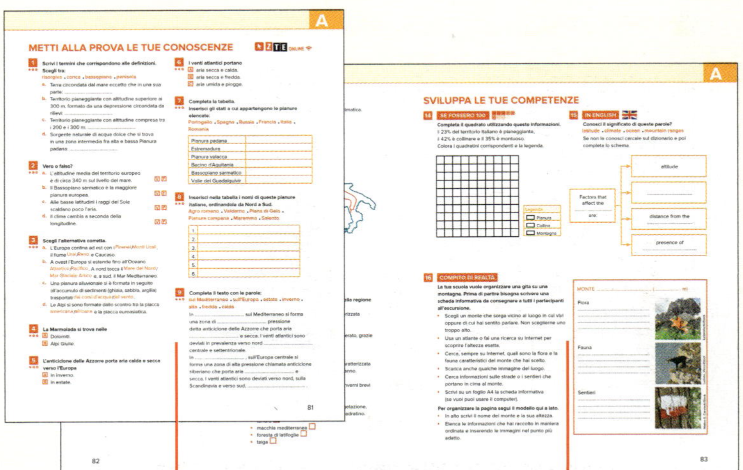

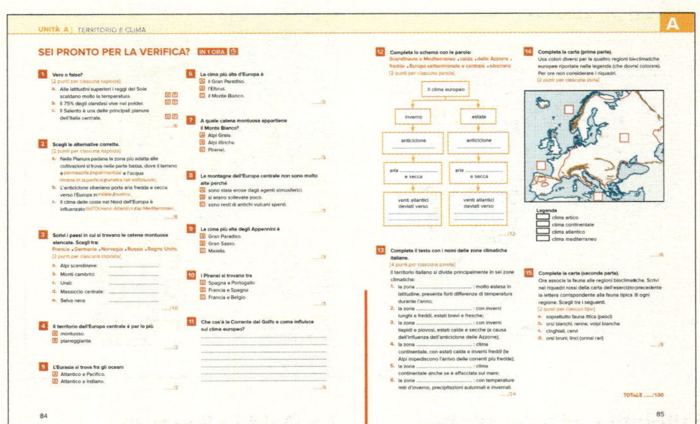

Alla fine dell'unità, nelle due pagine **Metti alla prova le tue conoscenze**, trovi esercizi di riepilogo sugli argomenti di tutta l'unità.

Nella pagina **Sviluppa le tue competenze** trovi degli esercizi che ti chiedono di mettere in gioco anche le tue competenze, oltre ad aver studiato.

Nelle ultime due pagine dell'unità, **Sei pronto per la verifica?** è una simulazione di compito in classe da fare a casa.

D LE ACQUE CONTINENTALI E I PROBLEMI IDRICI

CIAK si impara! se fossero 100

E L'AMBIENTE COSTIERO E MARINO E I SUOI PROBLEMI

CIAK si impara! se fossero 100

LE REGIONI ITALIANE

1 IL PIANETA TERRA

Il globo terrestre ha la forma di una sfera leggermente schiacciata in corrispondenza delle zone chiamate poli

La Terra è simile a una sfera che a «metà strada» fra i poli è più larga: qui ha la sua circonferenza massima, detta **Equatore**, che misura circa 40 000 km [A].

Il piano (immaginario) che passa per l'Equatore divide la Terra in due semisfere: l'**emisfero boreale** (con il Polo nord) e l'**emisfero australe** (con il Polo sud).

La linea (immaginaria) che passa per il centro della Terra e unisce i due poli si chiama **asse terrestre**.

Il globo terrestre ha una superficie di oltre 510 milioni di km^2: essa è occupata per il 71% dalle acque marine e per il 29% dalle terre emerse.

Tra le terre emerse dell'emisfero boreale si trova l'Europa, di cui fa parte l'Italia.

In circa 24 ore (la durata del giorno) la Terra effettua una rotazione completa attorno al proprio asse

Noi non ci rendiamo conto del movimento di rotazione della Terra (non ci sembra di girare) ma vediamo il Sole – e in generale tutte le stelle – muoversi nel cielo. Osserviamo tutti i corpi celesti sorgere, salire, ridiscendere, tramontare. In realtà questo moto del Sole e delle stelle è **apparente** e l'effetto è dato proprio dalla Terra che ruota.

La conseguenza della rotazione terrestre per noi più evidente è l'alternarsi delle ore di luce (il **dì**) e di quelle di oscurità (la **notte**) [B]. Poiché l'**asse terrestre** è inclinato rispetto alla direzione dei raggi solari, la linea di separazione fra la parte di Terra illuminata e la parte in ombra non passa in genere per i poli (lo fa soltanto nei giorni degli *equinozi*, di cui parleremo tra breve).

A La forma e le misure della Terra

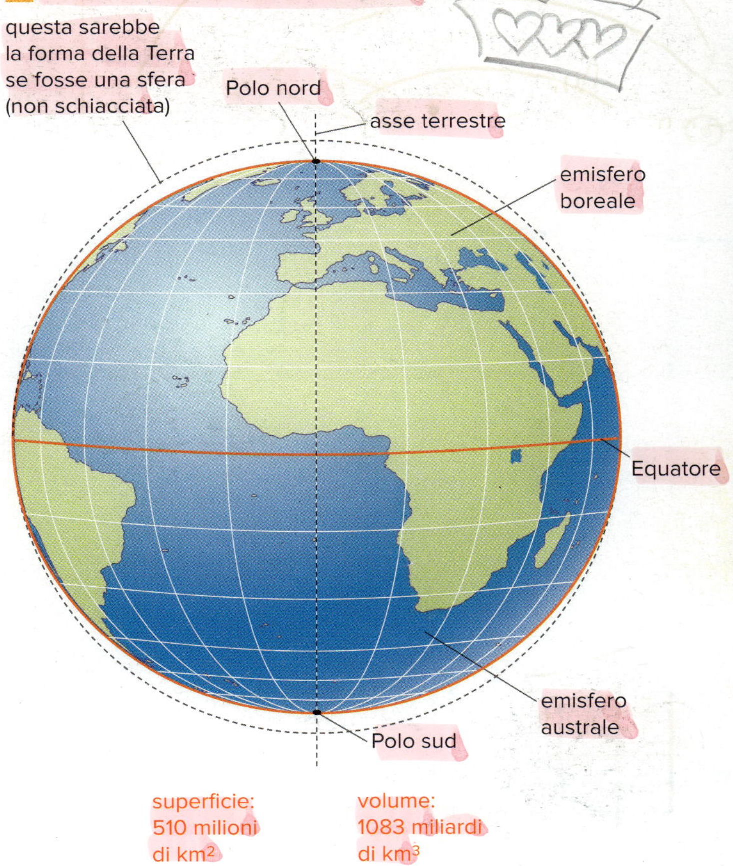

B L'alternarsi del dì e della notte

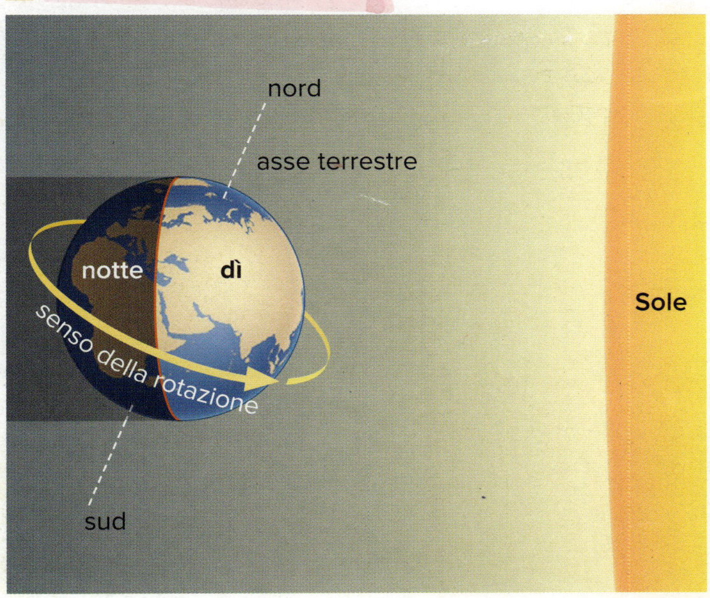

GUIDA ALLO STUDIO

1. Sottolinea le frasi che spiegano che cosa sono l'Equatore e l'asse terrestre.
2. Evidenzia le date degli equinozi (con un colore) e dei solstizi (con un altro colore).

0 IL BAGAGLIO GEOGRAFICO

Dudarev Mikhail/Shutterstock

Prima di partire per il viaggio che ti attende, dovresti verificare di avere tutto ciò che ti occorre. Qual è la cosa più importante da mettere nel bagaglio? Innanzitutto gli strumenti che ti serviranno nello studio della geografia.

Come prima cosa ripasseremo le caratteristiche della Terra e i suoi movimenti, che sono alla base dell'alternarsi del dì e della notte e di quello delle stagioni. Queste informazioni di geografia astronomica saranno utili per capire come ci si orienta e come si disegnano le carte geografiche.

Insieme alle carte, i grafici sono uno degli strumenti più utilizzati dai geografi per descrivere il mondo che abitiamo. Vedremo come si costruiscono.

Infine, completeremo il bagaglio geografico con informazioni su alcuni fenomeni che interessano in generale la Terra: il ciclo dell'acqua, il clima. i terremoti.

Quali elementi di geografia umana conosci?

Inserisci nella carta questi nomi di città e regioni:

- Bari
- Firenze
- Napoli
- Roma
- Torino
- Venezia

- Abruzzo
- Emilia-Romagna
- Friuli-Venezia Giulia
- Lombardia
- Sicilia
- Umbria

La geografia umana studia:

- la **popolazione** nella sua dimensione e nella sua distribuzione territoriale (calcola, ad esempio, quanti abitanti ha un paese e come essi sono distribuiti nelle diverse regioni);
- gli **insediamenti umani** (metropoli, città, villaggi);
- le **forme di organizzazione** (Stati, regioni, comuni);
- le **lingue** e le **culture**;
- le **attività economiche** (agricoltura, industria, servizi, commercio ecc.);
- le **comunicazioni** (trasporti e telecomunicazioni).

La geografia umana ci aiuta quindi a conoscere le caratteristiche della popolazione, della sua organizzazione sociale e delle sue attività.

Che relazione c'è tra geografia fisica e geografia umana?

Tra geografia fisica e geografia umana esiste una **inscindibile relazione**: le caratteristiche fisiche del territorio influenzano infatti gli insediamenti e le attività delle popolazioni; contemporaneamente, tali insediamenti e attività possono modificare il territorio.

La Terra gira attorno al Sole; questo moto, detto «rivoluzione», ha la durata di un anno e determina l'alternarsi delle stagioni

Durante il moto di rivoluzione della Terra attorno al Sole [C], l'inclinazione dei raggi solari che ci raggiungono non è sempre la stessa. Ci sono momenti dell'anno in cui i raggi arrivano più diretti e fa più caldo, e momenti in cui arrivano più inclinati e fa più freddo. In geografia questo è chiamato alternarsi delle **stagioni** (primavera, estate, autunno e inverno).

Nell'emisfero boreale e in quello australe le stagioni sono invertite: per esempio, quando da noi è estate, nell'emisfero australe è inverno. Ciò accade perché, nello stesso periodo, i raggi solari raggiungono i due emisferi con diversa inclinazione. Quando essa è minore in un emisfero, è maggiore nell'altro, e viceversa: quindi, mentre in uno fa più caldo, nell'altro fa più freddo.

Vediamo per esempio ciò che accade nel nostro emisfero.

L'**equinozio di primavera** (il 21 marzo) segna l'inizio della primavera. Viene detto «equinozio» perché la durata del dì e della notte sono uguali. Dopo l'equinozio le giornate si allungano progressivamente.

Il **solstizio d'estate** (il 21 giugno) segna l'inizio dell'estate. In quel momento la durata del dì è massima (stiamo sempre parlando dell'emisfero boreale). Dopo di che, le giornate tornano ad accorciarsi.

L'**equinozio d'autunno** (il 23 settembre) segna l'inizio dell'autunno. Anche in questo caso la durata del dì e quella della notte sono uguali.

Il **solstizio d'inverno** (il 22 dicembre) segna l'inizio dell'inverno. In quel momento la durata del dì è minima, dopo di che le giornate si allungano nuovamente e si torna verso l'equinozio di primavera.

Solstizi ed equinozi erano già conosciuti dagli antichi. Vi sono edifici preistorici – come a Stonehenge, in Inghilterra [D] – costruiti per poter seguire il differente percorso del Sole nel cielo durante le varie stagioni dell'anno.

D L'alba a Stonehenge

AA World Travel Library/Alamy

C Il moto della Terra rispetto al Sole

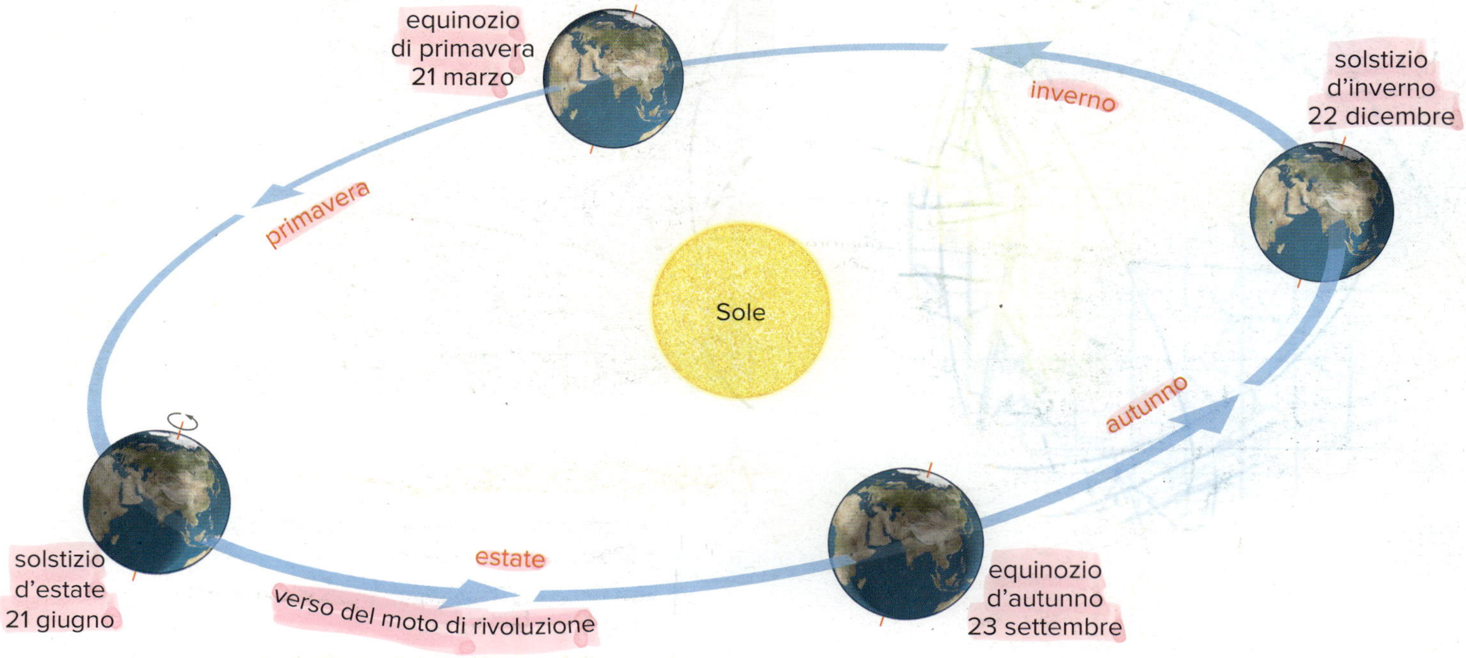

La combinazione dei moti di rotazione e di rivoluzione fa sì che sulla Terra ci siano delle zone riscaldate diversamente

La superficie terrestre può essere divisa in cinque fasce [E], dove la diversa durata del dì e della notte e la diversa inclinazione dei raggi solari causano grandi differenze nella temperatura dell'aria.

Le due **zone polari** sono le aree estreme della Terra, che si estendono attorno ai poli. Nell'emisfero nord c'è la *Zona polare artica* e nell'emisfero sud la *Zona polare antartica*. Durante le stagioni estive, nelle zone polari il dì dura molto più della notte; nelle stagioni invernali si verifica il fenomeno opposto.

Le zone polari sono zone fredde. Durante gli inverni si trovano per molti mesi in ombra e le temperature scendono sotto i −50 °C. Durante le estati queste zone si trovano per molti mesi al sole, ma ricevono raggi molto inclinati, che riscaldano poco, e le temperature superano appena gli 0 °C.

Le **zone temperate** sono i territori intermedi tra i poli e l'Equatore. Nell'emisfero nord c'è la *Zona temperata boreale* e nell'emisfero sud la *Zona temperata australe*. In queste zone il Sole sorge in genere al mattino e tramonta alla sera. La durata del dì e della notte varia in base alle stagioni, che sono ben differenziate: le estati sono calde e gli inverni freddi.

La **zona torrida** (o **zona intertropicale**) è la fascia centrale della superficie terrestre, che corre a nord e a sud dell'Equatore. È la zona dove i raggi del Sole arrivano perpendicolari, o quasi, per tutto l'anno e in cui la durata del dì e della notte è sempre di circa 12 ore ciascuna. È una zona calda in tutte le stagioni e non esiste un vero inverno.

Le linee che separano le zone polari dalle zone temperate sono detti *circoli polari* (*artico* a nord, *antartico* a sud). Le linee che separano le zone temperate dalla zona intertropicale sono detti *tropici* (*del Cancro* a nord, *del Capricorno* a sud).

E Le zone astronomiche

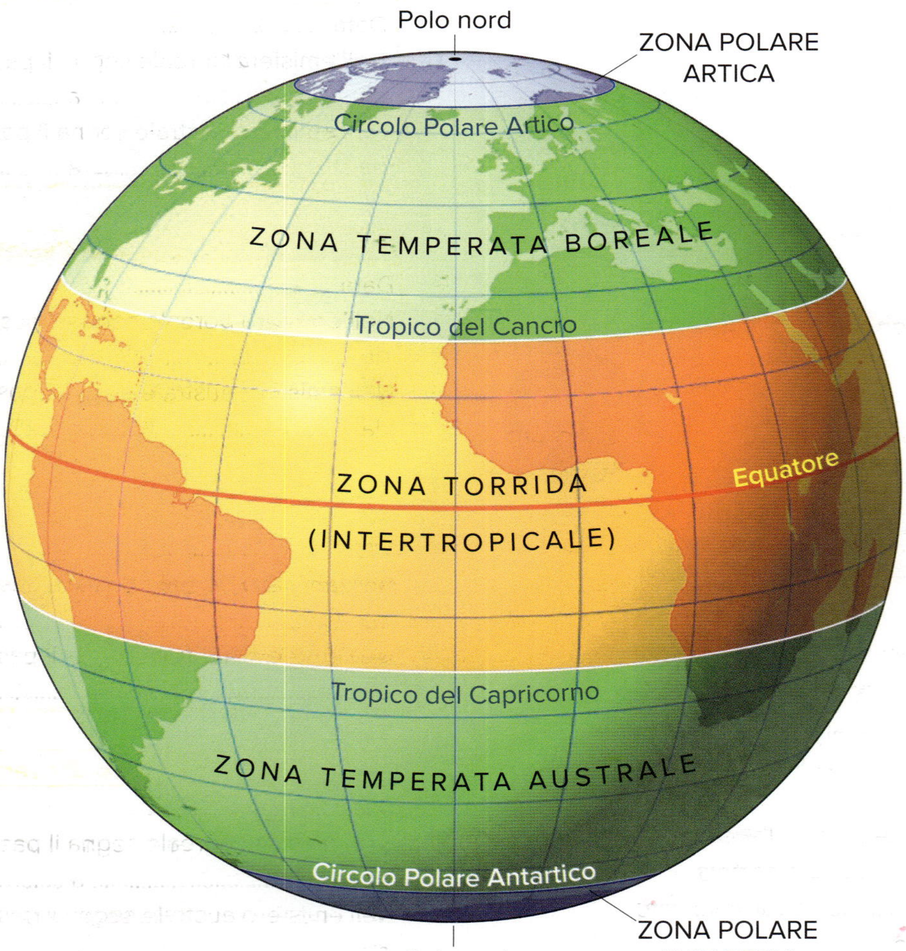

METTITI ALLA PROVA

1 ●○○ **Come si chiama la circonferenza massima del globo terrestre?**

A Emisfero.
B Equatore.

2 ●○○ **I due punti della superficie della Terra attraverso i quali passa l'asse terrestre sono chiamati**

A raggi.
B poli.
C tropici.

3 ●○○ **Dove si trova il Polo nord?**

A Nell'emisfero australe.
B Nell'emisfero boreale.

4 ●○○ **Come si chiama il giorno dell'anno in cui il dì e la notte hanno uguale durata?**

A Solstizio.
B Equinozio.

5 ●●○ **In quale giorno il dì è più lungo, nell'emisfero boreale?**

A Il solstizio d'estate.
B Il solstizio d'inverno.
C L'equinozio di primavera.
D L'equinozio d'autunno.

6 ●●○ **Completa il testo con queste parole:**
stelle • asse • stagioni • ore • est • rivoluzione • inclinazione • Sole • rotazione • notte • giorni

L'alternarsi del dì e della .... è dovuto al moto di .... della Terra che gira intorno al proprio .... da ovest verso .... Per questo motivo, noi abbiamo l'impressione che siano il Sole e le altre .... a muoversi.
La Terra effettua una rotazione completa in circa 24 .... Contemporaneamente, compie anche il moto di .... intorno al .... che dura circa 365 ....
Questo movimento determina l'alternarsi delle .... perché cambia l' .... dei raggi solari che raggiungono la Terra.

7 ●●○ **Qual è la lunghezza dell'Equatore?**

A Circa 4000 km.
B Circa 40000 km.
C Circa 500 km.

8 ●●● **Aggiungi le informazioni mancanti nei box seguendo il primo come esempio.**

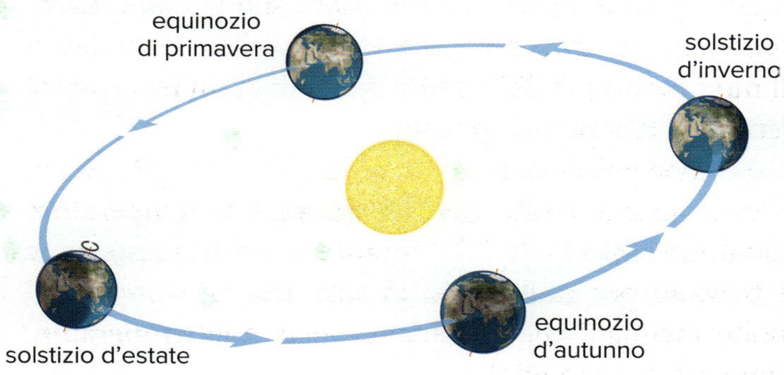

Equinozio di primavera
Data: ....21 marzo.........
Nell'emisfero boreale segna il passaggio:
da ....inverno......... a ....primavera.........
Nell'emisfero australe segna il passaggio:
da ....estate......... a ....autunno.........

Solstizio d'estate
Data: ....
Nell'emisfero boreale segna il passaggio:
da .... a ....
Nell'emisfero australe segna il passaggio:
da .... a ....

Equinozio d'autunno
Data: ....
Nell'emisfero boreale segna il passaggio:
da .... a ....
Nell'emisfero australe segna il passaggio:
da .... a ....

Solstizio d'inverno
Data: ....
Nell'emisfero boreale segna il passaggio:
da .... a ....
Nell'emisfero australe segna il passaggio:
da .... a ....

2 COME CI SI ORIENTA

Per orientarci abbiamo bisogno di punti di riferimento: i punti cardinali permettono di indicare facilmente una direzione

Il problema dell'orientamento è stato risolto, sin dall'antichità, individuando alcuni **punti di riferimento fissi** (cioè validi in ogni luogo). Per esempio, in qualsiasi luogo ci si trovi, il Sole nasce sempre dalla stessa direzione: chiamiamo questa direzione **est** (indicato con il simbolo E) o *oriente*.

Ma anche la direzione opposta, quella verso la quale tramonta il Sole, è sempre la stessa. Essa viene chiamata **ovest** (W, dall'inglese West) o *occidente*.

A L'orientamento durante il dì

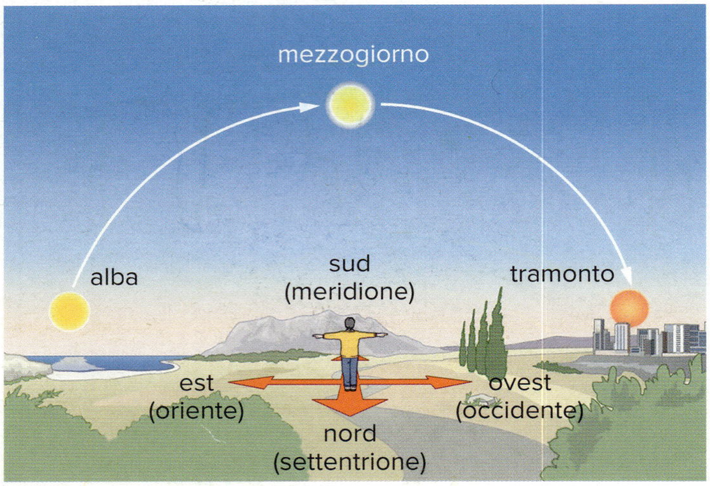

B L'orientamento durante la notte

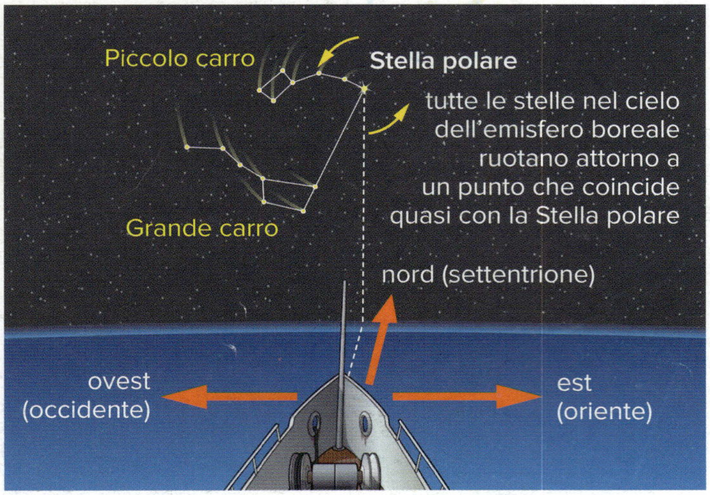

Gli antichi notarono poi che, a metà strada fra l'alba e il tramonto, a mezzogiorno, il Sole raggiunge il punto più alto sull'orizzonte. Anche questo punto indica una direzione che non cambia, perpendicolare all'asse oriente-occidente: il **sud** (S) o *meridione* [A].

E infine, chi viaggiava di notte si rese conto che esiste una stella – la Stella polare – che non si sposta con il trascorrere delle ore, al contrario di tutte le altre (per esempio quelle del Grande carro e del Piccolo carro di cui la Stella polare fa parte). Essa indica la direzione opposta al sud, cioè il **nord** (N) o *settentrione* [B].

Quanto detto finora vale per l'emisfero boreale. Nell'emisfero australe l'est e l'ovest coincidono con la direzione da cui nasce e quella verso cui tramonta il Sole, come da noi. Invece il Sole a mezzogiorno non indica il sud, bensì il nord. Inoltre, la Stella polare non è visibile dall'emisfero australe: per orientarsi di notte ci si basa su un gruppo di stelle – la *Croce del sud* – che indica il sud.

I punti sulla linea dell'orizzonte che indicano le quattro direzioni nord, sud, est e ovest sono chiamati **punti cardinali**.

Esistono anche delle direzioni intermedie tra i punti cardinali, raffigurate sulla **rosa dei venti** [C]. La rosa dei venti ha questo nome perché venne elaborata per classificare i venti in base alla loro direzione di provenienza.

C La rosa dei venti

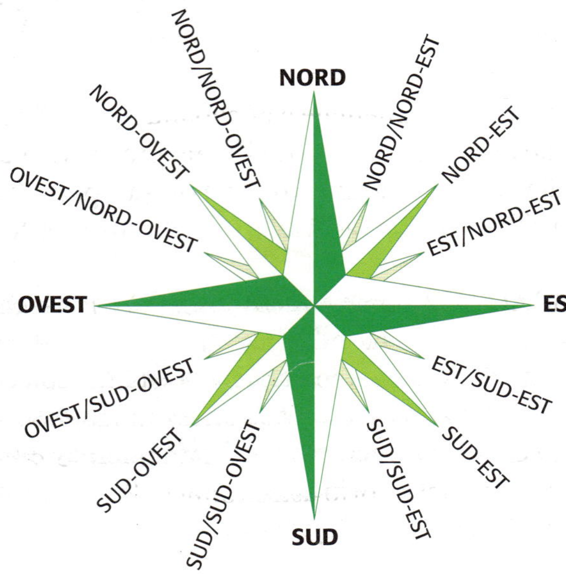

Esistono strumenti che permettono di orientarsi in mancanza di punti di riferimento

Lo strumento più noto e antico è la **bussola** [D] in cui un **ago magnetico**, libero di ruotare, dirige sempre una delle punte verso nord. Ciò avviene perché la Terra si comporta come una gigantesca calamita orientata in direzione Nord-Sud.

Le moderne bussole tascabili sono composte da un **quadrante** sul quale sono riportati i punti cardinali, con al centro un perno su cui ruota l'ago magnetico. Mantenendo la bussola orizzontale, la punta dell'ago si dirige verso nord. Per conoscere anche le altre direzioni, basta ruotare la bussola fino a far coincidere la scritta «nord» sul quadrante con la punta dell'ago.

Per indicare un punto sulla superficie terrestre usiamo il reticolato geografico

Nel gioco della battaglia navale si disegnano delle navi su un foglio quadrettato e si indicano con lettere le righe (orizzontali) di quadratini e con numeri le colonne (verticali). Con F6, per esempio, si indica una nave situata all'incrocio tra la riga F e la colonna 6.

Qualcosa di simile hanno fatto i geografi, allo scopo di localizzare un punto sulla superficie terrestre: hanno stabilito un sistema di coordinate, chiamato **reticolato geografico**. Esso è costituito da una rete di linee immaginarie che avvolge il globo terrestre.

Le linee che compongono il reticolato geografico si chiamano paralleli e meridiani

I **paralleli** [E] sono circonferenze immaginarie che si ottengono «tagliando» la Terra per mezzo di piani perpendicolari all'asse terrestre e paralleli tra loro.

Il parallelo fondamentale è quello più lungo: l'**Equatore**. Mano a mano che si va dall'Equatore verso i poli, le circonferenze dei paralleli diventano più piccole. In ogni emisfero si può tracciare un numero infinito di paralleli.

I **meridiani** [F] sono semicirconferenze immaginarie, perpendicolari ai paralleli: congiungono Polo nord e Polo sud e dividono il globo terrestre in tanti «spicchi» uguali. I meridiani hanno tutti la stessa lunghezza. Tra essi si è scelto come **meridiano fondamentale** quello che passa per l'osservatorio astronomico di **Greenwich**, a Londra. Anche i meridiani sono infiniti.

D Una bussola

Provasilich/Shutterstock

E I paralleli

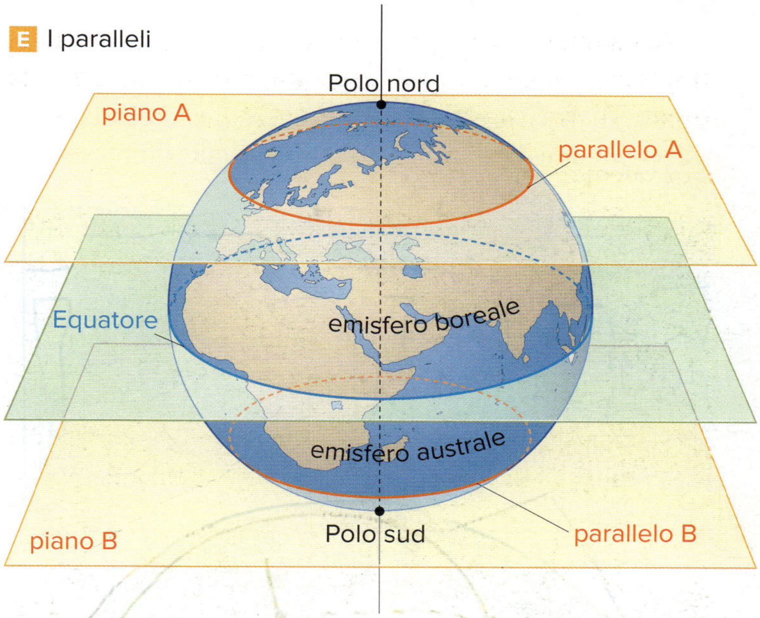

F I meridiani

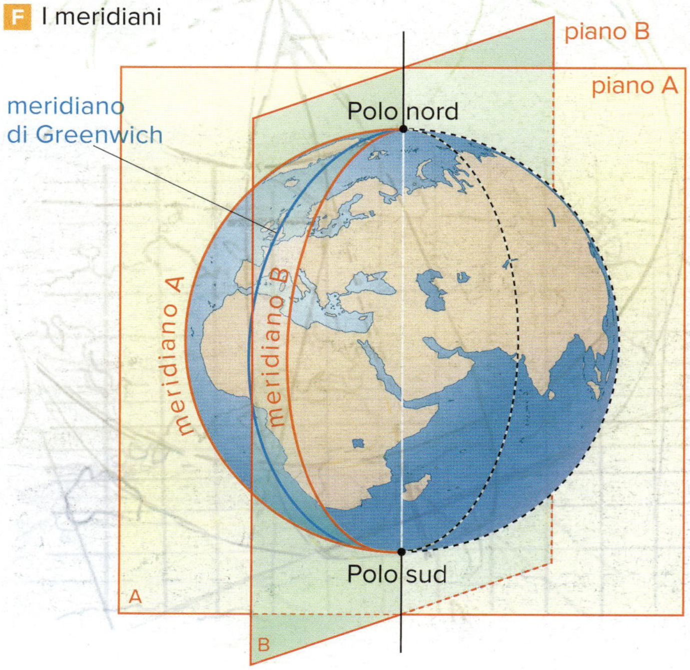

La latitudine e la longitudine sono le coordinate grazie alle quali possiamo individuare un punto qualsiasi sulla superficie terrestre

Per localizzare un punto sulla superficie terrestre si usano le coordinate geografiche: la *latitudine* e la *longitudine* [G].

La **latitudine** di un punto è l'angolo che corrisponde alla «distanza» tra il punto e l'Equatore. Essa viene misurata lungo il meridiano passante per quel punto. A seconda che il punto si trovi a nord oppure a sud dell'Equatore, essa è indicata come «latitudine nord» (N) o «latitudine sud» (S).

La **longitudine** è invece l'angolo che corrisponde alla distanza del punto che vogliamo localizzare dal meridiano di Greenwich. Essa viene misurata lungo il parallelo passante per quel punto. A seconda che il punto si trovi a est oppure a ovest del meridiano di Greenwich, essa è indicata come «longitudine est» (E) o «longitudine ovest» (O).

Essendo due angoli, la latitudine e la longitudine non vengono misurate in kilometri, ma in **gradi** e nei loro sottomultipli.

Come per tutti gli angoli, infatti, ogni grado (simbolo °) di latitudine o longitudine è diviso in 60 **primi** (simbolo ′) e ogni primo in 60 **secondi** (simbolo ″).

Ad esempio, il Tropico del Cancro si trova a 23° 27′ N di latitudine, il Tropico del Capricorno a 23° 27′ S di latitudine. Il Circolo Polare Artico si trova a 66° 33′ N di latitudine, il Circolo Polare Antartico a 66° 33′ S di latitudine.

Spesso una località è indicata usando solo i gradi e i primi. Mosca, capitale della Russia, si trova (prendendo come centro il Cremlino) a 55° 45′ N di latitudine, 37° 37′ E di longitudine [H]: ossia sul parallelo 55 gradi e 45 primi a nord dell'Equatore, e a 37 gradi e 37 primi a est di Greenwich.

Oggi il calcolo della latitudine e della longitudine è diventato meno importante. Il modo più usato per localizzare un punto è quello di collegarsi, tramite un apposito ricevitore, a un sistema satellitare di posizionamento globale.

GUIDA ALLO STUDIO

Evidenzia con colori diversi le definizioni di latitudine e longitudine. Osserva le analogie e le differenze.

G Latitudine e longitudine di un punto

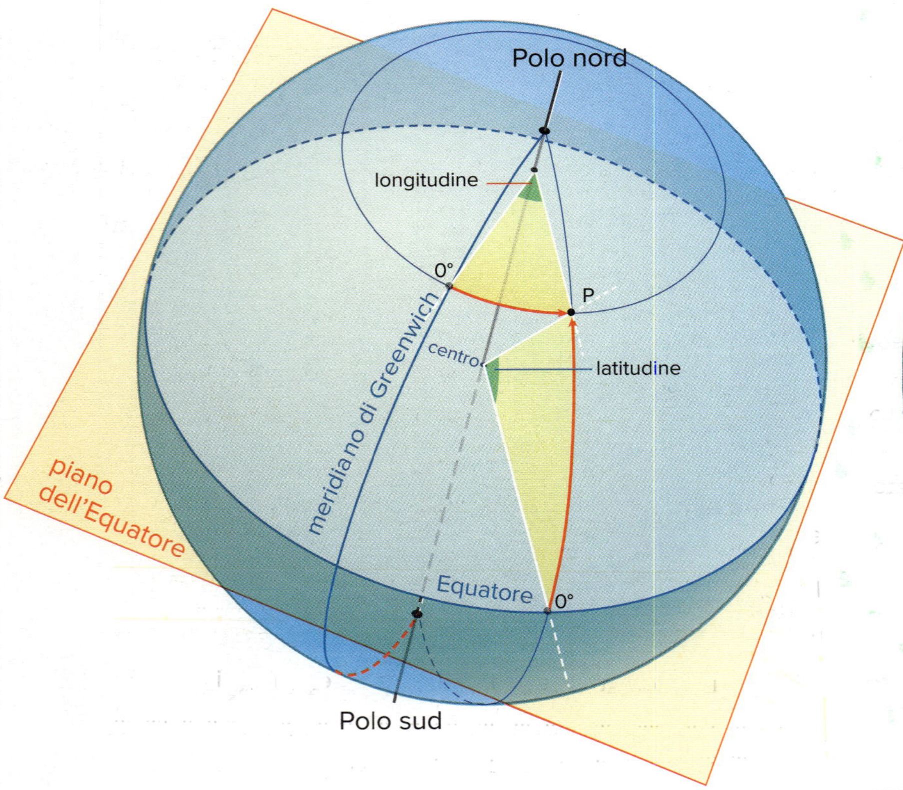

H Latitudine e longitudine di Mosca

VIDEO NELL'EBOOK

Le coordinate geografiche

METTITI ALLA PROVA

1 Vero o falso?

a. Il parallelo più lungo di tutti è l'Equatore. V F
b. Il meridiano di Greenwich è il più lungo tra tutti i meridiani. V F
c. La longitudine può essere misurata in direzione nord oppure sud. V F
d. La longitudine e la latitudine sono angoli. V F

2 Scegli l'alternativa corretta.

Il settentrione corrisponde al Nord/al Sud.

3 Quale punto cardinale viene indicato dal Sole al tramonto?

A Sud.
B Ovest.

4 Quale punto cardinale viene indicato dal Sole a mezzogiorno?

A Nord.
B Sud.

5 Che cosa sono i paralleli?

A Circonferenze immaginarie che si ottengono tagliando la Terra con piani perpendicolari all'asse terrestre.
B Semicirconferenze immaginarie che congiungono il Polo nord e il Polo sud.
C Riquadri immaginari che costituiscono il reticolato geografico.

6 Che cosa sono i meridiani?

A Circonferenze immaginarie che si ottengono tagliando la Terra con piani perpendicolari all'asse terrestre.
B Semicirconferenze immaginarie che congiungono il Polo nord e il Polo sud.
C Riquadri immaginari che costituiscono il reticolato geografico.

7 Qual è l'unità di misura utilizzata per la latitudine e la longitudine?

A Il kilometro e i suoi sottomultipli (metri e centimetri).
B Il grado e suoi sottomultipli (primi e secondi).
C L'ora e i suoi sottomultipli (minuti e secondi).

8 Scrivi nel riquadro il nome del punto cardinale: N, S, W, E (siamo nell'emisfero boreale).

È l'alba. Sono rivolto verso il Sole che sorge. Qual è il punto cardinale che si trova alla mia destra?

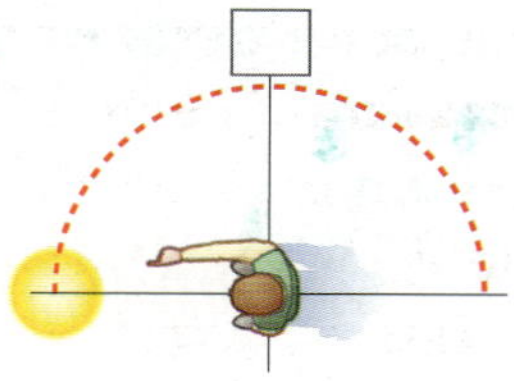

9 Guarda la carta. Calcola latitudine e longitudine approssimative delle città italiane indicate nella tabella sotto. Ricorda che l'Italia si trova nell'emisfero nord e a est del meridiano fondamentale.

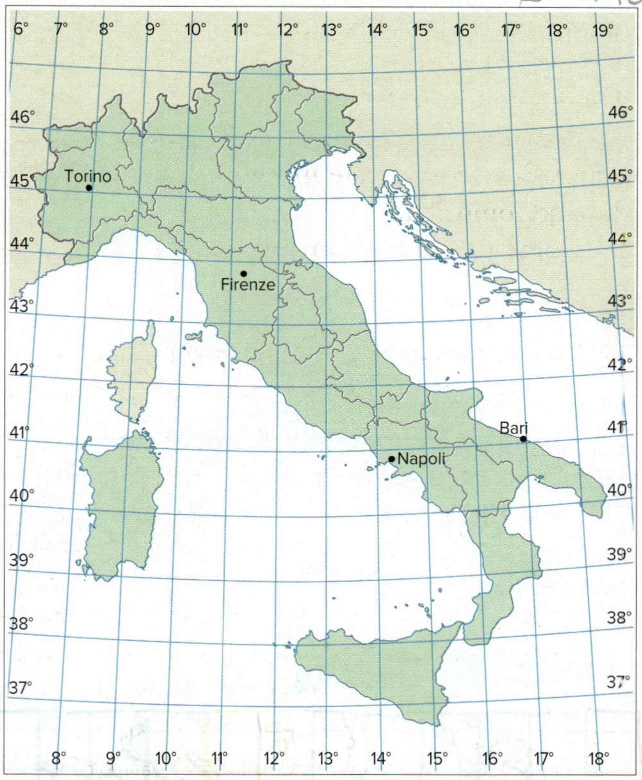

	Latitudine	Longitudine
Torino	45°	8°
Firenze	43,8°	11,3°
Napoli	40,9°	14,3°
Bari	41°	17

10 Quali stelle usi per orientarti nei due emisferi?

....

....

3 LE CARTE GEOGRAFICHE

Le carte geografiche sono disegni che riproducono parti più o meno grandi della superficie terrestre

Sapersi orientare senza sapere dove andare non è utile, per questo gli uomini hanno iniziato a disegnare delle mappe dei luoghi dove vivevano. Queste mappe, perfezionate nel tempo, sono diventate le **carte geografiche** di oggi.

Ricorda però che ogni carta non corrisponde esattamente alla realtà che raffigura; essa è deformata, ridotta e approssimata.

Ogni carta geografica è deformata

Raffigurare **su di un piano** (il foglio di carta) **una superficie curva** (la superficie terrestre) è un'operazione difficile. Non è infatti possibile trasformare una superficie curva in una superficie piana senza modificarla. Ce ne rendiamo conto, per esempio, se vogliamo stendere la buccia di un'arancia sul piano del tavolo: dobbiamo spezzettarla in molte parti.

I geografi hanno quindi elaborato diversi *sistemi di conversione* della superficie terrestre, detti **proiezioni**. A seconda della proiezione utilizzata, la forma dei continenti e dei paesi sarà diversa.

Per secoli i geografi hanno utilizzato la **proiezione di Mercatore** [A]. Questo tipo di carta era utile per calcolare una rotta in mare, ma non le distanze. Inoltre, su una carta di Mercatore non sono proporzionali le aree (e quindi, per esempio, le superfici dei continenti).

Oggi i geografi preferiscono proiezioni diverse come la **proiezione di Mollweide** [B], che *mantengono le proporzioni tra le aree.*

Per esempio l'America settentrionale (che ha una superficie di circa 24 milioni di km^2) nella proiezione di Mercatore sembra grande il doppio dell'America meridionale (che ha una superficie di 18 milioni di km^2), mentre nella proiezione di Mollweide è raffigurata correttamente come non molto più grande.

Ogni carta geografica è ridotta

Per raffigurare un territorio in una sola pagina di libro, occorre ridurre fortemente le distanze e, per evitare di deformare la carta, tutte le distanze devono essere ridotte allo stesso modo. Inoltre, chi guarda la carta deve capire subito quanto è grande nella realtà il territorio disegnato.

Per soddisfare queste esigenze si usa la **scala di riduzione**: essa indica quante volte la superficie terrestre è stata rimpicciolita nella rappresentazione che ne è stata fatta sulla carta.

A La proiezione di Mercatore

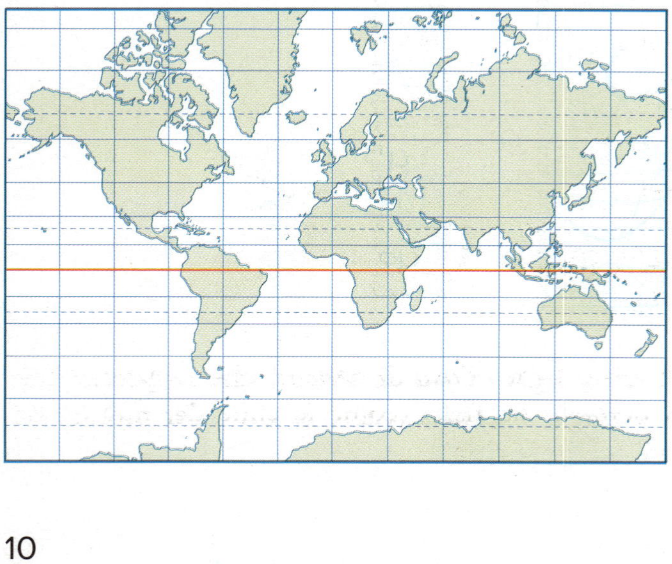

B La proiezione di Mollweide

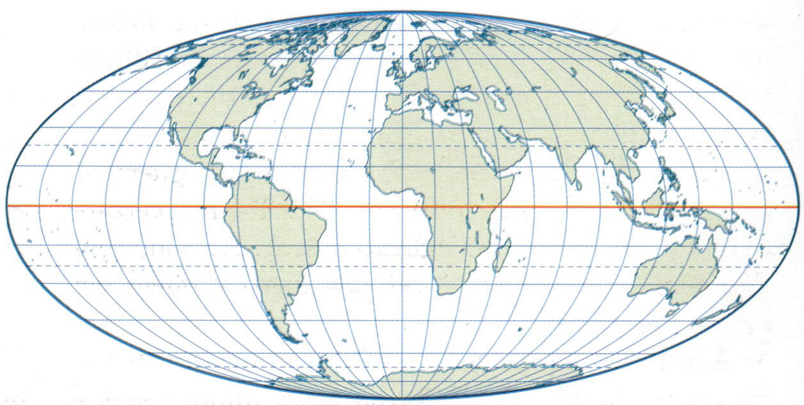

Facciamo un esempio. Per disegnare una pianta della classe stabiliamo che un centimetro sul foglio rappresenti un metro nella realtà [C]. Poiché un metro è formato da 100 centimetri, la scala sarà di 1 : 100 (si legge «uno a cento»). Quindi, se l'aula misura 9 metri per 6, sul foglio misurerà 9 centimetri per 6.

Con lo stesso criterio vengono disegnate le carte geografiche. Le loro scale di riduzione variano a seconda della grandezza del territorio rappresentato. Per esempio, per disegnare una carta dell'Italia che stia su una pagina di libro occorre ridurre le dimensioni reali di almeno 5 milioni di volte. La scala sarà di 1 : 5 000 000.

Le carte che rappresentano piccoli territori in modo particolareggiato sono dette **a grande scala**: il numero per cui le misure sono divise è più piccolo (al massimo 1 : 100 000). Le carte che rappresentano territori estesi in modo poco dettagliato sono dette **a piccola scala**: il numero per cui le misure sono divise è grande (1 : 1 000 000 e oltre).

La scala sopradescritta, che indica il rapporto tra la distanza sulla carta e quella sul terreno, è detta **scala numerica**. Oltre a questa, è usata un'altra scala, detta **scala grafica**: un segmento diviso in parti uguali che dà la corrispondenza tra le lunghezze rappresentate sulla carta e quelle reali [D].

Ogni carta geografica è approssimata

Nessuna carta geografica potrà mai indicare tutti gli elementi presenti sulla porzione di superficie terrestre che raffigura. Il numero dei dettagli inseriti – ossia il **grado di approssimazione** della carta – dipende dalla scala di riduzione. Un esempio ci aiuterà a capire.

Prendiamo un righello [E]: su di esso sono presenti i tratti dei centimetri, più lunghi, e i tratti dei millimetri, più brevi. Se lo disegniamo riducendo le sue dimensioni della metà (in scala 1 : 2) diventerà più difficile scorgere i tratti dei millimetri; se poi lo riduciamo di cinque volte (in scala 1 : 5) le linee dei millimetri saranno così sottili e ravvicinate che non le distingueremo più. Sarà quindi inutile, oltre che difficilissimo, cercare di disegnarle (perciò nel righello in scala 1 : 5 sono stati disegnati soltanto i tratti dei centimetri e quelli dei mezzi centimetri).

Allo stesso modo, quanto più una porzione di territorio verrà ridotta sulla carta, tanto minore sarà il numero di dettagli che potranno essere inseriti.

C La pianta di una classe in scala 1:100

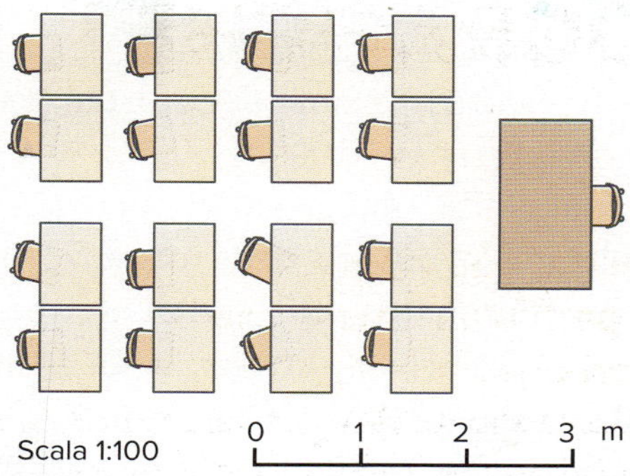

D Scala numerica e scala grafica

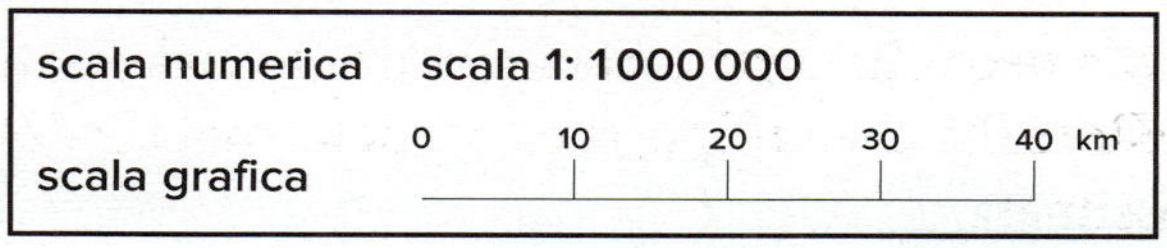

E Diverse scale di riduzione

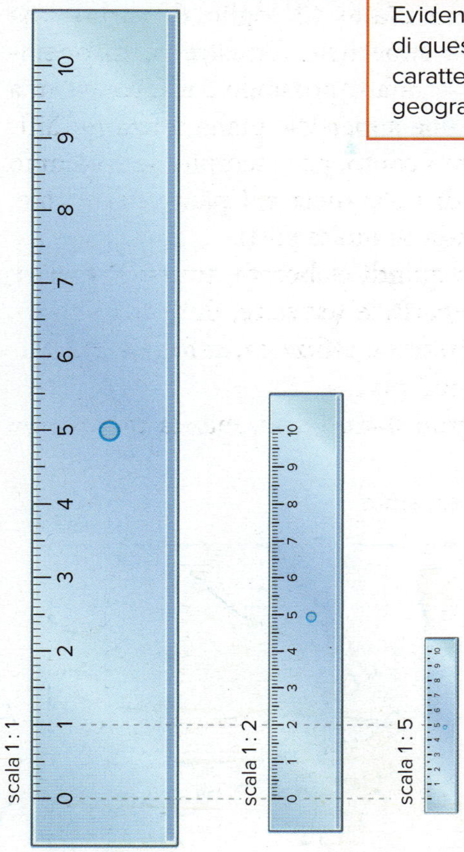

GUIDA ALLO STUDIO

Evidenzia nei titoletti di questa lezione le tre caratteristiche delle carte geografiche.

A ciò è legato l'uso di *simboli*, che rappresentano quei dettagli: sia fisici (come le cime dei monti) sia umani (come le città).

L'uso della scala numerica richiede di fare qualche equivalenza

Per esempio, se una carta geografica ha una scala di 1: 1 000 000, ciò significa che le misure delle distanze sul terreno sono state divise per 1 000 000.

Inversamente, passando dalla carta alla realtà dovremmo moltiplicare le misure delle distanze per 1 000 000. Quindi un centimetro sulla carta corrisponde a un milione di centimetri sul terreno, ossia 10 000 metri, che sono 10 kilometri.

Analogamente, se su una carta in scala 1: 1 000 000 misuriamo con un righello 7,5 cm di distanza tra due località, ciò significa che nella realtà esse distano, in linea d'aria, 75 km [F].

F La distanza Foggia-Benevento

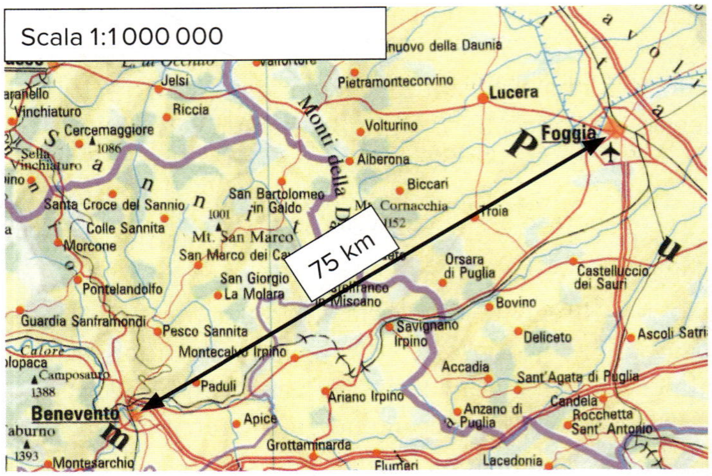

La scala grafica ha già «tradotto» numericamente le lunghezze e spesso è più facile da usare

Solitamente, ciascuna delle parti in cui è diviso il segmento che esprime la scala grafica misura 1 cm. In corrispondenza di ciascun centimetro è indicata la distanza reale in kilometri: ad esempio, nella scala 1: 1 000 000, il primo centimetro porta l'indicazione 10 km, il secondo 20 km e così via. Dunque sappiamo subito che per qualsiasi misura fatta su quella carta ogni centimetro misurato corrisponderà a una distanza di 10 km sul terreno.

Per fare un altro esempio [G], Barcellona e Mosca su una carta in scala 1: 20 000 000 distano 15 cm circa, che corrispondono a circa 3000 km.

G Distanza Barcellona-Mosca

METTITI ALLA PROVA

1 ●○○ **Scegli l'alternativa corretta.**
Una carta geografica è la raffigurazione di parte della superficie terrestre sul piano/su una superficie curva.
La scala di riduzione in una carta indica quante volte il territorio rappresentato è stato ridotto/ingrandito per poterlo disegnare sulla carta.

2 ●○○ **Che cosa indica la scala numerica?**
A Una distanza.
B Un rapporto tra distanze.

3 ●●○ **Come è detta una carta che rappresenta un territorio esteso in modo poco dettagliato?**
A A grande scala.
B A media scala.
C A piccola scala.

4 ●●○ **Completa la tabella ricostruendo, sulla base delle indicazioni, quale scala è stata applicata. Segui l'esempio.**

Sulla carta	Sul terreno	Scala applicata
1 cm	1 m	1: 100
1 cm	100 m	1: ....
1 cm	10 km	1: ....
1 cm	5 km	1: ....

5 ●●○ **Completa il testo con queste parole:**
visibili • simboli • approssimata • ridotta • territorio
Una carta geografica è .... , cioè non può raffigurare il territorio con tutti i dettagli. Inoltre per poter stare sul foglio, deve anche essere .... , perché lo spazio a disposizione non permette di inserire tutti gli elementi del .... Infine, se fossero disegnati nella loro dimensione corretta, molti particolari non sarebbero .... Per questo motivo si usano dei .... , che rappresentano gli elementi che si vogliono riportare sulla carta.

6 ●●○ **Misura col righello e completa.**
0 5 10 km
scala 1: ....

7 ●●● **Calcola la distanza in linea d'aria fra Roma e Parigi, fra Roma e Londra e fra Parigi e Londra. Utilizza la scala della carta e un righello.**

1. La distanza fra Roma e Parigi è di .... km.
2. La distanza fra Roma e Londra è di .... km.
3. La distanza fra Parigi e Londra è di .... km.

8 ●●● **Descrivi come si utilizza la scala numerica di una carta quando si vuole conoscere la distanza che c'è realmente tra due punti che si trovano raffigurati su di essa.**

....
....
....
....
....
....
....

4 UNA CARTA PER OGNI ESIGENZA

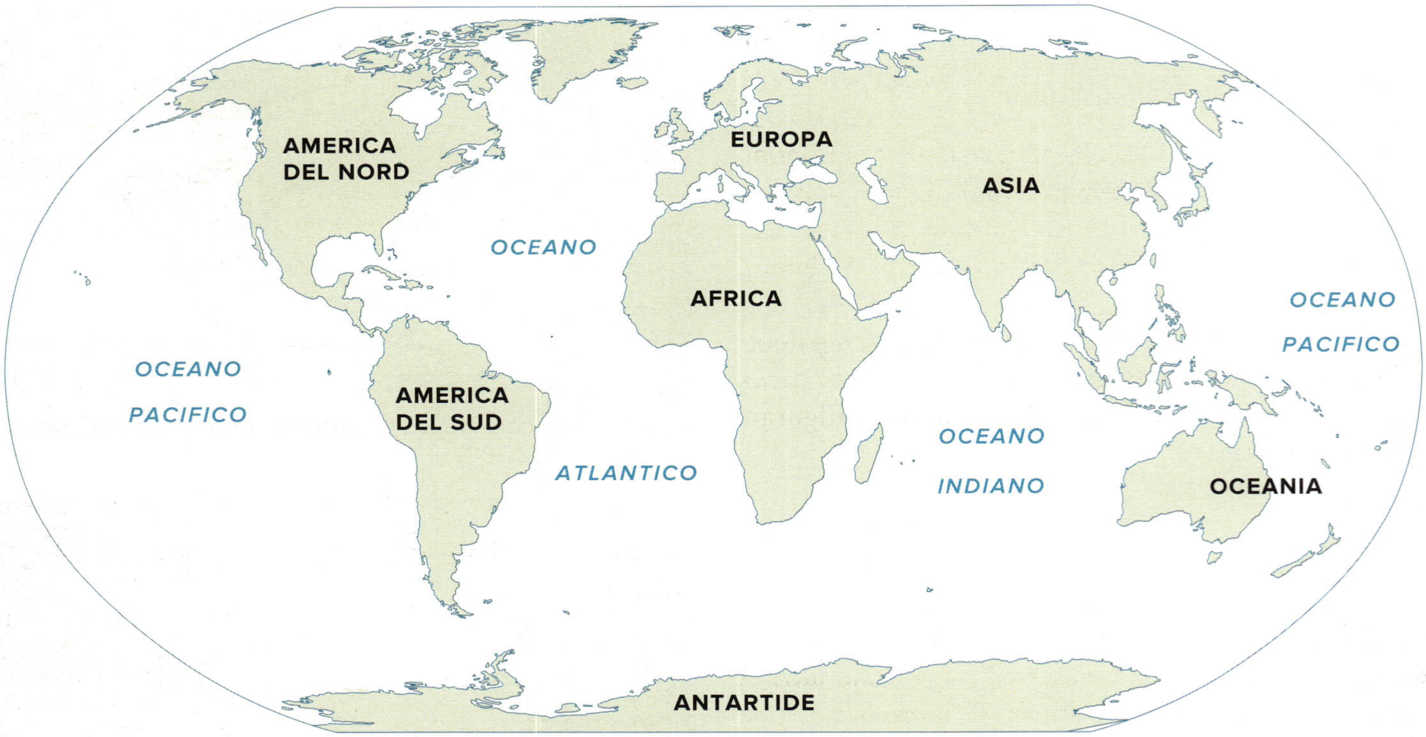

A Un planisfero con i continenti (scala 1:90 000 000)

Le carte geografiche hanno un uso diverso, a seconda della scala

Abbiamo visto che esistono carte a piccola scala e carte a grande scala, che permettono di raffigurare porzioni di territorio e quantità di dettagli molto differenti tra di loro.

A seconda della scala di riduzione, le carte vengono indicate con nomi differenti.

- I **planisferi** [A] sono carte per le quali la scala di riduzione è superiore a 1:30 000 000. Rappresentano tutta la Terra nelle sue caratteristiche essenziali. Per esempio, un planisfero potrà servire per indicare i continenti oppure gli stati, ma non potrà andare molto più in dettaglio di così.
- Le **carte geografiche** [B], la cui scala può variare da 1:1 000 000 a 1:30 000 000, permettono di rappresentare continenti, interi paesi o anche parti di essi, con le montagne e le pianure, i fiumi, le città e le strade principali.

B Una carta geografica di parte della regione Campania (scala 1:1 250 000)

- Le **carte corografiche** [C], la cui scala può variare da 1:100 000 a 1:1 000 000, rappresentano territori mediamente estesi, come le regioni italiane o parti di esse. Di queste zone vedremo un numero maggiore di dettagli rispetto a quelli presenti in una carta geografica: per esempio, piccoli rilievi, torrenti, laghi minori, località più piccole, strade secondarie ecc.
- Le **carte topografiche** [D], la cui scala può variare da 1:10 000 a 1:100 000, rappresentano in modo molto dettagliato piccole porzioni di superficie terrestre: per esempio, il territorio di un comune, con tutte le strade e a volte anche i sentieri, i borghi ecc.
- Le **piante** e le **mappe** [E], la cui scala può variare da 1:10 a 1:10 000, rappresentano in dettaglio piccole località o parti di città: per esempio, monumenti, quartieri, complessi di edifici; arrivano a raffigurare le singole case.

C Una carta corografica di parte della costa a sud di Napoli (scala 1:200000)

D Carta topografica, zona di Amalfi (scala 1:80000)

E Pianta di Amalfi (scala 1:9000)

Le carte geografiche possono essere classificate in base al contenuto

Sia gli aspetti fisici di un territorio – come montagne, pianure, fiumi o laghi – sia quelli legati alle attività umane – città, coltivazioni, strade, ferrovie ecc. – sono talmente numerosi che è impossibile rappresentarli tutti su una sola carta geografica. Bisognerà quindi decidere su quali caratteristiche ci si vuole concentrare.

In base agli aspetti rappresentati possiamo classificare le carte in:

- **carte fisiche**, che rappresentano solo gli aspetti naturali del territorio;
- **carte politiche**, che rappresentano soprattutto gli aspetti del territorio legati alle attività umane;
- **carte fisico-politiche**, che rappresentano entrambi gli aspetti (ne vedi un esempio nella figura B della pagina precedente);
- **carte tematiche**, che mettono in evidenza una specifica caratteristica del territorio. Sono esempi di carte tematiche le carte dei climi, le carte stradali, le carte che illustrano la distribuzione delle attività economiche (ne vedrai molte in questo libro, soprattutto nell'unità B).

GUIDA ALLO STUDIO

Sottolinea le scale delle carte raffigurate nelle cinque immagini di questa lezione. Verifica che siano comprese negli intervalli indicati nel testo.

Le informazioni più evidenti nelle carte fisiche riguardano il rilievo

A seconda dell'altitudine, i rilievi si dividono in:

- **montagna**, un territorio che si trova a un'altitudine superiore ai 600 metri sul livello del mare;
- **collina**, un rilievo di altitudine compresa tra i 600 e i 300 m;
- **pianura**, una superficie uniformemente orizzontale, con un'altitudine inferiore ai 300 metri.

Il fondale dei mari e dei laghi ha invece diversa profondità a seconda delle zone.

Un primo modo per raffigurare il rilievo è quello di usare diverse gradazioni di colore: marrone e azzurro sempre più scuri man mano che si sale in montagna o si scende in profondità nel mare.

Ma le montagne e le profondità marine possono essere indicate anche tramite le «curve di livello»: le **isoipse** e le **isobate**.

Le isoipse [F] sono linee immaginarie che congiungono i punti con la stessa altitudine (la stessa altezza rispetto al livello del mare).

Immagina una serie di piani paralleli al terreno che «taglino» la montagna a intervalli prefissati; la linea di intersezione fra la montagna e il piano viene poi proiettata sulla carta geografica e prende il nome di isoipsa. Per esempio, l'isoipsa indicata col numero 1000 unisce tutti i punti che si trovano a 1000 metri di altezza rispetto al livello del mare.

Le isobate [G] funzionano allo stesso modo ma scendono in profondità.

F Le isoipse

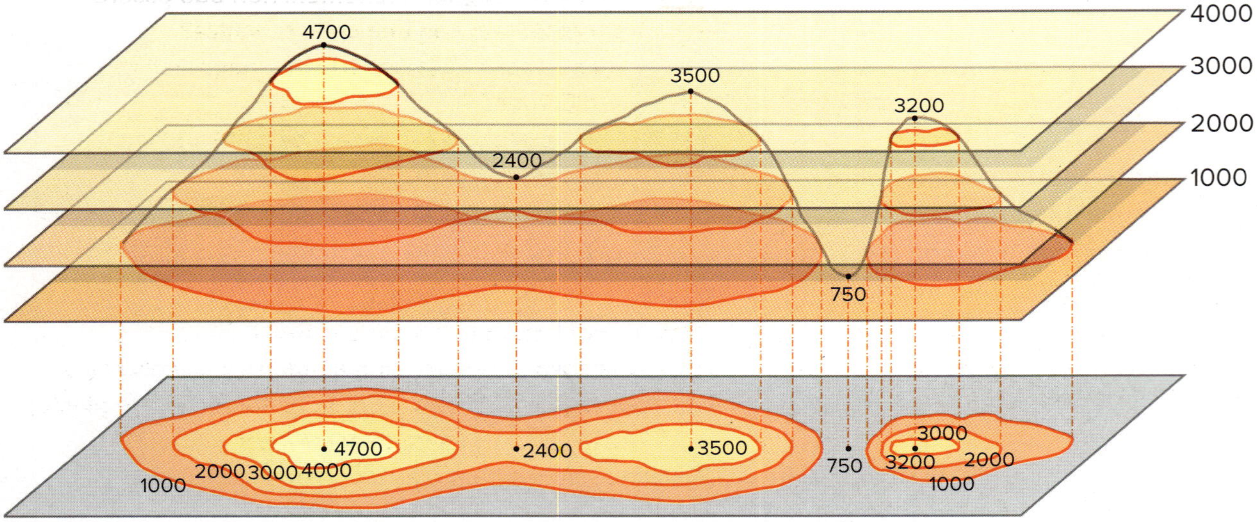

G Le isobate

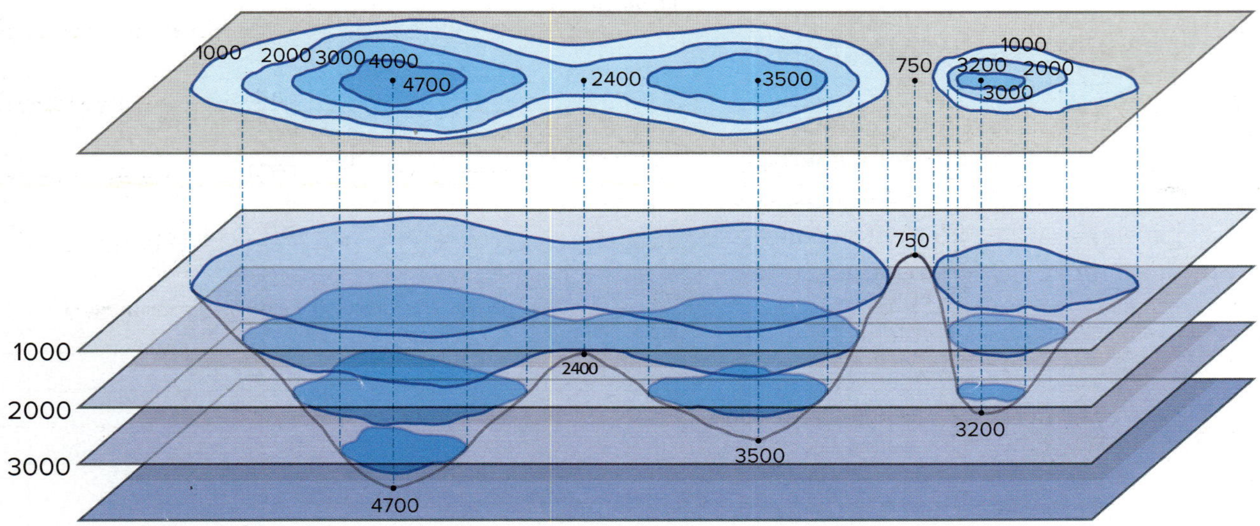

VIDEO NELL'EBOOK

La costruzione delle curve di livello

METTITI ALLA PROVA

1 ●○○ **Quale carta contiene la maggior quantità di dettagli?**

- A Una carta geografica.
- B Una carta topografica.

2 ●●○ **Che cosa viene rappresentato su una carta fisica?**

- A Un aspetto specifico del territorio (per esempio, in una carta stradale, la rete di strade e autostrade).
- B Gli aspetti naturali del territorio: montagne, fiumi, mari ecc.
- C Soprattutto gli aspetti umani del territorio: confini, città, ferrovie ecc.

3 ●●○ **Osserva le due carte proposte e sotto a ciascuna scrivi di che tipo di carta si tratta, scegliendo nell'elenco seguente. Fai attenzione: un nome è di troppo.**

carta fisica • carta politica • carta tematica

....

....

4 ●●○ **Scegli l'alternativa corretta.**

Le linee immaginarie che congiungono i punti di un rilievo che si trovano alla stessa altitudine si chiamano isobate/isoipse.

Tonalità di blu più scuro indicano minore/maggiore profondità del mare.

5 ●●○ **Quale carta si usa per vedere un aspetto specifico di un territorio (per esempio, l'intensità delle precipitazioni che lo interessano)?**

- A Una carta tematica.
- B Una carta politica.
- C Una carta fisica.

6 ●●○ **Quale tra i seguenti fenomeni non può essere rappresentato con una carta tematica?**

- A La densità della popolazione negli stati d'Europa.
- B La localizzazione dei principali rilievi in Europa.
- C La distribuzione dei principali tipi di vegetazione in Europa.

7 ●●○ **Leggi il testo e completa la tabella.**

Ci possono essere carte a grande o piccola scala: tra le prime ci sono le carte topografiche e le piante; tra le seconde, le carte corografiche e quelle geografiche. Ecco alcuni esempi.

Scala	Distanza sul terreno	Tipo di carta
1:50000	1 cm = ... km	carta ....
1:200000	1 cm = ... km	carta ....
1:20000000	1 cm = ... km	carta ....

8 ●●○ **Quali caratteristiche hanno le piante (o mappe)?**

....
....
....
....

5 RAPPRESENTARE I FENOMENI

Le tabelle e i grafici servono a organizzare in modo comprensibile le informazioni che le carte e le fotografie non riescono a comunicare

Una carta geografica dell'Italia può dirci quali sono le regioni italiane e dove si trovano i loro capoluoghi [A]. Ma non ci dice, per esempio, quanti sono gli abitanti, quanti sono gli uomini e le donne, come si distribuiscono nelle regioni ecc. Per rappresentare questi dati servono tabelle e grafici.

Una **tabella** [B] organizza i dati in *righe* e *colonne*. Una colonna (oppure una riga) deve contenere dati tutti dello stesso tipo. Per esempio, qui sotto, nella prima colonna si trovano le ripartizioni geografiche italiane (gruppi di regioni che vedi anche nella carta) e nella seconda colonna il numero delle persone che vi abitano.

Un **grafico**, invece, organizza i dati in modo visivo, trasformandoli in figure: li rende quindi immediatamente comprensibili [C].

Il grafico è integrato da una legenda che contiene le indicazioni per interpretare la figura, ad esempio il significato di determinati colori o simboli.

A Le regioni italiane e i loro capoluoghi

B Una tabella

Numero di abitanti dell'Italia e delle sue ripartizioni geografiche	
Ripartizioni geografiche	Numero di abitanti
Nord-ovest	16 110 977
Nord-est	11 643 601
Centro	12 067 803
Sud	14 110 771
Isole	6 732 399

C Un grafico

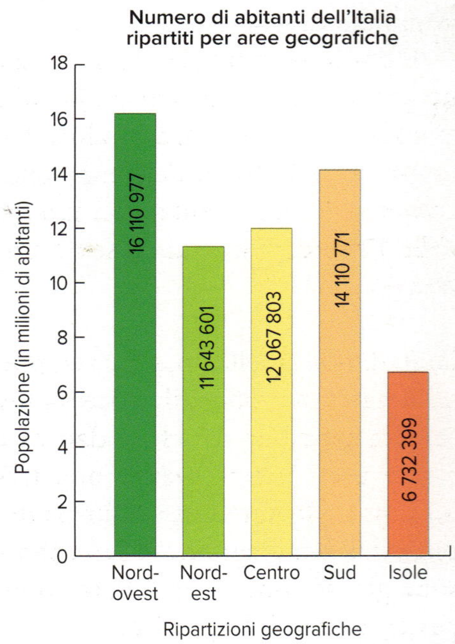

Vi sono molti tipi diversi di grafico, che si usano a seconda del genere di fenomeni che si intendono rappresentare

I modelli di grafico più diffusi nello studio della geografia sono:

- l'*istogramma*,
- il *diagramma cartesiano*,
- il *grafico a torta*.

L'**istogramma** [D] viene utilizzato per porre a confronto due o più grandezze: esse vengono rappresentate mediante una serie di rettangoli aventi la base sulla stessa linea. L'altezza di ogni rettangolo è proporzionale al valore da rappresentare, spesso indicato mediante una scala graduata tracciata a margine del grafico. Vi sono anche istogrammi in cui i rettangoli sono posti non in verticale, ma in orizzontale, e in questo caso è la loro lunghezza a essere proporzionale ai valori da rappresentare.

Il **diagramma cartesiano** [E] viene generalmente utilizzato per indicare il mutamento di un determinato fenomeno nel tempo. È composto di due assi perpendicolari: sull'asse verticale (o *ordinata*) viene indicata una scala di misurazione, sull'asse orizzontale (o *ascissa*) viene indicato il tempo. Per ogni intervallo di tempo si indica con un punto il corrispondente valore del fenomeno. Il grafico risulta dalla congiunzione di tali punti mediante una linea. L'andamento della linea esprime l'andamento del fenomeno nel tempo. Se la linea sale o scende in modo molto ripido, ciò significa che il fenomeno aumenta o diminuisce velocemente in un intervallo di tempo breve.

Il **grafico a torta** [F] (o *areogramma*) ha la forma di un cerchio, diviso in spicchi la cui ampiezza è proporzionale alla grandezza dei valori. L'intera circonferenza rappresenta il 100% del fenomeno, la metà della circonferenza rappresenta una quota del 50%, un quarto della circonferenza rappresenta una quota del 25%, e così via.

I dati di una tabella possono sempre essere utilizzati per disegnare un grafico; il processo inverso, invece, non è sempre possibile. Perché i dati di un grafico possano essere usati per ricavarne una tabella devono essere indicati esplicitamente (in forma di numeri). Per esempio, i dati del diagramma cartesiano (rivedi la figura E) sono grosso modo intuibili, ma non sono espressi anno per anno in modo preciso.

D Un istogramma

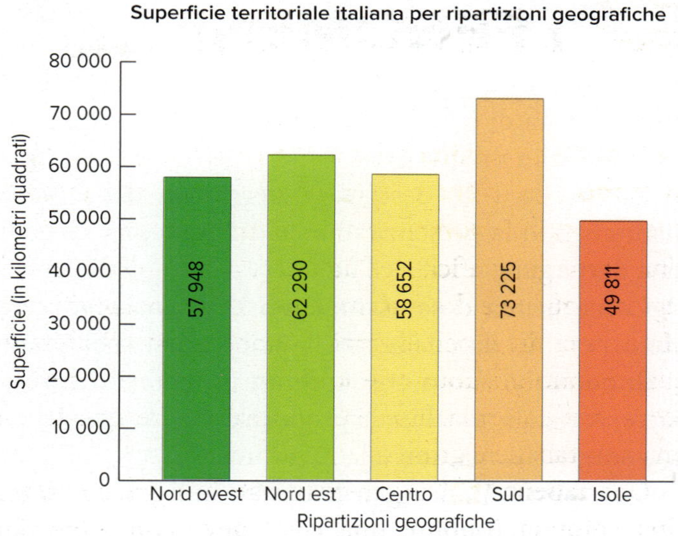

E Un diagramma cartesiano

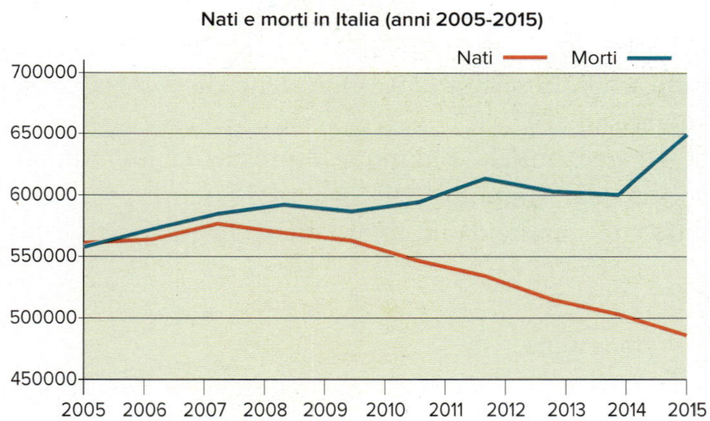

F Un grafico a torta

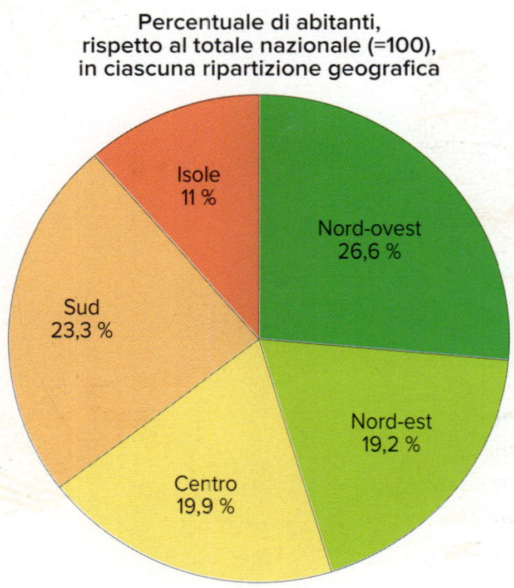

VIDEO NELL'EBOOK
I grafici

Tabelle e grafici esprimono in modo diverso gli stessi dati

Abbiamo detto che un grafico permette di visualizzare un fenomeno con più immediatezza rispetto ai dati forniti in forma di tabella. Proviamo allora a trasformare una tabella in un grafico.

La tabella [G] descrive il territorio della Sicilia distinguendo la presenza di aree di montagna, di collina e di pianura.

Come prima cosa escludiamo il *diagramma cartesiano*, perché i dati della tabella non variano nel tempo.

Si potrebbe allora costruire un *istogramma* con tre barre verticali, di altezza proporzionale ai tre dati. È una soluzione, ma non è la migliore.

Dovendo raffigurare delle percentuali, ancor meglio funzionerà un **grafico a torta**. E vedrai che il nome non è stato scelto a caso.

Supponi di dividere una torta in 100 fette e di prenderne una per te e per ciascuno dei tuoi compagni di classe. Se siete in tutto in 25 dovrai prendere 25 fette delle 100 che c'erano. Questa è una **percentuale** e si indica con la scritta **25%**. Ogni fetta della torta corrisponde all'1%.

La percentuale è dunque espressa da un numero seguito dal simbolo «%», che rappresenta proprio il fatto che si parte da un intero diviso in 100 parti.

Anche nella tabella che hai appena visto si è partiti da un intero (il territorio siciliano) e lo si è diviso in 100 parti. Poi si è misurato a quante di quelle 100 parti corrispondono i territori di montagna, di collina e di pianura nella regione.

Vediamo allora come costruire il grafico a torta. Prima di tutto, ogni suo spicchio deve avere un'ampiezza corrispondente ai valori percentuali che vogliamo rappresentare.

Ma allora basta ricordare l'esempio della torta divisa in 100 fette e immaginare di dividere un cerchio in 100 settori [H].

Se vorremo indicare che le montagne della Sicilia occupano il 24% del territorio dovremo colorare uno spicchio che corrisponde a 24 dei 100 settori indicati nel cerchio. Poi coloreremo uno spicchio ampio 62 settori per le colline – cioè dovremo arrivare alla tacca 86 (=24+62) – e infine uno ampio 14 settori per le pianure. Ed ecco il grafico a torta [I].

Possiamo scrivere su ciascun settore la percentuale corrispondente: in questo modo il grafico sarà ancora più chiaro.

E aggiungiamo infine la legenda per poter individuare con chiarezza i settori in base al colore.

GUIDA ALLO STUDIO

Evidenzia il ragionamento che spiega che cos'è la percentuale.

G

Sicilia: composizione del territorio	
Montagne	24%
Colline	62%
Pianure	14%

H

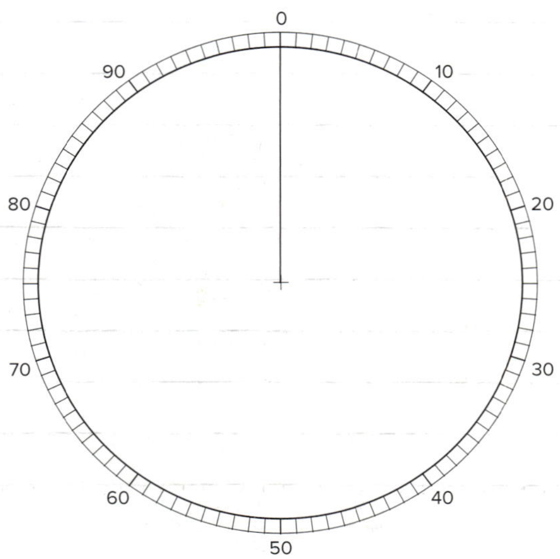

I

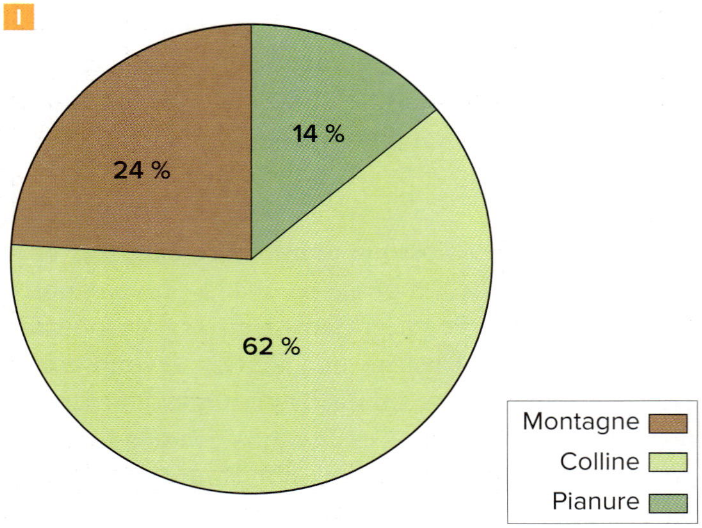

METTITI ALLA PROVA

1 ●○○ **Da una tabella posso sempre ricavare un grafico?**

A Sì. B No.

2 ●○○ **Da un grafico posso sempre ricavare una tabella?**

A Sì. B No.

3 ●●● **Nella tabella sotto vedi alcuni fiumi italiani e le loro lunghezze. Riordinali, dal più lungo al più corto (non distinguere tra fiumi alpini e appenninici) e costruisci un istogramma che ne esprima le lunghezze. Usa le colonne graduate dello schema: per ciascun numero, valuta a quale multiplo di 50 è più vicino e colora la colonna di conseguenza.**
Segui l'esempio del Po.

Fiumi alpini		Fiumi appenninici	
Po	(652 km)	Tevere	(405 km)
Adda	(313 km)	Arno	(241 km)
Ticino	(248 km)	Reno	(210 km)
Isonzo	(136 km)	Taro	(126 km)
Mincio	(75 km)	Bòrmida	(64 km)

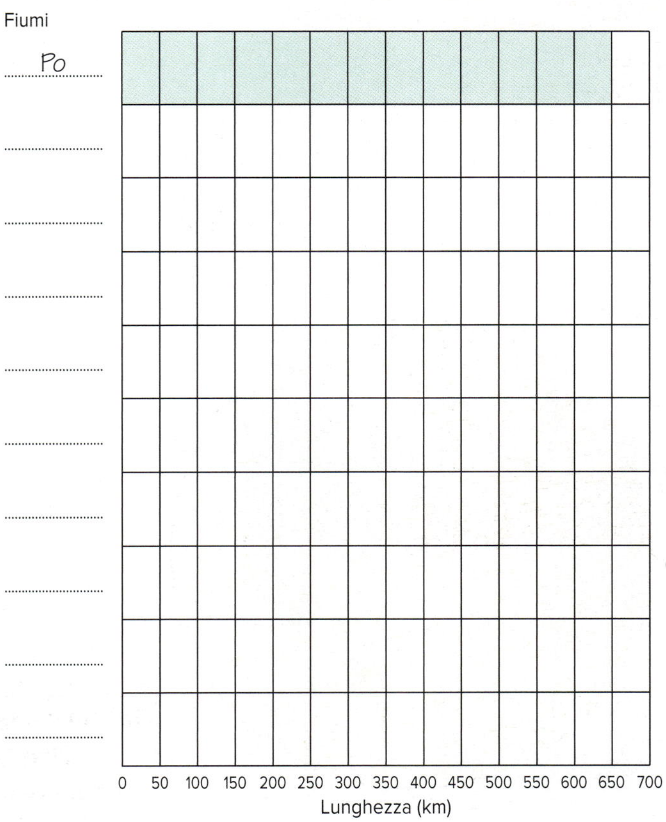

4 ●●○ **Che differenza c'è fra una tabella e un grafico?**

A La prima organizza i dati mediante figure, il secondo in righe e colonne.

B La prima organizza i dati in righe e colonne, il secondo tramite figure.

C La prima organizza i dati in righe, il secondo in colonne.

5 ●●○ **Il grafico a torta è chiamato anche**

A istogramma. B areogramma.

6 ●●○ **Un diagramma cartesiano si utilizza per indicare**

A il mutamento di un fenomeno nel tempo.

B le quote in cui si divide una quantità.

7 ●●● **La seguente tabella riporta le temperature registrate a Ferrara nei giorni indicati.**

7 aprile	11 aprile	12 aprile	20 aprile	23 aprile	27 aprile
10 °C	9 °C	12 °C	18 °C	24 °C	24 °C

Usa i dati della tabella per costruire un grafico cartesiano. Sull'asse *x* ci sono i giorni, sulla *y* metti i gradi (un consiglio: vai di 2 in 2). Dai anche un titolo al grafico.

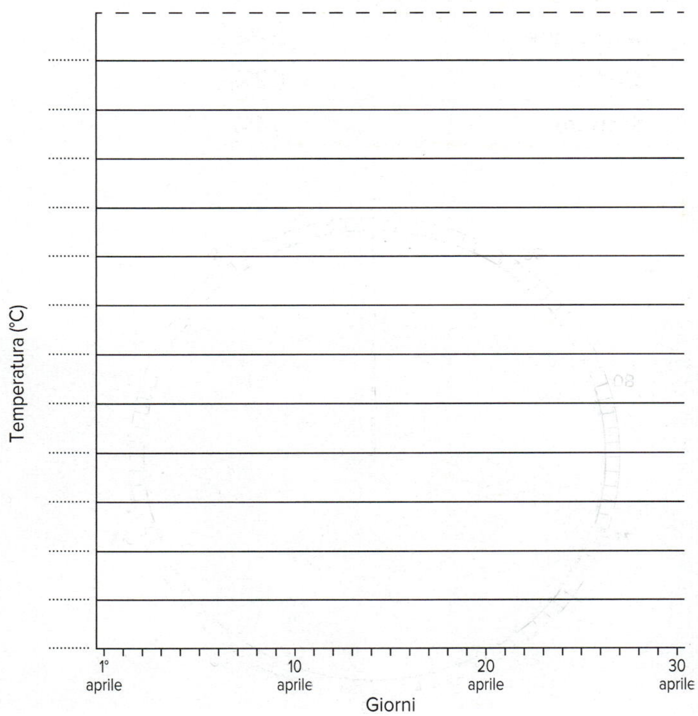

6 L'ACQUA SULLA TERRA

Oltre i due terzi della superficie della Terra sono coperti dall'acqua

Se si osservano le foto scattate alla Terra dallo spazio, il nostro pianeta sembra una sfera di colore blu. Per questo è chiamato anche «il pianeta blu».

L'acqua è un elemento indispensabile per la vita sul nostro pianeta.

Le **acque marine**, che formano mari e oceani e sono salate, costituiscono circa il 96% dell'acqua totale [A]. Il restante 4% è formato dalle **acque continentali**, cioè le acque che si trovano nei ghiacciai, nei fiumi, nei laghi e nelle falde acquifere sotterranee. Questi «serbatoi» d'acqua che si trovano sui continenti sono particolarmente preziosi perché contengono **acqua dolce**.

A Le acque sulla Terra

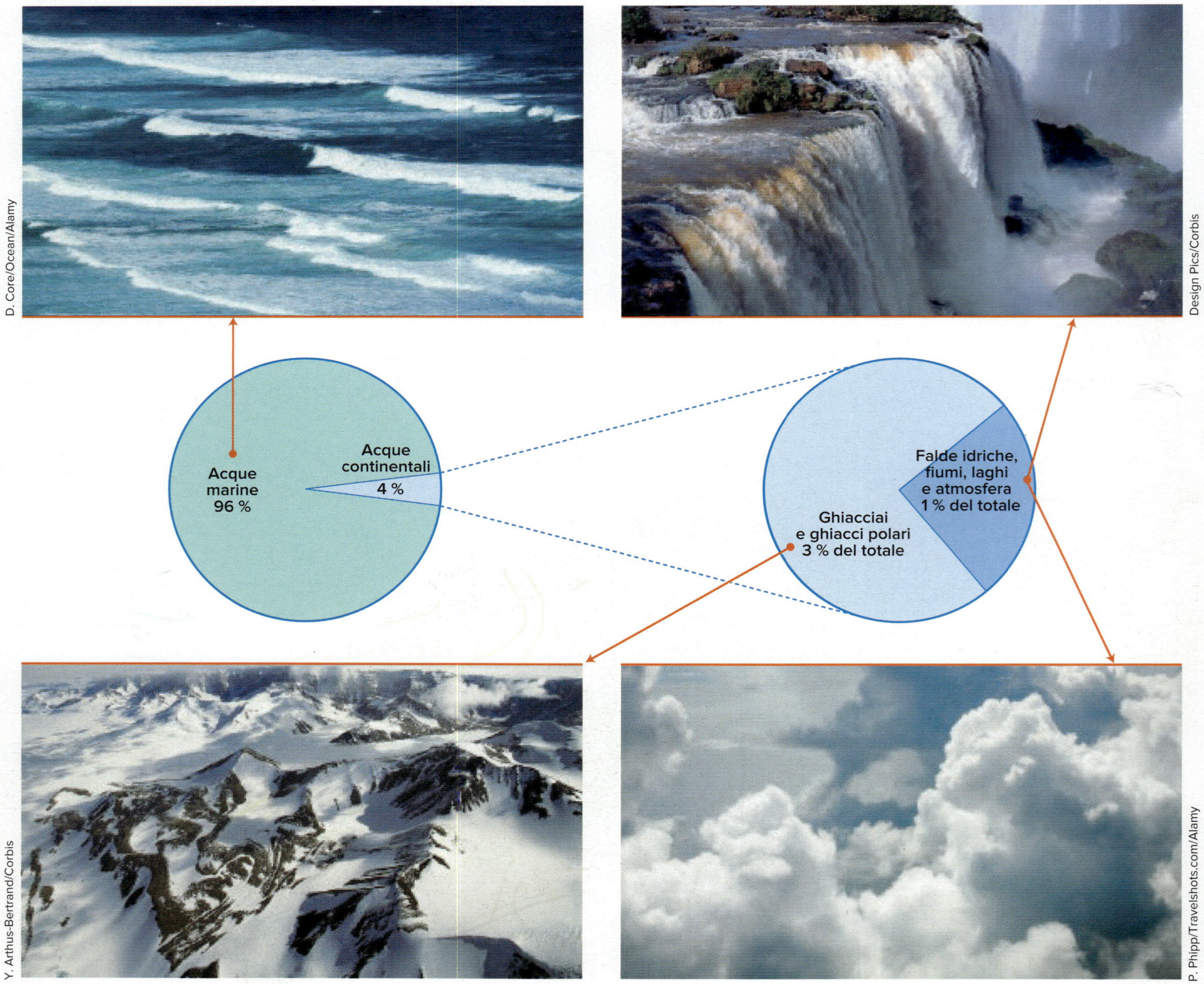

L'acqua sul pianeta Terra è in costante movimento: questo fenomeno viene chiamato «ciclo dell'acqua» o «ciclo idrologico»

Il nostro pianeta vive grazie all'acqua che circola in continuazione nel **ciclo idrologico**.

Il «motore» di questo ciclo è il Sole, che riscalda l'acqua superficiale degli **oceani** e ne causa l'**evaporazione**, cioè il passaggio dallo stato liquido a quello di vapore acqueo [B].

Sempre per effetto dell'energia solare, altro vapore acqueo viene prodotto, ma in quantità molto minore, dall'evaporazione delle acque dei laghi e dei fiumi e dalla **traspirazione**, ossia dall'emissione di vapore acqueo da parte delle piante.

Il vapore acqueo entra a far parte dell'atmosfera e, quando l'aria si raffredda, **condensa** (cioè si aggrega in goccioline d'acqua) e forma le **nuvole**.

Quando le nuvole incontrano aria ancora più fredda (ad esempio, perché salgono a un'altezza maggiore), le gocce d'acqua diventano sempre più grandi finché cadono sulla Terra sotto forma di pioggia o, quando ghiacciano, sotto forma di fiocchi di neve o chicchi di grandine.

Con le **precipitazioni atmosferiche** (pioggia, neve e grandine), circa l'80% dell'acqua evaporata ricade negli oceani; il 20%, sulla terraferma. Qui ricade una quantità di acqua maggiore di quella che evapora.

L'acqua che ricade sulla terraferma può avere tre diverse destinazioni:

- può evaporare, ritornando nell'atmosfera;
- può scorrere sulla superficie della terraferma;
- può penetrare nel suolo fino agli strati rocciosi sottostanti, formando le falde idriche.

Attraverso diversi percorsi, l'acqua che scorre sopra e sotto il suolo ritorna infine al mare. Da qui ricomincia il ciclo.

GUIDA ALLO STUDIO

Evidenzia, prima nei grafici a torta della pagina precedente poi nel testo della lezione, le percentuali delle acque marine e di quelle dolci (distinguendo ghiacci e acque liquide).

B Il ciclo dell'acqua

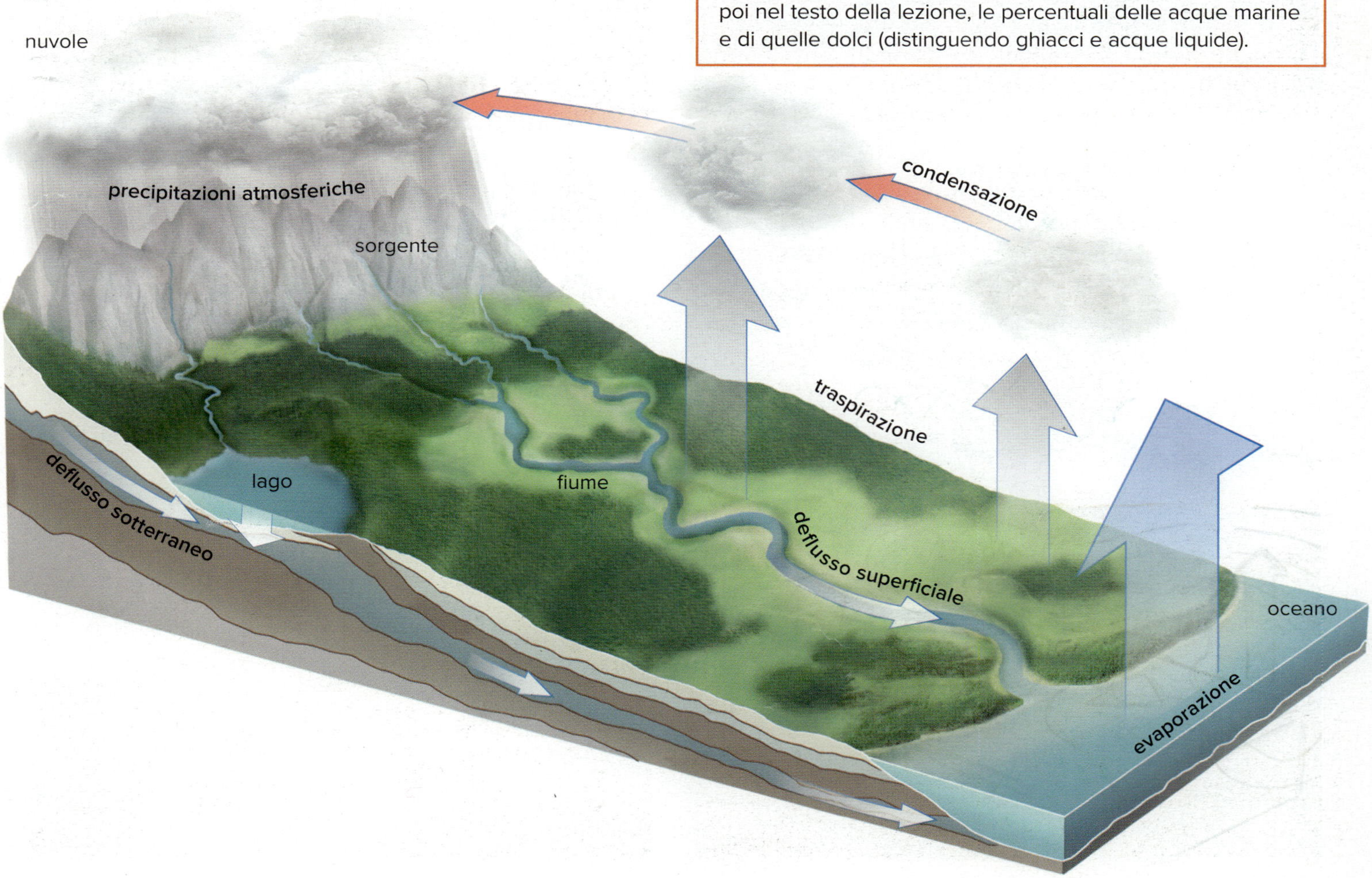

VIDEO NELL'EBOOK

Il ciclo dell'acqua e le sue fasi

C Una valle fluviale

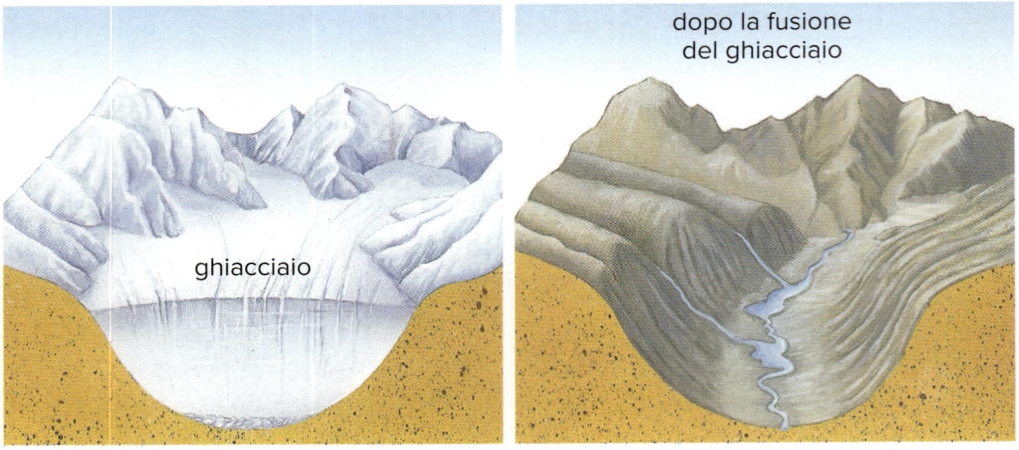

D Una valle glaciale, prima e dopo la fusione del ghiaccio.

Gli spostamenti dell'acqua sulla superficie terrestre sono causa dell'erosione e del modellamento della crosta terrestre

L'acqua è tra le principali cause delle trasformazioni che la superficie terrestre subisce nel tempo.

L'acqua dei **fiumi** è capace di scavare profondamente la roccia. In questo modo si sono formate le valli fluviali, che hanno una sezione a V [C].

Anche l'acqua accumulata in forma di ghiaccio nei **ghiacciai**, nonostante ci sembri immobile, è in movimento ed erode le montagne su cui si trova.

Il ghiacciaio nasce quando una grande quantità di neve si accumula e si compatta in una zona in cui la temperatura non permette al ghiaccio di fondere. Questa massa di ghiaccio, per il suo stesso peso, scivola lentamente verso valle. Il movimento del ghiacciaio esercita una forte azione modellatrice del terreno, creando la tipica forma a U della valle glaciale [D].

Le acque che si infiltrano nel terreno formano le falde acquifere

L'acqua che penetra nel sottosuolo, può scorrere e raccogliersi dove il terreno è permeabile.

Le **falde acquifere** dove l'acqua si raccoglie possono essere di due tipi [E]:

- **falda freatica**, quando l'acqua delle precipitazioni filtra attraverso la roccia permeabile e si accumula sopra uno strato di rocce impermeabili che non la fanno più scendere;
- **falda artesiana**, quando l'acqua si raccoglie in uno strato di rocce permeabili delimitate sia sopra sia sotto da due strati di rocce impermeabili.

L'acqua sotterranea può essere estratta dalle falde acquifere costruendo dei pozzi, oppure può sgorgare sotto forma di **sorgente** se lo strato di roccia permeabile che contiene l'acqua si affaccia in superficie: per esempio, sul versante di una montagna.

E Le falde acquifere

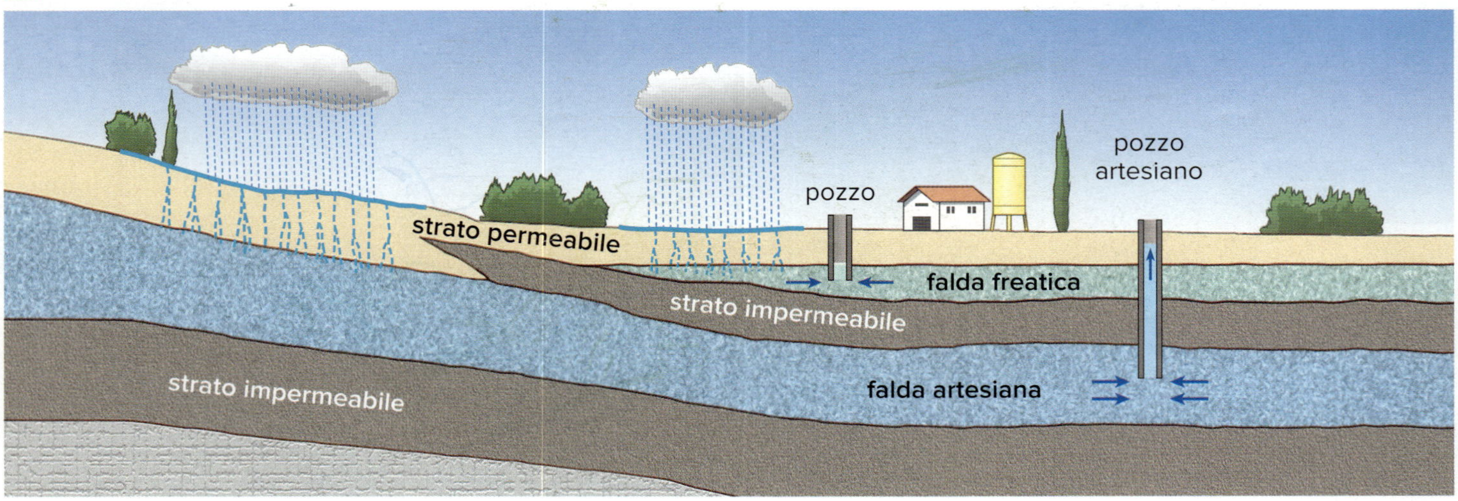

METTITI ALLA PROVA

1 ●○○ **Vero o falso?**

a. L'evaporazione è il passaggio dell'acqua dallo stato solido a quello liquido. V F

b. Le nuvole si formano quando il vapore acqueo condensa. V F

c. Il 50% delle precipitazioni finisce in mare, l'altro 50% sulla terraferma. V F

d. L'acqua presente sulla Terra è per il 96% dolce e per il 4% salata. V F

2 ●○○ **Scegli l'alternativa corretta.**

Le valli fluviali/glaciali hanno la forma a U.
Le falde freatiche/artesiane sono delimitate anche superiormente da uno strato di roccia impermeabile.

3 ●○○ **Con «ciclo dell'acqua» si indica**

A la continua circolazione dell'acqua sul nostro pianeta.

B le precipitazioni atmosferiche causate da cambiamenti di temperatura dell'aria.

C le infiltrazioni sotterranee dell'acqua che cade sotto forma di pioggia.

4 ●●○ **Completa il disegno con queste parole:**
condensazione • deflusso sotterraneo • deflusso superficiale • traspirazione

5 ●●○ **Completa lo schema dei serbatoi d'acqua sulla Terra.**

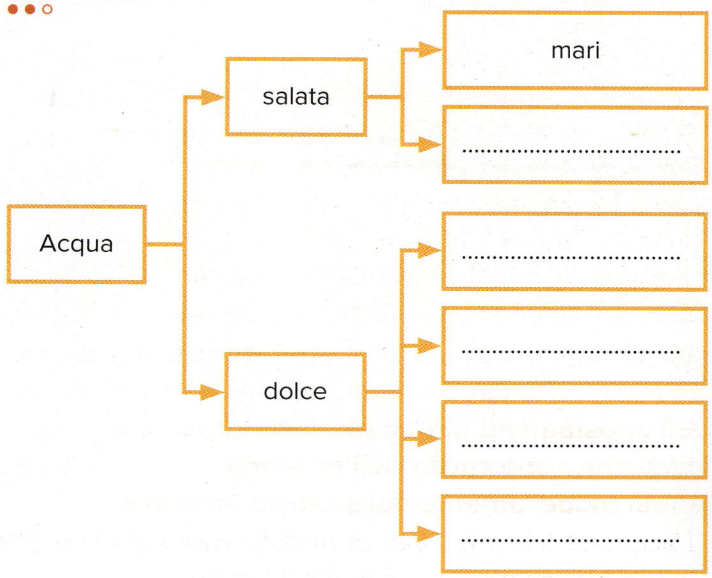

6 ●●○ **Descrivi in 5 righe uno dei possibili percorsi dell'acqua all'interno del ciclo dell'acqua.**

....
....
....
....
....
....

7 IL TEMPO METEOROLOGICO E IL CLIMA

La Terra è circondata dall'atmosfera: uno strato di gas che chiamiamo comunemente «aria»

L'aria è formata da tanti gas diversi, ma soprattutto da **azoto** e **ossigeno**. In particolare, l'ossigeno è indispensabile per la vita sulla Terra.

Negli strati più bassi dell'atmosfera è presente anche **vapore acqueo** che proviene dall'evaporazione dell'acqua degli oceani.

Nella parte più bassa dell'atmosfera (che si chiama *troposfera*) si verificano i fenomeni che determinano il tempo meteorologico: qui, per esempio, soffiano i venti e si formano nuvole e piogge.

L'aria si comporta in modo diverso a seconda della temperatura: i movimenti delle masse d'aria da una zona all'altra sono chiamati venti

Lo strato di atmosfera più vicino a terra si riscalda a causa delle **radiazioni del Sole**. L'aria non è riscaldata dal Sole direttamente, dall'alto, bensì per via indiretta, dal basso: le terre e i mari vengono riscaldati dai raggi solari e poi emettono il calore che riscalda l'aria.

Visto che le diverse zone della superficie terrestre si riscaldano in modi diversi, anche l'aria sovrastante si riscalda in modo diverso. Per esempio, i mari si riscaldano e raffreddano più lentamente delle terre emerse. Per questo motivo, l'aria sopra il mare è più fresca d'estate e più calda d'inverno, rispetto a quella sopra la terra. La diversa temperatura causa spostamenti d'aria [A], che sono chiamati **venti**.

I venti possono interessare sia grosse parti dell'atmosfera, sia zone molto limitate, e in questo caso sono chiamati *brezze*.

Per esempio, ci sono brezze che soffiano fra la terraferma e il mare e brezze che soffiano fra la collina e la pianura.

Le precipitazioni avvengono quando una massa d'aria umida si raffredda e il vapore acqueo condensa formando la pioggia

L'aria che si sposta dagli oceani alle terre emerse contiene vapore acqueo, ossia acqua evaporata dal mare per effetto del calore del Sole.

Queste **masse d'aria umida**, che sono più leggere, salgono di quota e si raffreddano: il freddo fa condensare il vapore acqueo in piccolissime gocce che insieme formano le **nuvole**.

Quando le nuvole incontrano aria ancora più fredda o salgono a un'altezza maggiore, le gocce diventano più grandi e pesanti e cadono sulla Terra sotto forma di **pioggia**. Se poi la temperatura è ancora più bassa (sotto gli 0 °C), le gocce d'acqua ghiacciano e si trasformano in **neve**.

A Lo spostamento di masse d'aria sulla terra e sul mare

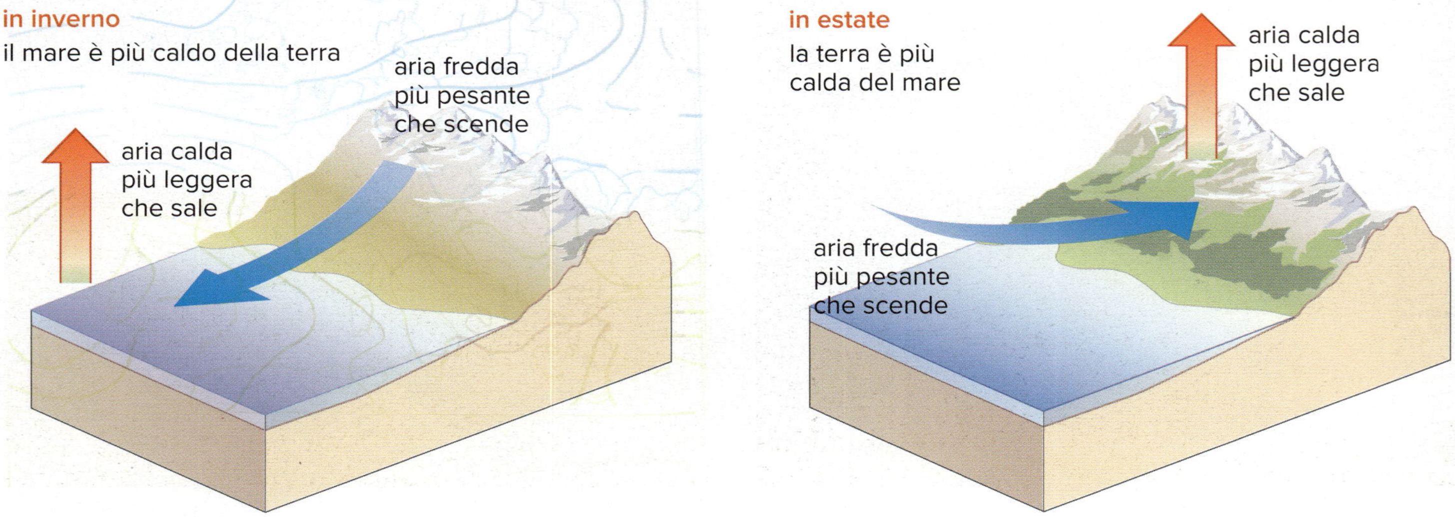

L'umidità e la temperatura influenzano il peso che l'aria esercita sulla Terra

L'aria umida, nonostante quello che ci si potrebbe aspettare, è più leggera di quella secca ed esercita quindi una minore **pressione**, ossia un minor peso sulla superficie terrestre.

Le aree di **bassa pressione** (dette anche *cicloni*) sono quelle in cui l'aria è più umida e quindi le condizioni del tempo sono perturbate, con una maggiore probabilità che si formino nuvole e pioggia [B].

Le aree di **alta pressione** (dette anche *anticicloni*) sono caratterizzate da aria più secca e tempo sereno [C].

La pressione atmosferica si misura con uno strumento chiamato *barometro*.

I venti soffiano dalle aree di alta pressione alle aree di bassa pressione.

GUIDA ALLO STUDIO

1. Evidenzia il testo che spiega il meccanismo degli spostamenti d'aria in estate e in inverno.
2. Evidenzia il testo che spiega il meccanismo della condensazione delle precipitazioni.

Il clima è l'insieme delle condizioni meteorologiche medie di un luogo, osservate in periodi lunghi

Il **tempo meteorologico** (o **tempo atmosferico**) di un luogo è dato dalla temperatura dell'aria, dalla pressione, dai venti, dall'umidità e dalle precipitazioni che lo caratterizzano.

Per stabilire quali sono le caratteristiche del **clima** di un luogo, invece, bisogna prendere in esame i fenomeni atmosferici (tutti quelli elencati sopra, ma in particolare la temperatura e le precipitazioni) e misurarli per un periodo di *almeno trent'anni.*

Il tempo meteorologico e il clima di un luogo non sono quindi la stessa cosa. Soltanto dopo un intervallo di tempo lungo e un calcolo dei valori meteorologici medi è possibile parlare di clima.

Ricapitolando, gli *elementi* del clima sono:

- la temperatura dell'aria,
- la pressione atmosferica,
- i venti,
- l'umidità dell'aria,
- le precipitazioni.

Più avanti vedremo che il clima varia da zona a zona in base a diversi *fattori*:

- la latitudine,
- la distanza dall'oceano,
- la presenza di catene montuose,
- l'altitudine.

La **meteorologia** è la scienza che studia il tempo meteorologico e il clima.

B Nubi cariche di pioggia in un'area di bassa pressione

Jason Patrick Ross/Shutterstock

C Tempo sereno in un'area di alta pressione

J. Kalinin/Shutterstock

Le carte meteorologiche usano simboli universali per raffigurare i fenomeni del tempo atmosferico

Nelle carte meteorologiche si rappresentano i venti, la pressione dell'aria e gli altri fenomeni che avvengono nell'atmosfera.

Con una linea rossa [D] si rappresenta un **fronte caldo**, cioè una massa d'aria calda che si sposta, scivolando sopra una massa d'aria fredda; con alcuni pallini si indica la direzione verso cui l'aria calda si muove. Al fronte caldo corrisponde un brutto tempo moderato.

Con una linea blu si rappresenta un **fronte freddo**, cioè una massa d'aria fredda che si sposta, scivolando sotto una massa d'aria calda (che viene sollevata e provoca temporali). Con alcuni triangoli si indica la direzione verso cui l'aria fredda si muove.

Una linea viola, con triangoli e pallini, rappresenta un **fronte occluso**, che si forma quando un fronte freddo raggiunge un fronte caldo. Al fronte occluso può corrispondere un tempo tipico del fronte freddo o di quello caldo.

Per rappresentare i valori della pressione atmosferica si collegano tutti i punti in cui si registra in un dato momento la stessa pressione; si ottengono così delle linee, che sono dette **isobare**. Accanto a ogni isobara viene posto un numero che indica il valore della pressione, ossia il peso della colonna d'aria sovrastante. Al livello del mare, a 0 °C di temperatura, la pressione vale 1013 millibar.

Il centro di un'area di alta pressione si indica con la lettera A; quello di un'area di bassa pressione con la lettera B.

D Una carta meteorologica dell'Europa

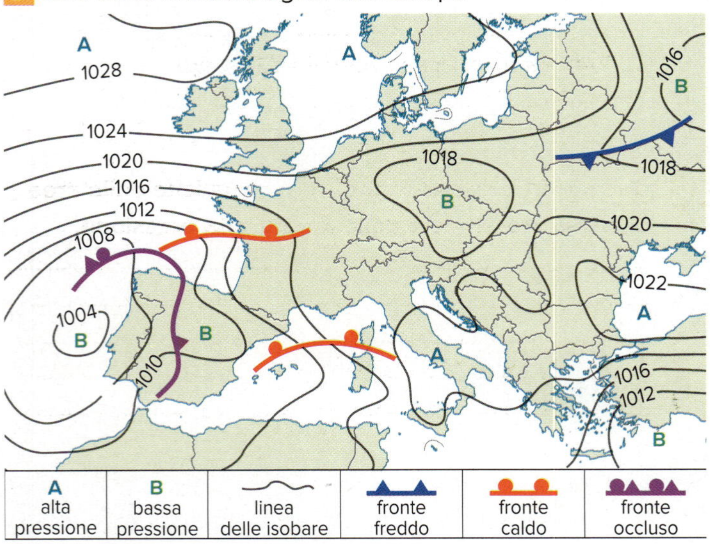

Le stazioni meteorologiche raccolgono i dati su tutti gli elementi del tempo atmosferico

Le carte meteorologiche sono disegnate sulla base dei dati raccolti dalle **stazioni meteorologiche** a terra, con strumenti che misurano la temperatura (*termometri*), la pressione atmosferica (*barometri*), l'umidità dell'aria (*igrometri*), le precipitazioni (*pluviometri*), la velocità del vento (*anemometri*).

Si aggiungono a questi i dati raccolti dai **satelliti meteorologici**, che inviano in continuazione alle stazioni a terra anche immagini delle condizioni del tempo.

Sulla base di tutti questi dati, i meteorologi disegnano le carte che appaiono sui giornali e in televisione, spesso corredate da foto satellitari delle condizioni del tempo. Sulle carte meteorologiche vengono rappresentati con appositi simboli non solo i fronti delle masse d'aria in movimento, le isobare e le aree di alta e bassa pressione, ma anche le condizioni del cielo e del mare, la direzione e la forza dei venti, le temperature minime e massime [E].

E Una carta del tempo meteorologico sull'Italia

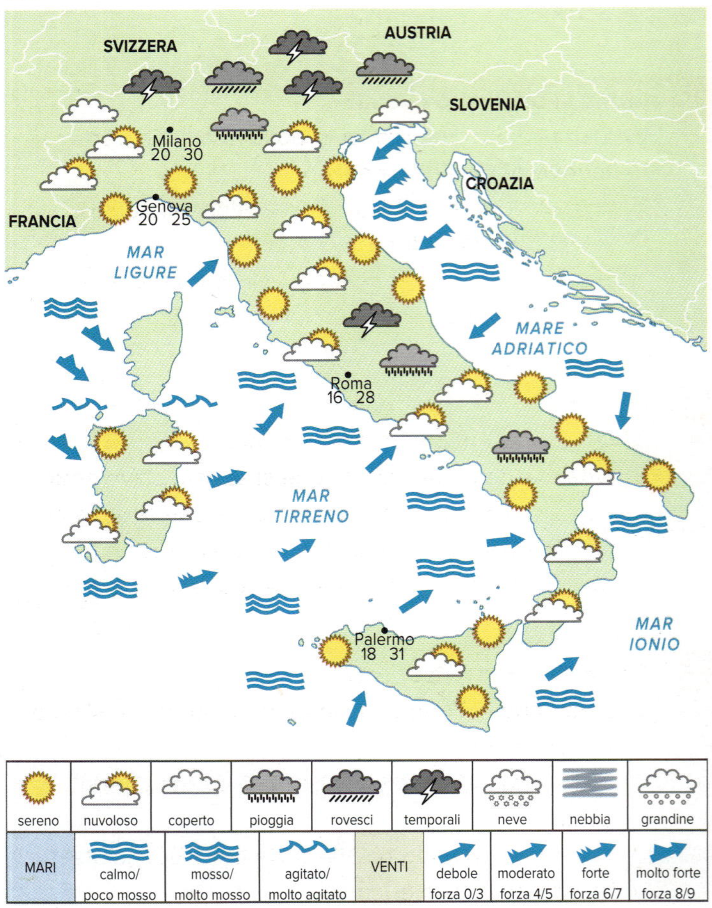

METTITI ALLA PROVA

1 ●○○ **Vero o falso?**

a. I principali componenti dell'atmosfera sono ossigeno e anidride carbonica. V F

b. Le brezze sono venti che interessano zone limitate dell'atmosfera. V F

c. Per stabilire le caratteristiche del clima di un luogo occorre studiarne i fenomeni atmosferici per almeno trent'anni. V F

2 ●○○ **I fenomeni meteorologici si verificano nella troposfera. Di quale parte dell'atmosfera si tratta?**

A È lo strato più alto dell'atmosfera.

B È lo strato più basso dell'atmosfera.

3 ●○○ **Gli anticicloni sono zone di**

A alta pressione.

B bassa pressione.

4 ●○○ **Com'è il tempo nelle aree di alta pressione?**

A Perturbato.

B Sereno.

5 ●●○ **Come si originano i venti?**

A L'aria calda, dilatandosi, si solleva e l'aria fredda si muove per prenderne il posto.

B L'aria fredda si solleva e l'aria calda, dilatandosi, si muove per prenderne il posto.

C L'aria fredda, condensandosi, si solleva e l'aria calda viene spinta in direzione opposta.

6 ●●○ **Che cos'è un fronte freddo?**

A Una massa d'aria fredda che sale.

B Una massa d'aria fredda che si sposta scivolando sotto una massa d'aria calda che viene sollevata.

C Una massa d'aria calda che si sposta sotto una massa d'aria fredda che viene sollevata.

7 ●●○ **Che cosa sono le isobare?**

A Linee che collegano sulla carta punti con la stessa temperatura.

B Linee che indicano sulla carta un fronte di aria calda.

C Linee che collegano sulla carta punti con la stessa pressione atmosferica.

8 ●●○ **Completa con queste parole:**

notte • giorno • estate • inverno

L'acqua si riscalda e si raffredda più lentamente della terraferma, perciò:

a. l'aria al di sopra della terraferma è più calda di .... e d' .... ;

b. l'aria al di sopra del mare è più calda di .... e d' ....

9 ●●○ **Osserva la carta E nella pagina a fianco e completa il testo con le parole:**

poco • molto • temperatura • sereno

A Genova il tempo è ....
Il Mar Ionio è .... mosso.
Sulla Sardegna soffia vento .... forte proveniente da nord-ovest.
La .... massima più alta si registra a Palermo.

10 ●●○ **Abbina ciascuno strumento che serve alla raccolta di dati meteorologici alla propria definizione. Segui l'esempio.**

pluviometro • barometro • anemometro • termometro • igrometro

a. Serve a misurare la temperatura:
termometro............................

b. Serve a misurare la pressione atmosferica:
....

c. Serve a misurare l'umidità dell'aria:
....

d. Serve a misurare le precipitazioni:
....

e. Serve a misurare la velocità del vento:
....

11 ●●● **Descrivi in 5 righe le condizioni climatiche delle aree di bassa pressione e delle aree di alta pressione.**

....
....
....
....
....

8 LA STRUTTURA DELLA TERRA

L'interno del pianeta Terra è fatto di strati con caratteristiche diverse a seconda della profondità: la crosta terrestre, il mantello e il nucleo

Gli strati principali che compongono il nostro pianeta, dall'esterno verso l'interno, sono [A]:

- la **crosta terrestre**, che ha spessore variabile fra gli 8 e i 40 km;
- il **mantello**, che si estende fino a 2890 km di profondità;
- il **nucleo**, che ha un raggio di 3480 km.

La crosta terrestre è suddivisa in placche che sono in lento e continuo movimento

La crosta terrestre è lo strato roccioso più esterno della Terra, costituito da un mosaico di **placche** [B]. Queste si spostano una rispetto all'altra per effetto di movimenti che avvengono nello strato sottostante.

Per questo motivo i continenti, cioè la porzione delle placche non coperta dalle acque, non hanno sempre avuto la stessa posizione: nel corso di milioni di anni si sono avvicinati e allontanati più volte.

A La struttura interna della Terra

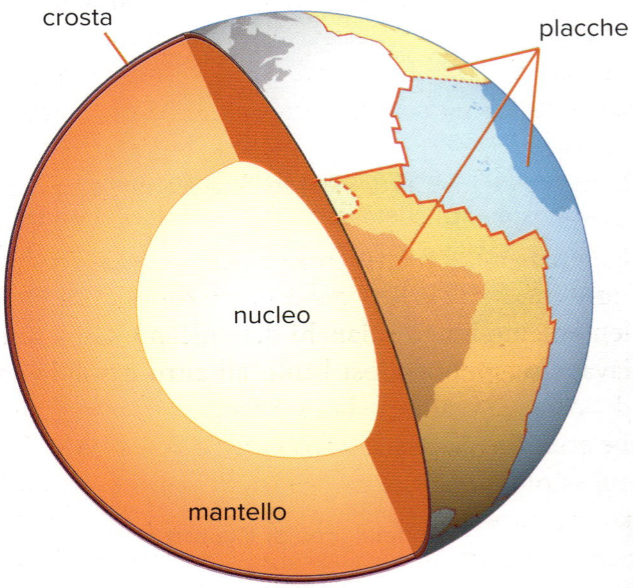

B Le placche della crosta terrestre

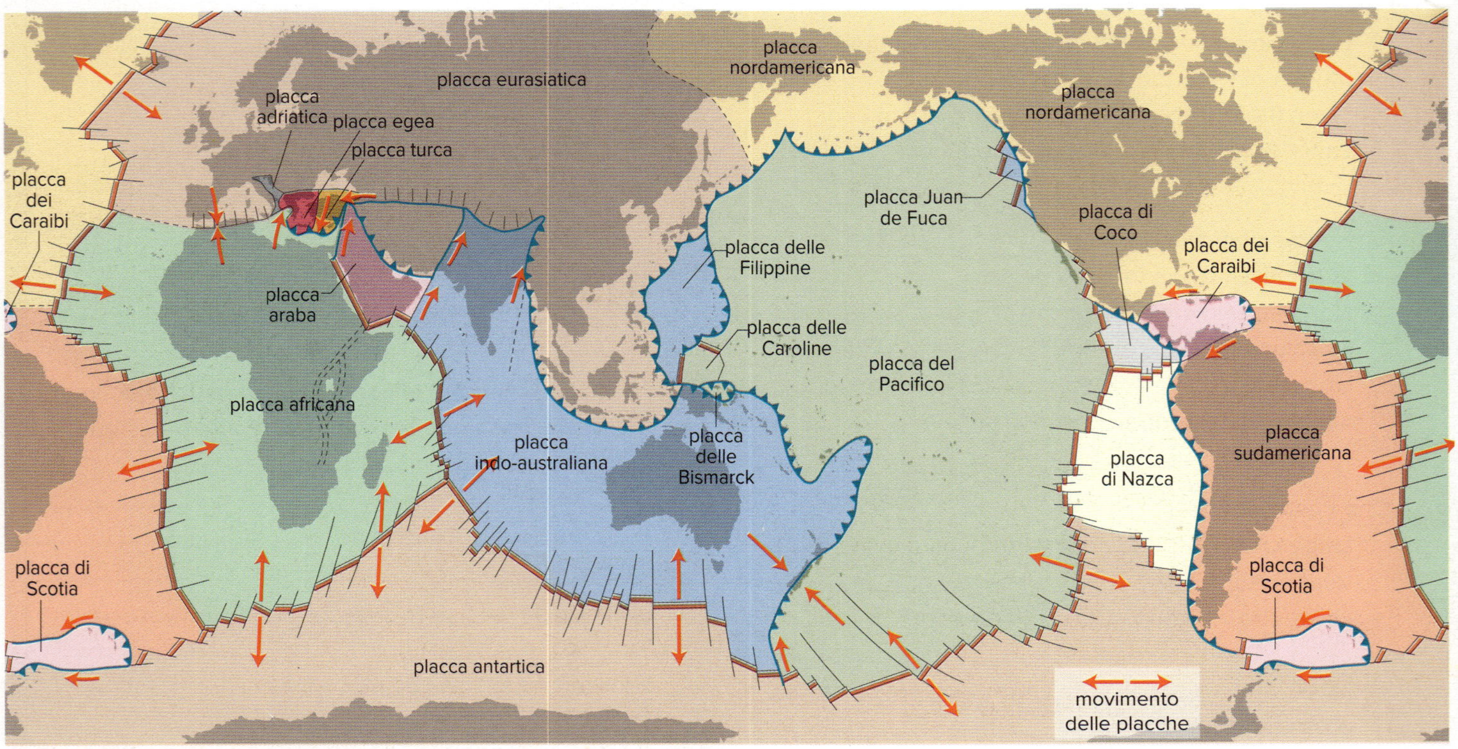

Lungo i margini delle placche avvengono continue eruzioni vulcaniche

Lungo i margini fra le placche ci sono delle grandi spaccature dove il **magma** (cioè la roccia fusa presente all'interno della Terra) ha modo di risalire in superficie. Queste spaccature sono chiamate **vulcani** e le fuoriuscite di magma sono chiamate **eruzioni vulcaniche**.

I vulcani si trovano soprattutto sul fondo degli oceani, ma anche sulle terre emerse, dove hanno generalmente una **forma conica**, terminante con un'apertura, detta **cratere** [C].

Le eruzioni vulcaniche sono di due tipi: effusive ed esplosive.

- Le **eruzioni effusive** sono caratterizzate da emissioni di **lava** (magma più o meno fluido) che scorre lentamente lungo i fianchi del vulcano. Gli strati di lava, sovrapponendosi l'uno all'altro e solidificando, danno al vulcano la caratteristica forma conica.
- Le **eruzioni esplosive** sono caratterizzate da violente emissioni di lava, gas, ceneri e lapilli (pezzetti di roccia incandescenti).

Vi sono poi delle manifestazioni secondarie dell'attività vulcanica, come i **geyser** (emissioni di vapori caldi) e le **fumarole** (emissioni di gas), che si verificano ai margini di alcune aree vulcaniche.

C La sezione di un vulcano

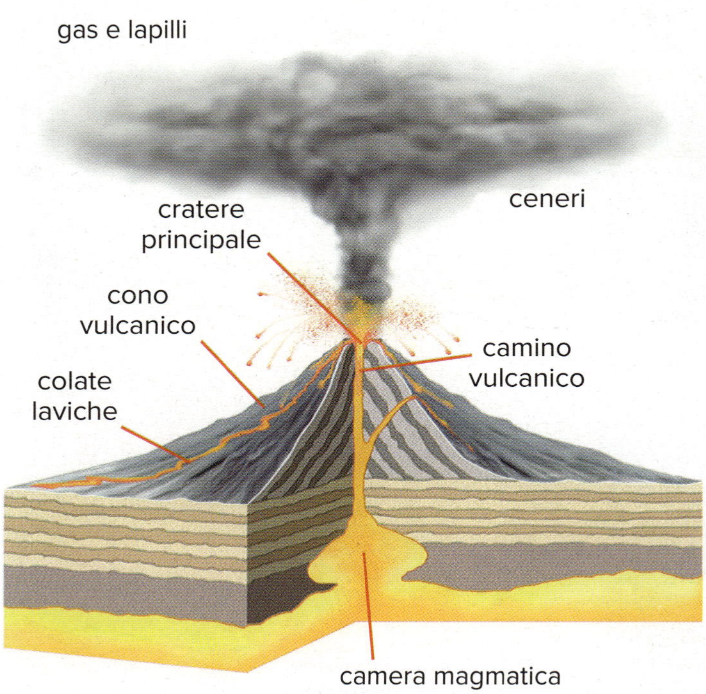

Il movimento delle placche provoca anche i terremoti

Lungo i margini fra le placche, le rocce vengono spinte in direzioni diverse ma sono tenute ferme dall'attrito; sono quindi messe in tensione per parecchi anni accumulando energia. A un certo punto slittano in direzioni opposte ai due lati di una **faglia** (una frattura nella massa rocciosa) e si ha un **terremoto** [D].

L'energia accumulata dai blocchi rocciosi si libera improvvisamente, come quando, ad esempio, pieghiamo un bastoncino di legno finché non si spezza. Questa energia si propaga nelle rocce sotto forma di vibrazioni: le **onde sismiche**. Esse partono dall'**ipocentro**, il punto di inizio all'interno della Terra e si propagano in tutte le direzioni.

Quando le onde sismiche arrivano in superficie, si avverte il terremoto, i cui effetti sono massimi all'**epicentro**, il punto della superficie sulla verticale dell'ipocentro.

Per misurare l'intensità dei terremoti (detta *magnitudo*), si usa la **scala Richter**, che indica la quantità di energia rilasciata durante le vibrazioni.

L'Italia è uno dei paesi maggiormente colpiti da terremoti, poiché è attraversata dal margine lungo il quale scorrono la placca africana e quella eurasiatica.

D Schema di un terremoto

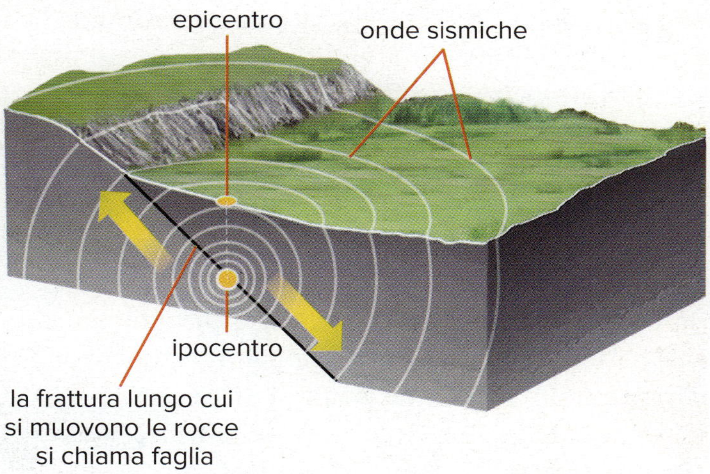

GUIDA ALLO STUDIO

1. Evidenzia la frase che spiega che cos'è un'eruzione vulcanica.
2. Evidenzia l'esempio che rappresenta il fenomeno del terremoto.

VIDEO NELL'EBOOK

Come avviene l'eruzione

I continenti attuali si sono formati milioni di anni fa dalla frammentazione di un unico grande continente

Circa **250 milioni di anni fa** sul nostro pianeta esisteva un'unica gigantesca terra emersa, la *Pangèa*, circondata da un unico enorme oceano, la *Panthalassa* [E].

Circa **150 milioni di anni fa** la Pangèa si divise in due parti: la *Laurasia*, formata da quelli che sarebbero poi diventati Eurasia e Nord America, e il *Gondwana*, formato da Sud America, Africa, India, Antartide e Australia.

Circa **130 milioni di anni fa** Sud America e Africa cominciarono a separarsi. Eurasia e Nord America erano ancora uniti, e anche Australia e Antartide. L'India era ancora staccata dal resto dell'Asia [F].

Circa **65 milioni di anni fa** la frammentazione non era ancora completa, ma gli attuali continenti erano già riconoscibili [G].

La forma attuale è stata raggiunta qualche milione di anni fa, quando Eurasia e Nord America si sono separati, Nord e Sud America si sono uniti e l'India si è saldata all'Asia.

I continenti continuano il loro movimento

I satelliti artificiali che orbitano intorno al nostro pianeta sono dotati di strumenti che effettuano misurazioni sulla forma e sulle dimensioni della Terra e della sua superficie. I dati che si ricavano dimostrano che i continenti continuano a muoversi. L'Africa, ad esempio, si sta avvicinando all'Europa alla velocità di circa 2 centimetri ogni anno.

Se questi movimenti continueranno, tra circa 50 milioni di anni Eurasia e Africa potrebbero saldarsi in un unico blocco continentale, facendo scomparire il Mar Mediterraneo.

Più in generale, i geologi pensano che il movimento delle placche abbia portato i continenti a riunirsi periodicamente in «supercontinenti». Prima che ci fosse il supercontinente Pangèa ce ne sono stati altri e fra molti milioni di anni potrebbe riformarsene uno.

E Le terre emerse 250 milioni di anni fa

F Le terre emerse 130 milioni di anni fa

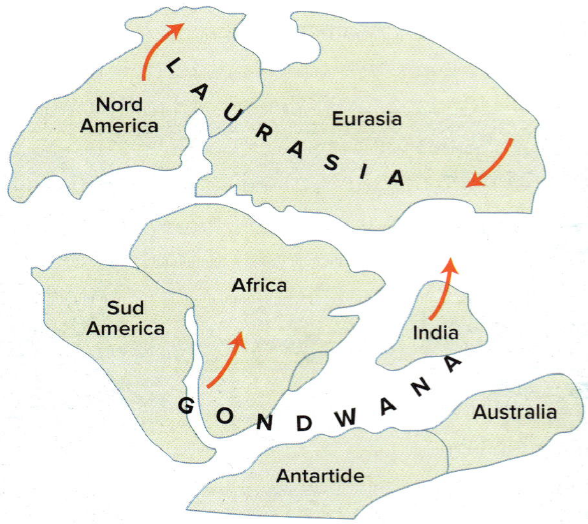

G Le terre emerse 65 milioni di anni fa

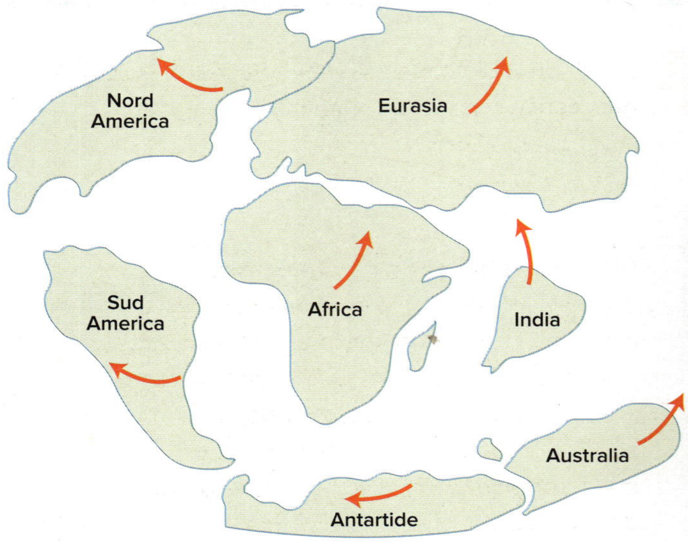

METTITI ALLA PROVA

1 ●○○ **Vero o falso?**

a. La crosta terrestre è la parte più superficiale della Terra. V F

b. Il mantello è uno strato di rocce suddiviso in placche. V F

c. Il nucleo è lo strato intermedio tra quelli che formano la Terra. V F

d. La crosta terrestre è divisa in tante placche. V F

2 ●○○ **Scegli l'alternativa corretta.**

I continenti attuali si sono formati milioni/miliardi di anni fa.

I continenti erano raggruppati in un'unica massa continentale, detta Panthalassa/Pangea.

3 ●○○ **Completa la cartina con le parole:**
Gondwana • Laurasia

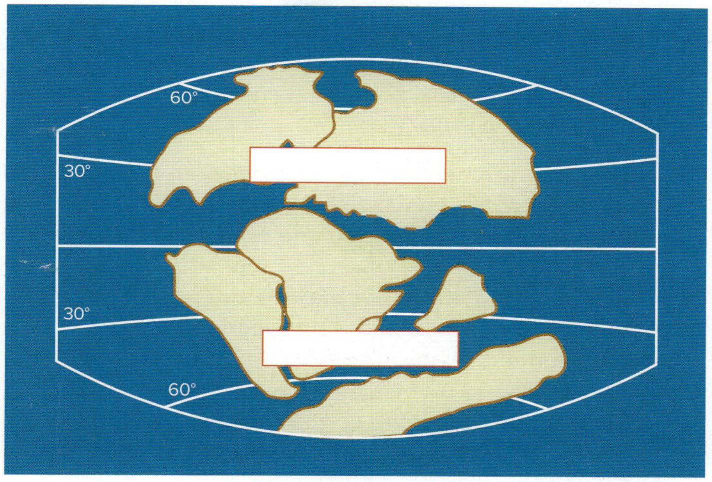

4 ●●○ **Le eruzioni caratterizzate da violente emissioni di gas, ceneri e lapilli si chiamano**

A eruzioni effusive.

B eruzioni esplosive.

5 ●●○ **Completa il testo con queste parole:**
eruzione • cratere • profondità • superficie

Il magma, cioè la roccia allo stato fuso che si trova in .... , risale verso la .... ed esce da un .... a intervalli più o meno regolari. Un fenomeno di questo tipo è detto .... vulcanica.

6 ●●○ **Nel terremoto, le onde sismiche si propagano a partire**

A dall'ipocentro.

B dall'epicentro.

7 ●●○ **La Panthalassa era**

A un'unica grande terra emersa.

B un unico grande oceano.

C un unico grande continente.

8 ●●● **Completa lo schema con queste parole:**
energia • attrito • vibrazioni
[una parola va usata due volte]

movimenti delle rocce
↓
.... che li contrasta
↓
.... che si accumula
↓
slittamento in direzioni opposte
↓
.... che si libera
↓
.... del suolo
↓
terremoto

9 ●●● **Descrivi in 5 righe che cosa accadrà all'Europa e all'Africa secondo la deriva dei continenti.**

....
....
....
....
....
....

UNO SGUARDO D'INSIEME

La geografia è la scienza che descrive il mondo in cui viviamo.

La geografia utilizza molti dati per spiegare quello che avviene sulla Terra.

1 IL PIANETA TERRA

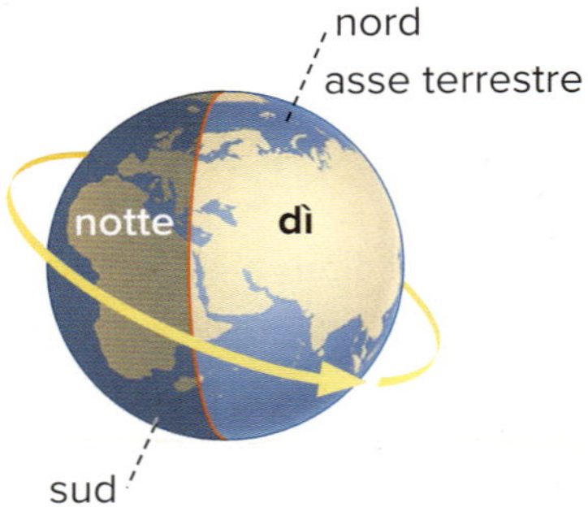

La Terra ha forma di **sfera** leggermente schiacciata.
La circonferenza massima, detta **Equatore**, divide la sfera in due emisferi:

- *emisfero boreale* a nord,
- *emisfero australe* a sud.

La Terra si muove nello spazio:

- in 24 ore ruota su se stessa (moto di **rotazione**), causando l'alternarsi del dì e della notte;
- in un anno compie una rotazione intorno al Sole (moto di **rivoluzione**) causando l'alternarsi delle stagioni.

A causa dei moti della Terra, la superficie del pianeta può essere divisa in **zone astronomiche** che ricevono un diverso riscaldamento durante l'anno.

2 COME CI SI ORIENTA

Per orientarsi sulla superficie terrestre è necessario stabilire dei **punti di riferimento**.
In base al movimento del Sole e alla posizione delle stelle, sono stati identificati quattro punti validi per tutti, i **punti cardinali**: est, ovest, sud, nord.
Per orientarsi senza dover tener conto del Sole o delle stelle si utilizza la **bussola**.
Il **reticolato geografico** permette di individuare un punto sulla superficie terrestre. Esso è formato da:

- *paralleli*, circonferenze immaginarie, parallele all'Equatore;
- *meridiani*, semicirconferenze immaginarie, passanti per i poli.

Grazie al reticolo geografico si può indicare la posizione precisa di un punto con la **latitudine** (distanza angolare dall'Equatore) e la **longitudine** (distanza angolare dal meridiano fondamentale di Greenwich).

3 LE CARTE GEOGRAFICHE

Le **carte geografiche** sono rappresentazioni di una parte della superficie terrestre. Ogni carta è:

- *deformata*, poiché riproduce una superficie curva su un piano;
- *ridotta*, secondo una **scala di riduzione**;
- *approssimata*, perché non è possibile riprodurre tutti gli elementi reali.

Si distinguono:

- carte a grande scala, che contengono più dettagli;
- carte a piccola scala, che rappresentano porzioni maggiori di territorio e contengono meno dettagli.

4 UNA CARTA PER OGNI ESIGENZA

Esistono diversi **tipi di carte geografiche**, che possono essere classificate:

- *in base alla scala* utilizzata (planisferi e carte geografiche vere e proprie, carte corografiche, carte topografiche, piante e mappe);
- *in base agli aspetti che rappresentano* (carte fisiche, carte politiche, carte fisico-politiche, carte tematiche).

I **rilievi** si rappresentano con diverse gradazioni di colore oppure con le **curve di livello**.

5 RAPPRESENTARE I FENOMENI

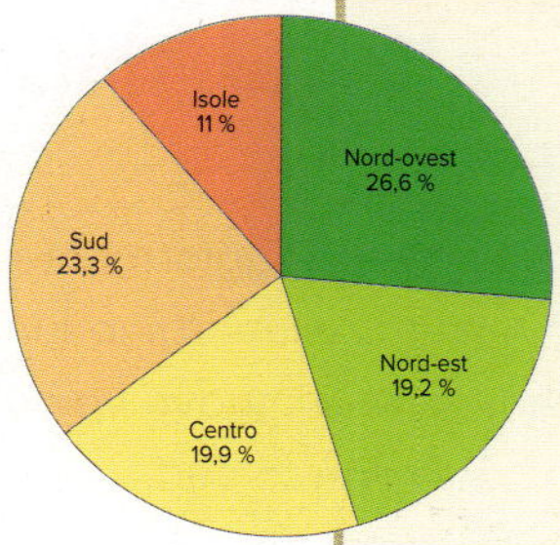

Per organizzare in modo comprensibile i dati che studia la geografia si usano:

- le **tabelle** per ordinare in righe e colonne i dati numerici;
- i **grafici**, per renderli comprensibili a colpo d'occhio.

Esistono diversi tipi di grafici, adatti a rappresentare diversi tipi di dati:

- gli **istogrammi** confrontano tra loro grandezze dello stesso tipo (per esempio, delle lunghezze);
- i **diagrammi cartesiani** visualizzano il mutamento di un fenomeno nel tempo;
- i **grafici a torta** fanno vedere come si divide in parti (spesso percentuali) un fenomeno.

6 L'ACQUA SULLA TERRA

Oltre due terzi del pianeta Terra sono ricoperti da acqua.
La maggior parte dell'acqua è salata.
L'acqua è sempre in movimento all'interno del **ciclo idrologico**:

- l'acqua *evapora* perché viene riscaldata dal Sole,
- il vapore acqueo sale nell'atmosfera e *condensa* formando le nuvole,
- dalle nuvole hanno origine le **precipitazioni** atmosferiche,
- l'acqua che ricade sulla terraferma ritorna al mare *scorrendo* sopra o sotto la superficie terrestre.

I fiumi e i ghiacciai scavano le montagne formando **valli**.
L'acqua che si infiltra nel terreno si raccoglie in **falde acquifere**.

7 IL TEMPO METEOROLOGICO E IL CLIMA

I fenomeni che determinano il **tempo meteorologico** si verificano nell'atmosfera, cioè nell'involucro d'aria che circonda la Terra.
L'aria, a causa delle differenze di **temperatura** e **pressione**, si muove dalle zone di alta pressione a quelle di bassa pressione.
L'aria umida è più leggera di quella secca e crea delle zone di bassa pressione, dove si hanno le **precipitazioni**.
Dove invece prevale l'aria secca, si hanno zone di alta pressione e di bel tempo.
Il **clima** è l'insieme delle condizioni meteorologiche di una determinata zona, osservate in un lungo periodo. I fattori che, nel loro complesso, formano il clima sono:

- la temperatura dell'aria,
- la pressione atmosferica,
- l'umidità dell'aria,
- le precipitazioni.

8 LA STRUTTURA DELLA TERRA

La **crosta terrestre**, lo strato roccioso più esterno del pianeta, è diviso in **placche** in movimento.
Il movimento lungo i margini fra le placche è la causa delle eruzioni vulcaniche e dei terremoti.
I vulcani sono aperture nella crosta terrestre attraverso le quali il **magma**, che si trova all'interno della Terra, risale in superficie.
I **terremoti** hanno origine all'interno della Terra in un punto detto *ipocentro*; poi le *onde sismiche* si propagano in tutte le direzioni e giungono in superficie. I loro effetti sono massimi all'*epicentro*, il punto della superficie sulla verticale dell'ipocentro.
Con le placche si muovono anche i **continenti**. La distribuzione attuale dei continenti è la conseguenza della frammentazione, oltre 200 milioni di anni fa, di un unico grande continente chiamato *Pangèa*.

Geostoria

I MAGGIORI TERREMOTI ITALIANI DALL'INIZIO DEL NOVECENTO

L'Italia è uno dei paesi maggiormente colpiti dai terremoti, perché è attraversata dal margine lungo il quale scorrono la placca africana, che si muove verso nord, e quella eurasiatica, che si muove verso sud.
Le zone a maggiore rischio sismico si trovano nella Sicilia orientale, lungo gli Appennini e in Friuli. Più della metà dei terremoti più gravi degli ultimi 2000 anni è avvenuta tra Campania, Basilicata, Calabria e Sicilia.
In base ai terremoti del passato il territorio è stato suddiviso in 4 zone, con gradi di pericolosità diversi [1].

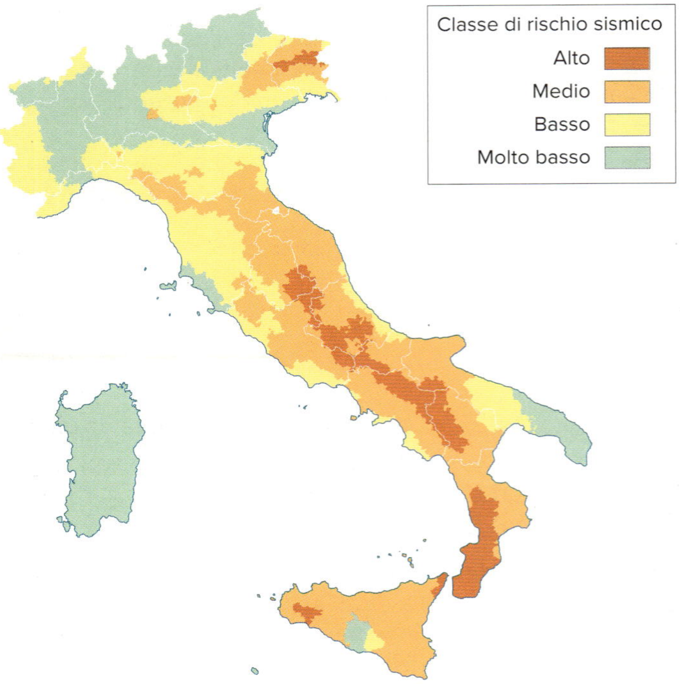

1 *Carta del rischio sismico in Italia.*

I PRINCIPALI TERREMOTI RECENTI

Dal 1900 a oggi si è verificato in Italia, in media, un terremoto disastroso ogni quattro anni.

Più di un secolo fa, nel 1908 Reggio Calabria e Messina sono state distrutte da un terremoto di magnitudo 7,1 che ha fatto 123 000 vittime.

Nel 1915, ad Avezzano, in Abruzzo, sono rimaste uccise circa 30 000 persone a causa di un terremoto di magnitudo 7.

A Gemona, in Friuli, fra maggio e settembre del 1976 tre forti scosse (magnitudo 6,4) hanno fatto 990 vittime e lasciato oltre 45 000 persone senza casa.

Negli ultimi decenni, il maggiore terremoto è stato quello che ha colpito l'Irpinia (in Campania) nel 1980: con una magnitudo di 6,8, ha provocato quasi 3000 vittime.

Nel 2009 il terremoto dell'Aquila, in Abruzzo (di magnitudo 6,3) ha causato 309 vittime: la città è stata evacuata [2] e il centro storico ancora oggi non è stato completamente rimesso in sesto.

A. Solaro/AFP/Getty Images

2 *Una chiesa crollata a L'Aquila.*

3 *Il paese di Castelluccio di Norcia distrutto dal terremoto.*

Nel 2012, anche l'Emilia-Romagna è stata colpita da un forte terremoto, che ha raggiunto una magnitudo di 5,9, provocando 27 vittime e gravi danni.

Nell'agosto 2016 un forte terremoto (magnitudo 6) ha colpito l'Appennino centrale, con epicentro nella zona al confine tra Umbria, Marche, Abruzzo e Lazio. La stessa zona è stata nuovamente colpita nel mese di ottobre. Le vittime sono 300, e numerosi paesi sono ridotti in macerie [3].

A COSA SERVE CONOSCERE I TERREMOTI DEL PASSATO

Ad oggi non ci sono metodi scientifici per prevedere il momento e il luogo in cui avverrà il prossimo terremoto. L'unica previsione possibile è di tipo statistico, basata sulla conoscenza dei terremoti del passato. Tuttavia anche questa non è del tutto attendibile: ad esempio, alcune località dell'Emilia, colpite dal forte terremoto del 2012, erano classificate come zone a rischio sismico basso.

Per affrontare il rischio sismico ci sono due metodi. Il primo consiste nel rendere gli edifici resistenti ai terremoti, rafforzando quelli esistenti e costruendo i nuovi con tecniche antisismiche.

Il secondo consiste nell'insegnare, a partire dalle scuole, come comportarsi in caso di terremoto (vedi il retro della copertina).

COMPETENZA: ORIENTARSI NELLO SPAZIO E NEL TEMPO

Ci sono diversi modi per organizzare i dati contenuti in queste due pagine. Sottolinea nel testo tutte le date dei terremoti descritti, poi scegli una delle due rappresentazioni descritte qui di seguito e realizzala sul quaderno.

1. Puoi organizzare i dati contenuti nel testo in una tabella. Costruisci una tabella con quattro colonne e una riga per ciascun terremoto citato.
   Le colonne ti serviranno a inserire per ciascun terremoto: anno, località, magnitudo, numero di vittime.
2. Puoi riportare i dati su una carta muta dell'Italia (la trovi in fondo al libro e puoi ricopiarla o fotocopiarla). Con l'aiuto dell'Atlante o di Internet individua i luoghi colpiti dai terremoti e poi collocali sulla carta muta indicando a fianco l'anno del terremoto e, tra parentesi, il numero di vittime.

Lettura IL PICCOLO PRINCIPE E IL GEOGRAFO

da A. de Saint-Exupéry, *Il Piccolo Principe* (trad. di N. Bompiani Bregoli, Bompiani)

Il Piccolo Principe è l'opera più conosciuta di Antoine de Saint-Exupéry, scrittore e aviatore francese vissuto nella prima metà del Novecento. Il libro, illustrato con acquarelli dello stesso autore, fu pubblicato nel 1943. Un anno dopo Antoine, che era pilota civile, si arruolò come pilota da ricognizione nella Seconda guerra mondiale. Scomparve il 31 luglio 1944 precipitando in mare, al largo di Marsiglia, col suo aereo, probabilmente abbattuto da un caccia tedesco. Antoine aveva da poco compiuto i quarant'anni.

Il sesto pianeta[1] era dieci volte più grande. Era abitato da un vecchio signore che scriveva degli enormi libri.

«Ecco un esploratore», esclamò quando scorse il piccolo principe.

Il piccolo principe si sedette sul tavolo ansimando un poco. Era in viaggio da tanto tempo.

«Da dove vieni?» gli domandò il vecchio signore.

«Che cos'è questo grosso libro?» disse il piccolo principe. «Che cosa fate qui?»

«Sono un geografo», disse il vecchio signore.

«Che cos'è un geografo?»

«È un sapiente che sa dove si trovano i mari, i fiumi, le città, le montagne e i deserti».

«È molto interessante», disse il piccolo principe, «questo finalmente è un vero mestiere!»

E diede un'occhiata tutto intorno sul pianeta del geografo. Non aveva mai visto fino ad ora un pianeta così maestoso.

«È molto bello il vostro pianeta. Ci sono degli oceani?»

«Non lo posso sapere», disse il geografo.

«Ah! (il piccolo principe fu deluso) E delle montagne?»

«Non lo posso sapere», disse il geografo.

«E delle città e dei fiumi e dei deserti?»

«Neppure lo posso sapere», disse il geografo.

«Ma siete un geografo!»

«Esatto», disse il geografo, «ma non sono un esploratore. Manco completamente di esploratori. Non è il geografo che va a fare il conto delle città, dei fiumi, delle montagne, dei mari, degli oceani e dei deserti. Il geografo è troppo importante per andare in giro. Non lascia mai il suo ufficio, ma riceve gli esploratori, li interroga e prende degli appunti sui loro ricordi. E se i ricordi di uno di loro gli sembrano interessanti, il geografo fa fare un'inchiesta sulla moralità dell'esploratore».

catwalker/Shutterstock

[1] Il sesto pianeta: nel libro il Piccolo Principe racconta di aver viaggiato nello spazio, visitando sei pianeti prima di arrivare sulla Terra.

«Perché?»

«Perché se l'esploratore mentisse porterebbe una catastrofe nei libri di geografia. Ed anche un esploratore che bevesse troppo».

«Perché?» domandò il principe.

«Perché gli ubriachi vedono doppio e allora il geografo annoterebbe due montagne là dove ce n'è una sola».

«Io conosco qualcuno», disse il piccolo principe, «che sarebbe un cattivo esploratore».

«È possibile. Dunque, quando la moralità dell'esploratore sembra buona, si fa un'inchiesta sulla sua scoperta».

«Si va a vedere?»

«No, è troppo complicato. Ma si esige che l'esploratore fornisca le prove. Per esempio, se si tratta di una grossa montagna, si esige che riporti delle grosse pietre».

All'improvviso il geografo si commosse.

«Ma tu, tu vieni da lontano! Tu sei un esploratore! Mi devi descrivere il tuo pianeta!»

E il geografo, avendo aperto il suo registro, temperò la sua matita. I resoconti degli esploratori si annotano da prima a matita, e si aspetta per annotarli a penna che l'esploratore abbia fornito delle prove.

«Allora?» interrogò il geografo.

«Oh! da me», disse il piccolo principe, «non è molto interessante, è talmente piccolo. Ho tre vulcani, due in attività e uno spento. Ma non si sa mai». [...]

* * *

Il settimo pianeta fu dunque la Terra. [...]

Per darvi un'idea delle dimensioni della Terra, vi dirò che prima dell'invenzione dell'elettricità bisognava mantenere, sull'insieme dei sei continenti, una vera armata di quattrocentosessantaduemila e cinquecentoundici lampionai per accendere i lampioni.

Visto un po' da lontano faceva uno splendido effetto. I movimenti di questa armata erano regolati come quelli di un balletto d'opera. Prima c'era il turno di quelli che accendevano i lampioni della Nuova Zelanda e dell'Australia. Dopo di che, questi, avendo accesi i loro lampioni, se ne andavano a dormire. Allora entravano in scena quelli della Cina e della Siberia. Poi anch'essi se la battevano fra le quinte. Allora veniva il turno dei lampionai della Russia e delle Indie. Poi di quelli dell'Africa e dell'Europa. Poi di quelli dell'America del Sud e infine di quelli dell'America del Nord. E mai che si sbagliassero nell'ordine di entrata in scena. Era grandioso.

COMPETENZA: COMUNICARE IN ITALIANO

1. Il vecchio geografo basa il suo lavoro sui racconti degli esploratori e dei viaggiatori, come in realtà avveniva un tempo. Quali altri strumenti ha oggi il geografo per descrivere la Terra?

....
....
....
....

2. Prima dell'invenzione dell'elettricità, le strade delle città erano illuminate da lampioni a olio o a gas, che venivano accesi e spenti dai lampionai per mezzo di lunghe aste. Perché, nel fantastico racconto di Antoine de Saint-Exupéry, i primi ad accendere i lampioni erano quelli della Nuova Zelanda e dell'Australia, e gli ultimi quelli delle Americhe?

....
....
....
....
....
....
....
....

3. L'autore paragona i movimenti dei lampionai a quelli dei ballerini in uno spettacolo di danza. Sai che cosa vuol dire «entravano in scena» e «se la battevano (*ossia si ritiravano*) fra le quinte»? (Se non lo sai, cerca sul vocabolario.)

....
....
....
....
....
....

DIARIO

In questa unità hai visto quali sono gli strumenti fondamentali della geografia. Per avere sempre con te una «cassetta degli attrezzi», costruisci sul tuo quaderno un glossario (cioè un elenco di parole con le relative definizioni), che potrai consultare ogni volta che ne avrai bisogno.

In questa pagina trovi elencati i principali termini della geografia (divisi per lezione), da ricopiare sul quaderno.

Per i termini della prima lezione ti diamo anche la definizione, per gli altri termini dovrai andare a cercarla nella lezione. Per trovare più facilmente le definizioni puoi scorrere i titoletti in rosso e le parole che trovi evidenziate in neretto nel testo: sicuramente la parola che cerchi è fra queste.

Lezione 1
- **Equatore**: circonferenza massima della «sfera» terrestre.
- **emisfero boreale**: metà della Terra a nord dell'Equatore.
- **emisfero australe**: metà della Terra a sud dell'Equatore.
- **asse terrestre**: la linea (immaginaria) che passa per il centro della Terra e unisce i due poli.
- **rotazione terrestre**: movimento della Terra attorno al proprio asse, dura 1 giorno (24 ore).
- **rivoluzione terrestre**: movimento della Terra attorno al Sole, dura 1 anno (365 giorni).

Lezione 2
- punti cardinali
- meridiani
- paralleli
- longitudine
- latitudine

Lezione 3
- proiezione
- scala di riduzione

Lezione 4
- planisfero
- carta fisica
- carta politica
- carta tematica
- curve di livello

Lezione 5
- istogramma
- diagramma cartesiano
- grafico a torta

Lezione 6
- acque marine
- acque continentali
- ciclo dell'acqua
- falda acquifera

Lezione 7
- atmosfera
- tempo meteorologico (o atmosferico)
- clima

Lezione 8
- placche della crosta terrestre
- magma
- epicentro del terremoto

METTI ALLA PROVA LE TUE CONOSCENZE

ZTE ONLINE

1 ●○○ **Vero o falso?**

a. L'equinozio di primavera è il giorno che segna il passaggio tra la primavera e l'estate. V F

b. Le zone temperate della Terra sono le zone intermedie tra le zone polari e la zona intertropicale. V F

c. I meridiani sono circonferenze immaginarie che si ottengono «tagliando» la Terra con piani perpendicolari all'asse terrestre. V F

d. La falda freatica è l'acqua che imbeve il terreno sopra a uno strato di rocce impermeabili. V F

2 ●○○ **Scegli l'alternativa corretta.**

a. L'Equatore è la circonferenza più lunga/più corta che può essere tracciata sulla superficie della Terra.

b. La crosta terrestre è lo strato più superficiale/profondo fra i tre che costituiscono il nostro pianeta.

c. Un geyser è una emissione di vapori freddi/caldi che si verifica ai margini di alcune aree vulcaniche.

d. Il punto che si trova nel sottosuolo e dal quale partono le onde sismiche di un terremoto si chiama epicentro/ipocentro.

3 L'alternarsi delle stagioni dipende

●●○

A dal moto di rotazione della Terra su se stessa.

B dal moto di rivoluzione della Terra attorno al Sole.

C dalla combinazione dei moti di rotazione e rivoluzione.

4 Il reticolato geografico

●●○

A permette di orientarsi in qualsiasi luogo della Terra.

B permette di indicare un qualsiasi punto sulla superficie della Terra.

C permette di classificare i venti in base alla loro direzione di provenienza.

5 **Associa ciascun termine alla relativa definizione. Scrivi nelle caselle i numeri corrispondenti.**

●●○

1. Scala grafica
2. Carta a grande scala
3. Grafico
4. Carta a piccola scala
5. Punti cardinali
6. Latitudine
7. Longitudine

☐ **a.** Segmento diviso in parti uguali che indica la distanza in km sul terreno.
☐ **b.** Distanza tra un punto sulla superficie terrestre e l'Equatore.
☐ **c.** Rappresenta territori estesi in maniera poco dettagliata.
☐ **d.** Distanza tra un punto sulla superficie terrestre e il meridiano di Greenwich.
☐ **e.** Si utilizza per organizzare dei dati in maniera visiva.
☐ **f.** Rappresenta piccoli territori in maniera molto dettagliata.
☐ **g.** I punti sulla linea dell'orizzonte che indicano il nord, il sud, l'est e l'ovest.

6 **Osserva questa piantina di Roma.**

●●○

Usando la scala della mappa, calcola la distanza in linea d'aria tra la Stazione Termini e il Colosseo. Traccia un punto in corrispondenza della piazza antistante la Stazione Termini (Piazza dei Cinquecento) e un altro punto in corrispondenza del Colosseo.

La distanza in linea d'aria è

....

Traccia un percorso che consenta di partire dalla Stazione Termini e arrivare al Colosseo percorrendo le strade della città. Usando la scala tenta di calcolare la distanza percorsa.

La distanza percorsa lungo le strade è ....

....

Confrontatevi in classe per vedere chi ha trovato il percorso più breve.

SCALA 1 : 10 000

7 ●●○ **Osserva la seguente pianta di una stanza in scala 1:100.**

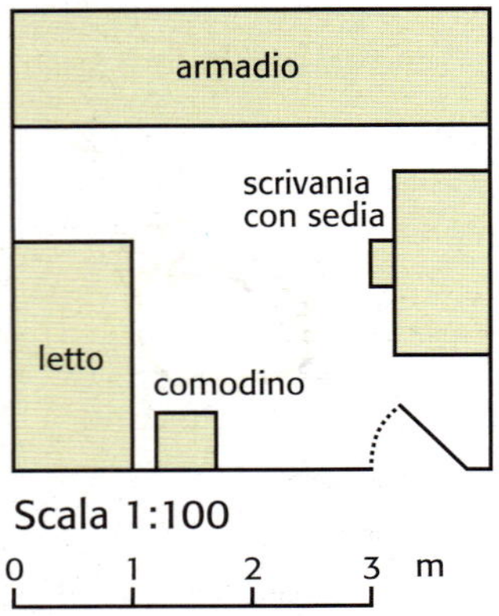

Raddoppia la scala e disegna la pianta della stanza sulla carta millimetrata qui a lato. Inizia dall'angolo in alto a sinistra (sulla carta millimetrata vedi il punto già indicato). Poi prosegui riportando le misure (ricordati di raddoppiarle) fino ad avere completato il disegno. Se vuoi, puoi colorare i mobili (puoi scegliere lo stesso colore o altri a tuo piacimento). Infine aggiungi le scritte.

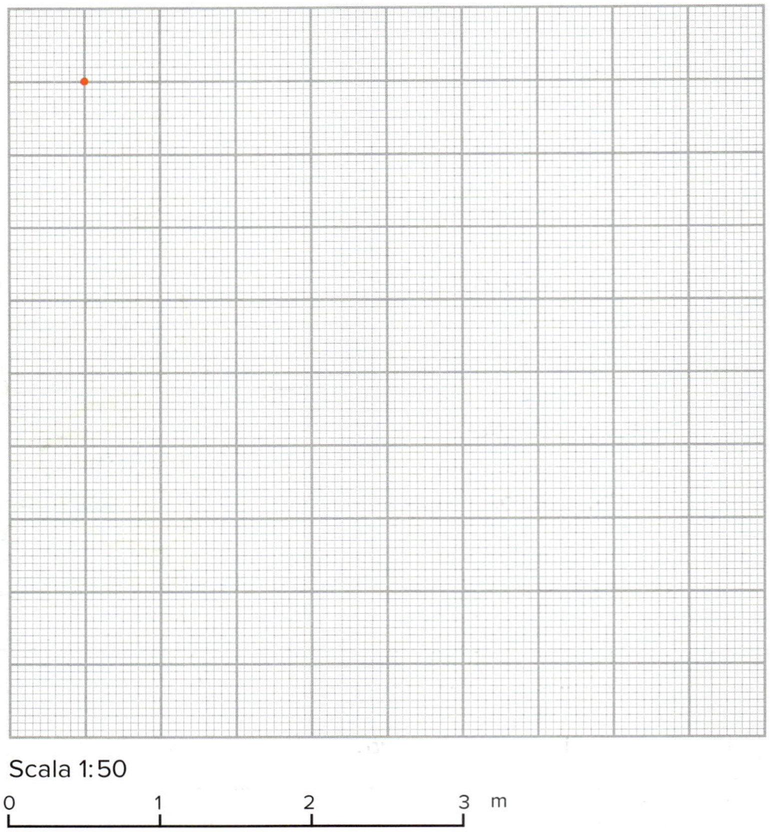

8 ●●○ **La tabella seguente presenta i dati relativi alla popolazione straniera residente in Italia, ripartita per aree geografiche. Trasferisci le percentuali su di un grafico a torta e aggiungi la relativa legenda. Se non ricordi come si fa puoi riguardare la pag. 20.**

Ripartizione geografica	Percentuale di popolazione straniera residente (maschi e femmine)
Nord-ovest	37%
Nord-est	27%
Centro	24%
Sud	9%
Isole	3%
Totale	**100%**

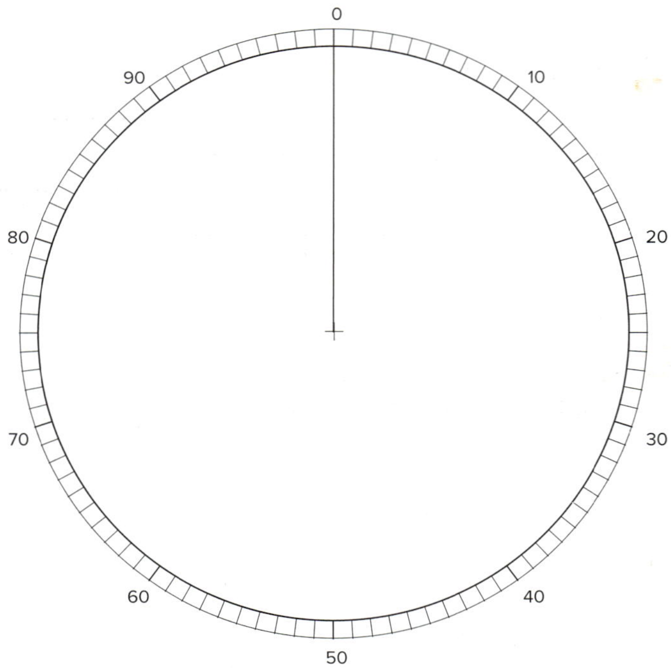

LEGENDA

☐ Nord-ovest ☐ Centro
☐ Nord-est ☐ Sud ☐ Isole

9 ●●○ **Guarda attentamente questa carta. Sulla base di quanto hai imparato prova a descrivere le caratteristiche del territorio rispondendo alle domande che seguono:**

1. Quale zona d'Italia è rappresentata?

   ....

2. Il territorio è prevalentemente pianeggiante, collinare o montuoso?

   ....

3. Qual è l'altezza massima raggiunta dalle montagne?

   .... m

4. In che direzione scorrono i fiumi?

   ....
   ....
   ....
   ....
   ....

10 ●●● Che cos'è il *ciclo dell'acqua*?

....
....
....

11 ●●● Come si definisce il *clima*?

....
....
....

12 ●●● Che cos'è un *vulcano*?

....
....
....

13 ●●● Che cos'è un *terremoto*?

....
....
....

14 **IN ENGLISH**

Cerca sul dizionario le definizioni delle seguenti parole:

cloud • rain • river • sea • sun

Poi inseriscile nel disegno del ciclo dell'acqua.

A TERRITORIO E CLIMA

CIAK si impara! se fossero 100

Puoi iniziare con il filmato *Il territorio europeo e italiano*

canadastock/Shutterstock

Una veduta di Piano Grande, nel Parco nazionale dei Monti Sibillini in Umbria. Quest'area pianeggiante è un *altopiano*, essendo situata tra i 1200 e i 1300 metri di altitudine. La fioritura di papaveri sul prato indica che siamo in estate.
Il parco – che copre un'area di circa 700 km^2 tra Umbria e Marche, con circa 13 000 abitanti – costituisce una delle aree naturali protette di grande importanza per la conservazione della *biodiversità*, ossia della varietà di organismi vegetali e animali che è alla base della vita sulla Terra. La flora del parco comprende oltre 1900 varietà di piante; la fauna, circa 40 specie di mammiferi, oltre 100 di uccelli e 800 di farfalle.

PER ORIENTARTI NELL'UNITÀ A

Nell'**unità 0** abbiamo imparato a orientarci utilizzando i **punti cardinali** e a leggere una **carta geografica**: due abilità che ci serviranno per lo studio del territorio europeo. Inoltre abbiamo analizzato gli elementi del tempo atmosferico e del **clima**, cioè le temperature e le precipitazioni.

In questa unità vedremo quali sono le **caratteristiche fisiche dell'Europa**

Cominciamo ad analizzare il **territorio europeo** guardando la carta geografica: essa mostra che l'Europa non è un continente a sé stante, ma l'estremità occidentale dell'Eurasia (**lezione 1**).

L'esame dei rilievi inizia dai tre grandi **sistemi montuosi** formatisi in differenti epoche geologiche: da quelli più antichi nel nord e centro Europa al sistema alpino, di più recente formazione, nell'Europa meridionale (**lezione 2**). Vediamo poi quali sono i maggiori rilievi italiani: le Alpi e gli Appennini (**lezione 3**).

Scendiamo nelle grandi **pianure** che, nella parte centrale dell'Europa, si allargano a ventaglio da ovest a est (**lezione 4**). Percorriamo poi la Pianura padana, la grande pianura alluvionale dell'Italia settentrionale, e le altre pianure minori dell'Italia centrale e meridionale (**lezione 5**).

Esaminando il territorio europeo vedremo che le **condizioni climatiche** cambiano a seconda della latitudine, della distanza dall'oceano, dell'altitudine e della posizione delle catene montuose (**lezione 6**).

Vedremo che in Europa si distinguono quattro **regioni bioclimatiche**. Dalla tundra della regione artica passeremo alla taiga, la foresta di conifere della regione continentale; dai boschi di latifoglie e le brughiere della regione atlantica passeremo alla vegetazione mediterranea ricca di arbusti (**lezione 7**).

Melica/Shutterstock

1 CHE COS'È L'EUROPA

L'Europa è l'estremità occidentale del continente eurasiatico, che comprende l'Europa e l'Asia

L'Europa viene di solito considerata un continente, ma in realtà non lo è.

Secondo la definizione geografica più comune, un **continente** è una grande estensione ininterrotta di terraferma circondata da oceani o mari. Vediamo subito che questa definizione non va bene per l'Europa: essa è infatti saldata a un'altra grande estensione di terraferma, l'Asia.

Insieme, Europa e Asia costituiscono il continente **Eurasia**, che va dall'Oceano Atlantico, a ovest, fino all'Oceano Pacifico, a est [A].

Perché allora l'Europa a volte è considerata un continente? I motivi non sono geografici, ma storico-culturali. Ne parleremo tra breve.

L'Europa ha la forma di una grande penisola, ossia di una terra circondata dal mare eccetto che nella parte in cui è unita all'Asia

Non esiste un confine geografico preciso tra le due parti che formano il continente eurasiatico. I geografi, per distinguere l'Europa dall'Asia, hanno stabilito una *linea convenzionale* che segue, a est, prima la catena dei Monti Urali, poi il fiume Ural e infine la catena del Caucaso fino al Mar Nero.

Il territorio europeo così delimitato si estende su poco più di 10 milioni di kilometri quadrati [B].

Gli altri confini dell'Europa sono naturali, perché sono costituiti da oceani o mari:

- a nord il Mar Glaciale Artico;
- a sud il Mar Nero e il Mar Mediterraneo;
- a ovest l'Oceano Atlantico.

A I continenti e l'Eurasia

B L'Europa

Il nome «Europa» deriva dalla mitologia greca ed è usato da millenni

Secondo la mitologia greca, Europa era la madre del re Minosse. Poiché si riteneva che il padre di Minosse fosse il dio greco Zeus [C], il nome della donna all'inizio venne usato per indicare la Grecia; poi, dal V secolo a.C., l'intera regione europea.

Palermo, Museo Archeologico

C Zeus, dopo aver preso le forme di un toro, rapisce Europa. Bassorilievo greco del VI secolo a.C.

GUIDA ALLO STUDIO

Sottolinea nel paragrafo la definizione di «continente» e il passaggio che spiega perché tale definizione non può essere applicata all'Europa.

VIDEO NELL'EBOOK

L'Europa e i suoi confini (interattivo)

L'idea di Europa nacque dopo il crollo dell'Impero romano d'Occidente e si affermò nel Medioevo

Abbiamo visto che non è facile identificare il territorio europeo, a causa dei confini poco definiti con l'Asia. Si può però risalire alle origini culturali dell'Europa.

Fra il V e l'VIII secolo vi furono due importanti avvenimenti:

- il crollo (nel 476) dell'Impero romano d'Occidente, che aveva come proprio centro il Mediterraneo, non l'Europa;
- la conquista araba del Nord Africa (VII e VIII secolo).

Questi due fatti provocarono la «separazione» dell'Europa dalla costa meridionale del Mediterraneo e dai territori orientali, dove si era sviluppato l'Impero bizantino, e ne favorirono l'unificazione. A questa contribuì anche la diffusione del cristianesimo: le principali popolazioni barbariche abbracciarono infatti la nuova religione.

Fu però solo nel **Medioevo** che l'Europa iniziò ad avere una vera **storia comune**, quando sovrani come Carlo Magno (VIII-IX secolo) e Ottone I (seconda metà del X secolo) unificarono l'Europa centrale in un grande impero.

Dal XV secolo a oggi si sono avuti periodi di guerra e di pace, ma l'identità europea si è rafforzata

Dal XV al XVIII secolo l'Europa si divise [D] in una serie di monarchie (francese, spagnola, inglese ecc.) che tentarono più volte di assoggettare i vicini con le armi. Un altro fattore di divisione furono i conflitti religiosi, in particolare quello fra cattolici e protestanti, all'origine delle guerre dei secoli XVI-XVII.

Nonostante queste divisioni, vi erano anche importanti elementi di unità: per esempio, lo sviluppo dei collegamenti stradali e marittimi, la nascita di grandi compagnie commerciali, l'invenzione della stampa e la circolazione delle idee scientifiche.

Dalla fine del Settecento a oggi purtroppo si sono susseguite ancora molte guerre fra i paesi dell'Europa, come le due guerre mondiali del secolo scorso. Ma l'identità del continente ha continuato a rafforzarsi, e ha portato anche a nuove organizzazioni politiche, come l'attuale Unione europea, di cui fa parte anche l'Italia e di cui parleremo più avanti.

D Una carta dell'Europa disegnata nel XVII secolo.

DIARIO

1. Traccia, sul tuo quaderno, una rappresentazione schematica dell'Europa (può bastare anche il disegno di un rettangolo). Indica quali mari o monti la delimitano su ognuno dei quattro lati. Puoi copiare lo schema che vedi qui a fianco e completarlo con i nomi geografici corretti che trovi nella lezione.

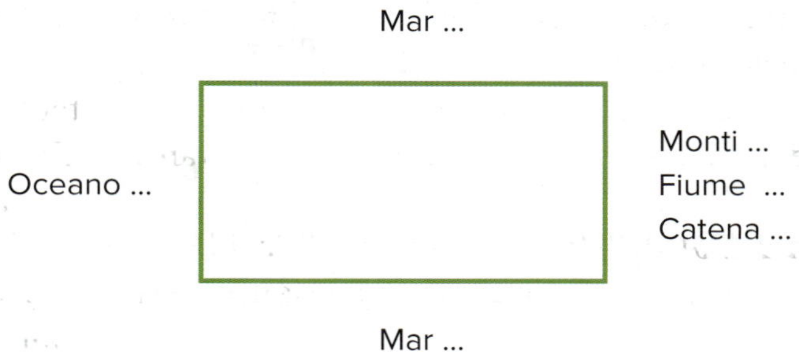

2. Spiega con parole tue perché l'Europa non può considerarsi un vero e proprio continente.

METTITI ALLA PROVA

1 ●○○ **Scegli l'alternativa corretta.**
L'Europa è la parte occidentale/orientale del continente eurasiatico.

2 ●○○ **Vero o falso?**
a. L'Europa è una estensione ininterrotta di terraferma circondata da oceani. V F
b. Non esiste un confine geografico preciso che separa l'Europa dall'Asia. V F

3 ●○○ **Completa il testo con le parole:**
est • nord • sud • ovest
L'Europa confina ad .... con l'Asia. A .... si estende fino a toccare l'Oceano Atlantico, a .... è bagnata dal Mar Glaciale Artico e, a .... , dal Mar Mediterraneo.

4 ●○○ **Il territorio europeo ha una superficie di circa**
A 1000 kilometri quadrati.
B 10 milioni di kilometri quadrati.

5 ●●○ **L'Europa si divise in grandi monarchie**
A tra il XV e il XVIII secolo.
B dopo il XV secolo.
C nel XVIII secolo.

6 ●●○ **Una forte spinta verso la nascita di un'idea d'Europa venne**
[due risposte corrette]
A nel V secolo, per il crollo dell'Impero romano d'Occidente.
B nell'VIII secolo, per la conquista araba del Nord Africa .
C nel X secolo, per la nascita di un impero a opera di Ottone I.

7 ●●○ **Completa lo schema inserendo le parole:**
Ural • Caucaso • Urali

L'Europa è divisa dall'Asia da
- Monti ....
- fiume ....
- montagne del ....

8 ●●● **Riguarda la figura A della lezione e descrivi la posizione dell'Europa rispetto agli altri continenti.**
....
....
....
....

2 LE MONTAGNE EUROPEE

A I rilievi europei

In Europa ci sono tre grandi sistemi montuosi

Il territorio europeo è generalmente poco elevato perché è costituito in gran parte da pianure: ha un'altitudine media di 340 metri sul livello del mare.

Le montagne, cioè i rilievi più alti di 600 metri, occupano solo un terzo del territorio [A].

I principali rilievi sono raggruppati in tre grandi sistemi montuosi [B], che si sono formati in differenti epoche geologiche. Man mano che si procede da nord verso sud, le montagne sono sempre più «giovani» e l'**erosione** (l'asportazione di roccia ad opera degli agenti atmosferici) ha avuto sempre meno tempo per consumarle.

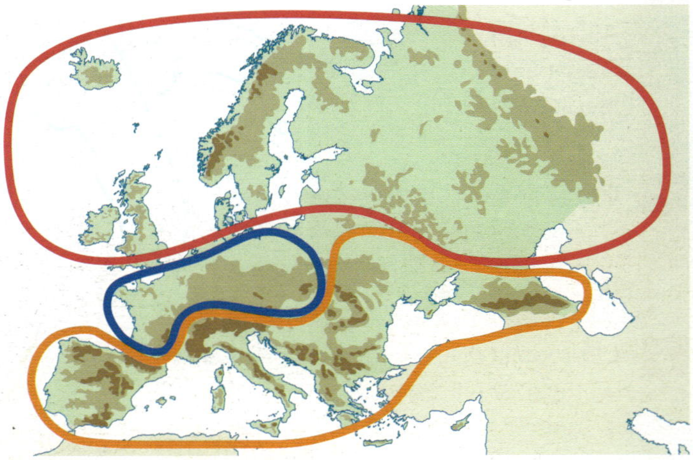

B I tre grandi sistemi montuosi europei

Le montagne dell'Europa settentrionale sono tra le più antiche e non sono molto alte

I rilievi più importanti dell'Europa settentrionale sono le **Alpi scandinave**, nell'omonima penisola, le **montagne della Gran Bretagna** (monti Grampiani, Pennini e Cambrici) e quelle **dell'Irlanda**. Si tratta delle montagne più antiche, formatesi tra 450 e 400 milioni di anni fa e successivamente consumate dall'**erosione**. Hanno quindi cime poco elevate: la più alta (2452 m) è quella del Glittertind sulle Alpi scandinave, in Norvegia.

Anche la **catena degli Urali** [C], che si estende per circa 2000 km a est della pianura russa, è antica: si è formata fra 300 e 250 milioni di anni fa e, a causa della lunga erosione, non è molto alta (al massimo 1894 m).

Le montagne dell'Europa centro-occidentale sono i bassi resti di antiche catene montuose

I principali rilievi dell'Europa centro-occidentale sono il **Massiccio centrale** in Francia, la **Selva nera** in Germania e i **Monti metalliferi** nella Repubblica Ceca [D]. Costituiscono i resti di catene montuose formatesi, come gli Urali, circa 250 milioni di anni fa; hanno cime basse (in media circa 1000 m), perché sono stati livellati durante milioni di anni dai fenomeni di erosione. La cima più alta, nel Massiccio centrale, è costituita da un vulcano spento: il Puy-de-Sancy, 1885 m.

GUIDA ALLO STUDIO

Evidenzia nel testo i nomi dei tre principali sistemi montuosi europei; sottolinea i punti in cui si dice in che periodo si sono formati e se sono più o meno elevati.

C Le cime arrotondate dei Monti Urali

Byelikova Oksana/Shutterstock

VIDEO NELL'EBOOK

Le montagne europee

Le montagne dell'Europa meridionale sono di più recente formazione e generalmente elevate

I principali rilievi dell'Europa meridionale sono quelli del **sistema alpino**, formatosi nel periodo compreso tra 65 e 2 milioni di anni fa. Sono quindi montagne relativamente giovani e generalmente alte, con forme aspre e versanti scoscesi, perché poco consumate dall'erosione.

Andando da ovest verso est troviamo: i **Pirenei** nella penisola iberica; le **Alpi** e gli **Appennini** nella penisola italiana; le **Alpi dinariche**, i **Balcani** e la **catena del Pindo** nella Penisola balcanica; i **Carpazi** nell'Europa centro-orientale; il **Caucaso** tra il Mar Nero e il Mar Caspio, dove si trova il monte più alto d'Europa, l'**Elbrus** [E], un vulcano spento che raggiunge i 5642 metri sul livello del mare. Nelle Alpi Graie (tra Italia, Francia e Svizzera) si trova il **Monte Bianco**, alto 4810 m.

D Le basse montagne nella Boemia (Repubblica Ceca)

Chmura Frank

E Il Monte Elbrus

Vasily Deyneka/Shutterstock

Le montagne nascono e invecchiano in tempi geologici di milioni di anni

Ai nostri occhi le montagne sembrano immobili e immutabili. Invece non è così. Esse hanno una loro «vita»: nascono, crescono e invecchiano. Tutto ciò avviene però in tempi geologici, ossia in tempi lunghissimi di milioni e milioni di anni.

Le montagne si formano quando le placche, muovendosi, si avvicinano e si scontrano l'una con l'altra. Come questo avvenga può essere osservato con un semplice esperimento.

Metti su un tavolo un panno morbido e spesso e, usando entrambe le mani con i palmi rivolti verso il basso, avvicina lentamente i bordi l'uno all'altro. Si forma così una serie di pieghe che, raggiunta una certa altezza, si accavallano su se stesse.

In base a tale processo, che in natura è detto **orogenesi**, si sono formate ad esempio le Alpi [F]: quando la placca africana è entrata in collisione con quella eurasiatica, le rocce del fondo oceanico si sono compresse, sollevate e ripiegate su se stesse formando, sul bordo meridionale del nostro continente, la catena alpina. Essa sta ancora crescendo di alcuni centimetri all'anno, poiché la placca africana continua a premere contro quella eurasiatica.

Abbiamo detto che, col passare del tempo, le montagne vengono lentamente consumate dal processo di **erosione**, dovuto ai fenomeni atmosferici. Vediamo meglio come avviene:

- l'acqua corrente, alimentata dalla pioggia, rimuove dalla superficie delle rocce una grande quantità di particelle (i detriti) e le trasporta a valle;
- il ghiaccio, che si forma nelle fratture delle rocce in cui penetra l'acqua, contribuisce a frantumarle;
- il vento, proiettando granelli di sabbia contro le rocce, a lungo andare le corrode.

Nel corso di milioni di anni, quindi, le montagne vengono consumate dall'erosione: essa trasforma le loro cime da aguzze in tondeggianti e ne riduce sempre più l'altezza.

F La formazione delle Alpi

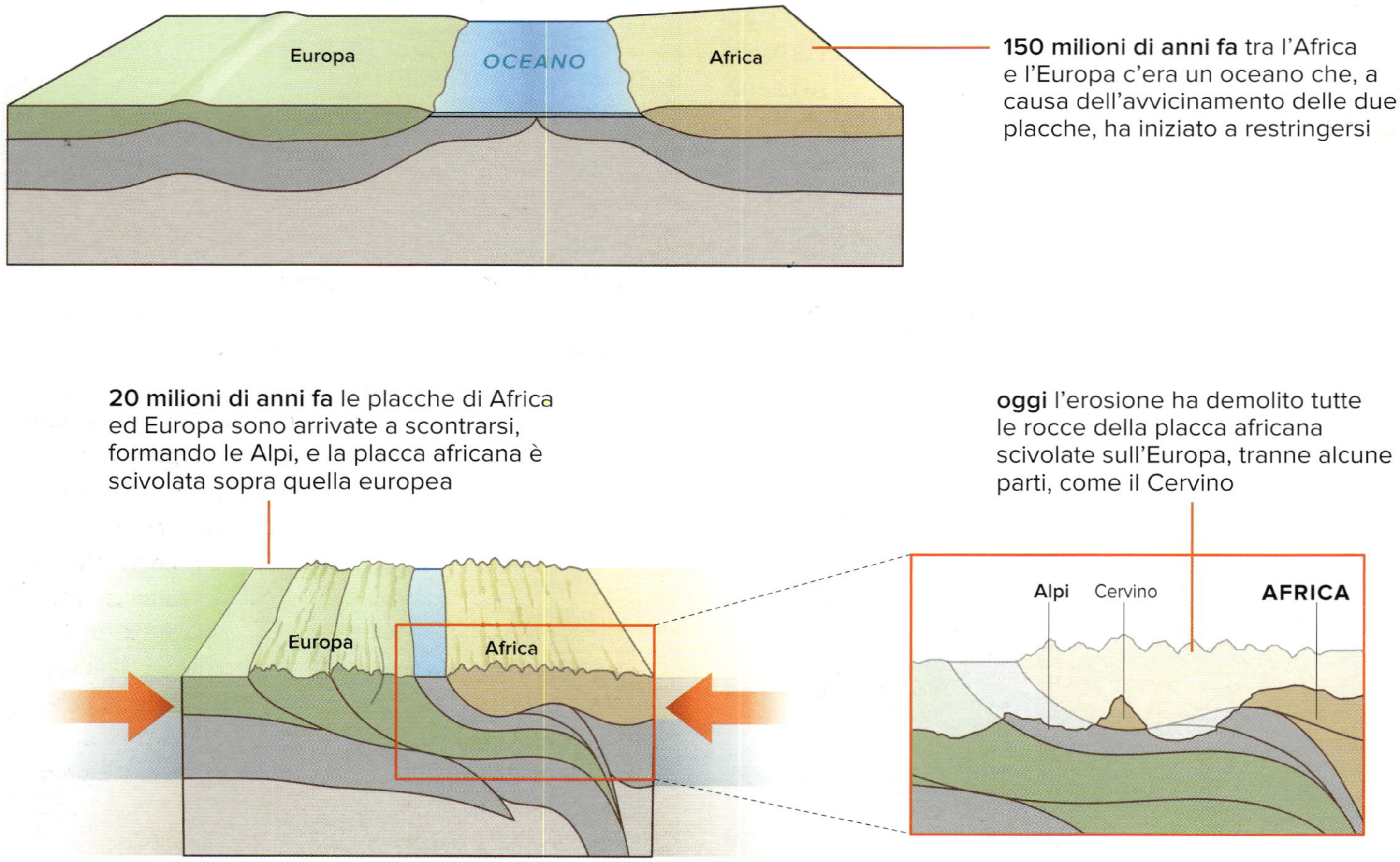

DIARIO

1. Costruisci una tabella dei tre sistemi montuosi dell'Europa. Puoi copiare questo schema e completarlo con le informazioni che trovi nella lezione.
2. Preferiresti salire su una montagna alta o bassa? Spiega perché.

Montagne dell'Europa	Sono più antiche o più recenti?	Catene montuose principali	Qual è il monte più alto?
Settentrionale	antiche		
Centrale		il Massiccio centrale (Francia), la Selva nera (Germania) e i Monti metalliferi (Repubblica Ceca)	
Meridionale			

METTITI ALLA PROVA

1 ●○○ **Scegli l'alternativa corretta.**
I rilievi con altitudine superiore ai 300 metri/600 metri si chiamano montagne.

2 ●○○ **Vero o falso?**
a. In Europa i principali rilievi si sono formati nella stessa epoca geologica. V F
b. I monti del Caucaso indicano il limite geografico meridionale tra Europa e Asia. V F

3 ●●○ **Tra le montagne più antiche d'Europa ci sono**
A i Monti metalliferi, a sud.
B le Alpi scandinave, a nord.
C i Pirenei, al centro.

4 ●●○ **Completa la cartina inserendo le catene montuose al posto giusto:**
Carpazi • Caucaso • Urali • Pirenei • Alpi scandinave

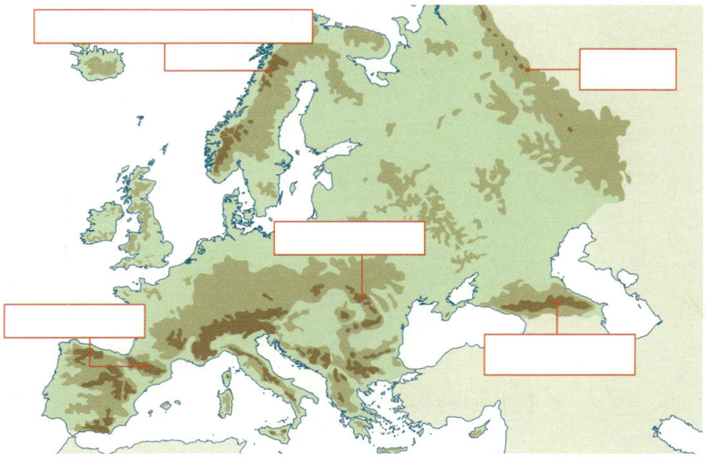

5 ●●● **Completa la tabella con questi nomi:**
Alpi dinariche • Cambrici • Urali • Pirenei • Carpazi • Pennini • Caucaso • Alpi italiane • Grampiani • Alpi scandinave

Montagne antiche	Montagne giovani

6 ●●● **Completa il testo con le parole:**
65 • 250 • 400 • arrotondate • meridionale • agenti atmosferici • settentrionale • centro • aspra

Le montagne dell'Europa .... sono tra le più antiche del continente. Si sono formate circa .... milioni di anni fa. Non raggiungono mai altitudini elevate poiché sono state erose dagli .... Le loro cime, infatti, sono .... Le montagne al .... sono i resti di grandi catene montuose formatesi circa .... milioni di anni fa e anche queste presentano una forma livellata. Le catene dell'Europa .... sono più giovani, formatesi meno di .... milioni di anni fa. Raggiungono considerevoli altitudini (l'Elbrus 5642 m) e presentano una forma .... con versanti scoscesi.

3 LE MONTAGNE ITALIANE

I maggiori rilievi italiani si articolano in due grandi catene: le Alpi, che si estendono da ovest a est, e gli Appennini, che si estendono da nord a sud

Le montagne occupano il 35% del territorio italiano; la parte restante è per il 42% collinare e per il 23% pianeggiante [A].

A I principali rilievi italiani

La catena delle **Alpi** ha la forma di un arco, il cui versante interno è in territorio italiano. Si estende per 1350 km dal Colle di Cadibona in Liguria al Passo di Vrata in Slovenia, con una larghezza che varia tra 120 e 250 km. Le Alpi sono formate da montagne relativamente giovani e quindi alte, con versanti scoscesi.

La catena degli **Appennini** costituisce l'ossatura della penisola italiana e la divide in due versanti, tirrenico e adriatico. Gli Appennini attraversano la nostra penisola dalla Liguria alla Sicilia settentrionale, per una lunghezza totale di 1500 km e con una ampiezza che varia da un minimo di 30 km a un massimo di 205 km. Questa catena è formata da montagne generalmente più basse delle Alpi, con cime tondeggianti e versanti poco scoscesi.

Le Alpi e gli Appennini sono affiancati da fasce di rilievi di modesta altezza: le *Prealpi* e gli *Antiappennini*.

Le Alpi sono tradizionalmente distinte in tre settori: Occidentali, Centrali e Orientali

Le **Alpi Occidentali** vengono suddivise in Alpi Liguri, Marittime, Cozie e Graie, e sono le più imponenti. Le cime più alte sono il **Monviso** (3841 m) che si trova nelle Alpi Cozie, il **Gran Paradiso** (4061 m) e il **Monte Bianco** (4810 m [B]) nelle Alpi Graie. Il Monte Bianco è la seconda vetta più alta d'Europa dopo l'Elbrus (5642 m).

Le **Alpi Centrali** vengono suddivise in Alpi Pennine, Lepontine e Retiche, e si estendono dal Col Ferret al Passo di Resia. Le maggiori cime sono il **Cervino** (4478 m) e il **Monte Rosa** (4634 m) nelle Alpi Pennine, il **Bernina** (4049 m) e l'**Ortles** (3905 m) nelle Alpi Retiche. Le Alpi Centrali sono affiancate da una serie di rilievi prealpini: Prealpi Varesine, Orobie, Bresciane e Dolomiti del Brenta.

Le **Alpi Orientali** vengono suddivise in Alpi Atesine (o Noriche), Carniche e Giulie, e costituiscono la parte meno elevata della catena: le cime principali sono la **Palla Bianca** (3739 m) nelle Alpi Atesine e il **Coglians** (2780 m) nelle Alpi Carniche. Le Alpi Orientali sono affiancate dalle Prealpi Venete e Bellunesi e dal massiccio delle Dolomiti, la cui cima più alta è la **Marmolada** (3342 m).

GUIDA ALLO STUDIO

Sottolinea prima le misure dell'estensione delle Alpi e degli Appennini. Poi mettile a confronto, disegnando sul quaderno due segmenti che le rappresentino (usando la stessa scala).
Infine calcola la differenza tra le due misure.

Anche gli Appennini sono tradizionalmente distinti in tre settori: Settentrionali, Centrali e Meridionali

L'**Appennino Settentrionale** – suddiviso in Ligure e Tosco-Emiliano – si estende dal Colle di Cadibona fino alla Bocca Serriola. La cima più alta è il **Monte Cimone** (2165 m) nel tratto tosco-emiliano.

La fascia antiappenninica settentrionale comprende: le colline delle Langhe e del Monferrato, che si estendono verso la Pianura padana, e le Alpi Apuane, rilievi di tipo alpino che si trovano sul versante tirrenico.

L'**Appennino Centrale** – suddiviso in Umbro-Marchigiano e Abruzzese-Molisano – si estende dalla Bocca Serriola fino alla Bocca di Forlì. In questa sezione, nel tratto abruzzese-molisano, vi sono le più alte vette appenniniche: il **Gran Sasso d'Italia** (2912 m [C]), la **Maiella** (2795 m) e il **Monte Vettore** (2476 m).

La fascia antiappenninica centrale comprende: le colline del Chianti e Metallifere in Toscana; i gruppi di origine vulcanica del Monte Amiata in Toscana e quelli dei Monti Volsini, Cimini e Albani nel Lazio; i Monti Lepini e Aurunci, sempre nel Lazio.

L'**Appennino Meridionale** – suddiviso in Campano, Lucano, Calabrese e Siciliano – comprende il **Monte Pollino** (2248 m) in Basilicata, l'altopiano della Sila e il massiccio dell'Aspromonte in Calabria. In Sicilia l'Appennino occupa la parte settentrionale dell'isola e comprende i Monti Peloritani, Nebrodi e Madonie; più a sud si trova la più alta vetta siciliana, l'**Etna** (3350 m), il maggiore vulcano attivo d'Europa [D].

La fascia antiappenninica meridionale comprende il promontorio del Gargano, sul versante adriatico-pugliese, e il **Vesuvio** (1277 m), un vulcano quiescente (cioè attivo in stato di riposo) che si trova sul versante tirrenico-campano.

B Il Monte Bianco, tra la Valle D'Aosta e la Francia

C Il Gran Sasso d'Italia, in Abruzzo

D L'Etna, il più grande vulcano italiano, in Sicilia

VIDEO NELL'EBOOK
Le montagne italiane

Diversi rilievi dell'Italia centrale e meridionale hanno origine vulcanica

In base alla loro attività i vulcani si dividono in tre tipi: attivi, quiescenti ed estinti [E].

- I **vulcani attivi** sono quelli che hanno dato vita a eruzioni negli ultimi anni. In Italia abbiamo l'Etna nella Sicilia orientale e lo Stromboli, sull'omonima isola nel gruppo delle Eolie.
- I **vulcani quiescenti** sono vulcani attivi che si trovano da tempo in fase di riposo. Il maggiore e più pericoloso è il Vesuvio, in Campania, la cui ultima eruzione si è verificata nel 1944. Altri vulcani quiescenti sono: il complesso vulcanico dei Campi Flegrei e l'Isola di Ischia in Campania; i Colli Albani nel Lazio; le Isole di Vulcano, Salina e Lipari nelle Eolie; l'Isola di Pantelleria nel Mar di Sicilia.
- I **vulcani estinti** (o spenti) sono quelli la cui ultima eruzione risale a oltre 10 000 anni fa. Rientrano in questa categoria il Monte Amiata in Toscana, i Monti Volsini, Cimini e Sabatini, le Isole Pontine nel Lazio, il Roccamonfina in Campania e il Vulture in Basilicata.

E I vulcani in Italia

Alcune di queste zone vulcaniche sono caratterizzate dalla presenza di fumarole, in particolare l'isola di Vulcano e le Solfatare di Pozzuoli (presso Napoli).

DIARIO

1. Disegna uno schema delle montagne italiane. Puoi copiare questo e completarlo con le informazioni che trovi nella lezione. Puoi usare due colori diversi per le due catene montuose.

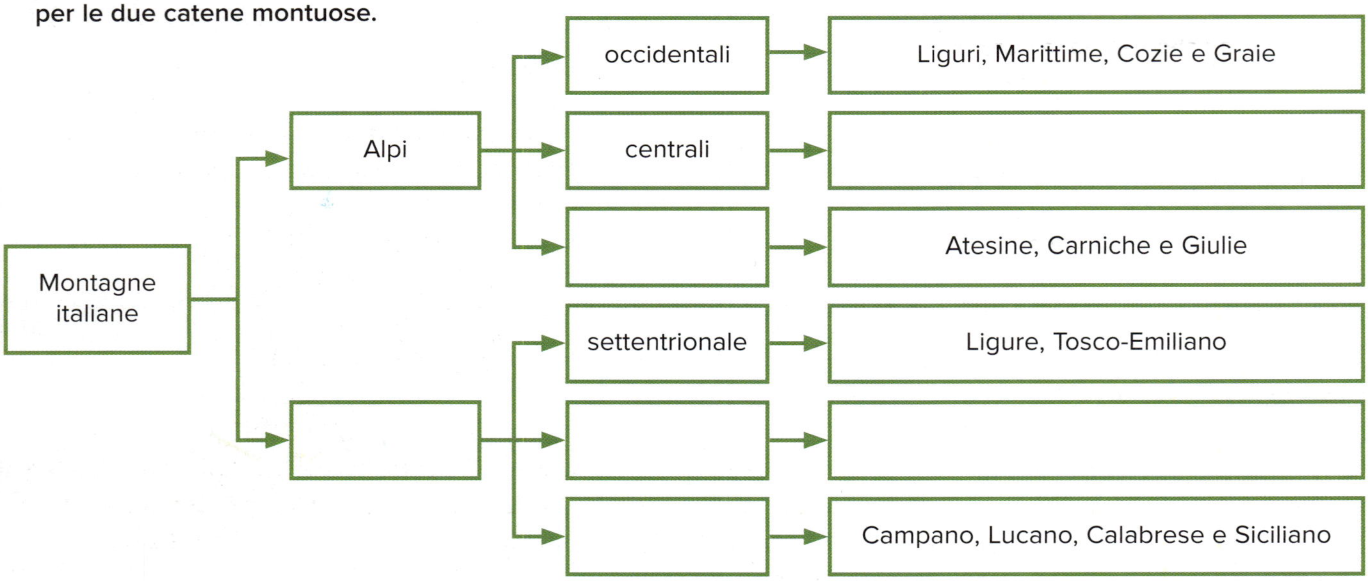

2. Qual è la montagna più vicina al luogo in cui vivi? A quale catena appartiene? Facendo una ricerca su un atlante o su Internet scopri quanto è alta. Scrivi queste informazioni sul tuo quaderno.

METTITI ALLA PROVA

1 ●○○ **Vero o falso?**

a. Le Alpi hanno cime aguzze e pendii scoscesi. V F

b. Il Gran Sasso è la cima più alta dell'Appennino Settentrionale. V F

2 ●○○ **Scegli l'alternativa corretta.**

a. Gli Appennini dividono il territorio di due versanti: tirrenico e ionico/adriatico.

b. Il Vesuvio è un vulcano quiescente/spento.

c. L'Etna è un vulcano quiescente/attivo.

3 ●●○ **Il territorio italiano è in prevalenza**

A pianeggiante.

B collinare.

C montuoso.

4 ●●○ **Gli Appennini si estendono**

A nella parte settentrionale dell'Italia, con andamento da ovest a est.

B lungo l'asse della penisola italiana, con andamento da nord a sud.

C nella parte meridionale dell'Italia, con andamento da ovest a est.

5 ●●○ **Completa lo schema con le parole:**

Lepontine • Marittime • Graie • Atesine • Giulie

Alpi italiane →

- Occidentali: Liguri, ..., Cozie e ....
- Centrali: Pennine, ... e Retiche
- Orientali: ...., Carniche e ....

6 ●●● **Completa il testo con le parole:**

Dolomiti • Gran Sasso • Monte Etna • Alpi Graie • Italia • Monte Pollino • Europa • Monte Cimone

Nelle .... si trova la cima più alta d' ...., il Monte Bianco. A est troviamo la Marmolada, la cima più alta delle .... Nell'Appennino Settentrionale il primato spetta al .... Nell'Appennino Centrale svettano il .... e la Maiella. Nell'Appennino Meridionale la montagna più alta è il .... ; in Sicilia il .... è il maggiore vulcano italiano e il maggiore d' .... fra quelli attivi.

7 ●●● **Segna nell'elenco quali rilievi appartengono alle Alpi e quali agli Appennini.**

	Alpi	Appennini
A. Massiccio dell'Aspromonte	☐	☐
B. Monte Bianco	☐	☐
C. Gran Sasso d'Italia	☐	☐
D. Marmolada	☐	☐
E. Monte Rosa	☐	☐
F. Monte Cimone	☐	☐
G. Monviso	☐	☐
H. Pollino	☐	☐

Poi scrivi nei box che vedi nella carta qui sotto la lettera corrispondente a ciascun rilievo.

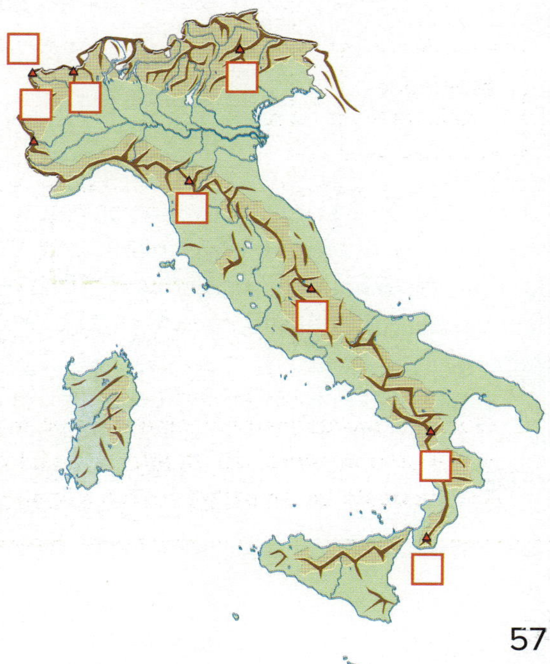

4 LE PIANURE EUROPEE

A Le principali pianure europee

Le pianure, che occupano oltre la metà del territorio europeo, si estendono soprattutto nella parte centrale della regione

Oltre metà del territorio europeo è costituita da pianure: estensioni di terreno più o meno vaste, caratterizzate da una superficie uniformemente orizzontale o con lievi variazioni di livello, con altitudine inferiore ai 300 metri [A].

Le maggiori pianure sono quelle centroeuropee: esse si estendono, in senso ovest-est, dai Pirenei (la catena montuosa tra Francia e Spagna) fino agli Urali (la catena montuosa della Russia che rappresenta la linea convenzionale di demarcazione tra Europa e Asia) [B].

B La fascia delle grandi pianure centroeuropee

Le maggiori pianure europee formano una fascia continua che si allarga a ventaglio verso est

La parte occidentale delle pianure europee, in Francia, è costituita da due pianure a forma concava: il **Bacino di Aquitania**, racchiuso tra Pirenei e Massiccio centrale, e il **Bacino di Parigi**, a nord-ovest, sul Canale della Manica, che occupa un terzo del territorio francese. Più a est iniziano i bassopiani: grandi superfici pianeggianti, con un'altitudine compresa tra i 200 e i 300 metri. Il **Bassopiano germanico** si estende per 200 km in Germania e per 600 km in Polonia, e prosegue senza interruzione fino al **Bassopiano sarmatico** [C], la grande pianura russa che da nord verso sud raggiunge un'ampiezza di circa 3000 km.

I bassopiani sono terre di **formazione geologica molto antica**, risalente a centinaia di milioni di anni fa. Sono stati profondamente trasformati dalle glaciazioni, durante le quali il peso di grandi masse di ghiaccio ha eroso i rilievi. In seguito sono stati ricoperti da detriti più grossolani, portati dai fiumi, e da altri finissimi trasportati dal vento (il cosiddetto *loess*). Sono terreni molto fertili, adatti alla coltivazione.

Wojtek Buss/Marka

C Il Bassopiano sarmatico

AA World Travel Library/Alamy

D Il Bacino di Londra

Altre pianure di minore ampiezza si trovano nell'Europa settentrionale e in quella meridionale

Altre aree pianeggianti, meno estese, si trovano a nord delle grandi pianure centroeuropee. Le più importanti sono in Inghilterra, lungo il corso del Tamigi (**Bacino di Londra** [D]), e nelle regioni costiere della Svezia e della Finlandia che si affacciano sul Mar Baltico.

Pianure di ancor minore estensione si trovano a sud; tra queste: l'**Estremadura** sulla costa atlantica del Portogallo; la **Valle del Guadalquivir** sulla costa atlantica della Spagna; la **Valle dell'Ebro** sulla costa mediterranea della Spagna; la **Pianura padana**, nel nord Italia; la **Pianura ungherese**, ai due lati del medio corso del Danubio; la **Pianura valacca**, in Romania, ai due lati del basso corso del Danubio.

E La formazione di una pianura alluvionale

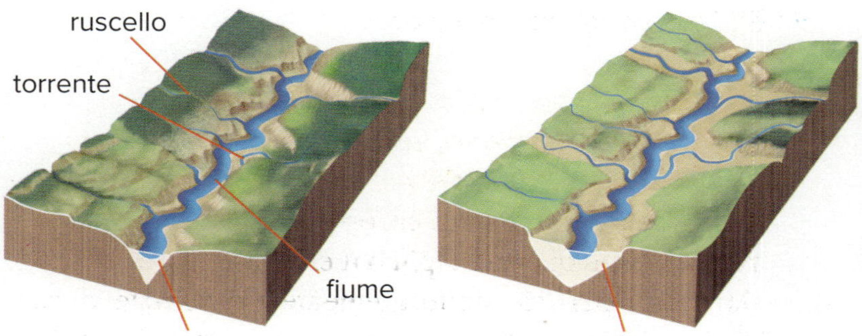

Le pianure europee sono di tipo alluvionale

Le pianure europee hanno origine **alluvionale**: si sono cioè formate nel corso di centinaia di migliaia di anni in seguito all'accumulo di sedimenti (ghiaia, sabbia, argilla) prelevati in montagna dai corsi d'acqua e poi trasportati e depositati a valle [E].

GUIDA ALLO STUDIO

Evidenzia nel paragrafo le definizioni di «bassopiano» e di «pianura alluvionale».

VIDEO NELL'EBOOK

Le pianure europee

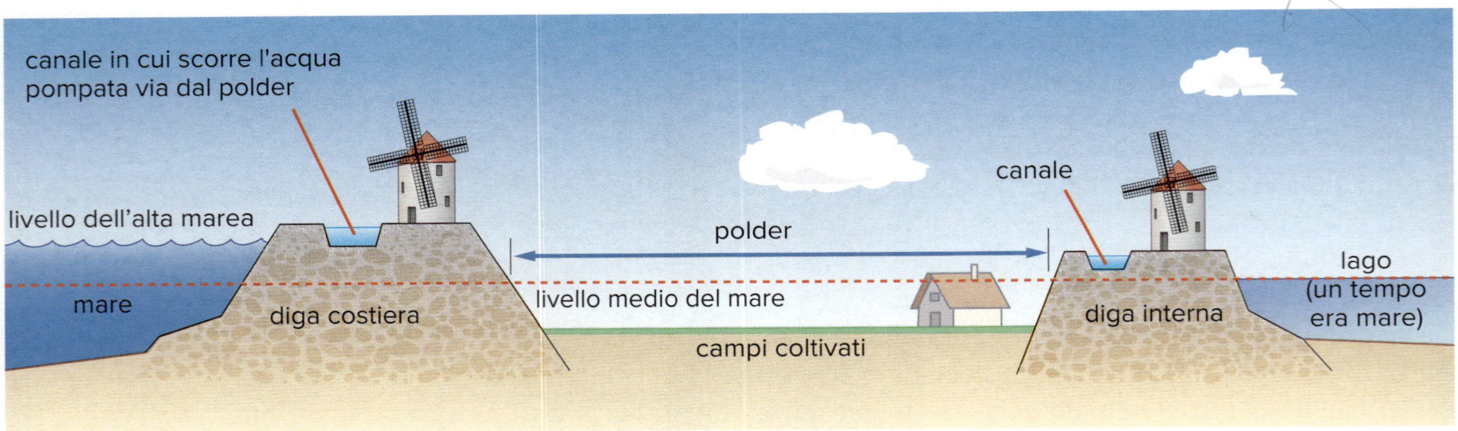

F Com'è fatto un polder

Tra le pianure minori ci sono i polder: terreni che un tempo erano sommersi dal mare

Nei Paesi Bassi, un paese dell'Europa occidentale che si affaccia sul Mare del Nord, oltre un quarto del territorio si trova sotto il livello del mare. Gli olandesi (abitanti dei Paesi Bassi) hanno sempre lottato per sottrarre al mare le terre necessarie all'agricoltura.

Hanno prima costruito delle **dighe** per isolare dal mare aperto alcune aree marine a basso fondale. Hanno poi pompato via l'acqua da queste aree, riversandola in **canali** costruiti a un livello superiore a quello del mare, per farla defluire. Il pompaggio dell'acqua è stato fatto per secoli da **mulini a vento**. Una volta prosciugati, i terreni sono stati bonificati per poterli coltivare [F].

Sono stati così creati i **polder**, dove oggi vivono i tre quarti della popolazione olandese. Sono territori famosi per la produzione di tulipani, ma vi si svolge ogni altro tipo di attività economica. Vi si trova anche il grande aeroporto di Schiphol (Amsterdam), situato su un terreno a 4,5 metri sotto il livello del mare.

G Un polder, nei Paesi Bassi

Poiché si trovano sotto il livello del mare, i polder rischiano di essere invasi dall'acqua

Nel 1953, a causa di una forte mareggiata, alcune dighe cedettero: 160 000 ettari di terra furono sommersi e oltre 1800 persone persero la vita.

Per impedire altri eventi di questo genere sono state realizzate varie opere per il controllo delle acque [G]: tra il 1958 e il 1986 è stata effettuata una grandiosa operazione di chiusura dei bracci di mare con molteplici sbarramenti, denominata «piano Delta», e nel 1997 è stata costruita la diga di Stormvloedkering.

Tutto questo, però, non basta: nei polder il pompaggio è continuo, per mantenere asciutto il terreno e impedire che vi si infiltri acqua di mare. Questo lavoro viene svolto oggi prevalentemente da **stazioni di pompaggio** che funzionano a energia elettrica. Restano però vecchi **mulini** tuttora funzionanti.

GUIDA ALLO STUDIO

Che cos'è un «polder»? Sottolinea la risposta nel paragrafo e trova come si mantengono attivi oggi.

DIARIO

1. Ora che hai studiato le montagne e le pianure europee è venuto il momento di ricapitolare le caratteristiche dei diversi tipi di rilievo. Cerca nella lezione 4 dell'unità 0 e nelle lezioni 3 e 4 di questa unità le informazioni per completare questa tabella sul tuo quaderno.
Cerca su Internet qualche foto per illustrare la colonna degli esempi.

Rilievo	Altitudine sul livello del mare	Esempi
montagna	oltre .... m	
collina	da .... a .... m	
pianura	da .... a .... m	

2. Dove si trova la città in cui vivi?
☐ in montagna
☐ in collina
☐ in pianura

METTITI ALLA PROVA

1 Scegli l'alternativa corretta.
a. Le pianure europee costituiscono oltre il 50%/30% del territorio.
b. La pianura è una superficie piatta o poco ondulata con altitudine inferiore/superiore ai 300 m.

2 Vero o falso?
a. Le pianure europee sono di origine alluvionale. V F
b. La Pianura ungherese si è formata dall'accumulo di detriti provenienti dal corso delle acque del Danubio. V F
c. Il Bassopiano sarmatico è una pianura poco fertile. V F

3 Completa il testo con le parole.
Germania • Urali • Parigi • Bassopiano sarmatico • Aquitania • Fiandre • Russia
Dalla costa atlantica sino agli .... si estendono ininterrotte le maggiori pianure d'Europa. Si parte da ovest con il bacino di .... e poi quello di ...., che si affaccia sul Canale della Manica. Si passa dalla regione delle ...., dove un grande bassopiano si apre verso est e attraversa .... e Polonia sino alla .... dove incontra il ....

4 Le maggiori pianure europee si trovano
A nel nord Europa.
B nel centro Europa.
C nel sud Europa.

5 Individua le pianure nella carta e scrivi le lettere corrispondenti.
A. Bassopiano sarmatico
B. Bassopiano germanico
C. Pianura ungherese
D. Bacino di Londra
E. Pianura padana

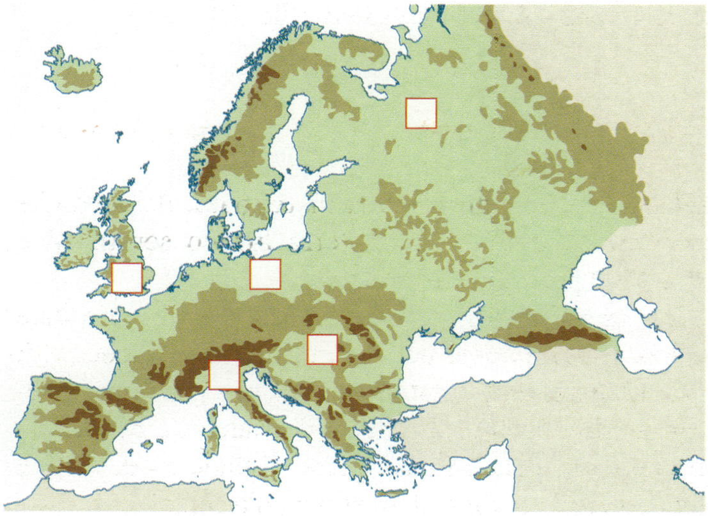

5 LE PIANURE ITALIANE

La Pianura padana è una pianura alluvionale dell'Italia settentrionale e occupa quasi due terzi dell'area pianeggiante complessiva

In Italia solo una parte minore del territorio – circa un quarto – è pianeggiante [A]: quest'area è costituita per quasi due terzi dalla Pianura padana, più propriamente detta Pianura padano-veneta.

Questa grande pianura alluvionale dell'Italia settentrionale si estende per circa 46 000 km² su Piemonte, Lombardia, Veneto, Emilia-Romagna e Friuli-Venezia Giulia.

Nella Pianura padana scorrono il Po [B] con i suoi affluenti e altri fiumi: Adige, Piave, Brenta, Tagliamento. La pianura è circondata a nord e a ovest dalle Alpi e a sud dagli Appennini settentrionali, mentre a est si apre sul Mare Adriatico.

A Le principali pianure italiane

B La Pianura padana

GUIDA ALLO STUDIO

Evidenzia nel testo (sia in questa pagina sia in quella a fianco) le principali caratteristiche della Pianura padana.

C L'alta e la bassa pianura

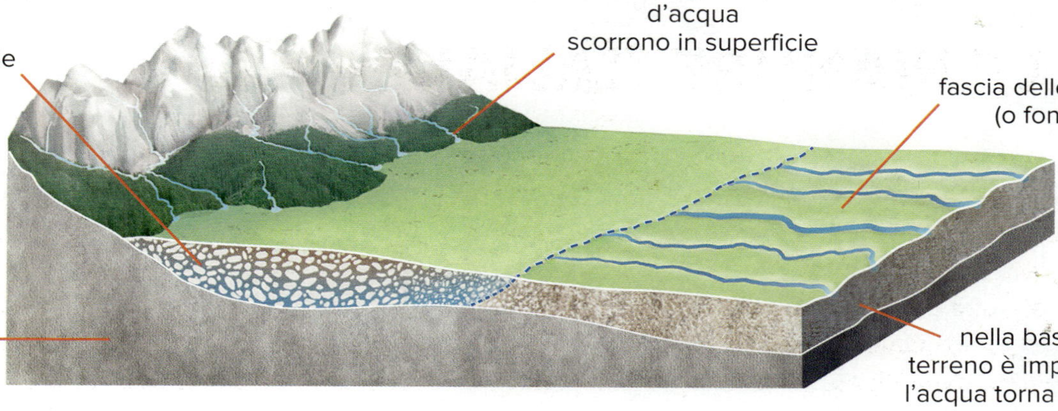

La Pianura padana è formata da diversi strati di sedimenti e si divide in alta e bassa pianura

Tre milioni di anni fa l'area della Pianura padana si trovava qualche centinaio di metri sotto il livello del mare. In seguito questa depressione è stata riempita dai **sedimenti alluvionali** depositati dai fiumi.

Il sottosuolo della Pianura padana è formato da strati di sedimenti di vario tipo: i più grossi (sabbia, ghiaia) a monte, i più fini (argilla) a valle [C].

Nell'**alta pianura** (vicino alle montagne), i sedimenti più grossi rendono il terreno permeabile: l'acqua piovana penetra quindi nel sottosuolo e, quando raggiunge uno strato impermeabile, riaffiora più in basso dando origine a **risorgive** (o fontanili), sorgenti di acqua dolce.

Dalla fascia delle risorgive inizia la **bassa pianura** dove il terreno, essendo costituito da sedimenti fini e poco permeabili, trattiene l'acqua in superficie ed è quindi adatto alle coltivazioni.

Nell'area che si affaccia sul Mare Adriatico la Pianura padana diventa una **pianura costiera**. Anche in questa parte orientale il suolo è formato da depositi alluvionali, che si mescolano però a resti di lagune costiere scomparse.

Anche le principali pianure dell'Italia centrale e meridionale sono di origine alluvionale

Anche le altre grandi pianure italiane sono alluvionali e litorali. I fiumi infatti, avvicinandosi al mare, rallentano e depositano una maggiore quantità di detriti.

Le principali pianure dell'Italia centrale sono il Valdarno inferiore (a valle di Firenze), la Maremma tosco-laziale [D], l'Agro romano e l'Agro pontino nel Lazio.

Le pianure dell'Italia meridionale sono la Pianura campana, la Piana del Sele (anch'essa in Campania), il Tavoliere di Puglia, il Salento (anch'esso in Puglia) e la Piana di Metaponto in Basilicata.

Quelle delle isole sono la Piana di Catania e la Piana di Gela in Sicilia, il Campidano e la Nurra in Sardegna.

In alcune parti interne della penisola vi sono zone pianeggianti **intermontane**, formate da depressioni circondate da rilievi, riempitesi col tempo di detriti alluvionali. Quelle di forma tondeggiante, la cui altitudine supera in genere i 300 m, sono dette **conche**. Le principali sono la Conca di Gubbio e quella di Terni in Umbria, la Conca dell'Aquila e quella del Fucino in Abruzzo [E].

D La Maremma

StevanZZ/Shutterstock

E La Conca del Fucino in Abruzzo

seraficus/Getty Images

VIDEO NELL'EBOOK

Le pianure italiane

F Tracce della centuriazione in Emilia-Romagna oggi (foto aerea)

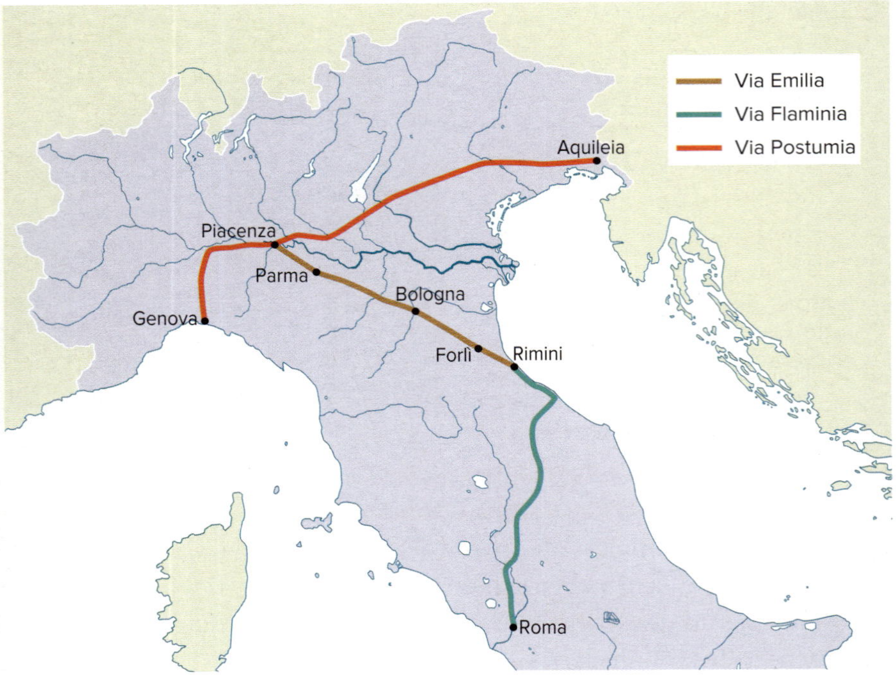

G La rete stradale di origine romana che interessa la Pianura padana

I primi insediamenti umani nella Pianura padana risalgono a circa 850000 anni fa

Circa 900 000 anni fa iniziò una fase di raffreddamento globale che provocò l'aumento dei ghiacci e un abbassamento del livello del mare. La Pianura padana, che fino a quel momento si trovava sotto il livello del mare, iniziò ad emergere progressivamente; fu allora che giunsero qui i primi ominidi, seguendo le rotte migratorie dei grandi mammiferi, come l'elefante africano, che si spostavano verso l'Europa meridionale.

Ne vediamo testimonianza in alcuni siti archeologici dove sono stati trovati manufatti in pietra e resti fossili di quel periodo.

A partire dal VI secolo a.C. il paesaggio della pianura viene modificato per praticare l'agricoltura e costruire vie di comunicazione

L'**agricoltura** irrigua fu introdotta dagli etruschi verso il VI secolo a.C. I romani, dopo aver occupato la pianura nel III secolo a.C., cominciarono a deforestarla e a drenarla con una fitta rete di canali per sfruttarne il grande potenziale agricolo. Le terre bonificate vennero divise, secondo il sistema della **centuriazione**, in appezzamenti quadrati di 710 metri di lato che erano assegnati ai veterani di guerra per essere coltivati [F].

Contemporaneamente i romani costruirono una efficiente rete stradale, che serviva non solo per le **comunicazioni** e i traffici commerciali ma anche a fini militari: dalla Pianura padana passavano infatti le legioni che andavano a conquistare le terre al di là delle Alpi. Questa rete stradale, pavimentata e con ponti di pietra ad arcate, era la più avanzata del mondo di allora.

La costruzione della rete stradale permise ai romani di ingrandire le principali città di pianura (Milano, Bologna, Ravenna) che divennero importanti centri economici e culturali. Ciò fece della Pianura padana una delle aree più densamente popolate e più sviluppate d'Europa già duemila anni fa.

L'antica **rete stradale romana** è ancora oggi riconoscibile poiché l'attuale sistema viario la ricalca fedelmente. Per esempio la Via Emilia, fatta costruire dal console Marco Emilio Lepido nel 187 a.C., rimane tutt'oggi una delle maggiori vie di comunicazione nella Pianura padana. Essa collegava (come collega oggi) in linea retta Piacenza a Rimini, attraversando molte città dell'Emilia-Romagna, regione cui ha dato il nome.

La **Via Emilia** collegava allo stesso tempo altre due importanti strade romane [G]: la *Via Flaminia*, che partiva da Roma e terminava a Rimini, colonia augustea; la *Via Postumia*, che da Genova giungeva ad Aquileia.

DIARIO

1. Costruisci sul quaderno una tabella delle principali pianure italiane. Segui l'esempio che vedi qui a fianco e costruisci una tabella con una riga per ciascuna pianura descritta nella lezione.
2. In quale pianura sorge la città in cui vivi? Se la tua città non si trova in pianura, qual è quella più vicina?

Pianura	In quale parte dell'Italia si trova?	Su quale/i regione/i si estende?
Pianura padana	settentrionale	Piemonte, ...
Valdarno inferiore		
Maremma tosco-laziale		

METTITI ALLA PROVA

1 ●○○ **Vero o falso?**

a. La Pianura padana è circondata a nord dagli Appennini e a sud dalle Alpi. V F
b. Il Valdarno inferiore è una pianura che si trova in Sardegna. V F
c. La Conca del Fucino è una pianura che si trova in Abruzzo. V F

2 ●○○ **Scegli l'alternativa corretta.**

a. Il principale fiume che scorre nella Pianura padana è il Po/l'Adige.
b. Il Campidano si trova in Toscana/in Sardegna.

3 ●●○ **La Pianura padano-veneta occupa**

A i due terzi dell'area pianeggiante italiana.
B poco meno della metà dell'area pianeggiante italiana.
C il 25% dell'area pianeggiante italiana.

4 ●●○ **Quale tra queste regioni non è toccata dalla Pianura padana?**
[più di una risposta corretta]

A Veneto
B Valle d'Aosta
C Emilia-Romagna
D Piemonte
E Toscana
F Friuli-Venezia Giulia
G Lombardia

5 ●●○ **Completa lo schema con le parole:**
fini • grossi • acque in superficie • acque di risorgive

- Pianura padana
  - alta pianura → sedimenti alluvionali .... → terreno permeabile → ....
  - bassa pianura → sedimenti alluvionali .... → terreno impermeabile → ....

6 ●●● **Descrivi com'era la Pianura padana circa 3 milioni di anni fa.**

....
....
....
....
....
....

6 IL CLIMA EUROPEO

In Europa, a seconda della latitudine, si distinguono fasce climatiche diverse

Alle **alte latitudini**, nelle regioni nordiche dell'Europa, i raggi del Sole arrivano al suolo più inclinati, quindi l'energia solare è meno intensa perché si distribuisce su un'area maggiore [A]. Ciò determina una **più bassa temperatura** media dell'aria.

Alle **basse latitudini**, nelle regioni meridionali dell'Europa, i raggi del Sole arrivano al suolo meno inclinati, quindi l'energia solare è più intensa. Ciò determina una **più alta temperatura** media dell'aria.

A La diversa inclinazione dei raggi solari

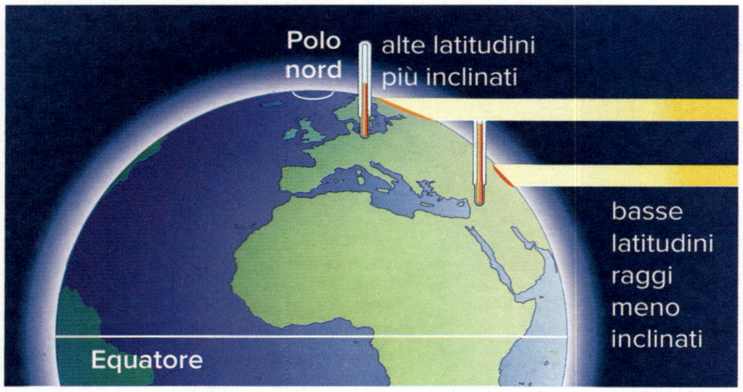

Il clima è influenzato dalla distanza dall'oceano e dai mari, che mitigano le temperature

Il clima delle regioni europee che si affacciano sull'**Oceano Atlantico** è influenzato dalla grande massa d'acqua, che mitiga (cioè rende meno estreme) le temperature. L'oceano si riscalda e si raffredda infatti più lentamente della terraferma; per questo l'aria sovrastante è più fresca d'estate e più calda d'inverno. Lo stesso avviene nella **regione mediterranea**, grazie all'azione mitigatrice del mare.

L'influenza dell'Oceano Atlantico è accentuata dalla **Corrente del Golfo**, una corrente marina calda che nasce dal Golfo del Messico (ampia insenatura sulle coste atlantiche dell'America centrale) e attraversa diagonalmente l'oceano da sud a nord fino alle coste norvegesi. Essa mitiga ancor più le temperature invernali sulle coste atlantiche dell'Europa [B].

L'azione mitigatrice dell'oceano diminuisce, fino a scomparire, man mano che ci si allontana dalla costa verso le regioni interne.

B La Corrente del Golfo

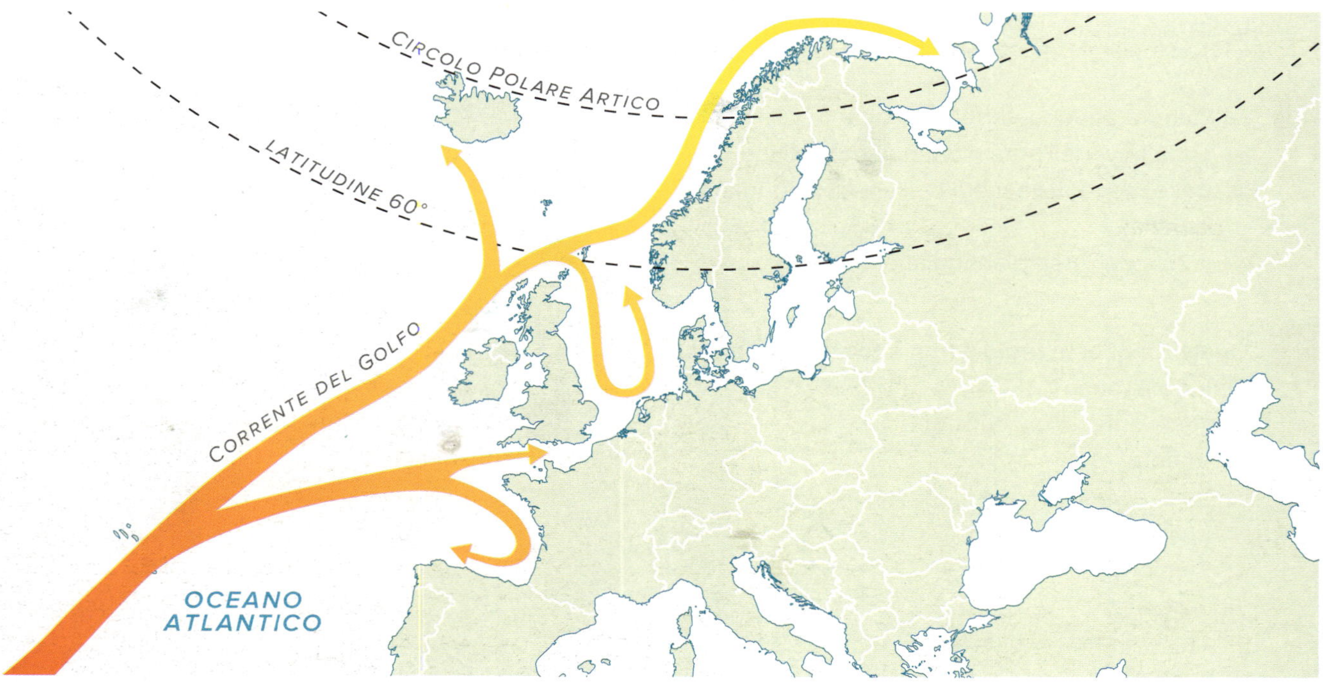

La presenza di oceani e mari influisce sulle precipitazioni

La distanza dall'Atlantico determina anche la diversa intensità delle precipitazioni nelle varie zone dell'Europa.

Dall'Oceano Atlantico giungono sul continente europeo masse di aria carica di umidità, a causa dell'evaporazione dell'acqua marina riscaldata dal Sole (acqua già non fredda per via della Corrente del Golfo). Questi venti, detti *atlantici*, portano sull'Europa **piogge** a volte anche molto intense [C].

Le piogge, in primavera e in autunno, variano quindi a seconda della distanza dall'oceano:

- sono abbondanti sulle regioni costiere;
- sono meno abbondanti su quelle centrali;
- sono scarse su quelle orientali (le più interne del continente).

C Piogge autunnali sulla costa in Irlanda

MC2000/Shutterstock

Le differenze climatiche sono determinate anche dalla presenza di catene montuose e dall'altitudine

Le catene montuose influenzano il clima delle zone circostanti, bloccando l'afflusso di aria fredda o calda, e riducendo l'intensità dei venti. Ad esempio la catena delle **Alpi** protegge la Pianura padana dai venti freddi del nord [D], mentre quella degli **Appennini** protegge la zona tirrenica dai venti freddi continentali provenienti da est e nord-est.

Anche l'altitudine influenza il clima: la temperatura dell'aria diminuisce infatti di circa 6 °C ogni 1000 metri di quota. Le **zone alpine di alta quota** hanno quindi temperature medie equivalenti a quelle delle pianure nordiche, anche se si trovano a una latitudine molto inferiore.

GUIDA ALLO STUDIO

Sottolinea nel testo le parole che spiegano cos'è la Corrente del Golfo e come influisce sul clima europeo.

D Una foto satellitare mostra lo «sbarramento» delle Alpi rispetto all'aria fredda

NASA

VIDEO NELL'EBOOK

I fattori che influenzano il clima

L'Europa ha un clima tipico delle regioni che si trovano alle medie latitudini

I fattori climatici che abbiamo visto – differenza di latitudine, distanza dall'oceano, posizione delle catene montuose – danno all'Europa nel suo complesso un clima molto diverso in inverno e in estate.

In **inverno** si estende sull'Europa centrale fino alle Alpi una zona di *alta pressione*, chiamata **anticiclone siberiano**. Questa alta pressione spinge aria fredda e secca dalla Siberia; i venti atlantici che portano le piogge vengono deviati verso nord sulla penisola scandinava e verso sud sul Mediterraneo [E].

In **estate** la zona di alta pressione, chiamata **anticiclone delle Azzorre**, si estende sul Mediterraneo. In questo caso, l'alta pressione porta aria calda e secca dall'Atlantico e i venti atlantici vengono deviati verso nord, sull'Europa settentrionale e centrale [F].

E Il clima europeo in inverno (anticiclone siberiano)

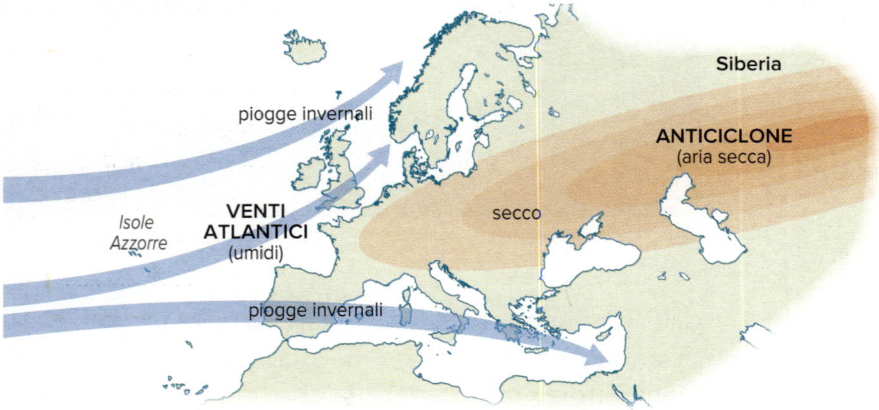

F Il clima europeo in estate (anticiclone delle Azzorre)

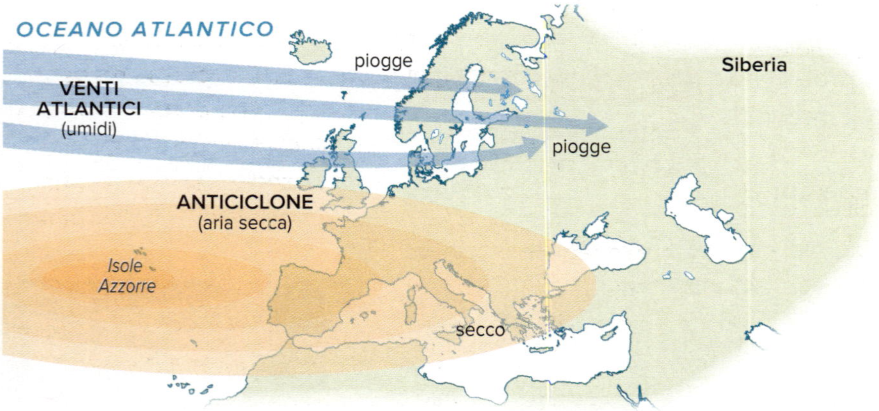

GUIDA ALLO STUDIO

Evidenzia le diversità tra l'anticiclone siberiano e l'anticiclone delle Azzorre.

DIARIO

1. Un «glossario» è una raccolta di termini seguiti dalla relativa definizione.
   Scrivi sul tuo quaderno un piccolo glossario relativo alla lezione che hai appena studiato.
   Definisci i termini con parole tue e disponili in ordine alfabetico.
   Ecco alcuni termini per cominciare; ma in seguito dovrai imparare a farlo da solo.
   - Anticiclone delle Azzorre
   - Anticiclone siberiano
   - Corrente del Golfo
2. Preferisci le caratteristiche dei climi più caldi o quelle dei climi più freddi? Elenca le ragioni della tua scelta.

METTITI ALLA PROVA

1 Inserisci nel disegno le parole:
●○○ alte • basse • meno • più

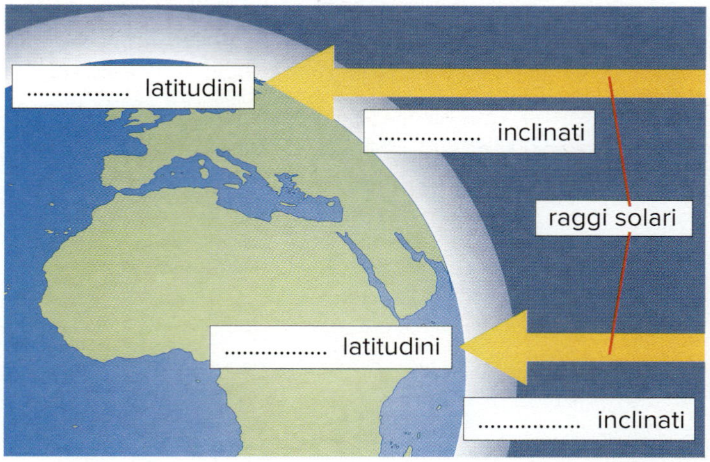

2 Vero o falso?
●○○
a. Il clima cambia a seconda della longitudine. V F
b. Alle latitudini inferiori i raggi del Sole causano temperature più alte. V F

3 Scegli l'alternativa corretta.
●○○
a. La Corrente del Golfo influenza il clima delle regioni mediterranee/atlantiche.
b. L'aria è più mite sulla costa/nell'entroterra.

4 Se i raggi del Sole arrivano sulla Terra più inclinati
●●○
A scaldano di più l'aria.
B scaldano di meno l'aria.
C l'aria non ne risente.

5 Le piogge portate dai venti atlantici in primavera e autunno sono
●●○
A più intense nell'entroterra.
B più intense sulla costa.
C più intense nel Mediterraneo.

6 Che cos'è l'anticiclone delle Azzorre?
●●○
A Una zona di bassa pressione che porta aria fredda dal Mediterraneo durante l'inverno.
B Una zona di bassa pressione che porta aria calda e umida dal Mediterraneo durante la primavera.
C Una zona di alta pressione che porta aria calda e secca dall'Oceano Atlantico durante l'estate.

7 Completa lo schema con le parole:
●●○ basse • alte • poco • molto • caldo • freddo

Clima europeo	
.... latitudini (Europa del Nord)	.... latitudini (Europa del Sud)
raggi solari .... inclinati	raggi solari .... inclinati
clima	clima ....

8 Completa il testo con le parole:
●●● siberiano • settentrionale • Mediterraneo • calda • nord • atlantici • alta • anticiclone • centrale • secca • pressione

In inverno, sull'Europa .... si estende una zona di .... pressione detta anticiclone .... che porta aria fredda e .... I venti atlantici vengono deviati verso .... sulla Scandinavia e verso sud sul .... In estate sul Mediterraneo è presente una zona di alta .... detta .... delle Azzorre che porta aria .... e secca. I venti .... vengono deviati verso nord sull'Europa centrale e ....

9 Descrivi in che modo le Alpi e gli Appennini influenzano il clima in Italia.
●●●
....
....
....
....
....
....
....
....

7 REGIONI BIOCLIMATICHE DELL'EUROPA E DELL'ITALIA

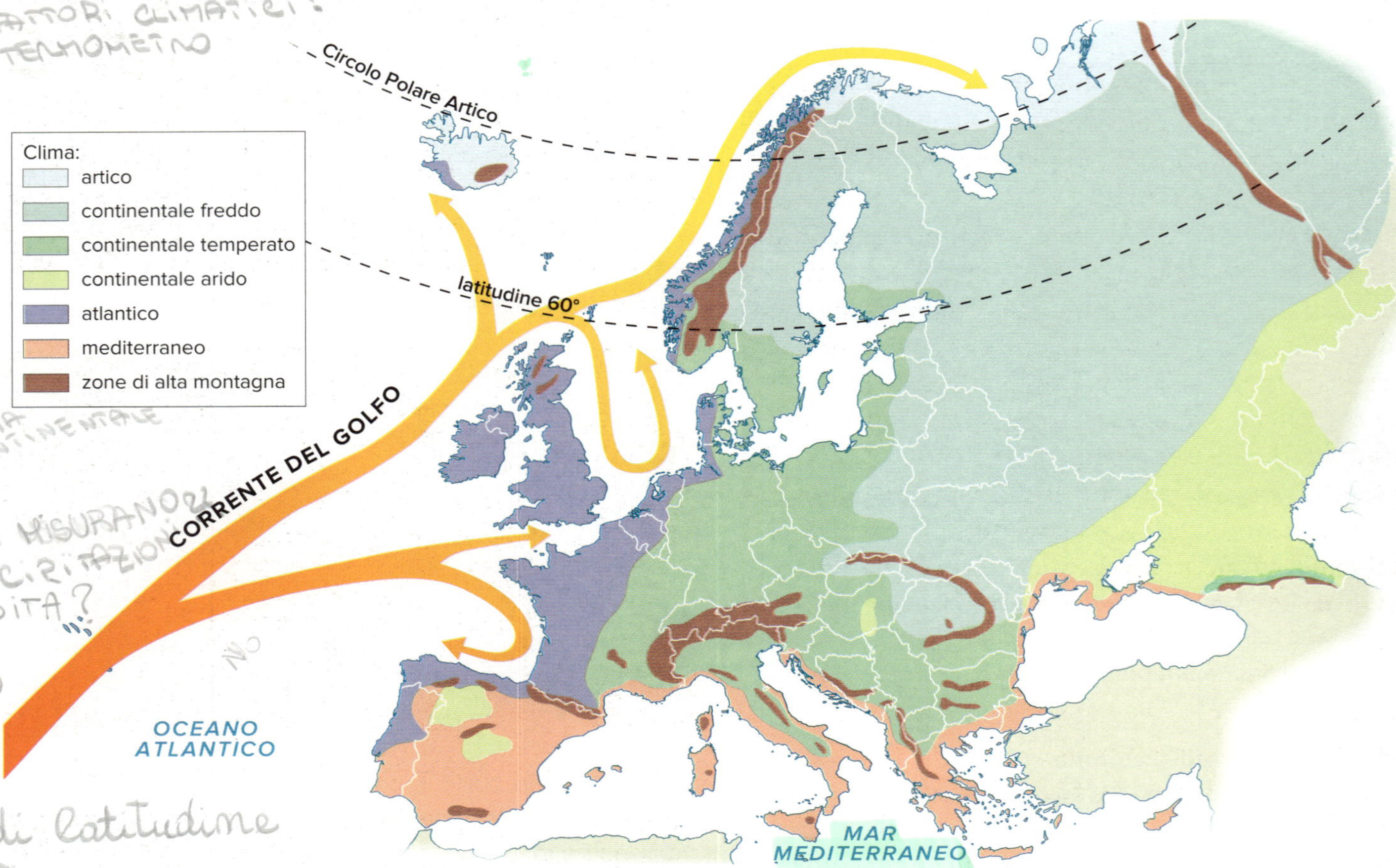

A Le regioni climatiche europee

In Europa si distinguono quattro diverse regioni climatiche, caratterizzate da un particolare tipo di vegetazione e di fauna prevalente

L'Europa può essere divisa in quattro regioni bioclimatiche [A]:

- artica;
- continentale (a sua volta divisa in tre sottoregioni);
- atlantica.
- mediterranea.

La regione artica è la più fredda e ha temperature molto basse per tutto l'anno

La **regione artica**, nella parte più settentrionale dell'Europa, è la più fredda, con un clima caratterizzato da temperature molto basse per tutto l'anno, suolo perennemente gelato (**permafrost**) e precipitazioni scarse, prevalentemente nevose.

La vegetazione è quella bassa tipica della **tundra** [B] (muschi, licheni, arbusti), perché il permafrost impedisce alle radici di penetrare in profondità nel terreno.

La fauna è costituita dall'orso bianco, dalla volpe bianca, dalla renna e da alcuni roditori.

B La tundra, vegetazione tipica della regione artica

Andre Gallant/Getty Images

La regione continentale è caratterizzata da inverni freddi e da estati molto calde

La **regione continentale** comprende le zone interne dell'Europa. Il clima è caratterizzato da inverni molto freddi e da estati calde e umide. Le precipitazioni diminuiscono man mano che ci si allontana dall'oceano. Il clima continentale si può distinguere in *clima continentale temperato* (mitigato dalla vicinanza dell'oceano), *continentale freddo* (lontano dall'oceano ma con precipitazioni) e *continentale arido* (senza precipitazioni).

La vegetazione della parte settentrionale è costituita dalla **taiga** [C], una fitta foresta di conifere (pini, abeti, larici), tipica delle zone dove il clima è freddo umido e il terreno pianeggiante, con frequenti acquitrini. Quella delle zone a sud e a ovest è costituita da **foresta mista**, soprattutto di conifere e betulle, e da praterie.

Questi paesaggi, un tempo molto estesi, sono stati fortemente ridotti dagli insediamenti umani e dalle coltivazioni. Per le stesse ragioni si è ridotta anche la fauna originaria: ad esempio l'orso bruno e la lince.

Pavel Filatov/Alamy

C La taiga, tipica della regione continentale

La regione atlantica è caratterizzata da clima temperato e forte piovosità per tutto l'anno

La **regione atlantica** – che abbraccia le Isole britanniche e la fascia costiera della Scandinavia, della Francia e della Penisola iberica – è caratterizzata da un clima più temperato, con temperature relativamente miti e piogge per tutto l'anno.

La vegetazione comprende boschi di **latifoglie decidue** (querce, faggi, castagni, aceri, [D]) e, nelle Isole britanniche e in Norvegia, **brughiere** ricoperte di piante arbustive (erica, ginestra e altre).

Essendo queste zone densamente popolate, l'ambiente naturale è stato in gran parte trasformato.

La fauna più diffusa è quella ittica dell'Atlantico e del Mare del Nord, composta in gran parte da aringhe, merluzzi e sardine.

Stoelwinder Fotografie/TIPS

D La foresta di latifoglie, tipica della regione atlantica

blickwinkel/Alamy

E La macchia, tipica della regione mediterranea

La regione mediterranea è caratterizzata da inverni brevi poco freddi e da estati molto calde

La **regione mediterranea**, che include la maggior parte dell'Europa meridionale, gode di clima mite con inverni brevi e in genere poco freddi ed estati calde e aride.

Anche qui l'ambiente naturale è stato profondamente modificato dalle attività umane. Rimane tuttavia parte della vegetazione originaria, costituita da pini marittimi, cipressi, querce da sughero e dalla **macchia mediterranea** [E] ricca di piante arbustive (ginestra, ginepro, corbezzolo, erica, mirto e altre).

Della fauna originaria restano allo stato selvatico poche specie, come il cinghiale e il cervo. Lupo e orso sono invece rari, mentre altri (camosci, stambecchi, caprioli, mufloni) sopravvivono solo in zone protette. Rari sono anche gli uccelli rapaci, come l'aquila e l'avvoltoio.

VIDEO NELL'EBOOK
- Le regioni bioclimatiche europee
- Le zone climatiche italiane

In Italia si distinguono sei zone climatiche principali

Il clima differisce notevolmente da una parte all'altra dell'Italia a causa delle forti differenze di latitudine, della minore o maggiore distanza dal mare e della disposizione e altezza delle catene montuose [F].

Vediamo le sei zone principali a partire da Nord.

- La **zona alpina** ha inverni lunghi e freddi, estati brevi e fresche e precipitazioni abbondanti, soprattutto nevose. La flora, man mano che si sale, è costituita da latifoglie (castagni e faggi), poi da conifere (pini e abeti). Al di sopra si trovano arbusti e praterie. La fauna comprende cervi, daini, stambecchi, aquile, falchi.
- La **zona padana** ha clima continentale, caratterizzato da estati calde, con scarse piogge, e da inverni freddi, con abbondanti precipitazioni anche nevose. Nella zona padana il clima è temperato dalla catena delle Alpi, che protegge questa regione dai venti freddi del nord. In questo ambiente radicalmente modificato dall'uomo, dominano le colture agricole, intervallate da siepi e filari alberati. Canneti e rettili sopravvivono solo in alcune riserve naturali.
- La **zona appenninica** è caratterizzata da forti differenze di temperatura durante l'anno e da precipitazioni, soprattutto autunnali e invernali, anche nevose. Data la sua estensione in latitudine, presenta notevoli differenze tra il nord e il sud, dove le temperature sono elevate e le precipitazioni più scarse. La vegetazione, a seconda dell'altitudine, è costituita da querce, castagni, faggi, pini montani. Nel Parco nazionale d'Abruzzo si trovano orsi, caprioli, daini, cinghiali, lupi, vari rapaci.
- La **zona tirrenica** ha un clima tendenzialmente mediterraneo, caratterizzato da temperature miti d'inverno e da precipitazioni diffuse in prevalenza in autunno e in inverno.
- La **zona adriatica** ha clima tendenzialmente continentale. Gli inverni sono più freddi di quelli della zona tirrenica perché il Mare Adriatico, essendo meno ampio e profondo del Tirreno, accumula minore calore, e perché la zona è esposta ai venti continentali dell'est e del nord-est, più freddi di quelli occidentali.
- La **zona mediterranea** si estende in Puglia, Calabria e nelle isole di Sicilia e Sardegna. Il clima mediterraneo è caratterizzato da inverni tiepidi e relativamente piovosi ed estati calde e secche, a causa dell'influenza dell'anticiclone delle Azzorre. La macchia mediterranea, diffusa su gran parte delle coste italiane, comprende sia alberi (tipo i pini marittimi), sia cespugli (tipo le ginestre). Alcune riserve litoranee costituiscono il rifugio di fenicotteri e altri uccelli acquatici.

F Le zone climatiche italiane

All'interno di tali zone vi sono località, in particolare sulle sponde dei laghi, con condizioni climatiche particolari (**microclimi**). Un esempio è quella del lago di Garda: pur trovandosi nella zona alpina, ha un clima quasi mediterraneo perché le montagne lo riparano dai venti freddi del nord e l'acqua del lago restituisce d'inverno il calore accumulato durante l'estate.

GUIDA ALLO STUDIO

1. Sottolinea nel testo i nomi delle sei zone climatiche italiane.
2. Evidenzia le ragioni per cui il mare Adriatico è più freddo del Mar Tirreno durante la stagione invernale.

DIARIO

1. Costruisci una tabella che illustri le caratteristiche delle quattro regioni bio-climatiche d'Europa. Puoi copiare questo schema e completarlo con le informazioni che trovi nella lezione.

Regione bioclimatica	Temperature	Precipitazioni	Flora	Fauna
Artica	Fredda tutto l'anno	Scarse, prevalentemente nevose	Tundra (muschi, licheni, arbusti)	Orso bianco, volpe bianca, renna e alcuni roditori
Continentale				
Atlantica				
Mediterranea				

2. Scegli una pianta o un animale fra quelli elencati e fai una piccola ricerca per trovarne una foto e descriverne le caratteristiche in 5 righe.

METTITI ALLA PROVA

1 Scegli l'alternativa corretta.

a. Nella regione atlantica la vegetazione comprende latifoglie decidue/macchia mediterranea.

b. Nelle Isole britanniche e in Norvegia la vegetazione tipica è la tundra/la brughiera.

2 Vero o falso?

a. La regione mediterranea per tutto l'anno è caratterizzata da clima temperato e forte piovosità. V F

b. La regione artica è caratterizzata da inverni molto freddi e estati molto calde. V F

3 In quale regione climatica si trova la taiga?

A Artica.
B Continentale.
C Mediterranea.

4 In quale regione climatica è più diffusa la fauna ittica?

A Atlantica.
B Artica.
C Mediterranea.

5 Completa il testo con le parole:
artico • quattro • piovosità • aride • scarse • umide • interne • atlantica • mediterranea • continentale

L'Europa si può dividere in .... regioni bioclimatiche. Nell'estremo nord il clima è .... : temperature basse tutto l'anno e .... precipitazioni. Nelle zone .... al continente gli inverni sono freddi e le estati calde e .... : il clima è .... La regione .... è caratterizzata da una forte .... tutto l'anno. Nella zona .... gli inverni sono brevi e poco freddi e le estati calde e ....

6 Descrivi che cos'è il permafrost, dove si trova e che tipo di vegetazione vi cresce.

....
....
....
....
....
....

UNO SGUARDO D'INSIEME

In questa unità abbiamo studiato che cos'è l'Europa e quali sono le caratteristiche del suo territorio.

1 CHE COS'È L'EUROPA

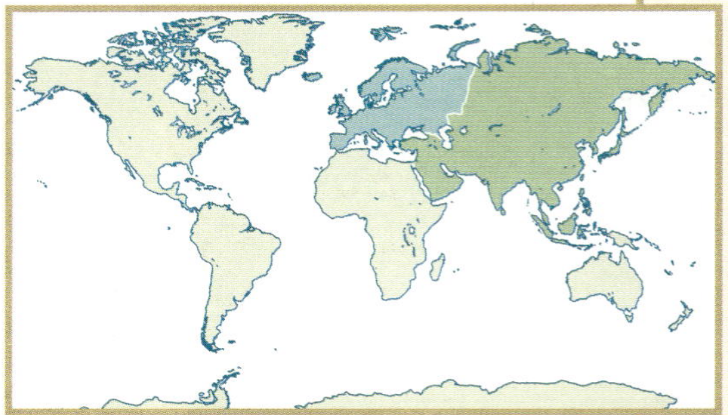

L'**Europa** costituisce l'estremità occidentale dell'**Eurasia**. Anche se geograficamente non è un continente a sé stante, viene considerata tale per motivi storico-culturali.
I **confini geografici** dell'Europa sono:
- a nord il Mar Glaciale Artico;
- a sud il Mar Mediterraneo;
- a ovest l'Oceano Atlantico;
- a est la catena dei Monti Urali.

2 LE MONTAGNE EUROPEE

Le montagne europee si sono formate in epoche diverse.
- Nell'**Europa settentrionale** si trovano i rilievi più antichi: le **Alpi scandinave**, le **montagne della Gran Bretagna**, la catena degli **Urali**.
- Nell'**Europa centrale** ci sono i resti di antiche catene montuose: il **Massiccio centrale**, la **Selva nera** e i **Monti metalliferi**.
- Nell'**Europa meridionale** i rilievi sono giovani ed elevati: le **Alpi**, i **Pirenei**, i **Balcani**, i **Carpazi** e il **Caucaso**, dove si trova la più alta vetta europea, il monte **Elbrus** (5642 m).

3 LE MONTAGNE ITALIANE

I rilievi italiani si articolano in due grandi catene:
- le **Alpi**, nel nord del paese, che si estendono a forma di arco da ovest a est, sono le più elevate;
- gli **Appennini**, che si estendono da nord a sud lungo tutta la penisola fino in Sicilia, hanno cime meno elevate.

La cima più alta è il **Monte Bianco** (4810 m), nelle Alpi occidentali.

4 LE PIANURE EUROPEE

Oltre la metà del territorio europeo è pianeggiante.
- A **nord** le aree pianeggianti si trovano in Inghilterra, in Svezia e in Finlandia, nelle regioni che si affacciano sul Mar Baltico.
- Al **centro** c'è la fascia pianeggiante più estesa che va dai Pirenei fino agli Urali, allargandosi a ventaglio da ovest a est. Le pianure principali sono il **Bassopiano germanico** e il grande **Bassopiano sarmatico**.
- A **sud** si trovano pianure di minore ampiezza, di origine alluvionale.

5 LE PIANURE ITALIANE

La **Pianura padana** costituisce i due terzi dell'area pianeggiante italiana. È una pianura alluvionale percorsa dal **Po** e da altri fiumi.
A seconda della composizione del terreno, si possono distinguere due fasce di pianura:
- l'**alta pianura**, più vicina alle montagne, con terreni permeabili;
- la **bassa pianura**, formata da terreni impermeabili.

Nell'Italia centrale e meridionale si trovano pianure meno estese.

Cominciarono allora a selezionare le varietà selvatiche a frutti grandi, modificandone via via le caratteristiche. Fu così creato l'**olivo domestico**, la cui coltivazione iniziò verso il 3500 a.C. Alto fino a 15 metri, dà frutti abbondanti per oltre un secolo. In Puglia e Umbria vi sono olivi millenari, testimoni della lunga storia della coltivazione di questa pianta [2].

La coltivazione dell'olivo, che richiedeva tecniche agricole avanzate (come la potatura e l'innesto), accompagnò lo sviluppo delle civiltà mediterranee.

La sempre maggiore richiesta di olio in Mesopotamia, in Egitto e in Anatolia determinò la prosperità delle zone costiere in cui era possibile coltivare l'olivo.

Angelo D'Amico/iStock

2 *Un olivo secolare in Puglia*

In **Italia** la coltivazione dell'olivo fu introdotta dai greci. Secoli dopo, con il dominio di Roma sul Mediterraneo, essa raggiunse il suo massimo sviluppo [3]: in Africa settentrionale gli oliveti occupavano enormi superfici, con centinaia di migliaia di alberi e innumerevoli frantoi in cui veniva prodotto olio col lavoro degli schiavi.

Il commercio dell'olio era, con quello del vino e dei cereali, il più importante dell'Impero: coinvolgeva ogni anno intere flotte di navi olearie che attraversavano il Mediterraneo e risalivano i fiumi navigabili.

La sua importanza fu non solo economica, ma **culturale**: ogni grande civiltà mediterranea elaborò un proprio mito sull'olivo. Per gli antichi egizi era stata la dea Iside, sposa di Osiride, a donare agli uomini la capacità di estrarre olio dalle olive. Per gli antichi greci, era stata la dea Atena a far spuntare sull'Acropoli il primo olivo. L'olivo e l'olio divennero simboli rituali di molte religioni: tradizione fatta propria in seguito anche da quella cristiana.

COMPETENZA: ORIENTARSI NELLO SPAZIO E NEL TEMPO

Fai un elenco dei paesi europei interessati dalla coltivazione dell'olivo (aiutati con la cartina qui sotto e con l'atlantino in fondo al libro).

....

....

....

....

....

3 *Le zone di coltivazione dell'olivo in epoca romana*

Lettura

L'UOMO CHE PIANTAVA GLI ALBERI

testo adattato da *L'uomo che piantava gli alberi*, scritto nel 1953 dallo scrittore francese Jean Giono (trad. di L. Spagnol, Salani)

Una quarantina di anni fa stavo facendo una lunga camminata, tra cime assolutamente sconosciute ai turisti, in quella antica regione delle Alpi che penetra in Provenza[1]. Si trattava, quando intrapresi la mia lunga passeggiata in quel deserto, di lande nude e monotone tra i milledue e i milletrecento metri di altitudine.

L'unica vegetazione che vi cresceva era la lavanda selvatica.

Dappertutto la stessa aridità, le stesse erbacce legnose. Mi parve di scorgere in lontananza una piccola sagoma nera, in piedi. La presi per il tronco di un albero solitario. A ogni modo mi avvicinai. Era un pastore. Una trentina di pecore sdraiate sulla terra cocente si riposavano accanto a lui. Mi fece bere dalla sua borraccia e, poco più tardi, mi portò a casa sua. Da tre anni piantava alberi in quella solitudine. Ne aveva piantati centomila.

L'anno seguente, ci fu la guerra del '14[2], che mi impegnò per cinque anni. Finita la guerra mi trovai con il grande desiderio di respirare un poco d'aria pura. Senza idee preconcette, quindi, tranne quella, ripresi la strada di quelle contrade deserte. Le querce del 1910 avevano adesso dieci anni ed erano più alte di me. Lo spettacolo era impressionante. Ero letteralmente ammutolito. Anche i faggi, che mi arrivavano alle spalle, erano sparsi a perdita d'occhio. Bouffier[3] mi mostrò dei mirabili boschetti di betulle che datavano a cinque anni prima, l'epoca in cui io combattevo a Verdun.

Ridiscendendo al villaggio, vidi scorrere dell'acqua in ruscelli che, a memoria d'uomo, erano sempre stati secchi. Anche il vento disperdeva certi semi. Con l'acqua erano riapparsi anche i salici, i giunchi, i prati, i giardini, i fiori e una certa ragione di vivere.

COMPETENZA: COMUNICARE IN ITALIANO

1. Chi è l'uomo che piantava gli alberi?

....

....

2. Quali tipi di alberi ha piantato?

....

....

3. Di quale regione bioclimatica sono tipici questi alberi?

....

....

4. Qual è il risultato del lavoro di quell'uomo?

....

....

[1] *Provenza*: una regione della Francia meridionale.
[2] *guerra del '14*: la Prima guerra mondiale.
[3] *Bouffier*: è il nome del pastore.

Patrimonio mondiale

L'ETNA

(Sicilia, Italia)

UNO DEI VULCANI PIÙ ATTIVI DEL MONDO

L'Etna è uno dei quattro beni naturali italiani che fanno parte del Patrimonio mondiale dell'Unesco, insieme alle Isole Eolie, al Monte San Giorgio (al confine con la Svizzera) e alle Dolomiti. L'Etna viene definito dall'Unesco «uno dei vulcani più attivi del mondo, con una eccezionale attività eruttiva, rintracciabile fino a 500000 anni fa, la quale è documentata storicamente negli ultimi 2700 anni».

L'Unesco sottolinea l'importanza dell'Etna per la **vulcanologia**, la scienza che studia i vulcani e i fenomeni vulcanici. Le caratteristiche geologiche dell'Etna (i crateri della vetta, i coni di cenere, le colate di lava) lo rendono infatti una destinazione di primaria importanza per la ricerca e l'istruzione.

Tomarchio Francesco/Shutterstock

IL PARCO DELL'ETNA

Il Parco dell'Etna ha il compito di proteggere lo straordinario ambiente naturale che circonda la base del vulcano e di promuovere lo sviluppo delle comunità locali in modo rispettoso dell'ambiente. Nella grande area del parco sono compresi 20 comuni, con una popolazione di circa 250000 abitanti. La fertilità del suolo vulcanico ha permesso alle popolazioni locali di vivere di agricoltura e allevamento fin dalle epoche più remote. Il parco richiama ogni anno turisti e amanti della natura, grazie agli splendidi panorami, ai sentieri, ai boschi e alla bellezza dei centri storici dei suoi comuni. Nel parco è presente anche un'area di «riserva integrale», dove la natura è conservata nella sua integrità e dove l'intervento dell'uomo è limitato al minimo.

COMPETENZA: IMPARARE A IMPARARE

1. Quante persone vivono nell'area del Parco dell'Etna?

....

2. Elenca uno dei motivi per cui nel parco vivono molte persone.

....

....

3. Quali sono, oltre all'Etna, i beni naturali tutelati dall'Unesco in Italia?

....

....

ollirg/Shutterstock

DIARIO

Prova a scrivere un riassunto dell'unità A.
Col tempo dovrai imparare a farlo da solo; ora inizia con il completamento della sintesi degli argomenti. Devi inserire le parole-chiave scegliendole dall'elenco in fondo alla pagina.
Alla fine, puoi trascrivere il testo sul quaderno (è un'operazione lunga, ma aiuta a memorizzare).

L'EUROPA: TERRITORIO E CLIMA

L'Europa non è un .... vero e proprio, ma l'estremità occidentale di un continente chiamato Eurasia.

MONTAGNE

In Europa vi sono tre principali sistemi montuosi:

1. le montagne dell'Europa settentrionale (molto ...., dunque non molto alte perché l'erosione le ha consumate);
2. le montagne dell'Europa centrale (resti di catene montuose antiche, quindi anch'esse piuttosto basse);
3. le montagne dell'Europa meridionale (di più recente formazione, quindi piuttosto .... perché poco erose).

I maggiori rilievi italiani appartengono a due catene montuose, le Alpi e gli ....
Il più alto monte italiano, il Monte Bianco (4810 m), si trova nelle Alpi occidentali.

PIANURE

Il territorio europeo è mediamente poco elevato perché ci sono molte pianure. Le maggiori formano una fascia continua che si estende da ovest a est nella parte centrale dell'Europa. La più vasta è il .... Sarmatico.
La maggiore pianura italiana è la Pianura padana, una pianura .... che occupa quasi i due terzi dell'area pianeggiante del nostro paese.

dmitry_islentev/Shutterstock

Magati/Shutterstock

Gregory A. Pozhvanov/Shutterstock

Thoom/Shutterstock

CLIMA

Il clima differisce a seconda della latitudine, dell' ...., della distanza dall'oceano, della posizione geografica di ciascuna zona rispetto alle catene montuose.
L'Europa può essere divisa in quattro regioni ....

1. La regione artica, nella parte più settentrionale d'Europa, è caratterizzata da temperature rigide e vegetazione bassa (....); la fauna è costituita da orsi bianchi, roditori, volpi bianche e renne.
2. La regione continentale, nelle zone interne dell'Europa, è caratterizzata da inverni freddi ed estati calde e da una vegetazione varia a seconda della distanza dall' .... ; la fauna è abbastanza ridotta a causa degli insediamenti umani e delle coltivazioni.
3. La regione atlantica, che abbraccia le Isole britanniche e la fascia costiera della Scandinavia, della Francia e della Penisola iberica, ha un clima .... , boschi di latifoglie decidue e, nelle Isole britanniche e in Norvegia, brughiere ricoperte di arbusti; la fauna più diffusa è quella marina.
4. La regione mediterranea, nelle zone meridionali dell'Europa, è caratterizzata da inverni brevi e non molto freddi ed estati calde e ....
   La vegetazione, ridotta dagli insediamenti umani, è costituita da pini marittimi, cipressi, querce da sughero e dalla .... mediterranea. Della fauna di un tempo rimangono solo pochi animali, ad esempio il cinghiale e il lupo.

PAROLE-CHIAVE:

tundra ▪ *bioclimatiche* ▪ *oceano* ▪ *macchia* ▪ *continente* ▪ *Appennini* ▪ *altitudine* ▪ *Bassopiano* ▪ *temperato* ▪ *aride* ▪ *antiche* ▪ *alte* ▪ *alluvionale*

METTI ALLA PROVA LE TUE CONOSCENZE

ZTE ONLINE

1 Scrivi i termini che corrispondono alle definizioni. Scegli tra:

risorgiva • conca • bassopiano • penisola

a. Terra circondata dal mare eccetto che in una sua parte: ....

b. Territorio pianeggiante con altitudine superiore ai 300 m, formato da una depressione circondata da rilievi: ....

c. Territorio pianeggiante con altitudine compresa tra i 200 e i 300 m: ....

d. Sorgente naturale di acqua dolce che si trova in una zona intermedia fra alta e bassa Pianura padana: ....

2 Vero o falso?

a. L'altitudine media del territorio europeo è di circa 340 m sul livello del mare. V F

b. Il Bassopiano sarmatico è la maggiore pianura europea. V F

c. Alle basse latitudini i raggi del Sole scaldano poco l'aria. V F

d. Il clima cambia a seconda della longitudine. V F

3 Scegli l'alternativa corretta.

a. L'Europa confina ad est con i Pirenei/Monti Urali, il fiume Ural/Reno e Caucaso.

b. A ovest l'Europa si estende fino all'Oceano Atlantico/Pacifico. A nord tocca il Mare del Nord/Mar Glaciale Artico e, a sud, il Mar Mediterraneo.

c. Una pianura alluvionale si è formata in seguito all'accumulo di sedimenti (ghiaia, sabbia, argilla) trasportati dai corsi d'acqua/dal vento.

d. Le Alpi si sono formate dallo scontro tra la placca americana/africana e la placca euroasiatica.

4 La Marmolada si trova nelle

A Dolomiti.

B Alpi Giulie.

5 L'anticiclone delle Azzorre porta aria calda e secca verso l'Europa

A in inverno.

B in estate.

6 I venti atlantici portano

A aria secca e calda.

B aria secca e fredda.

C aria umida e piogge.

7 Completa la tabella. Inserisci gli stati a cui appartengono le pianure elencate:

Portogallo • Spagna • Russia • Francia • Italia • Romania

Pianura padana	
Estremadura	
Pianura valacca	
Bacino d'Aquitania	
Bassopiano sarmatico	
Valle del Guadalquivir	

8 Inserisci nella tabella i nomi di queste pianure italiane, ordinandole da Nord a Sud.

Agro romano • Valdarno • Piana di Gela • Pianura campana • Maremma • Salento

1.	
2.	
3.	
4.	
5.	
6.	

9 Completa il testo con le parole:

sul Mediterraneo • sull'Europa • estate • inverno • alta • fredda • calda

In .... sul Mediterraneo si forma una zona di .... pressione detta anticiclone delle Azzorre che porta aria .... e secca. I venti atlantici sono deviati in prevalenza verso nord .... centrale e settentrionale.

In .... , sull'Europa centrale si forma una zona di alta pressione chiamata anticiclone siberiano che porta aria .... e secca. I venti atlantici sono deviati verso nord, sulla Scandinavia e verso sud, ...

10 ●●● **Dato il termine, scrivi a destra la definizione.**

Continente: ....

....

Vulcano quiescente: ....

....

Pianura: ....

....

Montagna: ....

....

11 ●●● **Costruisci un istogramma.**

a. Usa i dati di pag. 55 e scegli i quattro rilievi più alti delle Alpi – oltre al Monte Bianco, già presente – e i tre rilievi più alti degli Appennini.

b. Trascrivi i nomi dei rilievi nella tabella, nella prima colonna a sinistra, dal più alto al più basso. Nella seconda colonna inserisci le loro altitudini.

Rilievi	Altitudine
1. Monte Bianco	4810 m
2.	
3.	
4.	
5.	
6.	
7.	
8.	

c. Costruisci il grafico colorando i quadratini corrispondenti a ciascun rilievo, sapendo che un quadratino corrisponde a 200 metri di altezza. Usa colori diversi per Alpi e Appennini.

(Un consiglio: arrotonda i numeri al centinaio più vicino. Per esempio, i 4810 metri del Monte Bianco puoi arrotondarli a 4800.)

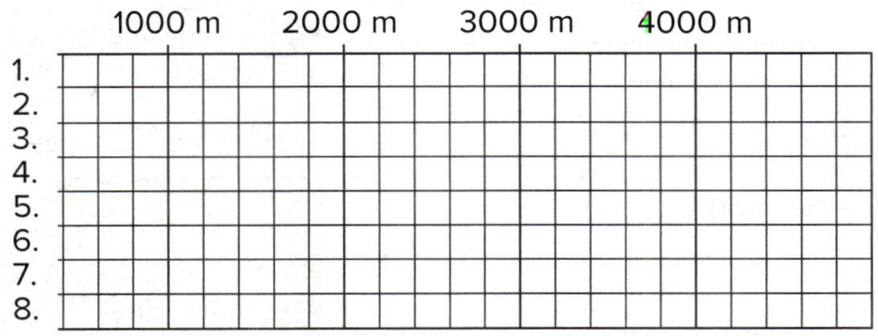

12 ●●● **Colora la carta e completa la legenda.**

Utilizza un colore diverso per ogni zona climatica.

Legenda

- ☐ Zona ....
- ☐ Zona ....
- ☐ Zona ....
- ☐ Zona ....
- ☐ Zona ....
- ☐ Zona ....

13 ●●● **Per ciascuna descrizione scrivi il nome della regione bioclimatica europea corrispondente.**

a. La regione più estesa in Europa, caratterizzata da inverni freddi ed estati molto calde.

....

b. La regione caratterizzata da clima temperato, grazie all'influenza della Corrente del Golfo, e forte piovosità tutto l'anno.

....

c. La regione più fredda del continente, caratterizzata da temperature molto basse per tutto l'anno.

....

d. La regione più calda, caratterizzata da inverni brevi poco freddi e da estati molto calde.

....

Ora associa ciascuna regione alla sua vegetazione, scrivendo la lettera corrispondente nel quadratino.

- tundra ☐
- macchia mediterranea ☐
- foresta di latifoglie ☐
- taiga ☐

SVILUPPA LE TUE COMPETENZE

14 SE FOSSERO 100

Completa il quadrato utilizzando queste informazioni.
Il 23% del territorio italiano è pianeggiante,
il 42% è collinare e il 35% è montuoso.
Colora i quadratini corrispondenti e la legenda.

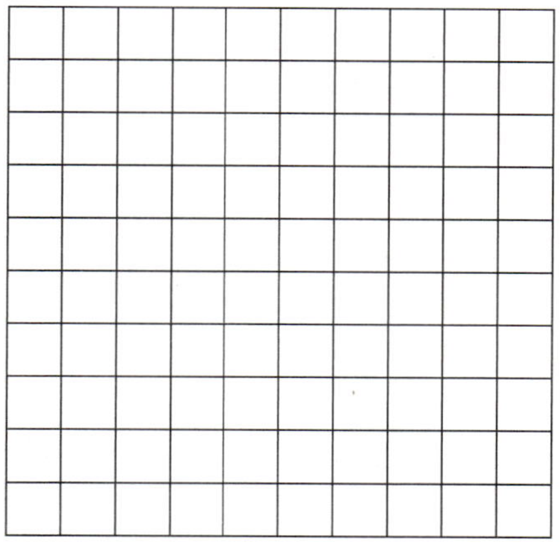

Legenda
- ☐ Pianura
- ☐ Collina
- ☐ Montagna

15 IN ENGLISH

Conosci il significato di queste parole?
latitude • climate • ocean • mountain ranges
Se non le conosci cercale sul dizionario e poi completa lo schema.

Factors that affect the .... are:
- altitude
- ....
- distance from the ....
- presence of ....

16 COMPITO DI REALTÀ

La tua scuola vuole organizzare una gita su una montagna. Prima di partire bisogna scrivere una scheda informativa da consegnare a tutti i partecipanti all'escursione.

- Scegli un monte che sorga vicino al luogo in cui vivi oppure di cui hai sentito parlare. Non sceglierne uno troppo alto.
- Usa un atlante o fai una ricerca su Internet per scoprire l'altezza esatta.
- Cerca, sempre su Internet, quali sono la flora e la fauna caratteristici del monte che hai scelto.
- Scarica anche qualche immagine del luogo.
- Cerca informazioni sulle strade o i sentieri che portano in cima al monte.
- Scrivi su un foglio A4 la scheda informativa (se vuoi puoi usare il computer).

Per organizzare la pagina segui il modello qui a lato.
- In alto scrivi il nome del monte e la sua altezza.
- Elenca le informazioni che hai raccolto in maniera ordinata e inserendo le immagini nel punto più adatto.

MONTE .... (..................... m)

Flora
....
....
....
....

lucianofochi/iStock

Fauna
....
....
....
....

Luciano_Vinco/iStock

Sentieri
....
....
....
....

Matteo G. Caremoli/iStock

SEI PRONTO PER LA VERIFICA? IN 1 ORA

1 **Vero o falso?**
[2 punti per ciascuna risposta]

a. Alle latitudini superiori i raggi del Sole scaldano molto la temperatura. V F
b. Il 75% degli olandesi vive nei polder. V F
c. Il Salento è una delle principali pianure dell'Italia centrale. V F

......./6

2 **Scegli le alternative corrette.**
[2 punti per ciascuna risposta]

a. Nella Pianura padana la zona più adatta alle coltivazioni si trova nella parte bassa, dove il terreno è permeabile/impermeabile e l'acqua rimane in superficie/penetra nel sottosuolo.
b. L'anticiclone siberiano porta aria fredda e secca verso l'Europa in estate/inverno.
c. Il clima delle coste nel Nord dell'Europa è influenzato dall'Oceano Atlantico/dal Mediterraneo.

......./8

3 **Scrivi i paesi in cui si trovano le catene montuose elencate. Scegli tra:**
Francia • Germania • Norvegia • Russia • Regno Unito
[2 punti per ciascuna risposta]

a. Alpi scandinave: ....
b. Monti cambrici: ....
c. Urali: ....
d. Massiccio centrale: ....
e. Selva nera: ....

......./10

4 **Il territorio dell'Europa centrale è per lo più**
A montuoso.
B pianeggiante.

......./2

5 **L'Eurasia si trova fra gli oceani**
A Atlantico e Pacifico.
B Atlantico e Indiano.

......./2

6 **La cima più alta d'Europa è**
A il Gran Paradiso.
B l'Elbrus.
C il Monte Bianco.

......./3

7 **A quale catena montuosa appartiene il Monte Bianco?**
A Alpi Graie.
B Alpi illiriche.
C Pirenei.

......./3

8 **Le montagne dell'Europa centrale non sono molto alte perché**
A sono state erose dagli agenti atmosferici.
B si erano sollevate poco.
C sono resti di antichi vulcani spenti.

......./3

9 **La cima più alta degli Appennini è**
A Gran Paradiso.
B Gran Sasso.
C Maiella.

......./3

10 **I Pirenei si trovano tra**
A Spagna e Portogallo
B Francia e Spagna
C Francia e Belgio

......./3

11 **Che cos'è la Corrente del Golfo e come influisce sul clima europeo?**

....
....
....
....
....
....
....

......./5

12 **Completa lo schema con le parole:**
Scandinavia e Mediterraneo • calda • delle Azzorre • fredda • Europa settentrionale e centrale • siberiano
[2 punti per ciascuna parola]

Il clima europeo

inverno	estate
anticiclone	anticiclone ....
aria .... e secca	aria .... e secca
venti atlantici deviati verso	venti atlantici deviati verso ....

......./12

13 **Completa il testo con i nomi delle zone climatiche italiane.**
[4 punti per ciascuna parola]

Il territorio italiano si divide principalmente in sei zone climatiche:

1. la zona .... : molto estesa in latitudine, presenta forti differenze di temperatura durante l'anno;
2. la zona .... : con inverni lunghi e freddi, estati brevi e fresche;
3. la zona .... : con inverni tiepidi e piovosi, estati calde e secche (a causa dell'influenza dell'anticiclone delle Azzorre);
4. la zona .... : clima continentale, con estati calde e inverni freddi (le Alpi impediscono l'arrivo delle correnti più fredde);
5. la zona .... : clima continentale anche se è affacciata sul mare;
6. la zona .... : con temperature miti d'inverno, precipitazioni autunnali e invernali.

......./24

14 **Completa la carta (prima parte).**
Usa colori diversi per le quattro regioni bioclimatiche europee riportate nella legenda (che dovrai colorare). Per ora non considerare i riquadri.
[2 punti per ciascuna zona]

Legenda
☐ clima artico
☐ clima continentale
☐ clima atlantico
☐ clima mediterraneo

......./8

15 **Completa la carta (seconda parte).**
Ora associa la fauna alle regioni bioclimatiche. Scrivi nei riquadri rossi della carta dell'esercizio precedente la lettera corrispondente alla fauna tipica di ogni regione. Scegli tra i seguenti.
[2 punti per ciascun tipo]

a. soprattutto fauna ittica (pesci)
b. orsi bianchi, renne, volpi bianche
c. cinghiali, cervi
d. orsi bruni, linci (ormai rari)

......./8

TOTALE ..../100

B STATI E POPOLAZIONE

CIAK si impara! se fossero 100

Puoi iniziare con il filmato *Densità demografica e trasporti*

Peter Gudella/Shutterstock

La fotografia aerea di un raccordo autostradale mostra uno dei modi in cui la presenza umana può modificare l'ambiente naturale. Queste modifiche non avvengono soltanto nelle zone più densamente popolate, come quelle urbane e industriali, ma anche nelle zone meno densamente popolate, come quelle rurali e agricole. Il trasporto di persone e merci tra una città e l'altra si svolge per la maggior parte con milioni di automobili, pullman e autocarri, che necessitano di una fitta rete stradale. In Europa questa si estende, insieme alla rete ferroviaria, su tutto il territorio, in particolare nelle aree pianeggianti.

PER ORIENTARTI NELL'UNITÀ B

Le caratteristiche del **territorio europeo** che abbiamo visto nell'**Unità A** sono interessanti per lo studio dei paesaggi e degli **ambienti naturali**, ma non solo. Dalla forma del territorio e dal suo **clima** dipendono anche le attività degli esseri umani che su di esso vivono.

In questa unità osserveremo l'Europa dal punto di vista della distribuzione della sua **popolazione**.

Cominceremo col vedere che la popolazione è organizzata in **stati**, che possono essere molto diversi: ad esempio, per dimensioni. Gli attuali stati europei si possono raggruppare in quattro subregioni in base alla loro posizione geografica. Una parte di essi forma l'**Unione europea**, un'organizzazione politica ed economica (**lezione 1**).

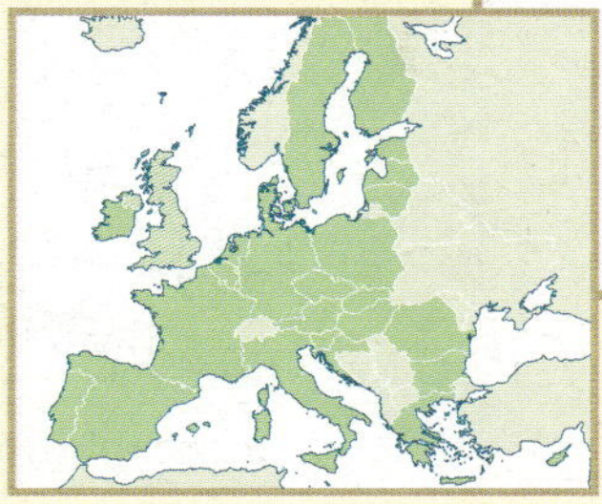

Scopriremo perché in Europa la **distribuzione della popolazione** non è uniforme, ma varia a seconda delle caratteristiche naturali del territorio. Capiremo anche perché le pianure e le zone costiere sono in genere più popolate di quelle montane (**lezione 2**).

Concentreremo la nostra attenzione sul fatto che la maggior parte della popolazione vive nelle **città**, alcune delle quali sono **agglomerati urbani** che comprendono il territorio circostante fortemente urbanizzato (**lezione 3**).

La popolazione non crea solo degli insediamenti ma anche una rete di **collegamenti** tra di essi. Vedremo quali sono i principali **mezzi di trasporto** utilizzati per lo spostamento delle persone e delle merci (**lezione 4**).

1 GLI STATI EUROPEI

Lo stato è un territorio delimitato da confini, abitato da un popolo e organizzato politicamente

Uno **stato** può essere definito come l'insieme di un popolo, del territorio su cui vive e delle leggi che ha deciso di seguire.

Gli elementi costitutivi senza i quali non possiamo parlare di «stato» sono dunque:

- il **territorio**, cioè la parte della superficie terrestre circoscritta da confini;
- il **popolo**, cioè l'insieme degli abitanti che vivono entro i confini dello stato e che hanno la qualifica di cittadini;
- la **sovranità**, cioè l'esercizio dei poteri legislativo, esecutivo e giudiziario (fare le leggi e farle applicare) entro i confini dello stato.

Ogni stato ha la propria **capitale**, dove si trovano le sedi degli organi politici nazionali e dove si concentrano le principali attività economiche.

L'Europa comprende 44 stati, raggruppati in 4 subregioni [A]

- L'**Europa settentrionale** comprende **10 stati**, suddivisi in **area scandinava**, **area baltica** e **Isole britanniche**. Si aggiungono a questi stati due possedimenti britannici, le Isole del Canale (un arcipelago nella Manica) e l'Isola di Man (nel Mare d'Irlanda), e uno danese, le Isole Föroyar (un arcipelago dell'Oceano Atlantico settentrionale).
- L'**Europa occidentale** comprende **9 stati**, suddivisi in **area francese** e **area germanica**.
- L'**Europa meridionale** comprende **15 stati**: quelli che costituiscono la **Penisola iberica**, quelli della **Penisola italiana** e quelli della **Penisola balcanica**. Si aggiunge a questi stati il dominio britannico di Gibilterra, che si trova sulla punta meridionale della Penisola iberica.
- L'**Europa orientale** comprende **10 stati**: quelli della **regione russa**, quelli dell'**area danubiana** e la Polonia.

Va inoltre ricordato che la Turchia, uno stato che fa parte dell'Asia occidentale, ha in Europa un piccolo lembo di territorio, equivalente soltanto al 3% della sua superficie (ma su cui si trova Istanbul, la città più importante del paese).

La provincia autonoma serba del Kosovo, autoproclamatasi indipendente nel 2008, è stata riconosciuta come tale da vari stati, ma non dalle Nazioni Unite.

Stati dell'Europa settentrionale	Capitali
Islanda	Reykjavik
Norvegia	Oslo
Svezia	Stoccolma
Finlandia	Helsinki
Danimarca	Copenaghen
Estonia	Tallinn
Lettonia	Riga
Lituania	Vilnius
Regno Unito	Londra
Irlanda	Dublino

Stati dell'Europa occidentale	Capitali
Francia	Parigi
Belgio	Bruxelles
Lussemburgo	Lussemburgo
Principato di Monaco	Monaco
Germania	Berlino
Paesi Bassi	Amsterdam
Austria	Vienna
Svizzera	Berna
Liechtenstein	Vaduz

GUIDA ALLO STUDIO

1. Evidenzia nel testo le aree che compongono ciascuna delle subregioni europee.
2. Individua nella carta [A] quali stati europei sono completamente insulari.

A Gli stati europei

Stati dell'Europa meridionale	Capitali
Portogallo	Lisbona
Spagna	Madrid
Andorra	Andorra la Vella
Italia	Roma
San Marino	-
Città del Vaticano	-
Slovenia	Lubiana
Croazia	Zagabria
Bosnia-Erzegovina	Sarajevo
Serbia	Belgrado
Montenegro	Podgorica
Albania	Tirana
Macedonia	Skopje
Grecia	Atene
Malta	Valletta

Stati dell'Europa orientale	Capitali
Russia (parte europea)	Mosca
Bielorussia	Minsk
Ucraina	Kiev
Repubblica Ceca	Praga
Slovacchia	Bratislava
Ungheria	Budapest
Romania	Bucarest
Moldavia	Chisinău
Bulgaria	Sofia
Polonia	Varsavia

VIDEO NELL'EBOOK

Gli stati dell'Europa

Dei 44 stati europei, 28 sono diventati membri dell'Unione europea, un'organizzazione economica e politica

L'**Unione europea** (UE) è un'organizzazione internazionale di integrazione economica e politica, istituita nel 1992 attraverso il Trattato di Maastricht (una cittadina dei Paesi Bassi).

L'Unione europea ha avuto origine da alcuni accordi economici tra Italia, Francia, Germania, Belgio, Paesi Bassi e Lussemburgo negli anni Cinquanta del secolo scorso. Essa costituisce un'area economica all'interno della quale circolano liberamente merci, denaro e persone. Nel corso degli anni ne sono entrati a far parte 28 paesi europei [B].

Il Regno Unito, in base a un referendum popolare svoltosi nel 2016, ha deciso di uscire dalla UE.

Ci occuperemo più approfonditamente dell'Unione europea nel secondo volume di questo corso.

B I paesi dell'Unione europea

DIARIO

1. Costruisci sul tuo quaderno una mappa semplificata dell'Europa. Ricopia i riquadri che vedi qui a fianco, raddoppiandone le dimensioni. Ciascun riquadro rappresenta un'area dell'Europa. Ritaglia i riquadri e incollali sul tuo diario collocandoli in base alla loro posizione nella carta del continente. Ora assegna un colore a ciascuna subregione europea e colora i riquadri con il colore della subregione a cui appartengono.
2. Quale area d'Europa vorresti visitare? Perché?

Isole britanniche | area scandinava | area baltica | area danubiana | Penisola italiana | area francese | area germanica | Penisola iberica | regione russa | Penisola balcanica

METTITI ALLA PROVA

1 Vero o falso?

a. Gli stati europei si possono riunire in 6 subregioni. V F

b. La Croazia si trova nella Penisola balcanica. V F

c. I Paesi Bassi si trovano nell'Europa orientale. V F

d. La Norvegia si trova nell'Europa occidentale. V F

e. L'Irlanda non parte dell'Unione europea. V F

2 Scegli l'alternativa corretta.

a. La Serbia/Turchia ha in Europa solo il 3% del suo territorio.

b. Sono entrati nell'Unione europea 18/28 stati.

3 Quanti sono gli stati europei?

A 44

B 34

4 A quale area dell'Europa settentrionale appartengono la Finlandia e la Norvegia?

A Area baltica.

B Area scandinava.

C Isole britanniche.

5 La Romania e la Polonia sono stati dell'Europa

A occidentale.

B orientale.

C meridionale.

D settentrionale.

6 Completa lo schema con le parole:
scandinava • baltica • meridionale • danubiana • germanica • occidentale • iberica • balcanica

Europa
- settentrionale → area .... , ... , isole britanniche
- .... → area francese, ...
- .... → penisole .... , italiana, ...
- orientale → regione russa, area ....

2 LA DENSITÀ DEMOGRAFICA

L'Europa ha una popolazione di circa 700 milioni di abitanti, distribuiti in modo ineguale sul territorio

La **densità** della popolazione su un determinato territorio (ad esempio quello di uno stato o di una sua regione) si calcola dividendo il numero di abitanti per la superficie del territorio espressa in km². Si ottiene così il numero di abitanti per km², definito più precisamente **densità demografica**. Ad esempio, se su un territorio di 10 000 km² vi sono 200 000 abitanti, la densità demografica è di 20 abitanti per kilometro quadrato.

La **popolazione** complessiva dell'Europa ammonta a circa **738 milioni di abitanti**; se essi fossero distribuiti uniformemente sul territorio europeo, la densità demografica sarebbe di circa 70 abitanti/km².

La popolazione non è però ugualmente distribuita; vi sono zone con pochissimi abitanti o disabitate, e altre che hanno una maggiore densità [A].

La distribuzione della popolazione varia a seconda delle caratteristiche naturali del territorio

L'ineguale distribuzione della popolazione su un determinato territorio è dovuta principalmente alle caratteristiche naturali di quel territorio.

Le **pianure**, in particolare quelle fluviali, sono più densamente popolate delle zone montane, perché i territori pianeggianti sono più adatti agli insediamenti urbani, alle attività agricole e industriali, agli spostamenti di persone e prodotti attraverso le reti autostradali e ferroviarie e i grandi aeroporti.

Le **zone costiere** sono in genere particolarmente popolate perché, grazie alle loro condizioni climatiche e ambientali, sono più adatte sia agli insediamenti abitativi sia a quelli ricettivi (alberghi, villaggi turistici). Queste zone sono anche favorevoli alle attività economiche portuali e industriali, che sono collegate ai trasporti marittimi.

A La diversa densità della popolazione in Europa

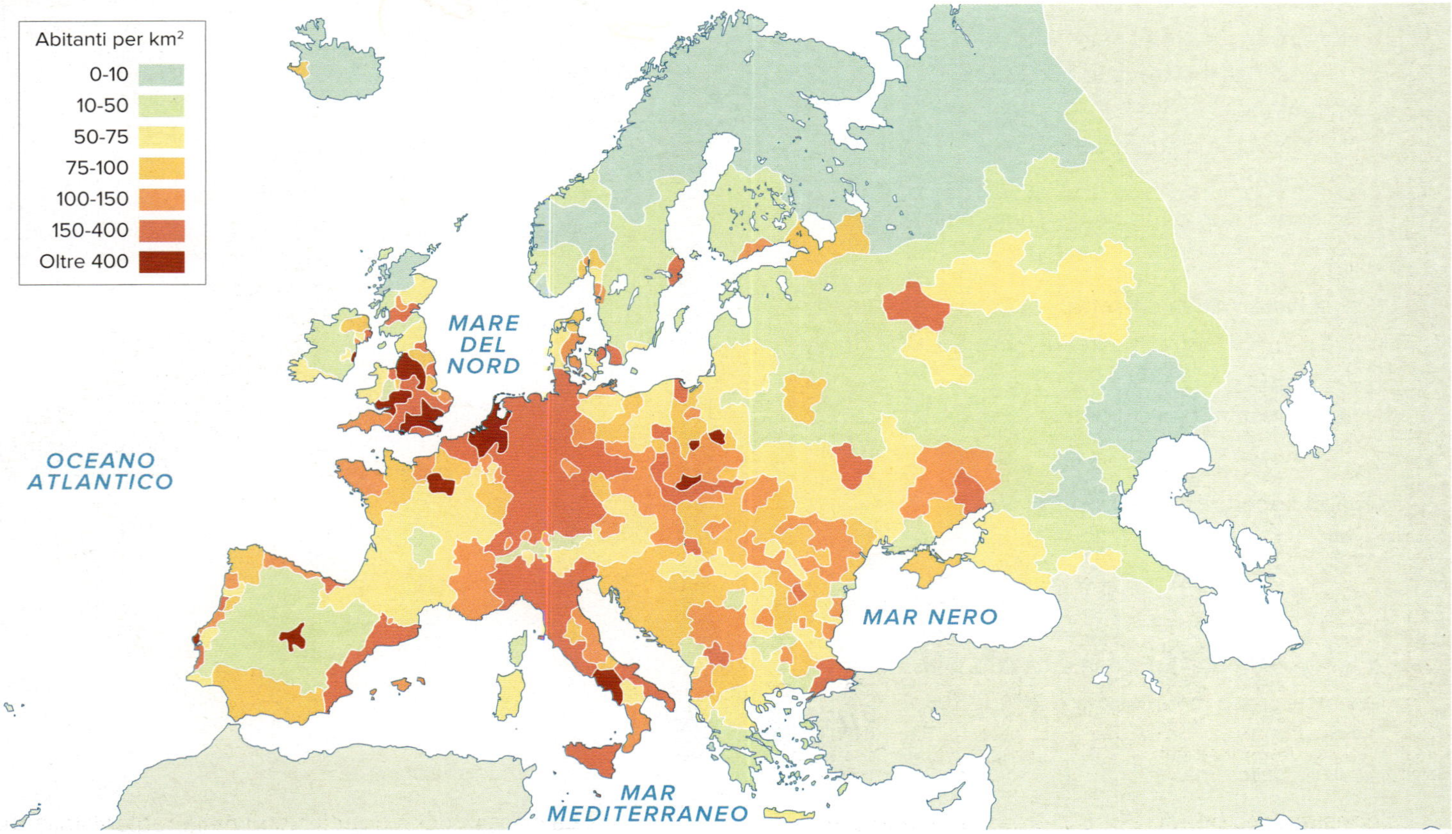

In Europa le aree più densamente popolate sono quelle delle pianure centrali

In Europa le regioni più densamente popolate sono quelle comprese tra l'Inghilterra meridionale, il Bacino di Parigi e la medio-bassa Valle del Reno. Tra le altre densamente popolate, nell'Europa meridionale, vi è la Pianura padana. Le regioni europee meno densamente popolate sono quelle più settentrionali della Penisola scandinava e della Russia.

All'interno delle varie regioni la densità demografica varia da stato a stato [B]; nei Paesi Bassi si trovano 500 abitanti/km^2, mentre ad esempio in Norvegia si scende a 14 abitanti/km^2. Lo stato europeo più densamente popolato è il Principato di Monaco, con quasi 19 000 abitanti/km^2, quello meno popolato è l'Islanda, con 3 abitanti/km^2.

Le più alte densità si registrano nelle **aree urbane**, dove si concentrano circa i tre quarti della popolazione europea: a Parigi, ad esempio, la densità supera i 20 000 abitanti/km^2.

In Italia la densità della popolazione è in media di 201 abitanti/km^2

Come negli altri paesi europei, anche in Italia la densità demografica varia fortemente da regione a regione, a seconda delle caratteristiche fisiche del territorio.

Oltre un terzo della popolazione italiana si concentra in tre regioni [C]: **Lombardia, Lazio e Campania.**

La Campania, pur avendo una popolazione molto inferiore a quella della Lombardia, è la regione con la più alta densità demografica: 429 abitanti/km^2, oltre il doppio di quella media nazionale. Seguono la Lombardia con 419 abitanti/km^2 e il Lazio con 342 abitanti/km^2.

La regione con la più bassa densità demografica è la Valle d'Aosta, con 39 abitanti/km^2.

GUIDA ALLO STUDIO

Sottolinea nel testo le ragioni per cui le coste sono aree particolarmente popolate.

B La densità della popolazione in alcuni stati europei

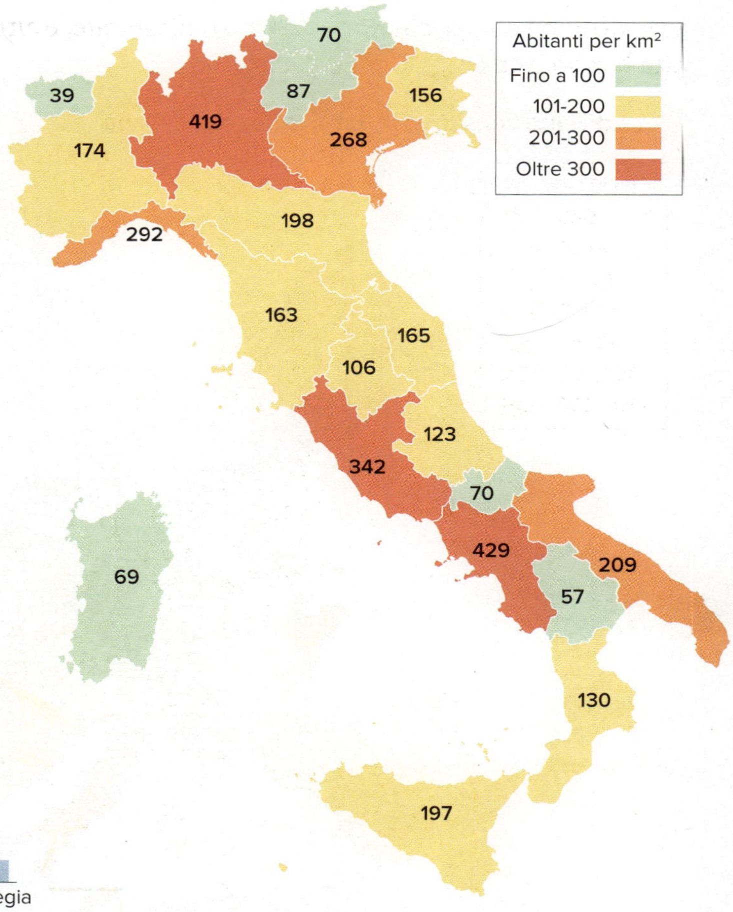

C La densità della popolazione nelle regioni italiane

Le zone dell'Italia più popolate sono la Pianura padana e alcune aree costiere dove si trovano anche le maggiori città

La popolazione italiana si concentra per circa il 49% nelle **aree pianeggianti**, ma sono discretamente popolate anche quelle collinari (per il 39% circa), mentre nelle aree montane risiede solo il 12% della popolazione nazionale [D].

L'area più densamente popolata d'Italia è la Pianura padana, che è anche una delle zone più popolose a livello europeo. Sono densamente popolate anche le **valli fluviali**, come il Valdarno, in Toscana, e le **zone costiere**, come la Pianura campana, attorno a Napoli. Infatti, la densità demografica media dei comuni litoranei è di circa 400 abitanti/km^2, mentre quella dei comuni non-litoranei è di circa 170 abitanti/km^2.

In particolare, le zone in cui la densità di popolazione è più alta sono le **aree metropolitane**, come quelle di Roma, Milano e Napoli.

La pressione umana sull'ambiente varia a seconda della densità demografica

La «pressione umana» sull'ambiente, cioè l'azione che le attività umane esercitano sull'ambiente modificandolo, varia da zona a zona.

In Italia, e in generale in Europa, la parte del territorio abitata dagli esseri umani si è sempre più estesa e ciò ha causato profonde modifiche all'ambiente.

La costruzione di insediamenti abitativi e industriali, di strade e ferrovie, provoca la **cementificazione** del territorio, ossia la copertura del suolo con edifici e altre opere murarie [E]. Vengono così ridotte le **aree verdi** coperte da alberi e prati e, come conseguenza, si verifica spesso il dissesto idrogeologico, ossia uno squilibrio nel rapporto tra le acque e le condizioni del terreno.

Allo stesso tempo, le industrie, le aziende agricole, le abitazioni, le automobili provocano l'**inquinamento** dell'acqua, della terra e dell'aria, con conseguenze negative sull'ambiente naturale e sulla salute umana [F].

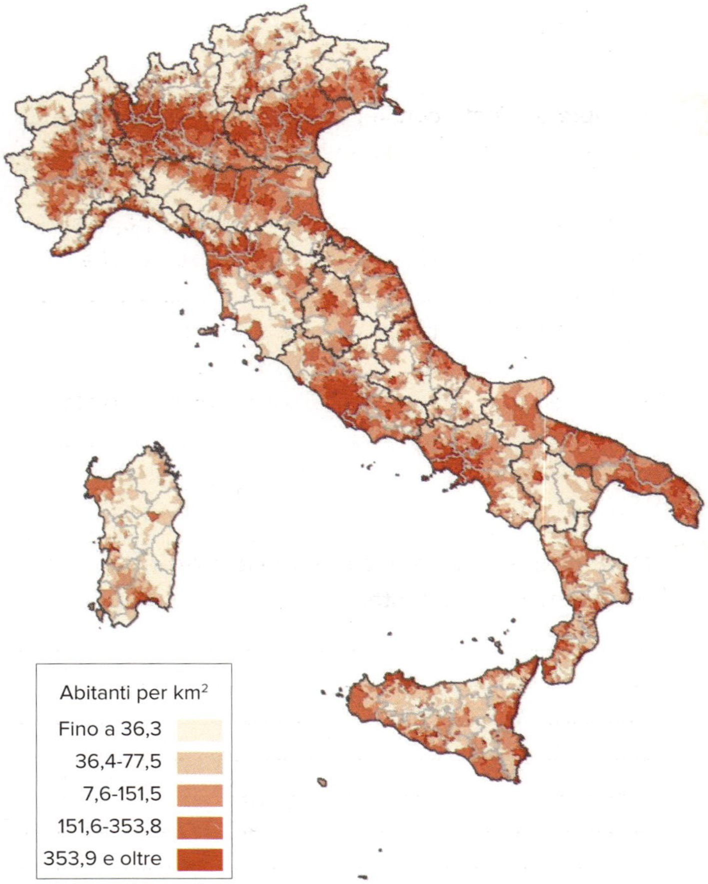

D La diversa densità della popolazione sul territorio

kerenby/Shutterstock

E Il Principato di Monaco è un esempio di costa modificata dalla cementificazione

robertonencini/iStock

F Il colore della spiaggia di Rosignano Solvay, in Toscana, è dovuto all'inquinamento prodotto dall'industria Solvay

DIARIO

1. Guarda l'istogramma della densità della popolazione in alcuni paesi europei a pag. 93. Trasformalo, sul quaderno, in una scala graduata (come quella a lato) e indica a quale altezza si trovino i principali paesi dell'Europa. Procedi in questo modo.
   - Traccia una linea verticale (da 0 a 500).
   - Dividi la linea in 5 tacche di uguale lunghezza. La prima tacca corrisponderà al valore 100 e così via.
   - Indica con delle frecce a quale altezza si collocano i vari paesi.

   Se vuoi, puoi incollare un foglio di carta millimetrata sul quaderno.
2. Quali vantaggi e svantaggi ci sono a vivere in un'area densamente popolata?

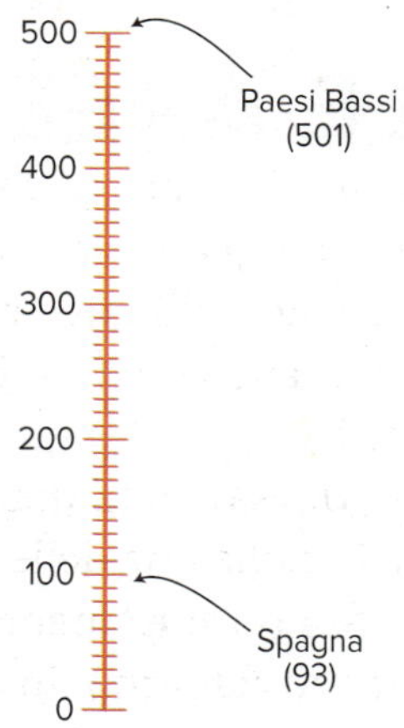

METTITI ALLA PROVA

1 ●○○ **Vero o falso?**

a. La Spagna è più densamente popolata dell'Italia. V F

b. La Germania è meno densamente popolata della Svezia. V F

2 ●○○ **Scegli l'alternativa corretta.**

a. La popolazione si distribuisce sul territorio secondo fattori ambientali/economici legati alla conformazione del territorio stesso.

b. La densità demografica di un paese si ricava facendo il rapporto/la somma tra il numero degli abitanti e l'area del territorio occupato.

3 ●○○ **Completa lo schema inserendo le parole mancanti:**
alta • bassa

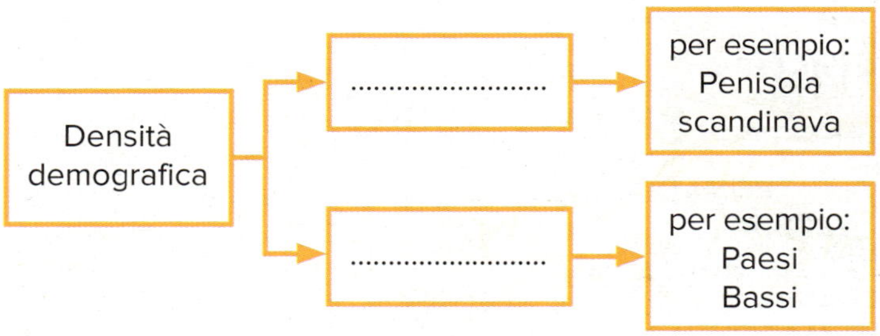

4 ●●○ **La densità demografica dell'Europa è di circa**

A 30 abitanti/km².
B 50 abitanti/km².
C 70 abitanti/km².
D 180 abitanti/km².

5 ●●○ **In Italia la densità della popolazione è**

A maggiore rispetto alla media europea.
B più o meno allo stesso livello della media europea.
C minore rispetto alla media europea.

6 ●●○ **Completa il testo con le parole:**
coste • agricole e industriali • di persone e merci • pianure • marittimi • montagne

In genere, le .... sono più popolate delle .... , perché più adatte alle attività .... , agli insediamenti urbani, agli spostamenti ....
Anche le .... sono molto popolate. Lì il clima è mite e i trasporti .... sono favoriti.

7 ●●● **Descrivi quale pressione esercita la presenza dell'uomo sull'ambiente.**

....
....
....
....
....
....
....
....
....

3 LE AREE URBANE

In Europa la maggior parte della popolazione vive in città o in aree prevalentemente urbane

L'Europa è una delle regioni del mondo con la più alta percentuale di **popolazione urbana**: circa 75 abitanti su 100 vivono in città [A].

I paesi europei con le maggiori percentuali di popolazione urbana sono quelli meno estesi e con un territorio totalmente pianeggiante, come il Belgio, dove vivono nelle città 98 abitanti su cento, o i Paesi Bassi e il Lussemburgo, dove vivono nelle città oltre 90 abitanti su 100.

La popolazione si concentra in città anche nei paesi dove le condizioni di vita fuori dai centri urbani sono difficili, come in Islanda (per il clima freddo) o a Malta (per il clima arido).

I paesi europei con le minori percentuali di popolazione urbana sono Bosnia-Erzegovina e Moldavia, dove vivono nelle città rispettivamente 40 e 45 abitanti su cento. Hanno percentuali relativamente basse di popolazione urbana anche altri paesi dell'Europa meridionale e orientale, tra cui Slovenia, Slovacchia, Romania, Serbia, dove vivono nelle città 50-55 abitanti su 100.

A La percentuale di popolazione urbana e gli agglomerati urbani europei più popolosi

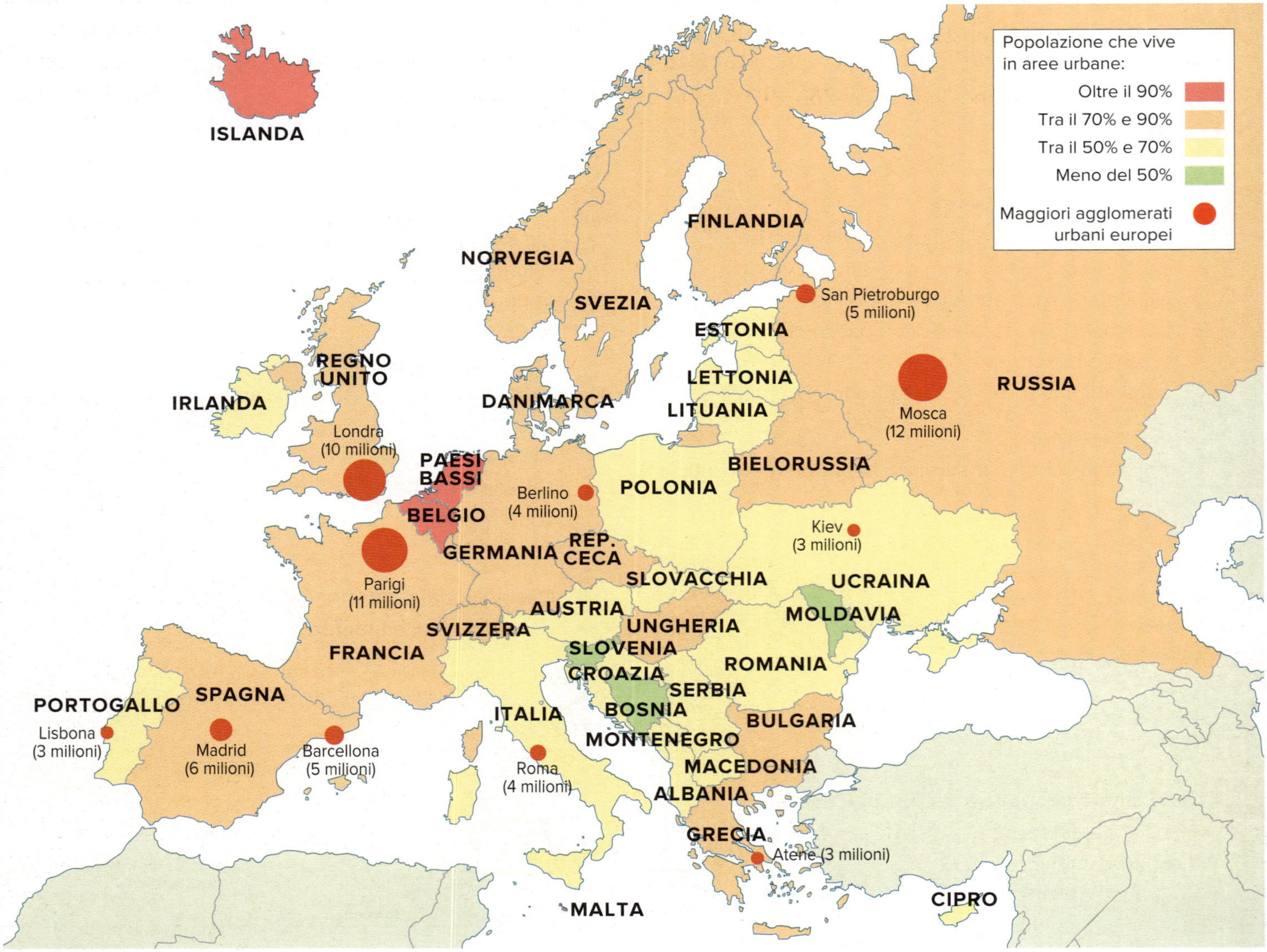

I maggiori agglomerati urbani europei sono Mosca, Parigi e Londra

Gli **agglomerati urbani** sono le aree che comprendono, oltre alla città propriamente detta, una fascia di territorio dove i centri minori, un tempo separati, si sono «saldati» alla città in seguito alla costruzione di edifici e strade nelle zone che prima erano rurali o disabitate.

Gli agglomerati urbani sono caratterizzati da un'alta densità di popolazione.

Tra i maggiori agglomerati urbani europei, ce ne sono tre che prevalgono nettamente sugli altri come dimensioni e numero di abitanti.

- **Mosca** [B], capitale della Federazione Russa, con il suo agglomerato urbano supera i 12 milioni di abitanti.
- **Parigi**, capitale della Francia, ha una popolazione di poco superiore ai 2 milioni di abitanti, ma con l'agglomerato urbano raggiunge gli 11 milioni.
- **Londra**, capitale del Regno Unito, è costituita da una zona centrale interna (chiamata *Inner London*) con una popolazione di 3 milioni di abitanti; compresa la zona circostante, il suo agglomerato urbano raggiunge i 10 milioni di abitanti.

I maggiori agglomerati urbani italiani sono le città metropolitane di Roma, Milano, Napoli e Torino

In Italia, per alcuni centri maggiori sono state istituite le **città metropolitane**. Si tratta di speciali enti locali territoriali che hanno il compito di amministrare aree urbane densamente popolate, costituite da una città principale e da centri minori che la circondano e che sono ad essa collegati.

Le dieci città metropolitane sono: Roma Capitale (4,3 milioni di abitanti [C]), Milano (3,2), Napoli (3,1), Torino (2,3), Bari (1,3), Firenze (1), Bologna (1), Genova (0,9), Venezia (0,9), Reggio Calabria (0,6). A queste si aggiungono altre quattro città appartenenti alle regioni autonome: Palermo (1,2), Catania (1,1), Messina (0,6), Cagliari (0,4).

La città metropolitana con la più alta densità demografica è Napoli, con circa 2650 abitanti per kilometro quadrato; la seconda è Milano, con oltre 2000 abitanti/km^2 e la terza è Roma, con oltre 800 abitanti/km^2.

La città metropolitana con la più bassa densità demografica è Reggio Calabria, con 175 abitanti/km^2, ossia quindici volte inferiore a quella di Napoli.

GUIDA ALLO STUDIO

1. Evidenzia sul testo i paesi europei con la maggiore percentuale di popolazione che vive in città.
2. Sottolinea quali sono i più importanti agglomerati urbani italiani.

B Veduta aerea di Mosca

Tatiana Popova/Shutterstock

C Veduta aerea di Roma

SF photo/Shutterstock

VIDEO NELL'EBOOK

Le città europee

Negli ultimi cinquant'anni si è molto allargata l'area intermedia che si trova tra città e campagna

In Italia e in altri paesi europei, il confine tra città e campagna è rimasto in genere abbastanza netto fino agli anni Cinquanta del Novecento per poi diventare più sfumato nei decenni successivi, tendendo spesso a scomparire.

Come avviene questo fenomeno?

Man mano che una città si espande nel territorio circostante, si forma un'area che ha caratteristiche in parte di città e in parte di campagna. In questa zona gli insediamenti sono sparsi e inframmezzati da campi e da altre zone verdi.

La formazione di queste aree ha reso necessario nell'Unione europea un nuovo metodo di classificazione: alle due aree tradizionali, **urbana** e **rurale**, si è aggiunta una terza categoria, l'**area intermedia**.

Rispetto alla città, formata da edifici addossati l'uno all'altro e in prevalenza alti, l'area intermedia è formata da edifici residenziali, commerciali e industriali distanziati l'uno dall'altro, in prevalenza non alti, collegati da una rete di strade ampie e forniti di piazzali e di parcheggi [D]. L'area intermedia è generalmente destinata ad uso abitativo, commerciale e industriale più che a uso agricolo.

In base alla nuova classificazione, risulta che il 40% della popolazione dell'Unione europea abita in aree urbane, il 31% in aree intermedie, il 29% in aree rurali.

Il paese dell'Unione europea con la più alta percentuale di popolazione nelle aree urbane è il Regno Unito (57%), quello con la più alta percentuale di popolazione nelle aree intermedie è il Belgio (57%) e quello con la più alta percentuale di popolazione nelle aree rurali è la Slovenia (50%).

In Italia la maggior parte della popolazione vive nelle aree intermedie [E].

E La distribuzione della popolazione italiana nelle tre aree

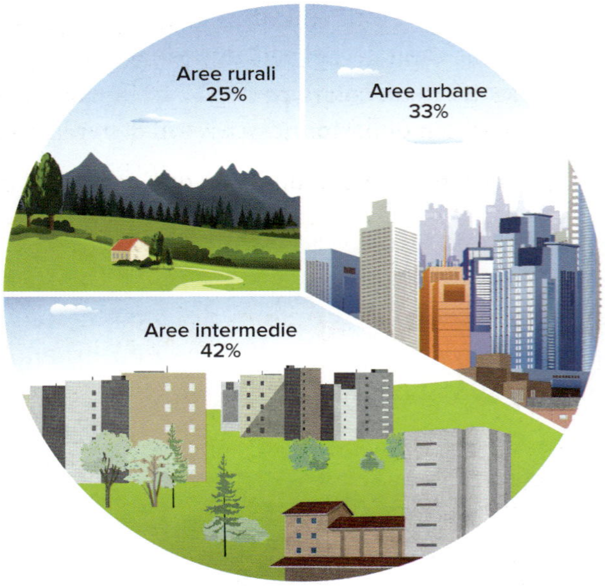

D Veduta aerea di una zona intermedia in Germania

DIARIO

1. Costruisci un istogramma (sul modello di quello a lato) che confronti la popolazione dei maggiori agglomerati urbani europei con quella dei maggiori agglomerati urbani italiani. Procedi in questo modo.
   - Disegna un diagramma con asse *x* e asse *y*.
   - Dividi l'asse *y* in 12 parti e scrivici accanto «milioni di abitanti».
   - Dividi l'asse *x* in 13 parti e contrassegnale con i nomi delle città in ordine decrescente di abitanti (Mosca, Parigi, Londra, Roma, Milano, Napoli, Torino, Bari, Firenze, Bologna, Genova, Venezia, Reggio Calabria).
   - Con i dati che trovi nella cartina a pag. 96 costruisci le barre che rappresentano gli abitanti di ciascun agglomerato.

   Potresti usare un colore per ogni paese, colorando dunque gli istogrammi delle città italiane tutti nello stesso modo. Non dimenticarti di dare un titolo al tuo grafico.

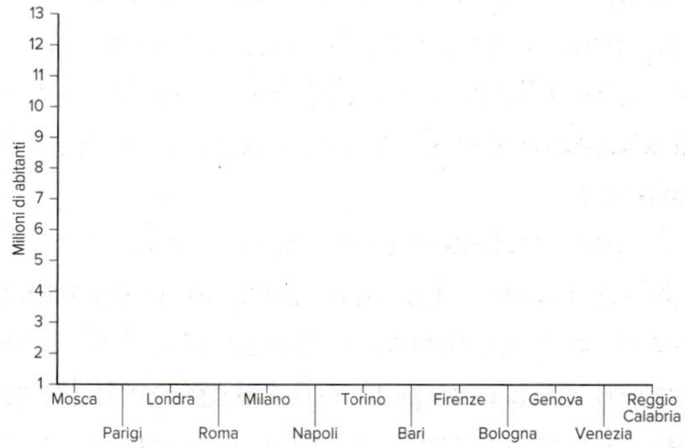

2. Ti piacerebbe vivere in una città di 10 milioni di abitanti? Per quali ragioni?

METTITI ALLA PROVA

1 ●○○ Vero o falso?

a. Nei Paesi Bassi la percentuale di popolazione urbana è molto alta. V F

b. In Belgio invece la percentuale di popolazione urbana è bassa. V F

c. La maggior parte degli abitanti d'Europa vive in aree lontane dalle città. V F

2 ●○○ Scegli l'alternativa corretta.

a. In Islanda/Moldavia la maggior parte della popolazione vive in campagna.

b. La città italiana più densamente abitata è Milano/Napoli.

3 ●●○ In Europa vivono in città

A 35 abitanti su 100.
B 55 abitanti su 100.
C 75 abitanti su 100.

4 ●●○ Indica i 3 maggiori agglomerati urbani europei

A Roma
B Parigi
C Londra
D Madrid
E Mosca

5 ●●○ Quali sono i 4 maggiori agglomerati urbani in Italia?

A Torino
B Genova
C Milano
D Bologna
E Napoli
F Roma

6 ●●○ Completa lo schema con i nomi delle città:

Barcellona • Atene • Madrid • Lisbona • Kiev • San Pietroburgo

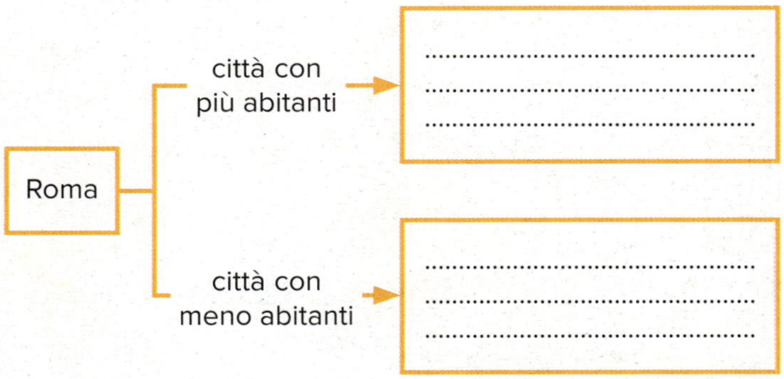

7 ●●● Descrivi che cos'è un agglomerato urbano.

....

....

....

4 LA RETE DEI TRASPORTI

Oggi l'Europa è attraversata da una fitta rete di infrastrutture per il trasporto di persone e merci

L'Europa dispone di una fitta rete di collegamenti e infrastrutture [A]; il suo territorio è attraversato infatti da strade, autostrade, ferrovie, canali e vie navigabili interne. A questo sistema di comunicazioni si aggiungono anche numerosi porti e aeroporti.

Il principale aeroporto europeo è quello di Heathrow a Londra, da dove ogni anno – fra partenze e arrivi – transitano 75 milioni di passeggeri. Seguono l'aeroporto Charles de Gaulle a Parigi e quello di Francoforte in Germania.

I principali porti europei sono quelli di Rotterdam, nei Paesi Bassi, di Anversa in Belgio e di Amburgo in Germania.

In Europa la circolazione di persone e di merci si svolge attraverso i vari tipi di infrastrutture in percentuali molto diverse tra loro.

A La rete ferroviaria europea, porti e aeroporti

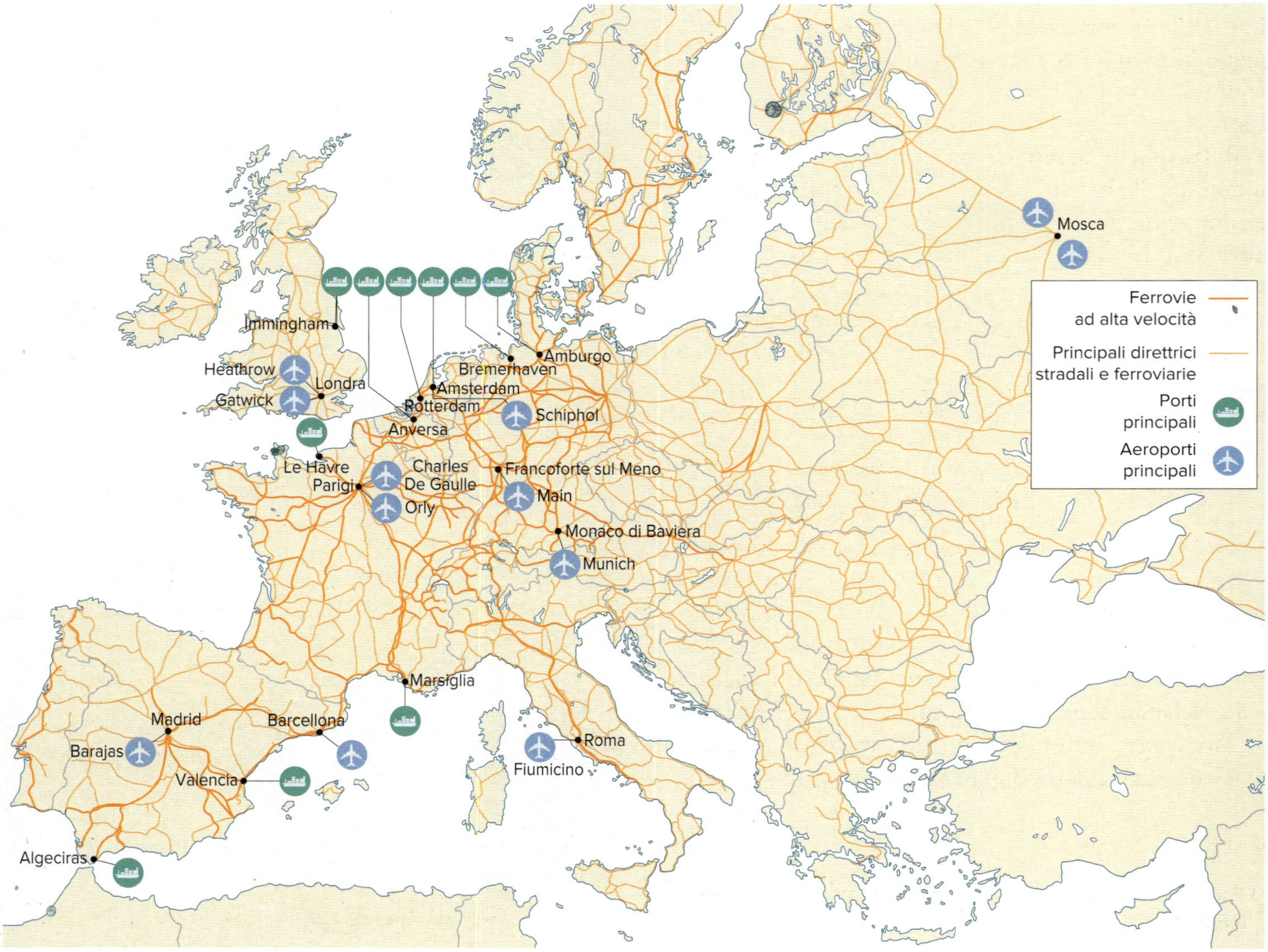

Nell'Unione europea la circolazione di persone e di merci si svolge prevalentemente su strada

Nell'Unione europea, la cui popolazione ammonta a circa 510 milioni di abitanti, circolano sulle strade oltre 320 milioni di veicoli a motore [B] (statistica che ancora include il Regno Unito).

Questo numero elevato di veicoli a motore ci dà una misura dell'importanza del **trasporto su strada** europeo. Il trasporto complessivo di persone (cioè quello effettuato con tutti i mezzi, terrestri, aerei e marittimi) si svolge infatti per più dell'80% su strada, con automobili, autobus, pullman e motocicli [C]. Ma anche nel trasporto di merci, quello su strada rappresenta una componente elevata: circa il 50% di quello complessivo [D].

Il **trasporto ferroviario** ha notevoli vantaggi rispetto a quello su strada: ha un consumo energetico molto minore ed è meno inquinante. Nonostante ciò, nell'Unione europea il trasporto ferroviario rappresenta solo il 7% del trasporto complessivo di persone e il 12% di quello di merci. Per potenziare il trasporto ferroviario, negli ultimi anni i paesi europei hanno investito nella costruzione di reti ferroviarie ad alta velocità.

Il **trasporto aereo** ha un ruolo importante nella mobilità delle persone nell'Unione europea: ogni anno le compagnie aeree trasportano il 9% delle persone che viaggiano. Invece il valore delle merci trasportate per aereo è trascurabile.

Il **trasporto marittimo** è basso per le persone, ma per le merci rappresenta il 31% del trasporto complessivo e avviene attraverso le autostrade del mare, cioè le rotte a corto raggio che permettono di alleggerire il trasporto su strada.

Le **vie navigabili interne** (cioè la rete dei canali navigabili) sono usate soprattutto in Germania e nei Paesi Bassi, e offrono notevoli vantaggi sia economici sia ambientali: un porta-container, ad esempio, può trasportare un carico che, su strada, richiede 440 camion.

Nelle città europee si sta inoltre diffondendo l'uso della **bicicletta**, incentivato anche dalla costruzione di piste ciclabili, separate dalle corsie del traffico motorizzato. I paesi europei in cui si fa maggiore uso della bicicletta sono i Paesi Bassi e la Danimarca.

GUIDA ALLO STUDIO

Rintraccia nel testo i tre porti e i tre aeroporti più importanti in Europa, poi evidenziali sulla carta.

VIDEO NELL'EBOOK

Le vie di trasporto in Europa

B I veicoli che viaggiano su strada nell'Unione europea

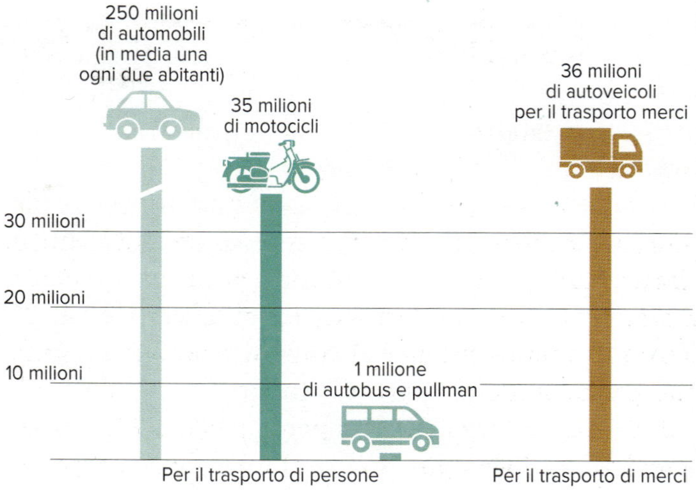

C Ripartizione del trasporto complessivo di persone nell'Unione europea

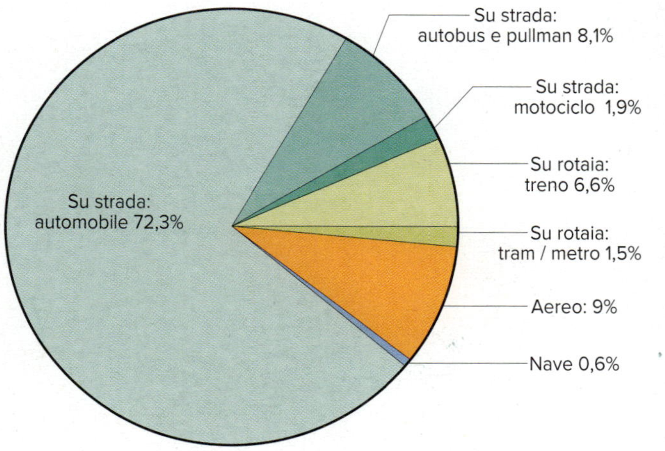

D Ripartizione del trasporto complessivo delle merci nell'Unione europea

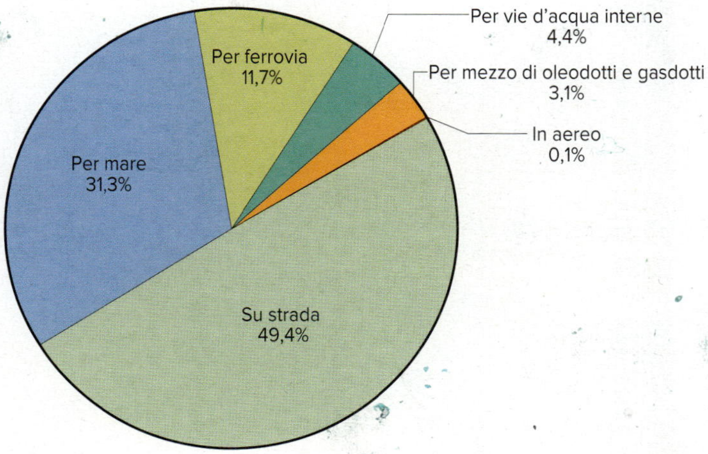

In Italia la maggior parte del trasporto terrestre di passeggeri e merci si svolge su strada

La principale rete autostradale italiana è lunga oltre 3000 km [E]. Su di essa circolano in media ogni giorno circa 5 milioni di viaggiatori. La rete autostradale complessiva è lunga quasi 7000 km.

In Italia si svolge su strada il 93% del trasporto terrestre di passeggeri e l'87% del trasporto terrestre di merci.

La rete ferroviaria italiana è lunga 16 726 km [F]. Essa comprende oltre 6000 km di linee fondamentali ad alta densità di traffico, oltre 9000 km di linee complementari a minore densità di traffico, quasi 1000 km di linee di «nodo», con funzione di collegamento nelle aree metropolitane.

In Italia si svolge su ferrovia circa il 7% del trasporto terrestre di passeggeri [G] e il 13% del trasporto terrestre di merci, in linea con la media dell'Unione europea.

E Le principali autostrade in Italia

F Le principali linee ferroviarie in Italia

G Un treno ad alta velocità per il trasporto passeggeri

Polonio Video/Shutterstock

DIARIO

1. Costruisci uno schema per riassumere i mezzi di trasporto più usati in Europa. Segui questa traccia. Per ciascun tipo di trasporto aggiungi l'informazione che ti sembra più importante.
2. Preferisci viaggiare in automobile, con i mezzi pubblici o in bicicletta? Perché?

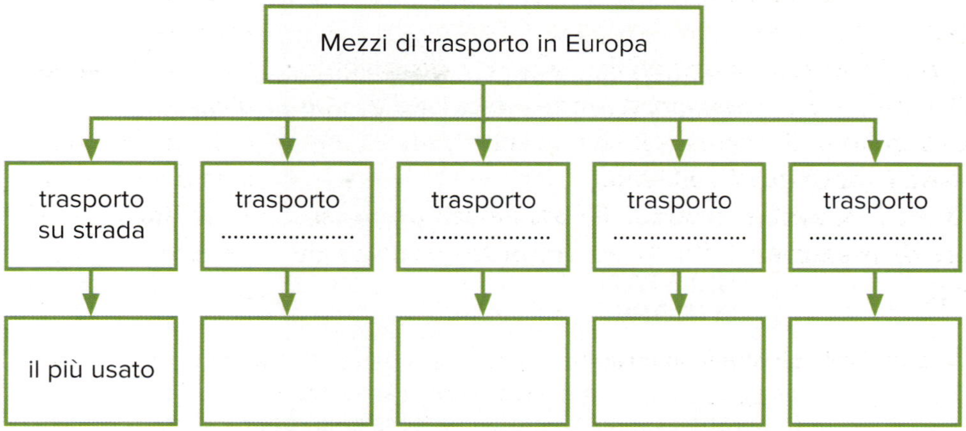

METTITI ALLA PROVA

1 ●○○ **Scegli l'alternativa corretta.**

a. Il trasporto ferroviario inquina allo stesso modo/meno del trasporto su strada.

b. In aereo vengono trasportate più/meno persone che su strada.

2 ●○○ **Qual è il modo più usato per il trasporto di persone nell'UE?**

A Il treno.
B I veicoli stradali.

3 ●○○ **Vero o falso?**

a. Il treno è un mezzo di trasporto che consuma meno energia dei veicoli su strada (a parità di persone o merci trasportate). V F

b. Il treno è il mezzo che trasporta meno merci nell'Unione europea. V F

4 ●●○ **Quanta parte del trasporto di merci dell'UE viene effettuata su strada?**

A Circa un terzo.
B Circa la metà.
C Circa due terzi.

5 ●●○ **Dove si usa di più la bicicletta?**

A Nell'Europa orientale (per esempio in Ungheria).
B Nell'Europa settentrionale (per esempio nei Paesi Bassi).
C Nell'Europa meridionale (per esempio in Italia).

6 ●●○ **La rete autostradale italiana è lunga complessivamente**

A circa 3000 km.
B circa 7000 km.
C circa 11 000 km.
D circa 16 000 km.

7 ●●○ **Completa con i 3 principali mezzi di trasporto usati per le merci nell'Unione europea:**

1. 50% circa su ....
2. 31% circa su ....
3. 12% circa su ....

8 ●●● **Completa lo schema con le parole:**

rotaia • moto • treno • strada • nave • aereo • auto

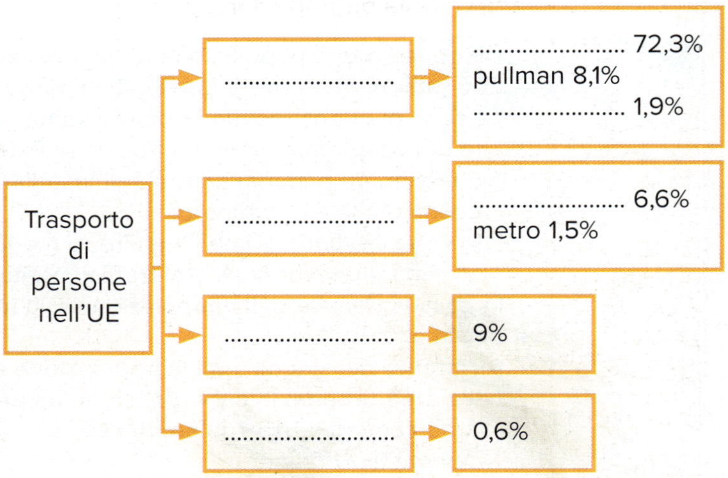

UNO SGUARDO D'INSIEME

In questa unità abbiamo studiato quali sono gli stati dell'Europa e dove vive la loro popolazione.

1 GLI STATI EUROPEI

Lo **stato** è un territorio delimitato da confini, abitato da un popolo e organizzato politicamente.
In Europa ci sono **44 stati**, che possiamo raggruppare in 4 subregioni:

- l'**Europa settentrionale** comprende gli stati dell'area scandinava, dell'area baltica e le isole britanniche;
- l'**Europa occidentale** comprende gli stati dell'area francese e dell'area germanica;
- l'**Europa meridionale** comprende gli stati delle penisole iberica, italiana e balcanica;
- l'**Europa orientale** comprende gli stati della regione russa e dell'area danubiana e la Polonia.

Oggi 28 stati formano l'Unione europea, un'organizzazione internazionale di integrazione economica e politica.

La popolazione europea non è distribuita uniformemente sul territorio.

2 LA DENSITÀ DEMOGRAFICA

L'Europa ha una popolazione di poco superiore ai **700 milioni di abitanti**, distribuiti in modo ineguale sul territorio.
Le zone più densamente popolate sono:

- le **grandi pianure** (come il Bacino di Parigi, la Valle del Reno e la Pianura padana) adatte agli insediamenti, alle attività economiche e ai trasporti;
- le **zone costiere** (come l'Inghilterra meridionale), grazie al clima più favorevole e ai traffici marittimi.

In Italia la densità della popolazione è in media di 201 abitanti/km^2.
All'interno dei singoli stati la popolazione si concentra nelle **aree urbane**, la cui espansione ha provocato alcune **conseguenze sull'ambiente**:

- cementificazione;
- diminuzione delle aree verdi;
- inquinamento.

3 LE AREE URBANE

In Europa la maggior parte della popolazione (circa il 75%) vive in città o in aree urbane nei pressi delle grandi città.
I principali **agglomerati urbani** europei sono:
- **Mosca**, con più di 12 milioni di abitanti;
- **Parigi**, con 11 milioni di abitanti;
- **Londra**, con 10 milioni di abitanti.

Anche in Italia la maggioranza della popolazione vive nelle **città metropolitane**, come ad esempio:
- Roma, che è la città italiana con il maggior numeri di abitanti (4,3 milioni);
- Milano, la seconda città per numero di abitanti (3,2 milioni);
- Napoli (3,1 milioni di abitanti), che è la città italiana con la più alta densità abitativa.

Le città europee e le parti più popolate del territorio sono collegate tra loro da una fitta rete di infrastrutture.

4 LA RETE DEI TRASPORTI

In Europa le merci e le persone circolano sul territorio attraverso diversi tipi di trasporti.
- Il trasporto **su strada** è il più diffuso ma anche il più inquinante, perché avviene attraverso i veicoli a motore.
- Il trasporto **ferroviario**, che consuma meno energia, è in aumento, grazie alla costruzione delle reti ad alta velocità.
- Il trasporto **aereo** permette la circolazione di un gran numero di persone, attraverso importanti aeroporti.
- Il trasporto **su vie navigabili interne** è diffuso soprattutto in Nord Europa e avviene attraverso i canali navigabili.
- Il trasporto **marittimo** si svolge sulle cosiddette «autostrade» del mare.

Geostoria

COME ERANO STRUTTURATE LE ANTICHE CITTÀ

La più antica città di cui siamo a conoscenza risale a circa 10000 anni fa: è Gerico (in Palestina, vicina al Mar Morto); i suoi resti di mura e di abitazioni sono ancora oggi visibili. A circa 5000 anni fa risale invece Mohenjo Daro, una cittadella fortificata costruita sulla riva del fiume Indo, nell'attuale Pakistan. Dello stesso periodo è la città di Abydos, in Egitto, nella valle del Nilo, di cui possiamo visitare templi e tombe (ma non tracce delle abitazioni).

Le prime città che gli archeologi sono riusciti a studiare meglio sono quelle che sorsero, sempre 5000 anni fa, in Mesopotamia: quella zona che corrisponde alle valli alluvionali del Tigri e dell'Eufrate. Qui si erano sviluppate e affermate due delle prime grandi civiltà della storia: i Sumeri e i Babilonesi.

LE CITTÀ-STATO MESOPOTAMICHE

La struttura dei primi insediamenti urbani corrispondeva all'ordinamento sociale di queste antiche società: da un lato, nelle campagne, una maggioranza di contadini che producevano viveri in eccedenza; dall'altro, nelle città, una minoranza di sacerdoti, guerrieri e funzionari che disponevano di tale eccedenza.

Nelle città vivevano anche gli scribi (addetti alla scrittura), i professionisti (architetti, medici) e gli artigiani (vasai, tessitori, fabbri e altri).

Le città-stato dei Sumeri (come Ur o Lagash) erano circondate da **mura** che le proteggevano dalle inondazioni e dai nemici. Erano strutturate in **recinti** che dividevano gli abitanti secondo il loro rango e la loro funzione. Al centro era situato il recinto del **tempio** con la **piramide** rituale, (*ziggurat* [1]) che dominava dall'alto la città, con gli alloggi, i laboratori, i magazzini della corporazione sacerdotale. Quando si formarono i primi regni, le città-stato furono sottoposte all'autorità del re e quella in cui egli risiedeva assunse un ruolo dominante sulle altre. Nacquero così le grandi capitali (Ninive, Babele, Susa), strutturate sempre in recinti secondo criteri militari, politici e religiosi.

1 *La ziggurat dell'antica città sumerica di Ur, nell'attuale Iraq*

rasoulali/Shutterstock

LE CITTÀ-STATO GRECHE

Una struttura diversa ebbero le *pòleis*, le città-stato greche del I millennio a.C., costruite su alture naturali. Dal nucleo originario dell'**acropoli** (cioè la «città alta» [2]), che ospitava all'inizio la residenza fortificata del re, si sviluppò nel corso dei secoli un sistema di **quartieri** ai piedi della collina, la cosiddetta «città bassa», il vero e proprio centro della vita civile, politica e commerciale. Il cuore della *pòlis* era la **piazza** (l'*agorà*), luogo di riunione e di scambio, vicino al quale si trovavano gli edifici nei quali si amministrava la democrazia. L'acropoli si trasformava nel centro religioso cittadino con la costruzione di imponenti **templi** dedicati alle divinità protettrici della città. Gli spazi e la struttura della città greca erano quindi in stretta relazione con la vita sociale e politica.

milosk50/Shutterstock

2 *L'Acropoli di Atene*

LE CITTÀ ROMANE

Le città romane erano caratterizzate da una forte presenza organizzativa dello stato, che esercitava il controllo del territorio pianificando le reti di comunicazione e di approvvigionamento (strade, ponti, porti, acquedotti e canali). Le città romane presentavano un tracciato regolare, con **strade** tagliate ad angolo retto e pavimentate, ed erano dotate di **acquedotti** costruiti con grande perizia. Il centro della vita sociale e politica della città era il **foro**, un'ampia piazza su cui si affacciavano gli edifici principali [3]: il **tempio** del culto a Roma, a Giove e all'imperatore, i **portici** sotto i quali gli abitanti si incontravano al riparo dal sole o dalla pioggia, la **curia**, dove si riuniva il senato municipale. Nelle vicinanze si trovavano le **terme** con la palestra, la biblioteca e i giardini. In una grande città non potevano mancare il **teatro**, l'**anfiteatro** dei gladiatori e il circo per le corse dei carri.

COMPETENZA: ORIENTARSI NELLO SPAZIO E NEL TEMPO

1. Dove sorsero le prime città studiate dagli archeologi?

....

....

....

....

2. Sottolinea nel testo i termini «città-stato», «città» e «stato» e, a partire dalle informazioni sugli insediamenti urbani mesopotamici, greci e romani, prova a individuare le principali differenze tra una città-stato e una semplice città.

....

....

....

....

....

....

....

....

Roberto Zilli/Shutterstock

3 *I Fori imperiali a Roma*

Lettura

LE GRANDI CITTÀ DEL PASSATO E DI OGGI

brano con cui inizia *Momo*, romanzo scritto da Michael Ende nel 1973 (trad.di D. Angeleri, SEI)

Lontano lontano nel tempo, quando gli uomini si esprimevano con lingue tanto diverse dalle nostre attuali, già esistevano, sulle terre di clima caldo[1], grandi e magnifiche città. Là si ergevano gli alti palazzi di re e imperatori, là si intersecavano larghe strade, vie anguste e viuzze tortuose. Là stavano i mirabili templi adorni di statue d'oro e marmo dedicate agli dei, là vivevano sia i mercati dai molti colori dove si offrivano le merci di tutti i paesi conosciuti sia le vaste armoniose piazze dove le genti convenivano per discutere sulle novità, per pronunziare discorsi o per stare ad ascoltarli. E, soprattutto, là si trovavano i grandi teatri.

Erano molto simili ai circhi dei nostri giorni, salvo che erano totalmente costruiti con blocchi di pietra. Le file dei sedili per gli spettatori, una sull'altra a gradinate, formavano come un vasto cono capovolto. Viste dall'alto alcune di queste costruzioni apparivano rotonde, altre ovali, mentre altre ancora erano a guisa[2] di ampi semicerchi. Si chiamavano anfiteatri.

Ce n'erano di grandi come gli stadi sportivi e di piccoli che a malapena potevano accogliere duecento persone.

[...] Sono passati millenni da allora. Le grandi città di quel tempo sono decadute, templi e palazzi sono crollati; vento e pioggia, freddo e calura hanno levigato e scavato le pietre, anche dei grandi teatri non rimangono che rovine. Nelle crepe dei muri soltanto le cicale cantano la loro monotona canzone, che si diffonde come fosse il respiro della terra che dorme.

Ma alcune di queste antiche grandi città sono ancora grandi al giorno d'oggi. Naturalmente la vita che le anima è diversa. La gente viaggia in automobile, in tram, in metrò, è provvista di elettricità e di telefono. Pure, qua e là, in mezzo alle nuove costruzioni, si reggono ancora un paio di colonne, un portale, un tratto di mura e pur anche un anfiteatro di quei giorni lontani.

gvictoria/Shutterstock

[1] *terre di clima caldo*: sono le zone temperate, come l'Europa meridionale.

[2] *guisa*: forma.

COMPETENZA: COMUNICARE IN ITALIANO

1. Com'erano strutturate le grandi e magnifiche città citate nel brano? Elenca gli edifici, i tipi di strade e gli altri luoghi che le componevano.

....

....

....

....

2. L'autore descrive dettagliatamente gli antichi teatri, chiamati anche «anfiteatri». Controlla sul vocabolario la definizione di «anfiteatro». Scrivi se corrisponde alla descrizione dell'autore e, se non corrisponde, specifica perché.

....

....

....

....

3. La vita cittadina è cambiata molto rispetto al passato, soprattutto grazie ai progressi della scienza e della tecnologia. Tuttavia il legame tra passato e presente rimane, in particolare per quelle città che conservano numerose testimonianze della loro antica storia. Conosci una città italiana o europea con queste caratteristiche? Quali monumenti storici o resti archeologici vi si trovano?

....

....

....

....

....

Patrimonio mondiale

LA TORRE D'ERCOLE

(Galizia/Spagna)

UN FARO ANTICO E MODERNO

La Coruña è una città portuale che sorge nel nord-ovest della Spagna, lungo le frastagliate coste atlantiche della regione della Galizia. Simbolo della città è la Torre d'Ercole, un antico faro alto circa 55 metri che si erge su una collina nella punta settentrionale della costa.

L'imponente Torre, che secondo la leggenda fu costruita dall'eroe greco Ercole, venne in realtà edificata nel I secolo d.C. dai Romani. Nel Settecento fu poi restaurata e ampliata: le attuali pareti esterne e la parte superiore, dove è collocata la lampada, risalgono infatti a questo periodo, mentre la parte interna, distribuita su tre piani con quattro stanze ciascuno, appartiene ancora all'originaria struttura romana.

LA ROTTA ATLANTICA

La Torre d'Ercole, che fa parte del Patrimonio mondiale dell'Unesco, è l'unico faro costruito nell'antichità ancora attivo, che da secoli, grazie alla propria luce, aiuta le navi a orientarsi di notte e nei giorni di nebbia.

Proprio per la sua unicità, la Torre è considerata dall'Unesco un'importante testimonianza dello sviluppo del trasporto marittimo sin dall'antichità e dell'uso dell'Oceano Atlantico come via di collegamento.

Inoltre, la sua costante attività come faro nel corso dei secoli è prova che la rotta atlantica è stata percorsa nella storia con continuità. Per esempio, dal porto de La Coruña partì nel 1588 l'«invincibile» Armata del re Filippo II di Spagna, un'immensa flotta che si diresse verso l'Inghilterra e che fu pesantemente sconfitta. E sempre da questo porto, tra la fine dell'Ottocento e il Novecento, partirono per l'America molti spagnoli in cerca di fortuna.

xro/iStock

COMPETENZA: IMPARA A IMPARARE

1. Che cos'è la Torre d'Ercole?

   ....

2. Perché è considerata una costruzione unica nel suo genere?

   ....

3. Ercole è un eroe greco famoso per la sua straordinaria forza. Ti ricordi qual è il nome con cui gli antichi indicavano il limite estremo della terra e che, come nel caso della Torre, fa riferimento a questo leggendario eroe?

   ....

4. Oggi l'uso della navigazione per il trasporto di persone e di merci è diminuito a favore di altri mezzi di trasporto. Elenca quali sono attualmente i mezzi più diffusi nell'Unione europea.

   ....

DIARIO

Traccia sul quaderno una mappa dell'unità.
Per adesso ti forniamo noi la struttura da trascrivere.
In seguito imparerai a costruire da solo mappe di questo tipo. Scegli dall'elenco le parole che ti servono per completarla.

Mentre ricopi la mappa puoi provare a migliorarla: per esempio, usando un colore differente per ogni diramazione principale.

PAROLE-CHIAVE:
danubiana ▪ *Londra* ▪ *Roma* ▪ *strada* ▪ *occidentale* ▪ *scandinava* ▪ *iberica* ▪ *settentrionali* ▪ *meridionale*

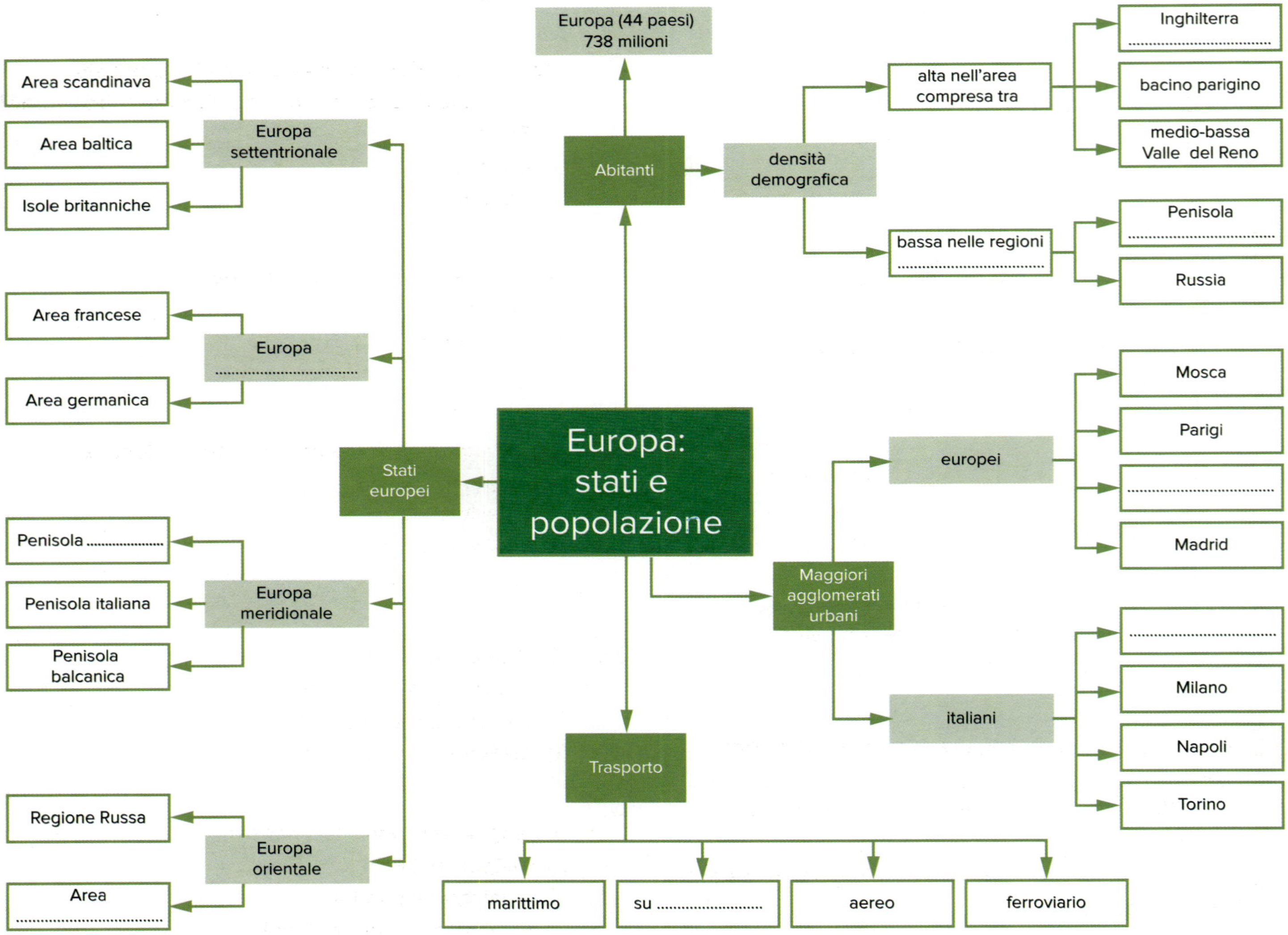

Quando hai finito di disegnare la mappa, esaminala bene.

1. L'argomento principale si trova nel nodo centrale.
2. Gli argomenti delle lezioni sono le diramazioni di primo livello (quelle che partono dal nodo centrale).
3. Nella mappa non sono presenti testi lunghi, solo parole-chiave e frasi brevi.

Ricorda queste semplici regole, quando dovrai costruire tu una mappa.

METTI ALLA PROVA LE TUE CONOSCENZE

ZTE ONLINE

1 Scrivi i termini che corrispondono alle definizioni. Scegli tra:

città metropolitana • cementificazione del territorio • popolo • Unione europea

a. Copertura del suolo con edifici e altre opere murarie:

....

b. Organizzazione internazionale di integrazione economica e politica:

....

c. Gli abitanti che vivono dentro i confini di uno stato e ne sono cittadini:

....

d. Ente amministrativo di una città e dell'area circostante densamente popolata:

....

2 Vero o falso?

a. In Italia la maggior parte della popolazione vive nelle aree intermedie. V F

b. In Europa la popolazione si distribuisce sul territorio in modo omogeneo. V F

c. La città metropolitana italiana con il più basso numero di abitanti e con la più bassa densità demografica è Reggio Calabria. V F

d. Le condizioni ambientali favoriscono o meno la popolosità di una determinata zona. V F

e. Bosnia-Erzegovina e Moldavia sono i paesi europei dove la popolazione vive maggiormente in città. V F

3 Per ciascuna frase, scegli l'alternativa che ritieni corretta.

a. Il 75% della popolazione europea vive in città/campagna.

b. L'Europa orientale si divide nella regione russa e nell'area balcanica/danubiana.

c. La Norvegia ha una densità abitativa di 14/74 abitanti per km^2.

d. L'Italia fa parte della subregione europea chiamata Europa meridionale/occidentale.

e. Danimarca e Paesi Bassi/Italia sono i paesi in cui si usa maggiormente la bicicletta come mezzo di trasporto alternativo.

4 Gli elementi che costituiscono uno stato sono

A territorio, popolo e sovranità.

B territorio, bandiera e moneta.

5 Quale paese dell'Unione europea ha la più alta percentuale di popolazione che vive nelle aree intermedie?

A Slovenia.

B Germania.

C Belgio.

6 Quale paese dell'Unione europea ha la più alta percentuale di popolazione che vive nelle aree rurali?

A Slovenia.

B Germania.

C Belgio.

7 Lo stato meno popolato d'Europa è

A l'Albania.

B il Portogallo.

C l'Islanda.

8 Quale regione italiana ha la più bassa densità demografica?

A Il Molise.

B La Valle d'Aosta.

C La Calabria.

9 Gibilterra appartiene

A all'Europa settentrionale.

B all'Europa meridionale.

C all'Europa occidentale.

10 Il maggior aeroporto d'Europa è

A Malpensa a Milano.

B Heathrow a Londra.

C Charles de Gaulle a Parigi.

11 Il trasporto su vie navigabili interne

A è il più diffuso e il più inquinante.

B sfrutta una rete di canali.

C è in aumento grazie alla rete ad alta velocità.

D avviene attraverso le «autostrade» del mare.

12 ●●○ **Completa il testo con le parole:**
residenziali • area intermedia • parcheggi • rurali • distanti • città • abitativo

L' .... si distingue dalla città perché è formata da edifici .... e commerciali abbastanza .... l'uno dall'altro. Qui vi si trovano .... e ampie strade. Di solito questa area è destinata ad un uso .... , più che agricolo. Nella UE circa il 40% della popolazione vive in .... , il 31% in aree intermedie e il 29% in aree ....

13 ●●● **Dato il termine, scrivi a destra la definizione.**

a. dissesto idrogeologico: ....
....

b. agglomerato urbano: ....
....
....

c. densità demografica: ....
....

14 ●●● **Costruisci un grafico.**
Sulla base dei dati che trovi nella lezione 3, costruisci un istogramma che metta a confronto la popolazione di Londra, Mosca, Madrid, Lisbona e Roma.
Disponi le città secondo l'ordine crescente per numero di abitanti.

15 ●●● **Costruisci una carta della densità di popolazione dei paesi dell'Unione europea.**
Puoi fotocopiare la carta muta che trovi in fondo al libro.

a. Come prima cosa, inserisci nella carta muta i nomi dei paesi dell'UE, utilizzando la carta a pag. 90.

b. Per reperire i dati della densità di popolazione usa questa tabella (dove sono stati arrotondati).

Paese	abitanti/km²	Paese	abitanti/km²
Austria	100	Lituania	50
Belgio	370	Lussemburgo	200
Bulgaria	60	Malta	1300
Cipro	110	Paesi Bassi	500
Croazia	80	Polonia	120
Danimarca	130	Portogallo	120
Estonia	30	Regno Unito	270
Finlandia	20	Rep. Ceca	140
Francia	120	Romania	90
Germania	230	Slovacchia	110
Grecia	80	Slovenia	100
Irlanda	70	Spagna	90
Italia	200	Svezia	20
Lettonia	30	Ungheria	110

Suddividi i paesi in gruppi, stabilendo delle fasce di densità di popolazione che ti permettano di costruire una legenda non troppo lunga. Per esempio:

- meno di 100 abitanti/km²
- da 100 a 200 abitanti/km²
- più di 200 abitanti/km²

c. Costruisci la legenda:
☐ ....
☐ ....
☐ ....

d. Colora la legenda e i paesi della carta seguendo i valori che hai stabilito.

SVILUPPA LE TUE COMPETENZE

16 SE FOSSERO 100

Completa il quadrato sulla distribuzione della popolazione italiana. Considera che dei 61 milioni di persone che vivono in Italia circa 30 milioni vivono in aree pianeggianti, 24 milioni in aree collinari e 7 milioni in aree montane.
In base a questi dati, calcola le percentuali e colora i quadratini corrispondenti.
Prima, però, colora la legenda.

Legenda
☐ Pianura
☐ Collina
☐ Montagna

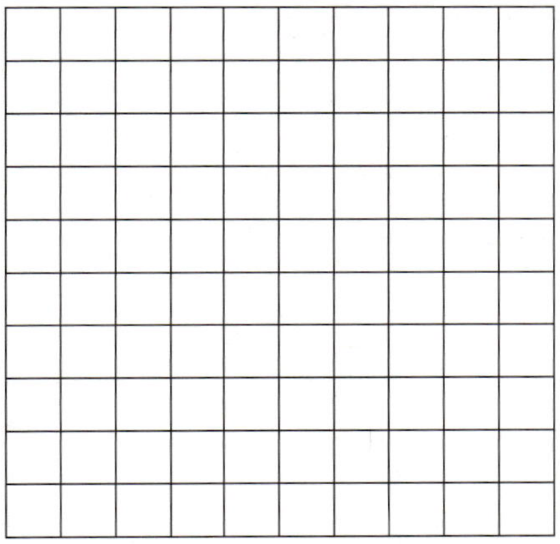

17 IN ENGLISH

Abbina le capitali ai nomi degli stati in inglese. Scrivi i numeri nelle caselle corrispondenti.

1. Iceland	☐ Sofia
2. Ireland	☐ Brussels
3. United Kingdom	☐ Prague
4. Portugal	☐ Copenhagen
5. Spain	☐ Berlin
6. France	☐ Tallin
7. Italy	☐ Dublin
8. Greece	☐ Athens
9. Bulgaria	☐ Madrid
10. Romania	☐ Paris
11. Slovenia	☐ Rome
12. Hungary	☐ Riga
13. Czech Republic	☐ Vilnius
14. Slovakia	☐ Luxembourg
15. Poland	☐ Budapest
16. Germany	☐ Amsterdam
17. Belgium	☐ Reykjavik
18. Luxembourg	☐ Warsaw
19. Netherlands	☐ Lisbon
20. Denmark	☐ Bucharest
21. Sweden	☐ Ljubljana
22. Finland	☐ Bratislava
23. Estonia	☐ Helsinki
24. Latvia	☐ Stockholm
25. Lithuania	☐ London

18 COMPITO DI REALTÀ

Immagina che la tua scuola debba organizzare un viaggio in una grande città europea.
Prima di tutto fotocopia una cartina degli stati europei (puoi ispirarti a quella della lezione 1) oppure stampala da Internet. Come località di partenza scegli la tua città e segnala sulla cartina. Poi scegli la città di destinazione in un paese diverso dall'Italia, magari uno dei grandi centri urbani di cui si parla nella lezione 3.
Adesso traccia un itinerario fra le due località ed elenca i paesi che dovrai attraversare per arrivare a destinazione. Attenzione, potrebbe esserci più di un percorso possibile. Scegli anche il mezzo di trasporto che ti sembra più adatto.
Un consiglio, se vuoi visualizzare meglio il percorso o farti un'idea di quanto potrebbe durare il viaggio, usa google maps (https://www.google.it/maps).

In alto a sinistra puoi impostare la città di destinazione e selezionare «indicazioni stradali» e indicare una città di partenza. Puoi anche scegliere il mezzo di trasporto e il sito ti dirà quanto tempo richiederà il viaggio.

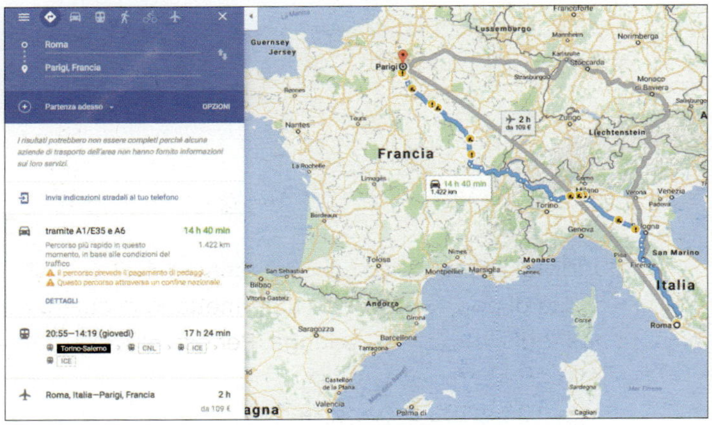

SEI PRONTO PER LA VERIFICA? IN 1 ORA

1 **Vero o falso?**
[2 punti per ciascuna risposta]

a. L'Unione europea è nata nel 1992 con il Trattato di Maastricht. V F
b. Solitamente un territorio pianeggiante è meno abitato di una zona montuosa. V F
c. In Slovacchia gran parte della popolazione vive in città. V F
d. Parigi è il più grande agglomerato urbano d'Europa. V F
e. La rete ferroviaria italiana è più lunga della rete autostradale. V F

......./10

2 **Scegli le alternative corrette.**
[2 punti per ciascuna risposta]

a. Oltre l'80% del trasporto di persone avviene su strada/rotaia.
b. Per sovranità/popolo si intende l'esercizio dei poteri da parte dei cittadini che vivono entro i confini di uno stato.
c. L'Europa occidentale si divide in area francese e area ispanica/germanica.
d. Circa 1/3 della popolazione italiana si concentra tra Campania, Lazio e Lombardia/ Puglia, Lazio e Veneto.
e. Le vie navigabili interne sono utilizzate soprattutto in Germania/Danimarca.

......./10

3 **Le isole britanniche appartengono**

A all'Europa occidentale.
B all'Europa meridionale.
C all'Europa settentrionale.
D all'Europa orientale.

......./3

4 **Qual è la capitale europea più popolata?**

A Belgrado.
B Mosca.
C Roma.
D Lubiana.

......./3

5 **La popolazione dell'Europa ammonta**

A a più di 900 milioni di abitanti.
B a più di 700 milioni di abitanti.
C a circa 500 milioni di abitanti.
D a meno di 400 milioni di abitanti.

......./3

6 **Quale zona dell'Europa meridionale è più densamente popolata?**

A La Pianura padana.
B Le Alpi.
C I Balcani.
D La Penisola iberica.

......./3

7 **Lo stato più densamente popolato d'Europa è**

A lo Stato Vaticano.
B l'Italia.
C il Principato di Monaco.
D la Germania.

......./3

8 **La popolazione europea vive**

A per i 3/4 in città.
B per i 3/4 in campagna.
C per i 2/3 in campagna.
D per i 2/3 sulle coste.

......./3

9 **Quale tra questi paesi ha la più alta percentuale di popolazione che vive nelle aree urbane?**

A Italia.
B Portogallo.
C Regno Unito.
D Slovacchia.

......./3

10 **Il porto più importante d'Europa è**

A Marsiglia.
B Amsterdam.
C Barcellona.
D Rotterdam.

......./3

11 **Completa il testo con le parole:**
cittadini • stato • confini • popolo • sovranità • territorio • poteri
[2 punti per ciascuna parola inserita]

Gli elementi che costituiscono uno stato sono il .... , ovvero la parte di superficie terrestre delimitata da .... dentro i quali vive il .... , cioè tutti gli abitanti che vivono al suo interno e che sono, per diritto, suoi .... Poi c'è la .... , ovvero l'esercizio dei .... di fare le leggi, eseguirle e punire chi non le rispetta, all'interno dei confini dello ....

......./14

12 **Come si calcola la densità demografica di uno stato o di una regione?**

....

....

....

......./6

13 **Quali sono in Europa le zone più densamente popolate?**

....

....

....

....

....

......./6

14 **Quali caratteristiche possiede la rete dei trasporti europea?**

....

....

....

....

....

....

....

....

....

......./6

15 **Scrivi nei riquadri i nomi degli stati evidenziati nella carta e sui puntini le rispettive capitali.**
[2 punti per ciascun nome inserito]

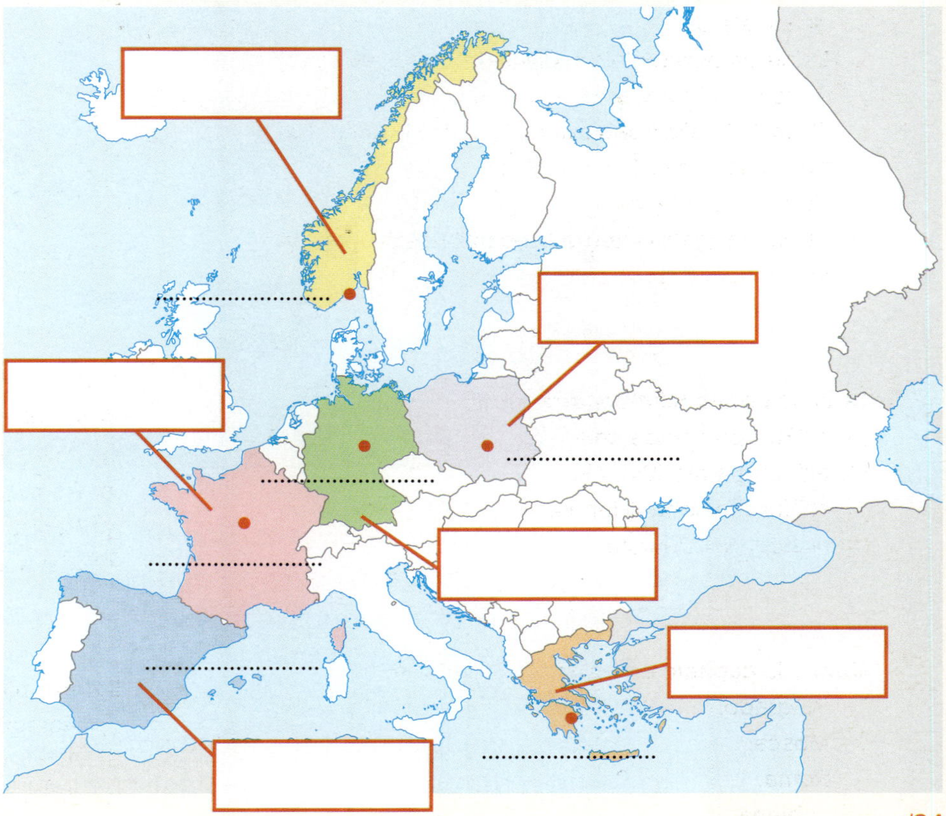

......./24

TOTALE ..../100

C LA PRESSIONE UMANA SUL TERRITORIO E SULL'ATMOSFERA

CIAK si impara! se fossero 100

Puoi iniziare con il filmato *La pressione umana sull'ambiente*

Hung Chunghih Shutterstock

L'Avenue des Champs-Élysées, uno dei più ampi viali di Parigi, durante l'ora di punta. Nonostante la città possegga una efficiente rete metropolitana lunga 220 km, il traffico di superficie è molto intenso. Molto forte, di conseguenza, è l'inquinamento dell'aria. Le «domeniche senza auto» hanno dimostrato, qui e in altre città europee, che nelle zone dove è stato vietato l'uso dell'automobile le emissioni di sostanze inquinanti si sono molto ridotte. Ciò mostra l'importanza di cambiare le abitudini dei cittadini, convincendoli che non è sempre necessario usare l'auto, ma che si possono usare i mezzi pubblici o la bicicletta, oppure che si può andare a piedi.

PER ORIENTARTI NELL'UNITÀ C

Nell'**unità A** abbiamo attraversato il **territorio europeo**. Partendo dalle nostre Alpi siamo arrivati a quelle scandinave e, spingendoci a est, fino agli Urali. Dalla Pianura padana siamo arrivati a quelle centroeuropee e, ad est, fino alla grande pianura russa. Abbiamo attraversato ambienti naturali con climi diversi e quindi con vegetazione diversa.

Nell'**unità B** abbiamo visto che la **popolazione europea** è inegualmente distribuita sul territorio. Abbiamo attraversato pianure densamente abitate, perché più adatte delle zone montane agli insediamenti umani e ai trasporti. Abbiamo visitato le città, in cui vive la maggioranza della popolazione. Abbiamo visto che il trasporto di persone e merci si svolge per la maggior parte su strada con milioni di veicoli a motore.

In questa unità capiremo come le attività umane possono modificare l'ambiente naturale, soprattutto nelle zone più densamente popolate. Capiremo meglio che il territorio e l'atmosfera non possono essere considerati «oggetti di consumo», ma devono essere protetti per difendere la nostra stessa vita.

Vedremo:

- che i tanti gas emessi dalle attività umane modificano l'**atmosfera**, il sottile involucro d'aria che circonda la Terra (**lezione 1**);
- che, nelle aree urbane e industriali, le **attività umane** possono rendere nociva per la salute l'aria che respiriamo (**lezione 2**);
- quanto prezioso sia il sottile strato di **suolo** fertile sulla superficie terrestre, che viene invece sempre più danneggiato (**lezione 4**);
- quanto importante sia conservare e mantenere in salute le **foreste**, e quale valore abbiano i parchi e altre riserve naturali (**lezione 5**).

Ci renderemo conto che tutto ciò influisce sul **clima**, provocando una serie di conseguenze anche gravi (**lezione 3**).

1 L'INQUINAMENTO ATMOSFERICO

L'inquinamento dell'aria è provocato principalmente dall'uso dei combustibili fossili: petrolio, gas naturale e carbone

Le principali fonti di inquinamento dell'aria sono:

- il **settore energetico**, che usa gasolio (estratto dal petrolio), gas naturale e carbone per produrre energia elettrica;
- il **settore dei trasporti**, che usa carburanti estratti dal petrolio (benzina, gasolio) per il trasporto stradale, aereo e marittimo, e usa elettricità (prodotta a sua volta con i combustibili fossili) per il trasporto ferroviario;
- il **settore industriale**, che usa combustibili estratti dal petrolio, gas ed elettricità prodotta con i combustibili fossili;
- il **settore agricolo** che inquina l'atmosfera con le **sostanze chimiche** presenti in fertilizzanti e insetticidi;
- il **settore residenziale** pubblico e privato (scuole, case ecc.) che usa gasolio e gas naturale per il riscaldamento e l'elettricità per l'illuminazione e gli elettrodomestici. Meno diffusi, ma anch'essi molto inquinanti, sono gli impianti di riscaldamento che usano carbone e legna.

Molte sostanze chimiche, trasportate dai venti, si diffondono a grande distanza dai luoghi in cui sono emesse.

L'inquinamento dell'aria ha causato in Europa gravi danni all'ambiente, alle specie vegetali e animali e anche alla salute umana

L'Europa è stata pesantemente colpita, nella seconda metà del Novecento, dalle **piogge acide**, piogge contenenti acido solforico immesso nell'atmosfera sotto forma di gas dalle emissioni di industrie e autoveicoli [A].

A Il fenomeno delle piogge acide

Laurence Gough/Shutterstock

B Un monumento corroso da piogge acide

Le piogge acide hanno danneggiato oltre un terzo delle foreste europee e provocato la riduzione o la scomparsa di molte specie animali e vegetali che vivono nei laghi, soprattutto in Svezia e Norvegia. Hanno anche danneggiato molti monumenti, corrodendone la pietra [B].

Le emissioni di industrie, impianti di riscaldamento e autoveicoli hanno inquinato soprattutto l'aria delle città. Esse hanno generato **smog invernale** (insieme di nebbia e fumi) e **smog fotochimico**, provocato da un miscuglio di gas che in estate reagiscono con l'aria alla presenza della luce solare. Queste e altre forme di inquinamento hanno provocato agli abitanti difficoltà respiratorie e, nei casi più gravi, malattie polmonari e cardiache. A essere colpiti sono soprattutto i bambini e gli anziani.

L'inquinamento dell'aria, al quale è esposto il 90% degli abitanti delle città, è il maggiore **rischio per la salute** oggi in Europa. Le emissioni inquinanti hanno inoltre contribuito all'alterazione dell'atmosfera, provocando due fenomeni di cui riparleremo: il «**buco nell'ozono**» e l'intensificazione dell'**effetto serra**.

GUIDA ALLO STUDIO

1. Solitamente l'inquinamento non rimane all'interno dei confini del paese che lo produce. Sottolinea nel testo il perché.
2. Evidenzia nel testo la funzione della pioggia sull'inquinamento atmosferico.
3. Cerca nel testo il motivo per cui il biossido di azoto è un gas molto nocivo.

VIDEO NELL'EBOOK

Come si formano le piogge acide

L'inquinamento dell'aria in Europa in generale è diminuito, ma in diversi casi resta a livelli pericolosi per la salute e l'ambiente

In Europa, grazie all'uso di **sistemi di depurazione**, le emissioni dei gas che provocano piogge acide sono oggi fortemente diminuite. Ciò nonostante, quasi un decimo delle foreste e di altre aree naturali europee è ancora esposto al fenomeno dell'acidificazione. Inoltre, gran parte della popolazione europea, soprattutto quella che vive nelle zone industriali e nelle città, rimane esposta a pericolosi livelli di inquinamento dell'atmosfera.

Lo smog invernale, anche se è stato fortemente ridotto, si forma ancora nelle aree urbane soprattutto nei periodi in cui non piove (la pioggia, infatti, «lava» l'aria depurandola dalle polveri inquinanti).

Lo smog fotochimico si forma spesso sulle città, dove può persistere per giorni e da lì spostarsi sulle campagne.

Particolarmente nocivo è il **biossido di azoto**, gas proveniente soprattutto dalle emissioni di auto e motoveicoli, sia perché è uno dei gas che provocano lo smog fotochimico e le piogge acide, sia per la sua natura irritante. Le più alte concentrazioni di questo gas si registrano nella Pianura padana e in altre zone fortemente industrializzate e urbanizzate [C].

Resta quindi ancora molto da fare per rendere pura l'aria che respiriamo e salvaguardare la salute dell'atmosfera.

C Concentrazione di biossido di azoto nell'atmosfera sopra l'Europa

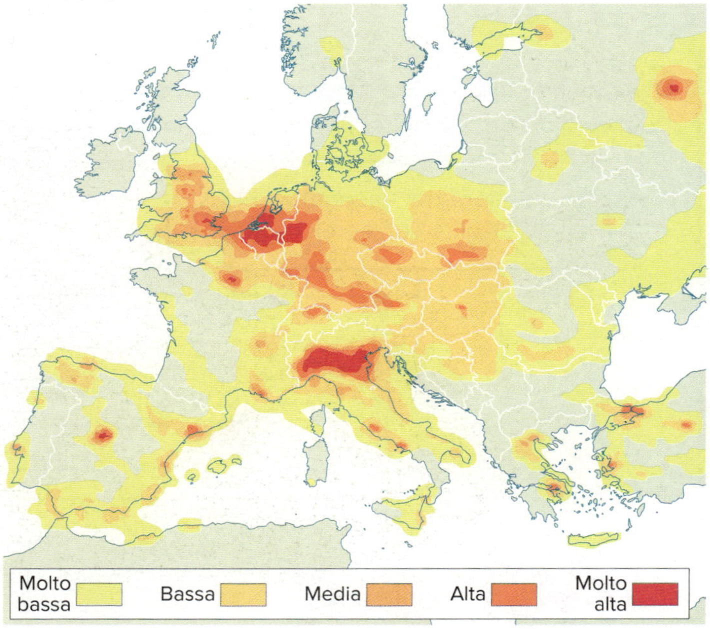

Lo strato di ozono presente nell'atmosfera ci protegge dalle radiazioni solari

L'ozono è un gas naturale presente nella stratosfera: la zona dell'atmosfera terrestre che si trova tra i 15 e i 50 km di quota. Esso ci protegge dalle radiazioni ultravioletta provenienti dal Sole che, quando sono intense, sono nocive.

A partire dagli anni Ottanta del Novecento, lo strato di ozono che circonda la Terra si è assottigliato. Tale fenomeno, noto come «buco nell'ozono» [D], è stato provocato soprattutto da alcune sostanze chimiche (clorofluorocarburi) usate negli impianti refrigeranti e nelle bombolette spray: esse hanno infatti la proprietà di modificare l'ozono.

Lo strato di ozono sull'Europa si è ridotto in media dell'8% rispetto al livello degli anni Settanta, ma in certi periodi la riduzione è stata maggiore: nella primavera del 1995 ha raggiunto il 10%. È perciò aumentata l'intensità delle radiazioni ultraviolette, che possono provocare cancro della pelle e danni agli occhi.

Il «buco nell'ozono» si sta riducendo grazie ad alcuni accordi internazionali

Sulla base di un accordo internazionale (il Protocollo di Montreal) sottoscritto nel 1987 da 181 paesi, la produzione delle sostanze chimiche che danneggiano l'ozono è stata fortemente ridotta su scala mondiale.

D La massima espansione del «buco nell'ozono» sull'Antartide nel 2000

Anche nell'Unione europea la produzione di queste sostanze è rapidamente calata a partire dal 1990, riducendosi quasi a zero, grazie all'uso di sostanze «amiche dell'ozono».

Il risultato di queste azioni è stato un progressivo ricostituirsi dello strato di ozono, ma, poiché le sostanze chimiche nocive rimangono a lungo nell'atmosfera, esso ritornerà ai livelli naturali solo dopo il 2050.

Il Protocollo di Montreal costituisce dunque un esempio positivo, che dovrebbe essere seguito per ridurre anche le altre pericolose sostanze chimiche che inquinano l'atmosfera.

DIARIO

Disegna una mappa che riassuma le principali attività umane che provocano inquinamento dell'aria.
Puoi copiare questo schema e completarlo con le informazioni che trovi nella lezione.

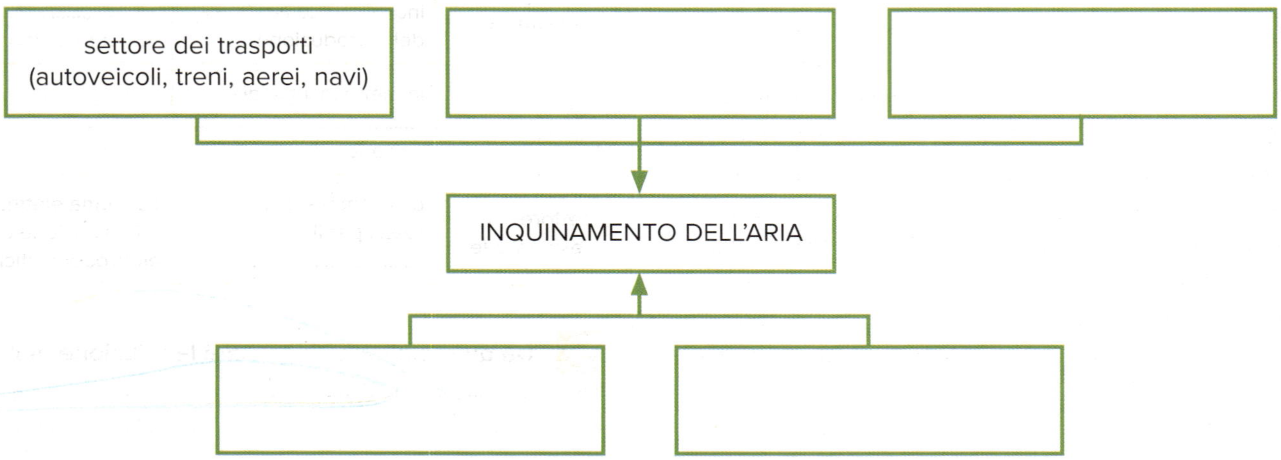

METTITI ALLA PROVA

1 **Vero o falso?**

●○○

a. La principale causa di inquinamento dell'atmosfera è costituita dagli scarichi agricoli. V F

b. In Europa l'inquinamento dell'aria sta diminuendo. V F

2 **Scegli l'alternativa corretta.**

●○○

Le più elevate concentrazioni di biossido di azoto si riscontrano nelle zone fortemente agricole/industrializzate, come la zona alpina/Pianura padana.

3 **Negli ultimi anni il «buco nell'ozono» si sta**

●○○

A ingrandendo. B riducendo.

4 **La riduzione dello strato di ozono provoca**

●○○

A una diminuzione dell'intensità delle radiazioni ultraviolette.

B un aumento dell'intensità delle radiazioni ultraviolette.

5 **Le piogge acide hanno danneggiato le foreste europee per oltre**

●●○

A due terzi della superficie.

B la metà della superficie.

C un terzo della superficie.

6 **Completa il testo con le parole:**

●●○

petrolio • riscaldamento • atmosfera • fossili • energia • edifici • gas

L'inquinamento dell'aria è provocato dall'emissione di .... o di sostanze nocive nell' .... Queste forme di inquinamento derivano principalmente dall'uso di combustibili .... negli impianti che producono .... elettrica, in quelli di riscaldamento degli .... e nei veicoli. Altre forme di inquinamento si hanno con il consumo di energia a sua volta prodotta bruciando derivati del .... o gas naturale. Un minor numero di persone usa carbone o legna per il .... (in stufe, caminetti ecc.); questi sistemi sono però molto inquinanti.

7 **Completa lo schema con le parole:**

●●○

biossido di azoto • smog invernale • smog fotochimico

Inquinamento dell'aria nelle città →

- .... (insieme di nebbia e fumi)
- .... (gas che in estate reagiscono con l'aria alla luce del Sole)
- .... (proviene dai motori dei veicoli)

8 **Completa la tabella con le parole:**

●●●

combustibili fossili • fertilizzanti • riscaldamento • ferroviario • stradale • elettrica

[fai attenzione: una parola è usata 2 volte]

INQUINAMENTO DELL'ATMOSFERA		
Fonte di inquinamento	**Causa di inquinamento diretto**	**Causa di inquinamento indiretto**
settore energetico	usa combustibili fossili per produrre energia	
settore dei trasporti	usa .... nel trasporto .... , aereo e marittimo	consuma elettricità nel trasporto ....
settore industriale	emette sostanze inquinanti come derivati della produzione	consuma energia .... per alimentare i macchinari
settore agricolo	immette insetticidi e .... nell'aria	
settore residenziale	usa combustibili fossili per il	consuma elettricità per l'illuminazione e gli elettrodomestici

9 **Da quali sostanze è causata la riduzione dell'ozono?**

●●●

....

....

....

2 LE POLVERI SOTTILI

Le polveri sottili sono minuscole particelle sospese nell'aria e nocive per la salute

Le polveri sottili, note con la sigla PM (materiale particolato), sono particelle non visibili, solide e liquide, sospese nell'aria. Esse si accumulano negli strati più bassi dell'**atmosfera**, fino a un'altezza di circa 400 metri.

Le polveri sottili più pericolose sono quelle prodotte dalle emissioni inquinanti, soprattutto nelle città. Queste polveri sottili contengono **sostanze chimiche** nocive per la salute: esse possono provocare gravi malattie cardiache e respiratorie e anche tumori, penetrando nei polmoni e nel sangue.

Le polveri sottili sono prodotte principalmente da:

- centrali elettriche alimentate a combustibili fossili,
- inceneritori di rifiuti urbani o fanghi industriali,
- impianti domestici di riscaldamento,
- veicoli che usano carburanti estratti dal petrolio [A].

Le particelle di diametro uguale o inferiore a 10 micron (il micron equivale a un millesimo di millimetro) vengono definite PM_{10}. Particolarmente nocive sono le $PM_{2,5}$, particelle con diametro uguale o inferiore a 2,5 micron: poiché sono ancora più piccole e leggere delle PM_{10}, esse possono essere inalate più facilmente.

Nikirov/Shutterstock

A Il traffico cittadino produce polveri sottili (nella foto, Roma)

La popolazione delle città è esposta a pericolosi livelli di concentrazione delle polveri sottili

Secondo il limite fissato dall'**Organizzazione mondiale della sanità**, la presenza di PM_{10} diventa pericolosa quando supera i 20 microgrammi (milionesimi di grammo) per metro cubo di aria [B]. Per le $PM_{2,5}$ il limite è fissato in 10 microgrammi per metro cubo.

Gran parte della popolazione urbana europea è esposta a concentrazioni di polveri sottili, nell'aria delle proprie città, che superano questi limiti. Particolarmente esposta è la popolazione che vive nelle città delle regioni a clima secco. In quelle a clima umido, invece, le piogge eliminano dall'aria gran parte delle polveri sottili.

Nelle campagne, dove le polveri sottili arrivano dalle città trasportate dal vento, la loro presenza è più bassa. Esse vanno però tenute sotto controllo, poiché anche in alcune zone rurali raggiungono livelli nocivi.

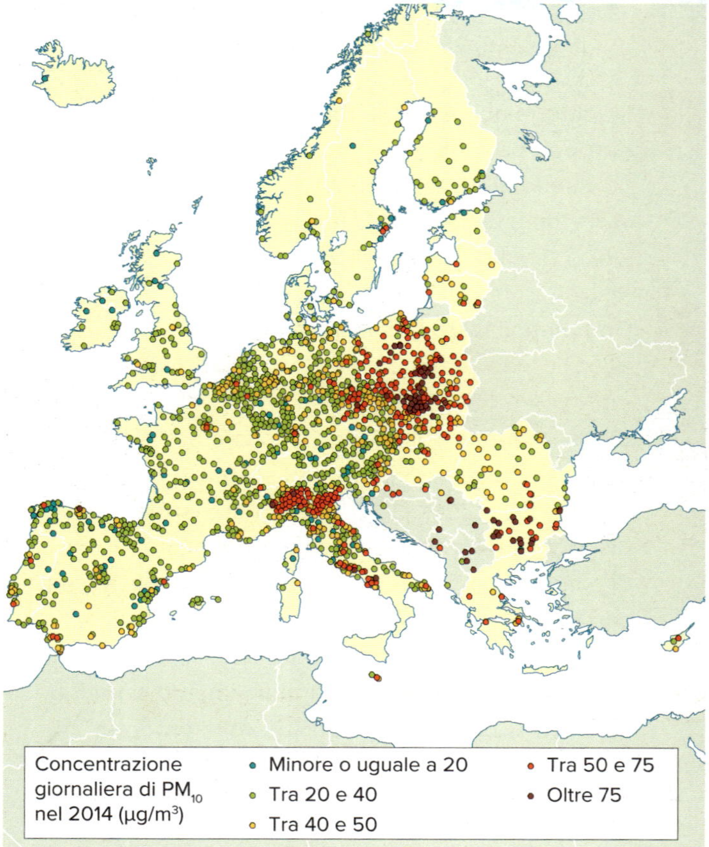

B Concentrazioni di PM_{10} in Europa (in microgrammi al metro cubo di aria)

È importante proteggerci dalle polveri sottili perché hanno conseguenze sanitarie anche gravi

Le polveri sottili possono provocare mal di testa, irritazione a occhi, naso e gola, oltre a problemi di respirazione. Nei casi più gravi, possono provocare cancro ai polmoni.

Secondo le stime dell'Organizzazione mondiale della sanità, ogni anno si verificano in Europa oltre 400 000 morti premature (anticipate rispetto alla durata media della vita), attribuibili alle $PM_{2,5}$. Tra queste morti, secondo le stime, circa 60 000 si verificano in Italia.

Particolarmente a rischio sono i bambini, i quali non hanno ancora le difese immunitarie sviluppate come quelle degli adulti e sono svantaggiati dal fatto che respirano con una frequenza maggiore.

Occorre quindi tenere sotto controllo le polveri sottili installando lungo le strade centraline di rilevamento, che misurano il livello di inquinamento in ogni momento della giornata [C].

C Stazione di rilevamento dell'inquinamento dell'aria

GUIDA ALLO STUDIO

1. Evidenzia nel testo che cosa sono le polveri sottili.
2. Cerca nel testo della lezione se esistono polveri sottili non dannose per l'uomo.
3. Sottolinea la frase che spiega l'utilità delle centraline di rilevamento.

Per ridurre le polveri sottili e proteggere la nostra salute, occorre prendere misure preventive

Possiamo contribuire a ridurre le polveri sottili principalmente in due modi.

Il primo modo è fare un minore uso di autovetture private e di motocicli, che usano carburanti estratti dal petrolio. Bisogna invece fare un maggiore uso dei mezzi di trasporto pubblici, soprattutto di quelli elettrici su rotaia (come i treni, le metropolitane o i tram), che sono di gran lunga meno inquinanti a parità di numero di persone trasportate [D]. Quando è possibile, poi, sarebbe meglio usare la bicicletta. Perché tutto ciò possa avvenire, occorre modificare il sistema dei trasporti e, cosa ancora più difficile, le abitudini delle persone.

Il secondo modo è trasformare le caldaie per il riscaldamento domestico da gasolio a gas metano, meno inquinante, ed evitare l'uso di caminetti e stufe a legna o carbone.

Secondo gli esperti, invece, per proteggersi dalle polveri sottili, le mascherine sul viso e le finestre chiuse non servono quasi a nulla: è impossibile difendersi se l'aria che respiriamo è già fortemente inquinata dalle polveri sottili. Si consiglia di evitare l'attività fisica (come giocare a calcio) nei momenti in cui le polveri sottili superano i limiti: lo sforzo ci fa respirare con maggiore frequenza.

D Un tram elettrico a Milano

marinzolich /iStock

Il trasporto ferroviario provoca meno emissioni di polveri sottili e altre sostanze inquinanti rispetto a quello stradale e a quello aereo

Facciamo un esempio: il trasporto in treno di una persona da Bruxelles (Belgio) a Berlino (Germania), distante 780 km, produce emissioni di polveri sottili tre volte inferiori ed emissioni di ossidi di azoto dieci volte inferiori a quelle prodotte dal trasporto in automobile o in aereo [E].

Vantaggi analoghi si ottengono nel trasporto di merci con la ferrovia. Un esempio: il trasporto per ferrovia di un carico di 100 tonnellate da Basilea (Svizzera) al porto di Rotterdam (Paesi Bassi), distante 700 km, consuma meno della metà dell'energia che occorre per trasportarlo su strada con autocarri pesanti.

Minore consumo energetico significa anche minore **inquinamento atmosferico**: trasportando su ferrovia il carico di 100 tonnellate da Basilea a Rotterdam, le emissioni di anidride carbonica sono ben 8 volte minori di quelle provocate dal trasporto su strada [F].

Il **trasporto su rotaia** offre anche il vantaggio di occupare meno spazio. Una ferrovia ad alta velocità a doppio binario, larga 25 metri, permette di trasportare in un'ora un numero di passeggeri superiore a quello di una autostrada a tre corsie per senso di marcia, che occupa in larghezza uno spazio di 75 metri.

Nelle città, a parità di spazio occupato, il trasporto su rotaia [G] ha una capacità (come numero di persone trasportate in un'ora) oltre dieci volte superiore al trasporto su strada con automobili.

E Emissioni di polveri sottili e ossidi di azoto per il trasporto di una persona da Bruxelles a Berlino

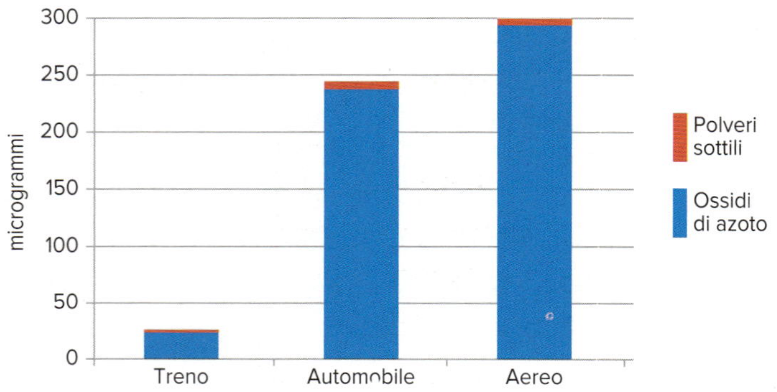

F Emissioni di anidride carbonica per trasportare un carico di 100 tonnellate da Basilea a Rotterdam

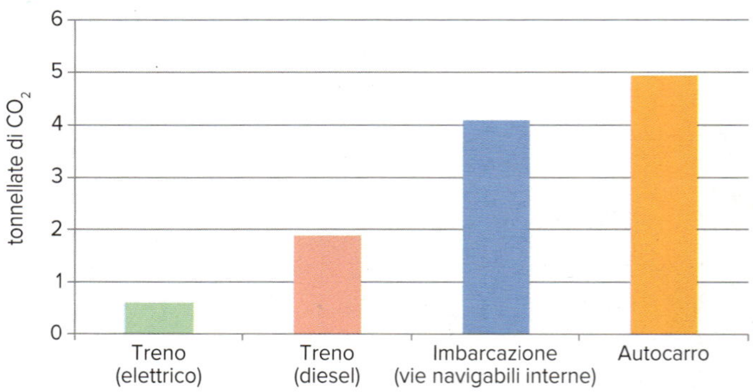

G Una linea metropolitana di superficie a Berlino

canadastock/Shutterstock

DIARIO

1. Traccia sul tuo quaderno una mappa che indichi le principali fonti delle emissioni che contengono polveri sottili.
   Copia questo schema e completalo con le informazioni che trovi nella lezione.
   Poi aggiungi a destra di ogni fonte un consiglio per evitare di essere esposto alle polveri sottili.
2. Pensi che tu e la tua famiglia potreste contribuire a ridurre le emissioni di polveri sottili? Come?

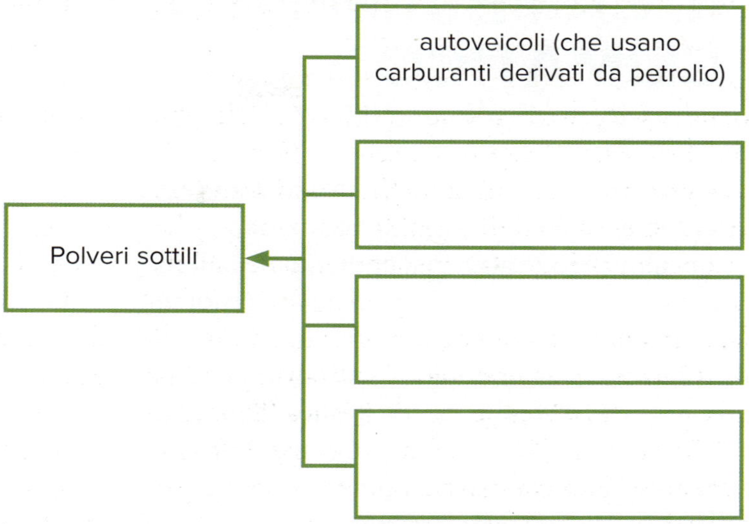

METTITI ALLA PROVA

1 Rispetto alle PM_{10}, le $PM_{2,5}$ sono
- A meno pericolose.
- B più pericolose.

2 Scegli l'alternativa corretta.
Un micron equivale a un millesimo di metro/millimetro.
La maggior parte di PM_{10} e $PM_{2,5}$ deriva dall'utilizzo di combustibili fossili/energie alternative.
Queste polveri vengono prodotte soprattutto in città/in campagna.

3 Vero o falso?
- a. La sigla $PM_{2,5}$ indica polveri sottili non più grandi di 2,5 micron. V F
- b. In campagna le polveri sottili nell'aria non raggiungono mai livelli preoccupanti. V F

4 La popolazione più esposta alle polveri sottili vive
- A nelle città con clima piovoso.
- B nelle città con clima secco.

5 Le polveri sottili si depositano nella parte più bassa dell'atmosfera
- A fino a 1 km di altezza.
- B fino a circa 400 metri di altezza.
- C fino a 3-4 km di altezza.
- D fino a 100-200 metri di altezza.

6 Completa lo schema con le parole:
polmoni • tumori • sostanze chimiche • malattie

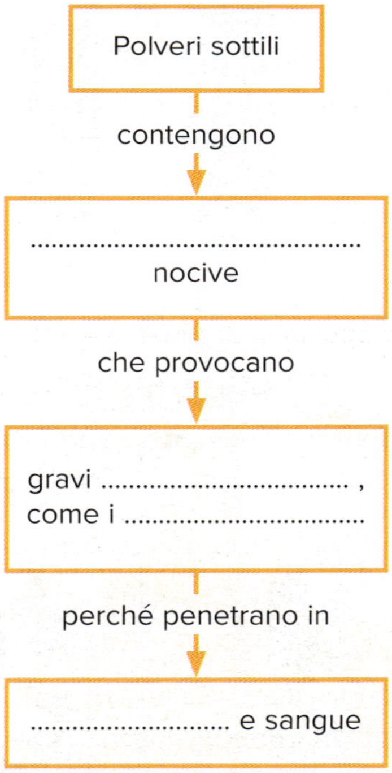

7 Quali persone sono maggiormente a rischio di subire danni dalle polveri sottili e perché?
....
....
....

3 IL CAMBIAMENTO CLIMATICO

Studi scientifici dimostrano che le attività umane modificano l'atmosfera e influenzano il clima

Il **clima** sta cambiando a causa dell'aumento della temperatura media dell'aria in tutto il pianeta: un fenomeno chiamato **riscaldamento globale**.

L'ONU (l'Organizzazione delle Nazioni Unite) ha formato un gruppo di esperti con il quale collaborano migliaia di scienziati di tutto il mondo e che ha effettuato molti studi sul fenomeno del riscaldamento globale.

Questo gruppo – la *Commissione intergovernativa sul cambiamento climatico* (IPCC) – ha raccolto prove scientifiche che indicano che il riscaldamento globale è dovuto principalmente all'aumento di anidride carbonica e altri gas immessi nell'atmosfera dalle attività umane [A].

Sono responsabili dell'aumento di anidride carbonica sia l'uso di combustibili fossili sia la deforestazione che, riducendo il numero di piante, riduce l'effetto della fotosintesi; le piante, infatti, con la fotosintesi consumano anidride carbonica e producono ossigeno.

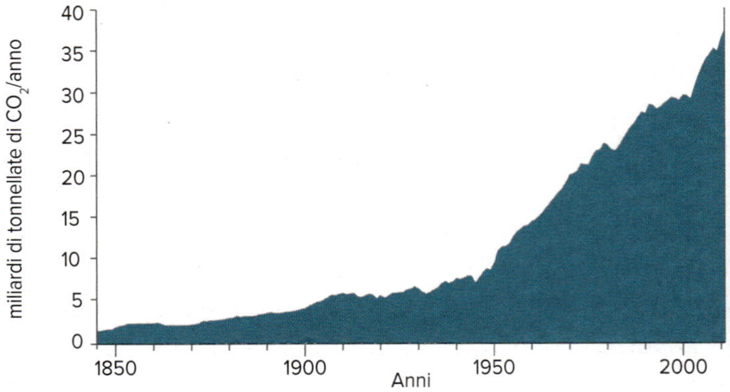

A Aumento delle emissioni globali di anidride carbonica a causa delle attività umane dal 1850 a oggi

La crescita delle emissioni di anidride carbonica aumenta l'effetto serra

L'effetto serra è un fenomeno naturale essenziale per la vita sul nostro pianeta. Se non ci fosse l'effetto serra, sulla Terra la **temperatura media** dell'aria sarebbe di circa −18 °C. Ciò significa che la Terra avrebbe un clima glaciale.

Vediamo meglio come funziona l'**effetto serra** [B]. Le radiazioni che provengono dal Sole vengono in parte riflesse dall'atmosfera e in parte raggiungono la superficie terrestre, che a sua volta ne riemette.

Le **radiazioni** che vengono riemesse dalla Terra sono però diverse da quelle che provengono dal Sole.

Il vapore acqueo che c'è nell'aria e i **gas-serra**, come il metano e l'anidride carbonica, sono capaci di intercettare una buona parte delle radiazioni che vengono emesse dalla Terra, che quindi rimbalzano di nuovo verso il basso. In questo modo l'atmosfera si riscalda.

Questo meccanismo è lo stesso che avviene in una serra: il vetro o i teli di plastica che coprono le piante non fermano le radiazioni solari in arrivo, ma trattengono il calore che proviene dalla Terra (e che deriva da quelle radiazioni solari).

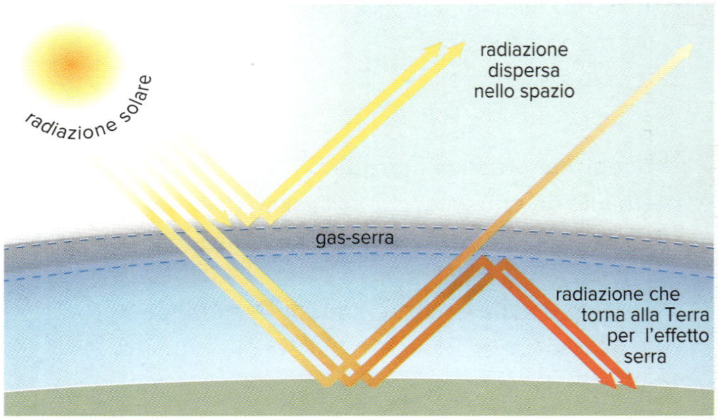

B Come si produce l'effetto serra

A causa delle attività umane, sta crescendo la concentrazione di gas-serra nell'atmosfera. Quelle dell'anidride carbonica e del metano sono aumentate in maniera continua dalla metà del Settecento, cioè da quando si è affermata la produzione industriale.

GUIDA ALLO STUDIO

1. Sottolinea nel testo la definizione di gas-serra.
2. Trova la frase in cui è indicato l'aumento di temperatura previsto in Europa nel corso di questo secolo.

I dati confermano il continuo aumento della temperatura media

Nel secolo scorso la temperatura media dell'aria, misurata al livello del suolo, è cresciuta nel mondo di quasi 1 °C rispetto a quella dell'era pre-industriale (prima dell'Ottocento). In Europa, la temperatura dell'aria è cresciuta anche più della media globale.

I maggiori aumenti si sono verificati nella seconda metà dello scorso secolo e agli inizi dell'attuale secolo. Il 2016 è stato l'anno più caldo dal 1880, quando iniziò la registrazione scientifica delle temperature [C]. Sia nel 2015 sia nel 2016 la temperatura media globale è stata di oltre 1 °C superiore alla media del Novecento.

Diverse previsioni scientifiche indicano che, nel corso di questo secolo, la temperatura media globale crescerà ancora di più.

Secondo tali previsioni, la temperatura media crescerà fino a 4 °C se, in seguito alle attività umane, continuerà ad aumentare l'immissione nell'atmosfera dei gas che provocano l'intensificazione dell'effetto serra. Crescerà di meno (entro i 2 °C) se diminuirà l'immissione di questi gas nell'atmosfera.

Purtroppo, le emissioni di anidride carbonica, cioè del principale gas-serra, stanno aumentando nella maggioranza dei paesi dell'Unione europea [D].

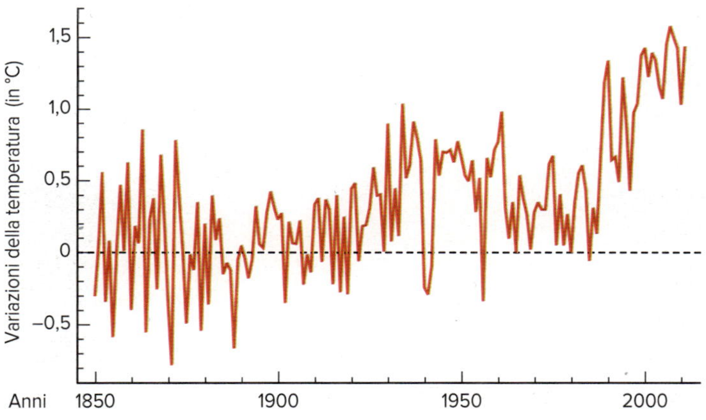

C Variazioni della temperatura media dell'aria in Europa dal 1850 a oggi

Alcuni accordi internazionali fanno sperare in un ritorno dell'effetto serra ai valori naturali

Un primo accordo internazionale, redatto nel 1997 ed entrato in vigore nel 2005 (il **Protocollo di Kyoto**), ha cercato di limitare le emissioni globali di gas-serra. Queste però hanno continuato ad aumentare perché la maggioranza degli oltre 190 paesi firmatari non ha mantenuto gli impegni presi.

Nel 2015, a Parigi, si è tenuta una nuova conferenza delle Nazioni Unite sul cambiamento climatico, che ha visto la partecipazione di 195 paesi e dell'Unione europea. Ne è nato un nuovo accordo per ridurre le emissioni di gas-serra e limitare l'innalzamento della temperatura del pianeta a non più di 2 °C rispetto ai livelli pre-industriali.

Uno dei punti principali dell'accordo riguarda la sostituzione dei combustibili fossili con altre fonti energetiche non inquinanti. Non è stato fissato un calendario per questa sostituzione ma sono state ascoltate le ragioni degli ambientalisti, che hanno chiesto di arrivare intorno al 2050 a una riduzione del 70% rispetto ai livelli del 2015.

L'**Accordo di Parigi** non è ancora attivo, perché i singoli paesi firmatari devono ora farlo approvare al proprio interno.

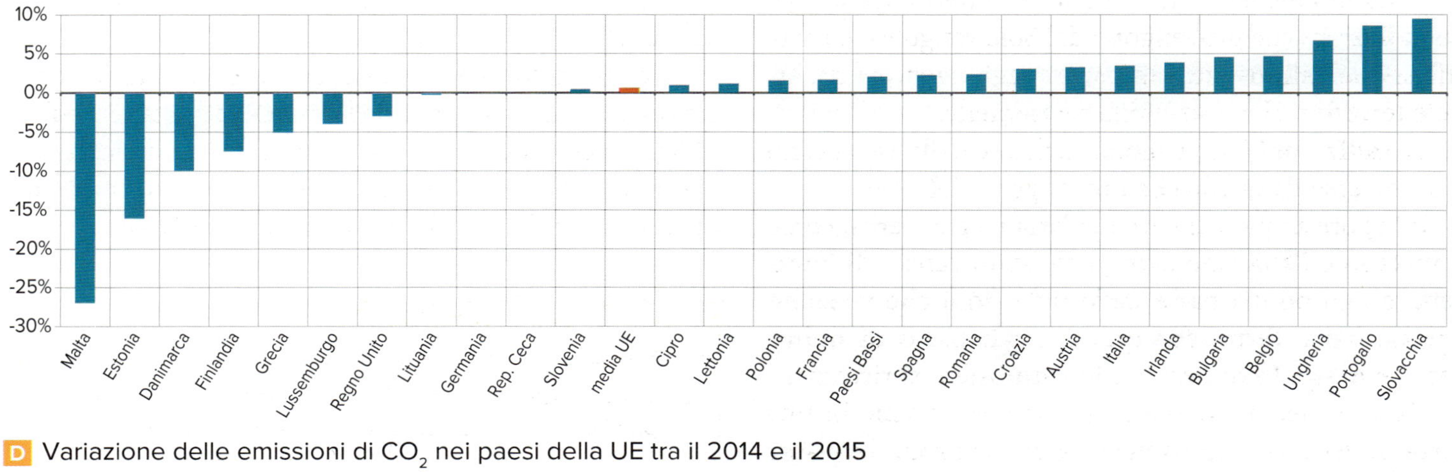

D Variazione delle emissioni di CO_2 nei paesi della UE tra il 2014 e il 2015

I cambiamenti del clima modificano la vita di molte specie vegetali e animali

Si prevede che nei prossimi anni la temperatura media crescerà maggiormente nell'Europa settentrionale e orientale d'inverno e nell'Europa meridionale d'estate. Gli inverni molto freddi diverranno meno frequenti, mentre le estati molto calde saranno più frequenti.

Tali cambiamenti – che sono già iniziati – influenzano per esempio l'andamento delle precipitazioni. Nel secolo scorso, esse sono aumentate nel Nord Europa, mentre sono diminuite nel Sud Europa, e nel secolo attuale questa tendenza continuerà. Particolarmente colpita dalla siccità sarà l'area mediterranea. Diverranno più frequenti anche gli eventi meteorologici estremi, ossia i periodi con forti piogge e quelli di forte siccità.

Le nevicate meno abbondanti e le estati più calde provocano anche la riduzione dei ghiacci [E]. Quasi tutti i ghiacciai europei si stanno ritirando a livelli mai raggiunti negli ultimi 5000 anni.

La crescita della temperatura media sta già influendo e sempre più influirà sulla fauna e la vegetazione.

Si prevede che la vegetazione dell'area mediterranea tenderà a diffondersi verso il centro Europa, prendendo il posto dei boschi di latifoglie; così come le foreste di conifere e quelle tipiche delle medie latitudini potrebbero prendere il posto della tundra presente oggi alle più alte latitudini. Simili cambiamenti avverranno anche per le colture agricole.

Nei mari europei, il riscaldamento ha provocato, nella seconda metà del Novecento, uno spostamento verso nord di molte specie marine. Tale fenomeno potrebbe accentuarsi, mettendo a rischio le specie che non sono in grado di sopravvivere in acque più calde.

GUIDA ALLO STUDIO

Usando colori diversi, evidenzia le principali conseguenze del riscaldamento globale sugli organismi vegetali e animali.

E Il ghiacciaio Mer de Glace a Chamonix, in Francia, nel 1910 (a sinistra) e oggi

Jana_Janina/iStock

DIARIO

1. Costruisci una tabella che indichi gli effetti che si prevede avrà l'aumento della temperatura media sul clima europeo.
   Puoi copiare questo schema e completarlo con le informazioni che trovi nella lezione.
2. Pensi che il riscaldamento climatico sia inevitabile? Perché?

Effetti del cambiamento climatico	Conseguenze di tali effetti
Inverni meno freddi, estati più calde	• Aumento delle precipitazioni (piogge) nel Nord Europa, diminuzione delle precipitazioni nel Sud Europa. • Siccità nell'area mediterranea.
Spostamento delle regioni bio-climatiche	
Nevicate meno abbondanti ed estati più calde	
Mutamenti della produttività agricola	

VIDEO NELL'EBOOK

Come si produce l'effetto serra

METTITI ALLA PROVA

1 ●○○ **Vero o falso?**

a. In Europa l'innalzamento della temperatura è inferiore alla media del resto del pianeta. V F

b. La deforestazione e l'impiego di combustibili fossili sono le principali cause dell'aumento di anidride carbonica nell'aria. V F

2 ●○○ **Scegli l'alternativa corretta.**

A causa del riscaldamento globale, nell'Europa centrale, dove la vegetazione spontanea è costituita dai boschi di latifoglie/conifere, tenderanno a diffondersi piante che oggi sono tipiche del clima continentale/mediterraneo. Più a sud/nord, dove la vegetazione tipica è la tundra (arbusti e muschi), potrebbero diffondersi le foreste di latifoglie/conifere.

3 ●●○ **Le previsioni dicono che le temperature medie in futuro**

A non subiranno variazioni a causa delle attività umane.

B diminuiranno anche senza interventi da parte degli uomini.

C aumenteranno a causa delle attività umane.

4 ●●○ **Completa lo schema con le parole:**
la temperatura media • un cambiamento climatico • l'effetto serra

Aumenta ....

↓

aumenta .... dell'aria

↓

sulla Terra si ha ....

↓

si verificano cambiamenti nel modo di vivere di animali e piante

5 ●●○ **Quando si è iniziato a registrare in maniera scientifica la temperatura dell'aria?**

A Nel Settecento.

B Nell'Ottocento.

C Nel Novecento.

6 ●●○ **Completa il testo con le parole:**
terrestre • scienziati • emissione • temperatura • riflessione

Un'eccessiva .... di gas-serra incrementa la .... delle radiazioni solari verso la superficie ....
Tale fenomeno è il responsabile principale, secondo molti .... , dell'innalzamento della .... media dell'aria.

7 ●●○ **Che cosa accade alle radiazioni solari in arrivo sulla Terra?**

....
....
....
....
....

8 ●●● **Scrivi una didascalia di commento di queste due fotografie.**

B. Reardon (USGS)

....
....
....
....
....

4 IL CONSUMO DI SUOLO

A Il suolo in sezione

Il suolo permette la crescita della vegetazione e quindi la vita sulla Terra

Il suolo è lo strato superiore della crosta terrestre, composto da sostanze **organiche**, particelle **inorganiche**, aria e acqua. Il suolo è spesso da qualche centimetro ad alcuni metri. Ricopre le parti emerse della superficie terrestre, con una continuità interrotta solo da ghiacci, acque e rocce nude.

Esistono vari tipi di suolo, differenti l'uno dall'altro come composizione. Le caratteristiche di un suolo dipendono dal tipo di roccia da cui esso deriva [A] e dal clima del luogo.

Dal suolo dipende quasi tutta la vegetazione: gli alberi, l'erba dei pascoli e le colture agricole hanno bisogno del suolo per rifornirsi di acqua e sostanze nutrienti e per fissare le proprie radici. La produzione alimentare, essenziale per la sopravvivenza umana, dipende quasi interamente dal suolo.

Inoltre il suolo funge da filtro naturale per l'acqua che alimenta le **falde idriche** sotterranee, che forniscono i due terzi di tutta l'acqua potabile usata in Europa.

Perché si formi uno strato di suolo adatto alla crescita delle piante e alla coltivazione, occorrono centinaia o anche migliaia di anni. Ciò significa che esso è in effetti una **risorsa non rinnovabile**: una volta distrutto, è di fatto perduto.

Il suolo viene danneggiato soprattutto dall'erosione idrica e dall'inquinamento chimico

Ciò che maggiormente danneggia il suolo europeo è l'**erosione**, ossia l'asportazione delle parti superficiali del terreno da parte dell'acqua corrente [B] e in minor misura da parte del vento.

B I calanchi sono forme del paesaggio in cui è evidente l'erosione causata dall'acqua

Oltre a quella che si verifica in natura, l'erosione dipende anche dalla **deforestazione** delle zone più densamente popolate, dagli incendi boschivi, dall'abbandono di terre con vegetazione molto ridotta, dall'eccessivo sfruttamento dei pascoli e altri usi errati dei terreni.

Particolarmente esposta all'erosione idrica è l'area mediterranea, a causa delle condizioni climatiche caratterizzate da periodi di **siccità** seguiti da forti piogge. Per effetto della perdita di suolo fertile alcune zone della Spagna, dell'Italia meridionale e della Grecia sono a rischio di **desertificazione**, ossia non sono più adatte alla crescita di vegetazione [C].

Il suolo è colpito anche da altre forme di degradazione che ne peggiorano la qualità. Per esempio, la **salinizzazione**, che si verifica, soprattutto nei climi caldi, quando nei terreni l'acqua di superficie evapora lasciando nel suolo il suo contenuto di sale. Particolarmente dannoso è anche l'**inquinamento chimico** dovuto a sostanze contenute nelle acque reflue industriali e agricole, o nei rifiuti interrati. Gli scarichi di industrie e miniere contengono metalli, come piombo e mercurio, che spesso contaminano il suolo.

Il suolo viene danneggiato anche dalla impermeabilizzazione, provocata dal suo rivestimento con cemento e asfalto

La superficie dove il suolo è stato coperto con cemento e asfalto per costruire edifici e strade, è salita nell'Unione europea a circa 110 000 km² e aumenta di circa 1000 km² l'anno. Alla base di questo fenomeno c'è la tendenza delle città a espandersi nel territorio rurale circostante, formando un'area con insediamenti residenziali e industriali sparsi, che richiedono ulteriori spazi per i collegamenti.

L'**impermeabilizzazione** del suolo, in seguito alla sua copertura artificiale, comporta una serie di conseguenze ambientali anche nel territorio circostante:

- si riduce l'assorbimento dell'acqua piovana nel suolo, aumentando il rischio di **alluvioni** [D], perché l'acqua scorre liberamente sul terreno;
- si impedisce al suolo di svolgere la sua funzione di filtro naturale per l'acqua che alimenta le falde idriche sotterranee;
- aumenta la temperatura nei centri abitati, per la riduzione dell'**evapotraspirazione** (l'acqua che evapora dal terreno e dalle foglie delle piante) e per il maggiore assorbimento di energia solare da parte delle superfici scure, come l'asfalto.

Un eccesso di zone cementificate, senza adeguati spazi verdi, impoverisce quindi l'ambiente urbano a scapito della qualità della vita dei suoi abitanti.

D Esondazione del Bisagno a Genova

C Il processo di erosione del suolo

GUIDA ALLO STUDIO

1. Cerca nel testo quali sono i fenomeni che più danneggiano il suolo.
2. Evidenzia nel testo la frase che spiega perché il suolo è considerato una risorsa non rinnovabile.
3. Sottolinea quali effetti può provocare sull'ambiente l'impermeabilizzazione del suolo.

VIDEO NELL'EBOOK

La desertificazione nell'area mediterranea

L'Italia ha un livello di cementificazione del suolo tra i più alti in Europa e il fenomeno continua a crescere

In Italia, la superficie con copertura artificiale è quasi triplicata nel giro di 60 anni: nel 1955 essa costituiva poco più del 2,5% del territorio italiano; nel 2015, oltre il 7%. Ciò significa che la superficie cementificata è arrivata a circa 22 000 km^2 [E]; se le aree cementificate fossero concentrate in un'unica regione, esse coprirebbero quasi l'intera Emilia-Romagna.

La superficie cementificata continua ad aumentare, anche se a una velocità minore che in passato: ogni secondo, vengono cementificati in Italia circa 7 m^2 di suolo.

La superficie che subisce gli effetti della cementificazione è in realtà molto più ampia. Infatti, la copertura artificiale del suolo in un'area comporta conseguenze ambientali anche nelle aree circostanti. Tenendo conto di questo fatto, si calcola che oltre la metà del territorio italiano subisca, direttamente e indirettamente, gli effetti della cementificazione.

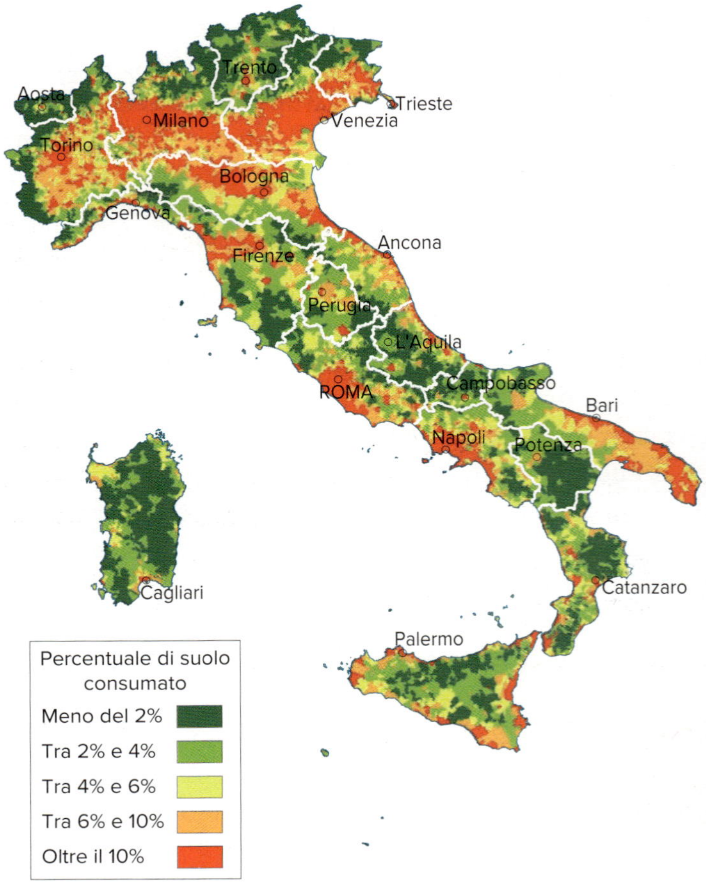

E Il consumo di suolo in Italia

Le zone italiane maggiormente popolate, e quindi cementificate, sono quelle costiere, le pianure e i fondovalle montani

Le regioni più cementificate sono Lombardia e Veneto, dove è stato coperto circa il 10% del territorio. Seguono, con percentuali comprese tra il 7% e il 9%, la Campania, la Puglia, l'Emilia-Romagna, il Lazio e il Piemonte.

Tra le grandi città, le più cementificate sono: Napoli, con il 30% del territorio, e Milano, con oltre il 20% del territorio. In alcuni comuni della città metropolitana di Napoli, si raggiungono percentuali superiori al 70-80%.

GUIDA ALLO STUDIO

Facciamo un po' di calcoli.

Individua qui sopra il valore numerico che esprime la superficie di territorio italiano che viene cementificata ogni secondo: .... m^2

Moltiplica il valore per 3600 e ottieni la superficie di territorio italiano che viene cementificata ogni ora: .... m^2
Puoi arrotondare alle migliaia, perché stiamo facendo una stima: .... m^2.

Moltiplica per 24 e ottieni il valore giornaliero: .... m^2.

Moltiplica per 365 e ottieni il valore annuo: .... m^2.

Arrotonda di nuovo; ottieni il valore di .... milioni di m^2 all'anno.

Ora passa da metri a kilometri quadrati; per fare questo devi dividere l'ultimo risultato che hai ottenuto per 1 milione. Ottieni .... km^2 all'anno.

Infine confronta questo dato con l'estensione totale di territorio cementificato in Italia, sempre espressa in km^2 (trovi anche questa nel testo qui sopra).

....

....

Sai calcolare la percentuale di aumento? .... %

Ti sembra che stia aumentando di poco o di molto?

....

....

DIARIO

1. La cartina della pagina precedente è molto dettagliata.
Puoi costruirne una tu, che riporti i valori per ciascuna regione. Per fare questo:
   - ricalca la carta muta delle regioni italiane che trovi in fondo al libro;
   - aggiungi la seguente legenda semplificata
     - ☐ meno del 4%;
     - ☐ tra 4% e 6%;
     - ☐ più del 6%;
   - colora la legenda a tuo piacere e poi in modo coerente la carta muta, regione per regione, usando i dati di questa tabella.

Regione	suolo consumato (%)	Regione	suolo consumato (%)
Valle d'Aosta	3,0	Umbria	5,3
Piemonte	7,1	Lazio	7,4
Lombardia	10,9	Abruzzo	5,2
Veneto	9,9	Molise	3,9
Trentino-Alto Adige	2,5	Campania	9,0
Friuli-Venezia Giulia	6,9	Puglia	8,6
Liguria	7,0	Basilicata	4,5
Emilia-Romagna	7,9	Calabria	5,5
Toscana	6,4	Sicilia	6,9
Marche	6,8	Sardegna	4,2

2. Spiega con parole tue perché il suolo è da considerare una «risorsa non rinnovabile».

METTITI ALLA PROVA

1 ●○○ Che cos'è il suolo?

A Lo strato più superficiale della crosta terrestre, composto da detriti organici e inorganici.

B Lo strato più profondo del terreno costituito di rocce.

2 ●○○ Che cosa impedisce all'acqua piovana di penetrare nel suolo?

A La salinizzazione.

B La cementificazione.

3 ●○○ Vero o falso?

a. Lo sfruttamento dei pascoli non incide sull'erosione del suolo. V F

b. In Italia il fenomeno della cementificazione è in aumento. V F

c. La salinizzazione del suolo si verifica soprattutto nei climi caldi a causa della maggiore evaporazione dell'acqua dai terreni. V F

4 ●●○ In Europa l'erosione idrica colpisce soprattutto i territori

A della regione atlantica.

B della regione mediterranea.

C delle montagne del centro.

D delle regioni orientali.

5 ●●○ Completa lo schema con le parole:
i collegamenti • le foreste • l'inquinamento • la campagna

Consumo di suolo causato da attività umane →
- le città si espandono verso ....
- .... stradali e ferroviari occupano terreno
- le attività industriali e agricole causano .... del terreno
- tagliare .... contribuisce all'erosione del suolo

6 ●●○ Completa il testo con queste parole:
mercurio • industrie • acque reflue • suolo

L'inquinamento chimico delle .... è dovuto principalmente a scarichi di .... e miniere. Spesso metalli come piombo e .... sono contenuti in questi scarichi e possono contaminare il .... anche a molti kilometri di distanza.

5 IL DANNEGGIAMENTO DELLE FORESTE

Circa un terzo del territorio europeo è ricoperto di foreste; esse sono di diverso tipo a seconda delle regioni climatiche

Le foreste, comprese quelle della Russia europea, si estendono su circa 3 milioni di kilometri quadrati, equivalenti a circa un terzo del territorio europeo [A].

Negli ultimi decenni l'area forestale europea è aumentata, perché sono stati piantati, o sono cresciuti naturalmente, più alberi di quanti ne siano stati tagliati. L'area forestale è però inegualmente distribuita sul territorio, poiché vi sono zone in cui le foreste continuano a essere tagliate per ricavarne legname, aprire strade e far posto a nuovi insediamenti.

A nord, dove il clima è più freddo, prevalgono le **piante sempreverdi** (abeti, pini e altre conifere); più a sud, dove il clima è più mite, prevalgono le **piante decidue** (come querce e castagni), i pini marittimi e altre piante mediterranee.

Le **foreste primarie** – cioè le foreste originarie, formate da specie native non contaminate da attività umane – restano solo in ristrette zone della Scandinavia e della Russia.

A Le foreste e la vegetazione spontanea in Europa

L'estensione delle foreste europee aumenta, ma il loro stato di salute, anche se è migliorato, continua a essere precario

Si stima che nell'Unione europea circa l'80% degli **ecosistemi** forestali sia danneggiato in vario grado [B].

Le foreste vengono danneggiate in particolare dalle **piogge acide**: esse provocano la caduta delle foglie, corrose dall'acidità, e un peggioramento della qualità del suolo; questo, impoverendosi, non è a sua volta in grado di fornire le sostanze nutrienti che vengono assorbite dalle radici [C].

Il fenomeno, noto come «morte delle foreste», si manifesta quindi con due sintomi:

- lo scoloramento e la caduta delle foglie,
- danni alle radici più sottili, che provocano difficoltà di crescita.

Altri danni vengono provocati alle foreste dai **cambiamenti climatici**, che abbiamo visto dipendere anch'essi dall'inquinamento atmosferico. In particolare, si notano danni nelle estati molto calde e secche, che fanno morire alcune piante e favoriscono la riproduzione e l'aggressività dei parassiti.

Il maggiore pericolo a cui sono esposte le foreste, in particolare nell'Europa meridionale, è rappresentato dagli incendi

Gli **incendi** distruggono in media ogni anno in Europa circa 10 000 km^2 di bosco, una superficie equivalente a quella di una regione italiana come la Basilicata.

In Italia – avverte il Corpo Forestale dello Stato – il fuoco è uno dei più insidiosi pericoli per i nostri boschi. Ogni anno gli incendi riducono in cenere alcune centinaia di kilometri quadrati ricoperti da alberi anche secolari [D].

La maggior parte degli incendi è provocata da un comportamento irresponsabile (come accendere un fuoco o lasciare cadere una sigaretta non spenta nel bosco) o dalla sottovalutazione dei pericoli da parte di chi accende un fuoco per ripulire il terreno dalla vegetazione secca.

Altri incendi sono provocati volontariamente, per vandalismo o per scopi criminali. Anche se quasi ovunque vengono adottate misure di controllo e di prevenzione, grandi aree forestali continuano a essere distrutte dagli incendi soprattutto nei periodi di siccità, quando è più facile che si propaghino.

VIDEO NELL'EBOOK

L'area forestale europea

B Lo stato degli ecosistemi forestali dell'Unione europea (in percentuale sull'area forestale totale)

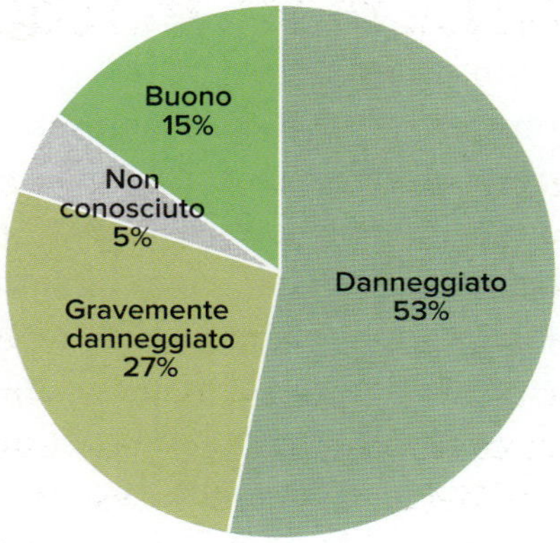

C Una foresta danneggiata dall'inquinamento chimico in Baviera

waupcc08/Shutterstock

D Un incendio in un bosco

Toa55/iStock

GUIDA ALLO STUDIO

1. Cerca nel testo i motivi per cui gli alberi delle foreste europee, negli ultimi anni, sono aumentati.
2. Evidenzia nel testo gli effetti delle piogge acide sulle foreste.

Le aree naturali protette sono territori di particolare valore ambientale e culturale, che vengono preservate per conservare inalterate le caratteristiche originarie

In Italia ci sono circa 1300 aree naturali protette di vario tipo: terrestri, fluviali, lacustri e marine.

Le aree protette italiane comprendono:

- 24 **parchi nazionali** [E] e 152 **parchi naturali regionali**: aree intatte, o parzialmente alterate da attività umane, il cui valore ambientale e culturale è tale da richiedere l'intervento dello Stato (per quelli nazionali) o delle Regioni ai fini della loro conservazione.
- 147 **riserve naturali** statali e 407 regionali: aree terrestri, fluviali, lacustri o marine contenenti importanti specie vegetali e animali che vanno protette.
- 30 **aree marine protette**, costituite da ambienti marini di rilevante valore per le caratteristiche naturali, con particolare riguardo alla flora e alla fauna marine e costiere; possono essere costituite anche da ambienti marini di rilevante valore storico, archeologico e culturale.
- altre centinaia di aree protette, gestite da enti locali o da associazioni ambientaliste ufficialmente riconosciute.

Le aree naturali protette sono molto importanti per la conservazione della **biodiversità**, ossia della varietà di organismi vegetali e animali che è alla base della vita sulla Terra [F].

Sono anche luoghi ideali per studi scientifici sugli ecosistemi e per attività di educazione ambientale.

E I parchi nazionali italiani

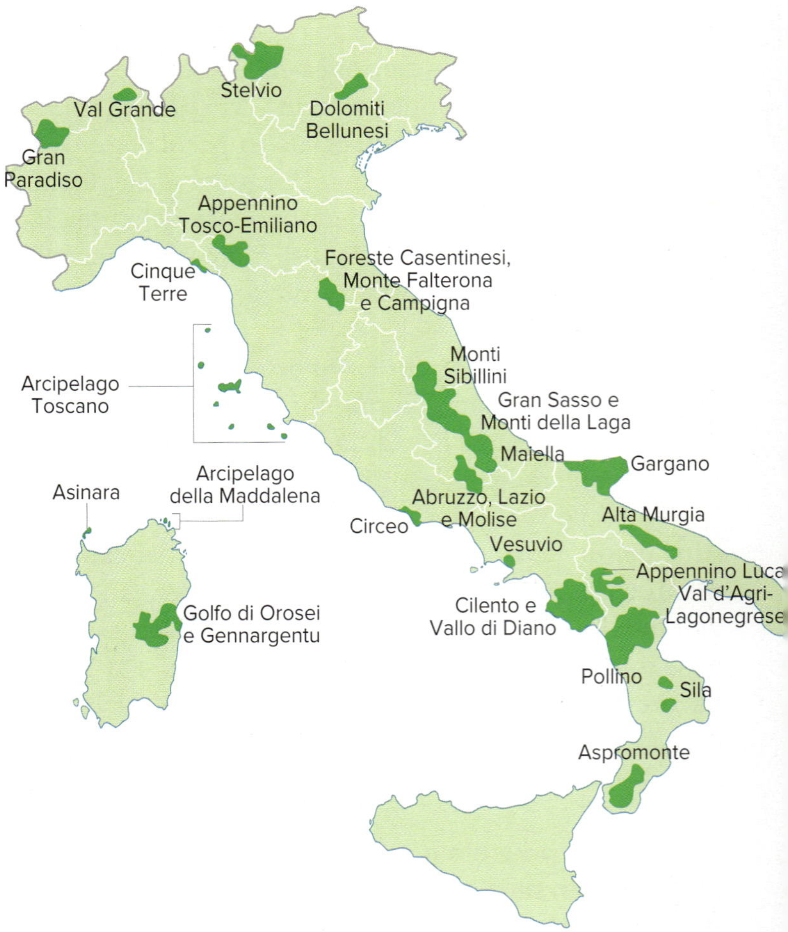

F Cervi nelle Dolomiti

A. Izzotti/Shutterstock

VIDEO NELL'EBOOK

Le aree protette in Italia

DIARIO

1. Schematizza in una mappa il fenomeno del danneggiamento delle foreste. Utilizza lo schema qui a fianco; riproducilo più in grande sul quaderno.
2. Spiega in un testo di 8-10 righe quali potrebbero essere, secondo te, le misure più efficaci per prevenire e spegnere gli incendi boschivi.

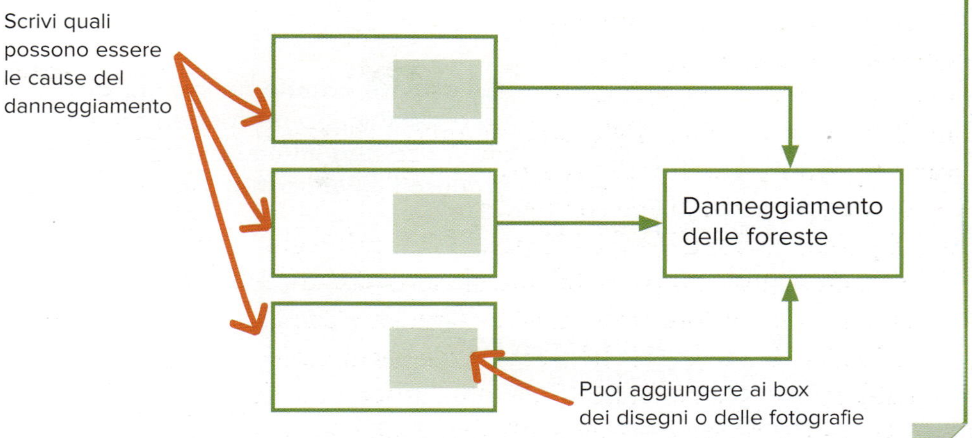

METTITI ALLA PROVA

1 ●○○ **Vero o falso?**

a. In Europa l'area forestale è distribuita equamente su tutto il territorio. V F

b. L'innalzamento delle temperature del pianeta ha effetti dannosi sulle foreste. V F

c. Gli incendi distruggono ogni anno una minima parte dei boschi europei. V F

2 ●○○ **Scegli l'alternativa corretta.**

Nella vegetazione dell'Europa settentrionale prevalgono piante sempreverdi/decidue, come gli abeti/le querce.
In quella dell'Europa mediterranea si trovano soprattutto piante sempreverdi/decidue come gli abeti/le querce.

3 ●●○ **In Europa le foreste occupano un territorio grande**

A la metà del continente.

B un quinto del continente.

C un terzo del continente.

4 ●●○ **Completa il testo inserendo le parole mancanti:**
foreste • cambiamenti climatici • parassiti

Negli ultimi decenni si sono verificati dei .... che hanno provocato danni alle ....
Esse soffrono anche l'attacco dei .... , che si sviluppano più numerosi per l'aumento delle temperature.

5 ●●○ **Completa lo schema con le parole:**
piante • foglie • radici

Danni provocati dalle piogge acide alle foreste
→ le .... degli alberi si scolorano e cadono
→ le .... più sottili subiscono danni
↓ le .... mostrano una difficoltà nella crescita

6 ●●● **Completa la tabella e rispondi alla domanda.**

Numero di aree naturali protette in Italia	
Parchi naturali nazionali Parchi naturali	 152
Riserve naturali statali Riserve naturali	 407
Aree marine protette	....
Aree protette gestite da .... o da associazioni ambientaliste	centinaia

In Italia le aree protette sono complessivamente circa 1300. Cosa puoi scrivere al posto di «centinaia»?

....

UNO SGUARDO D'INSIEME

Le **attività umane** hanno un forte impatto sul territorio e modificano profondamente gli ambienti naturali. Tra le conseguenze negative abbiamo visto i danni che possono essere procurati all'atmosfera, al suolo e alla vegetazione.

1 L'INQUINAMENTO ATMOSFERICO

Negli ultimi sessant'anni, le emissioni di industrie, impianti di riscaldamento e veicoli a motore hanno portato a un forte **inquinamento dell'atmosfera**, provocando la formazione:

- delle **piogge acide**, che danneggiano le foreste e i monumenti in pietra;
- di **smog**, invernale e fotochimico, che causa malattie polmonari e cardiache;
- del **buco nell'ozono**.

La situazione è migliorata con l'adozione di **impianti di depurazione** e la messa al bando delle sostanze più dannose, ma nelle città l'inquinamento resta alto.

2 LE POLVERI SOTTILI

I **gas di scarico** degli autoveicoli sono tra le principali cause di inquinamento dell'aria. Essi immettono nell'atmosfera:

- **benzene**, sostanza cancerogena;
- **biossido d'azoto** e altri gas responsabili della formazione dello smog e delle piogge acide;
- **polveri sottili** che provocano gravi malattie polmonari.

Ogni anno in Europa muoiono circa 400 000 persone a causa dell'inquinamento dell'aria. Per ridurre il fenomeno bisogna ridurre il traffico di autoveicoli, favorendo l'uso dei **mezzi pubblici**.

L'inquinamento atmosferico, modificando la composizione dell'atmosfera, ha importanti **conseguenze sul clima**.

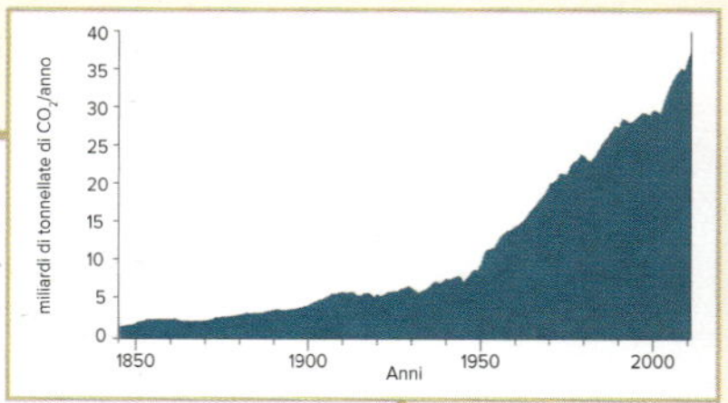

3 IL CAMBIAMENTO CLIMATICO

Nell'ultimo secolo la **temperatura media** globale è aumentata di quasi 1 °C e in Europa l'aumento è stato anche maggiore.
La principale causa ipotizzata per spiegare il fenomeno è l'aumento dei **gas-serra** immessi nell'atmosfera, come conseguenza:

- di attività industriali;
- dell'uso di veicoli a motore.

Il principale gas-serra è l'**anidride carbonica**, che può aumentare a seguito della deforestazione (meno piante convertono meno anidride carbonica in ossigeno).
Si prevede che la temperatura aumenterà ancora nel corso del secolo, soprattutto nell'Europa meridionale e in quella nord-orientale, portando a inverni meno freddi ed estati più calde.

4 IL CONSUMO DI SUOLO

Il **suolo** è lo strato di detriti organici e inorganici che ricopre la superficie terrestre e che permette la crescita della vegetazione.
L'uso sbagliato del suolo da parte dell'uomo ha intensificato l'azione dell'**erosione idrica**, i cui effetti nocivi si riscontrano soprattutto nell'Europa meridionale.
Altri danni provengono:

- dalla salinizzazione;
- dalla contaminazione chimica;
- dalla impermeabilizzazione del suolo.

Una delle conseguenze più visibili della degradazione del suolo è la **desertificazione**, presente soprattutto nell'Europa meridionale.

5 IL DANNEGGIAMENTO DELLE FORESTE

Negli ultimi decenni l'**area forestale** in Europa è aumentata e copre circa un terzo del territorio. Tuttavia la sua distribuzione è ineguale e solo una piccola parte è costituita da **foresta primaria**.
I principali pericoli per le foreste derivano da:

- **piogge acide**, che danneggiano le foglie e impoveriscono il suolo;
- **cambiamenti climatici**, che alterano le condizioni ambientali;
- **incendi**, spesso causati dall'uomo, che minacciano soprattutto le foreste dell'Europa meridionale.

Geostoria

L'INQUINAMENTO DELL'ARIA AI TEMPI DELL'ANTICA ROMA

Nei primi secoli dopo Cristo, ai tempi dell'impero romano, l'aria delle città era inquinata dalla combustione di legna, carbone di legna e in minore misura carbone fossile, usati per cucinare, riscaldare le case, produrre calore per le terme e fondere metalli.

Ma l'inquinamento più pericoloso era quello da piombo, il metallo più usato, che si diffuse attraverso la circolazione atmosferica sull'intera Europa e oltre. I geologi ne hanno trovato tracce in strati più profondi del ghiaccio o del suolo, che risalgono a quel periodo.

L'USO DEL PIOMBO E LE CONSEGUENZE PER LA SALUTE

Il piombo, essendo malleabile e resistente alla corrosione, veniva impiegato sia da solo, sia come componente di leghe con altri metalli.

Veniva ampiamente impiegato per costruire tubazioni dell'acqua [1]. Nell'edilizia, veniva usato per saldare gli uni agli altri i blocchi di pietra o di marmo (nei cui interstizi veniva versato allo stato fuso).

Era comunemente usato anche nella costruzione di navi.

Oltre a questi, vi erano numerosi altri impieghi: con leghe contenenti piombo, si coniavano monete, si fabbricavano tazze, pentole e brocche [2].

Si usava il piombo anche per produrre cosmetici e per conservare i cibi: veniva perfino aggiunto al vino per evitarne la fermentazione.

Molto diffuso era l'avvelenamento da piombo, che provoca vertigini e forte mal di testa e successivamente crisi convulsive e coma.

Si ammalavano e morivano per l'avvelenamento da piombo non solo coloro che lavoravano nelle miniere, generalmente gli schiavi, e nelle fonderie, ma anche i cittadini romani, compresi i ricchi.

1 *Tubo in piombo dell'Acquedotto di Traiano, rimesso in funzione da Teodorico (V-VI secolo d.C.). La scritta dice: «Teodorico, signore e re, diede di nuovo [l'acquedotto] alla città [di Ravenna]».*

LA TECNICA DI ESTRAZIONE DEL METALLO

Si calcola che, nel periodo di massima espansione dell'impero romano, venissero prodotte 80-100 mila tonnellate di piombo all'anno.

2 *Vasellame in piombo, che riproduce elementi del mobilio di una casa e dell'arredo di una tavola (dal corredo funerario di una adolescente della metà del II secolo d.C.).*

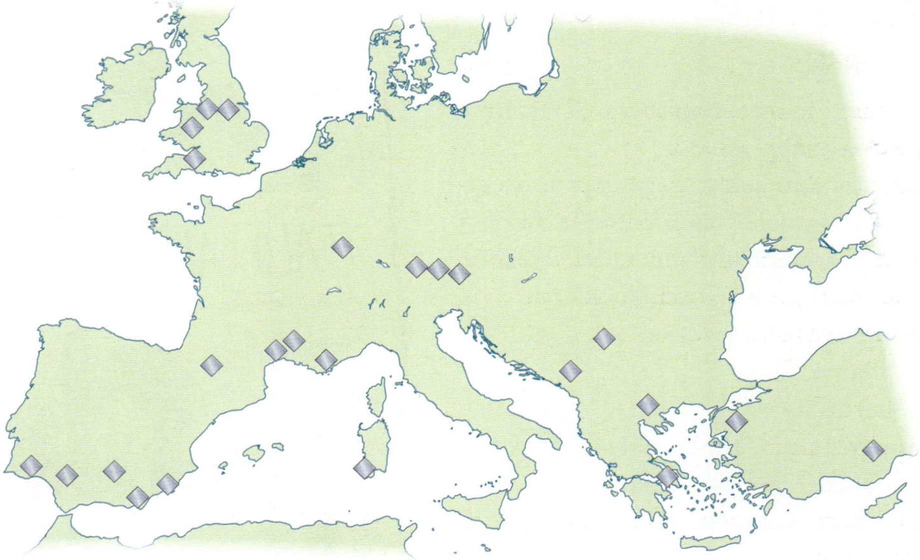

3 *La carta indica dove si trovavano le principali miniere di piombo in Europa all'epoca dell'impero romano.*

Le maggiori miniere di piombo (per lo più estratto dalla galena, minerale da cui si ricava anche argento) si trovavano in Spagna, Francia meridionale, Britannia, Germania, Sardegna e Grecia [3].

L'estrazione del piombo dalla galena con il processo dell'arrostimento (riscaldamento del minerale in presenza d'aria per eliminare parti volatili e facilitare l'estrazione del metallo) provocava grandi quantità di fumo, che inquinavano l'aria e danneggiavano la salute. Ne parla, riferendosi alle miniere dell'Attica, anche il poeta latino Lucrezio (98-55 a.C.).

L'INQUINAMENTO ATMOSFERICO DA PIOMBO

L'inquinamento da piombo si diffuse, attraverso la circolazione atmosferica, molto al di là delle zone in cui veniva estratto, lavorato e usato.

Lo dimostrano le analisi chimiche effettuate oggi nei depositi lacustri della Svezia e nei ghiacci profondi della Groenlandia. Qui è stata trovata, negli strati risalenti al periodo dell'impero romano, una concentrazione di piombo quattro volte superiore a quella naturale.

Negli strati superiori, risalenti al periodo successivo alla caduta dell'impero romano, la concentrazione di piombo invece diminuisce fino a tornare al livello naturale.

Successivamente, a partire dall'anno Mille, la concentrazione di piombo aumenta di nuovo, superando nel periodo della rivoluzione industriale (tra il XVIII e il XIX secolo) quella dell'impero romano.

COMPETENZA: ORIENTARSI NELLO SPAZIO E NEL TEMPO

1. Quali erano i principali fattori di inquinamento dell'aria al tempo dell'impero romano?

   ....

   ....

   ....

   ....

2. In quali zone si estraeva principalmente il piombo?

   ....

   ....

   ....

3. Costruisci una linea del tempo che parta dal I secolo d.C. e arrivi al XIX secolo. Inserisci, in corrispondenza del periodo storico giusto, i fenomeni di cui parla questa scheda e, in particolare, le variazioni della concentrazione di piombo nell'aria. Segui il modello qui sotto.

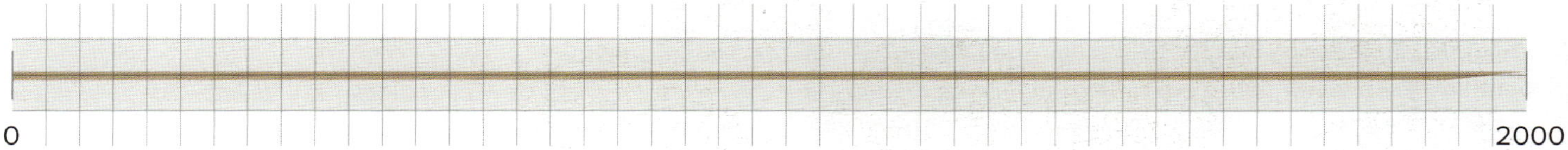

Lettura

L'ARIA BUONA DELLA COLLINA

da *L'aria buona*, in *Marcovaldo ovvero Le stagioni in città*, di Italo Calvino, Mondadori

– Questi bambini[1], – disse il dottore della Mutua, – avrebbero bisogno di respirare un po' d'aria buona, a una certa altezza, di correre sui prati…

Era tra i letti del seminterrato dove abitava la famigliola, e premeva lo stetoscopio sulla schiena della piccola Teresa, tra le scapole fragili come le ali d'un uccelletto implume. I letti erano due e i quattro bambini, tutti ammalati, facevano capolino a testa e a piedi dei letti, con le gote accaldate e gli occhi lucidi.

– Sui prati come l'aiola della piazza? – chiese Michelino.

– Un'altezza come il grattacielo? – chiese Filippo.

– Aria buona da mangiare? – domandò Pietruccio.

[…] Il pomeriggio d'un sabato, appena furono guariti, Marcovaldo prese i bambini e li condusse a fare una passeggiata in collina.

[…] Man mano che saliva, a Marcovaldo pareva di staccarsi di dosso l'odore di muffa del magazzino in cui spostava pacchi per otto ore al giorno e le macchie d'umido sui muri del suo alloggio, e la polvere che calava, dorata, nel cono di luce della finestrella, e i colpi di tosse nella notte. I figli ora gli parevano meno giallini e gracili, già quasi immedesimati di quella luce e di quel verde.

– Vi piace qui, sì?

– Sì.

– Perché?

– Non ci sono vigili. Si può strappare le piante, tirare le pietre.

– E respirare, respirate?

– No.

– Qui l'aria è buona.

Masticarono: – Macché. Non sa di niente.

Salirono fin quasi sulla cresta della collina. A una svolta, la città apparve, laggiù in fondo, distesa senza contorni sulla grigia ragnatela delle vie. I bambini rotolavano su un prato come non avessero fatto altro in vita loro. Venne un filo di vento; era già sera. In città qualche luce s'accendeva in un confuso brillio. Marcovaldo risentì un'ondata del sentimento di quand'era arrivato giovane in città, e da quelle vie, da quelle luci era attratto come se ne aspettasse chissà cosa. Le rondini si gettavano nell'aria a capofitto sulla città.

Allora lo prese la tristezza di dover tornare laggiù, e decifrò nell'aggrumato paesaggio[2] l'ombra del suo quartiere: e gli parve una landa plumbea[3], stagnante, ricoperta dalle fitte scaglie dei tetti e dai brandelli di fumo sventolati sugli stecchi dei fumaioli.

COMPETENZA: COMUNICARE IN ITALIANO

1. Per i figli di Marcovaldo dire che «l'aria è buona» è come dire che «una torta è buona», cioè «buona da mangiare», ma non è corretto. Sai qual è il vero significato dell'espressione?
....
....
....
....
....
....
2. Ci sono altre espressioni che ci fanno capire che i figli di Marcovaldo hanno una scarsa conoscenza della natura. Quali?
....
....
....
....

[1] *Questi bambini*: tutte le novelle hanno per protagonista Marcovaldo, sposato con Domitilla e padre di sei figli.

[2] *decifrò nell'aggrumato paesaggio*: riconobbe nella confusione delle case una vicina all'altra.

[3] *una landa plumbea*: un territorio color del piombo, cioè ingrigito dal cemento.

Patrimonio mondiale

LA FORESTA DI BIALOWIEZA

(Bielorussia/Polonia)

UN MUSEO VIVENTE

Quella di Bialowieza è, nell'Europa centrale, l'ultima foresta temperata primaria, formata da specie native non contaminate da attività umane. In altre parole, è l'ultima testimonianza della foresta che, 10 000 anni fa, ricopriva gran parte dell'Europa. È un museo vivente, dove è possibile osservare come si sviluppavano gli ecosistemi forestali migliaia di anni fa, senza interferenze umane. Essa è abitata da specie animali altrove estinte, come il bisonte europeo, il più grande mammifero terrestre di questa regione.

IL TAGLIO DEGLI ALBERI

Il Parco nazionale di Bialowieza, che fa parte del Patrimonio mondiale dell'Unesco, protegge solo il 17% dell'intera foresta. La parte restante è soggetta a un intenso diboscamento. Giganteschi alberi centenari, tra cui abeti alti fino a 55 metri e querce di oltre 30 metri, vengono abbattuti per ricavarne legname da vendere. In 80 anni, la foresta primaria si è ridotta al 20% della superficie originaria. Alla distruzione della foresta si oppongono scienziati e associazioni ambientaliste.

Aleksander Bolbot/Shutterstock

COMPETENZA: RICERCARE E AGGREGARE LE INFORMAZIONI

La foresta di Bialowieza è popolata di gigantesche querce, vecchie di centinaia di anni.
La maggiore si chiama «Grande Mamamuszi»: è alta 35 metri ed ha un tronco con una circonferenza di 7 metri.
Ci sono anche altre grandi querce alle quali sono stati dati nomi fantasiosi?

Traccia di lavoro

1. Trova i nomi delle grandi querce di Bialowieza (con un motore di ricerca su Internet) e scrivili su un foglio.
2. Inventa una storia, immaginando che le querce parlino: dicano il proprio nome, raccontino di come sono rimaste ormai in poche, ti chiedano di aiutarle a sopravvivere.
3. Se vuoi, puoi fare un disegno delle querce, con le frasi scritte nei fumetti.

DIARIO

Ora proverai a scrivere un riassunto dell'unità. Anche questa volta ti diamo una traccia. Questa volta, però, non ti forniremo l'elenco delle parole-chiave. Sulla base delle indicazioni riportate alla fine del testo dovrai trovarle tu.
Quando avrai completato il riassunto, trascrivilo sul quaderno. Puoi anche decidere di cambiare delle parole che non useresti (per esempio, puoi usare «pericoloso» al posto di «nocivo» ecc.).

Quali sono le cause e le conseguenze dell'inquinamento atmosferico?

La principale causa dell'inquinamento atmosferico è l'uso dei .... (1) impiegati nel settore dei trasporti, in quello energetico, in quello industriale e residenziale. Contribuiscono ad aumentare l'inquinamento atmosferico anche le sostanze chimiche utilizzate nell'industria e nell'agricoltura.
Anche se negli ultimi anni .... (2) è in genere diminuito, esso rimane in molte aree a livelli elevati, pericolosi per l'ambiente e per le persone (soprattutto i bambini e gli anziani).
Particolarmente nocivo è il .... (3) proveniente dalle emissioni degli autoveicoli, uno dei gas che provocano lo smog fotochimico e le piogge acide.

Che cosa sono le polveri sottili?

Le polveri sottili (sigla PM) sono particelle .... (4) sospese nell'aria, prodotte dalle emissioni di centrali elettriche, inceneritori, impianti di riscaldamento e autoveicoli. Contengono sostanze chimiche nocive per la salute, soprattutto della popolazione urbana.
Per ridurre l'emissione delle polveri sottili occorrerebbe usare caldaie a gas e fare un minore uso di autoveicoli, magari ricorrendo ai .... (5).

Come le attività umane influiscono sui mutamenti climatici?

Numerosi studi scientifici dimostrano che le attività umane influiscono in modo significativo sul clima. La diffusione dei cosiddetti .... (6) produce una intensificazione dell'effetto serra, contribuendo al riscaldamento globale. Nel secolo scorso la temperatura media è aumentata costantemente.
In Europa si prevede che gli inverni molto freddi diverranno meno frequenti, mentre le estati molto calde diverranno più frequenti. Inoltre, le precipitazioni dovrebbero aumentare nell'Europa settentrionale e diminuire nell'Europa meridionale, moltiplicando i fenomeni .... (7) estremi (forti piogge e siccità) e influenzando la fauna e l'agricoltura.

Che cosa danneggia il suolo?

Il suolo è lo strato superficiale della .... (8) costituito da detriti organici e inorganici. Esso consente la crescita della vegetazione. La sua formazione richiede centinaia o anche migliaia di anni, dunque possiamo considerarlo una risorsa .... (9).
Il suolo viene danneggiato principalmente dall'erosione idrica, favorita dalla deforestazione e dall'alternarsi di periodi di siccità e di forti piogge. Vi sono inoltre altri fenomeni che contribuiscono a danneggiare il suolo, ad esempio la salinizzazione, ... (10), e la cementificazione.

Che cosa danneggia le foreste?

Anche se un terzo della superficie dell'Europa è composto da foreste e anche se lo stato di queste ultime sta migliorando, l'equilibrio degli ecosistemi forestali è sempre minacciato, ad esempio dalle piogge acide, dai cambiamenti climatici e dagli .... (11).

Indicazioni per reperire le parole-chiave

(1) Nella lezione 1.
(2) Nella lezione 1.
(3) Nella lezione 1.
(4) Nella lezione 2.
(5) Nella lezione 2.
(6) Nella lezione 3.
(7) Nella lezione 3.
(8) Nella lezione 4.
(9) Nella lezione 4.
(10) Nella lezione 4.
(11) Nella lezione 5.

Quando hai finito di trascrivere, prendi il diario e confronta il riassunto con il testo delle lezioni.
In particolare, leggi bene le domande che introducono ogni punto del riassunto.
Quando, in seguito, dovrai scrivere tu il riassunto, noi ti forniremo le domande, ma toccherà a te costruire le risposte.

METTI ALLA PROVA LE TUE CONOSCENZE

ZTE ONLINE

1 Scrivi i termini che corrispondono alle definizioni. Scegli tra:

evapotraspirazione • effetto serra • erosione • smog fotochimico

a. Radiazioni che provengono dalla Terra e che sono riflesse dai gas verso il basso: ....

b. Sottrazione di suolo da parte di acqua corrente e vento: ....

c. Miscuglio di gas inquinanti, che reagiscono con la luce solare: ....

d. Acqua che evapora dal suolo e traspira attraverso le foglie delle piante: ....

2 Vero o falso?

a. Quando si verifica un eccessivo sfruttamento dei pascoli, il terreno può subire un processo di salinizzazione. V F

b. Accendere un fuoco nel bosco non mette a rischio la salute degli alberi. V F

c. I diversi tipi di piante che costituiscono una foresta dipendono dal clima in cui crescono. V F

d. A causa dell'aumento delle temperature nel Nord Europa si verificheranno piogge sempre più frequenti. V F

3 Scegli l'alternativa corretta.

L'aumento dell'effetto serra produce un aumento/abbassamento della temperatura media dell'aria. L'effetto serra dipende dalle radiazioni solari riflesse dai gas-serra verso lo spazio/la superficie terrestre.

Gli scienziati sostengono che l'aumento di anidride carbonica nell'aria è dovuto principalmente all'effetto serra/all'uso di combustibili fossili.

Nonostante il Protocollo di Kyoto/l'Accordo di Parigi le emissioni di gas-serra nel mondo continuano ad aumentare.

4 Il suolo

A è uno strato di rocce che ricopre la superficie terrestre e trattiene le acque piovane.

B è uno strato di sostanze organiche misto ad altre inorganiche, che ricopre la superficie terrestre.

5 I dati scientifici rilevati sul clima dal 1880 in poi evidenziano che l'anno più caldo è stato

A il 1911.

B il 1980.

C il 2016.

6 Quale parte d'Europa sarà più colpita da siccità a causa del cambiamento del clima?

A Europa del Nord.

B Europa mediterranea.

C Europa orientale.

7 Una «foresta primaria» è

A una foresta di querce e castagni cresciuta dove il clima è più mite.

B un insieme di vegetazione non contaminato da attività umane.

C una foresta situata in prossimità delle aree urbane.

8 Collega con frecce le cause di danneggiamento del suolo (a sinistra) ai rispettivi effetti su di esso.

1. Piogge acide
2. Evaporazione dell'acqua di superficie
3. Acque reflue industriali e agricole
4. Incendi boschivi
5. Periodi di siccità seguiti da forti piogge

a. inquinamento chimico del terreno
b. erosione idrica del terreno
c. acidificazione del terreno
d. salinizzazione del terreno
e. deforestazione del terreno

9 Completa il testo con le parole:

temperatura media • scienziati • riscaldamento globale • commissione • cambiamenti climatici

L'ONU ha creato l'IPCC, che è una .... specifica per studiare i .... Numerosi .... vi collaborano attraverso ricerche provenienti da tutto il mondo. Il principale fenomeno studiato è il .... , ovvero l'aumento della .... dell'aria.

10 ●●○ **Trova la media.**

Se negli ultimi 60 anni il suolo italiano è stato impermeabilizzato per 25 000 km², quanti km² di cemento sono stati coperti ogni anno in media?

....

....

11 ●●● **Costruisci un grafico delle PM_{10} in Europa.**

Nella tabella vedi quante tonnellate di PM_{10} vengono prodotte in Europa dai diversi settori.

Fonti di emissione		PM_{10} (migliaia di tonnellate)	Percentuali
Settore industriale		5808	35%
Settore trasporti su strada		4558	28%
Settore agricolo		2291	14%
Settore produzione di energia		1976	12%
Settore altri trasporti		1580	10%
Settore rifiuti		211	1%
Totale		**16424**	**(100%)**

Come prima cosa scegli un colore diverso per ciascun settore: la prima colonna della tabella diventerà così la legenda del grafico.

Ora costruisci il grafico a torta, usando i valori percentuali per dare a ciascun settore la giusta ampiezza nella torta.

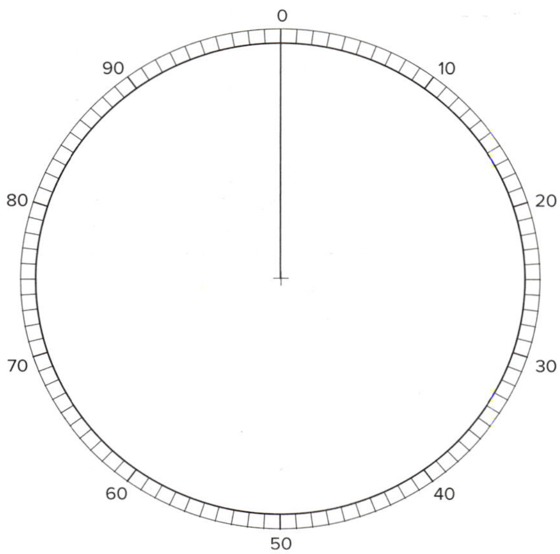

12 ●●● **La tabella riporta il numero di giorni in un anno in cui si è superato il livello di guardia delle polveri sottili in alcune città.**

Torino	158	Roma	69
Milano	131	Palermo	63
Bologna	69	Cagliari	94
Firenze	59	Taranto	45

Costruisci un istogramma inserendo i dati (in ordine decrescente) che corrispondono ai giorni in cui si è registrata un'eccessiva presenza di PM_{10} nell'aria.

Dopo aver completato l'istogramma rispondi.

a. Facendo una media fra queste città, quanti giorni all'anno si registrano presenze elevate di PM_{10} nell'aria? ....

b. L'aria è più inquinata al Nord o al Sud? ....

13 ●●● **Dato il termine, scrivi la definizione.**

Buco dell'ozono:

....

....

Inceneritore:

....

....

Biodiversità:

....

....

Polveri sottili:

....

....

SVILUPPA LE TUE COMPETENZE

14 CALCOLA

In Europa gli incendi distruggono circa 10000 km^2 di foreste e in Italia alcune centinaia di km^2: la quantità distrutta in Italia è in linea con il dato europeo? L'espressione «alcune centinaia» non contiene un dato preciso, ma puoi farti un'idea usando una proporzione del tipo $a:b=c:d$.

superficie dell'Europa : superficie dell'Italia = superficie distrutta in Europa : superficie distrutta in Italia

Ricordando le proprietà delle proporzioni:

$$\text{superficie distrutta in Italia} = \frac{\text{superficie dell'Italia} \times \text{superficie distrutta in Europa}}{\text{superficie dell'Europa}}$$

Considera che la superficie dell'Europa è circa 10 milioni di km^2 e che quella dell'Italia è circa 300000 km^2. Prova a fare il calcolo. Se ti viene un valore di «alcune centinaia», significa che il dato italiano è in linea con quello europeo.

15 IN ENGLISH

Conosci il significato di queste parole?

tree • breathe • cut down • soil • prevent • landslide • provide • home • bird • planting • yourself • Earth

Se non lo conosci cercalo sul dizionario.

Abbina ciascuna frase al disegno corrispondente.

a. Trees give us oxygen to breathe.
b. They cut down soil erosion, preventing landslides.
c. They provide homes for birds and other animals.
d. They make our homes and schools more beautiful.
e. Planting a tree is a great thing to do for yourself and for the Earth.

16 COMPITO DI REALTÀ

Immagina che la tua scuola organizzi una campagna per sensibilizzare le persone sui problemi ambientali. Progetta un manifesto su un problema legato alla pressione umana sul territorio e sull'atmosfera.

Scegli un tema fra questi: il suolo, le foreste, l'atmosfera, l'aria nelle città, il clima. Costruisci il manifesto dividendo un foglio formato A3 (grande il doppio di una pagina di quadernone) in più parti.

1. In alto scrivi il titolo. Usa la tua creatività, ad esempio anziché «Il consumo del suolo» potresti scrivere «Il suolo: una risorsa limitata», o «Proteggiamo il suolo!».
2. Nella parte centrale, a sinistra, colloca due o tre immagini che mostrino attività umane che minacciano l'ambiente (ad esempio, se hai scelto le foreste, la foto di un incendio boschivo). Cerca le immagini su Internet e poi stampale, oppure realizza dei disegni.
3. Nella parte a destra, descrivi il problema raffigurato in ciascuna immagine. Spiega quali attività danneggiano l'ambiente e come.
4. In basso spiega come si potrebbero ridurre gli effetti della pressione umana. Accanto a ogni soluzione puoi collocare una piccola foto o un disegno.

SEI PRONTO PER LA VERIFICA? IN 1 ORA

1 **Vero o falso?**
[2 punti per ciascuna domanda]

a. Il riscaldamento globale è indipendente dall'attività del Sole. V F
b. Più della metà del territorio europeo è ricoperto da foreste. V F
c. La principale fonte di energia per le attività umane è il carbone. V F
d. L'effetto serra è un fenomeno naturale. V F
e. Le polveri sottili possono portare a malattie mortali. V F

......./10

2 **Scegli l'alternativa corretta.**
[2 punti per ciascuna risposta]

I dati scientifici raccolti dicono che il riscaldamento globale è dovuto all'anidride solforosa/carbonica prodotta principalmente dalle attività umane/commerciali.
La temperatura dell'aria sul nostro pianeta sta aumentando/diminuendo costantemente ma un po' meno/e in particolare in Europa.

......./8

3 **La sigla PM significa**

A particelle microscopiche.
B materiale particolato.
C particelle minerali.

......./3

4 **Completa la cartina a destra con le parole:**
piante decidue • macchia mediterranea • piante sempreverdi
[3 punti per ogni completamento]

......./9

5 **L'effetto serra è provocato soprattutto**

A da vapore acqueo, metano e anidride carbonica.
B da vapore acqueo e biossido di azoto.
C dall'ozono e dal metano.

......./3

6 **Il suolo è composto**

A da sostanze organiche e inorganiche.
B solamente da sostanze organiche.
C solamente da sostanze inorganiche.

......./3

7 **Se negli ultimi anni l'area forestale in UE è aumentata, significa che**

A sono stati tagliati più alberi di quanti ne siano cresciuti spontaneamente.
B sono cresciuti più alberi di quanti ne siano stati tagliati.
C sono stati tagliati più alberi di quanti ne siano andati perduti.

......./3

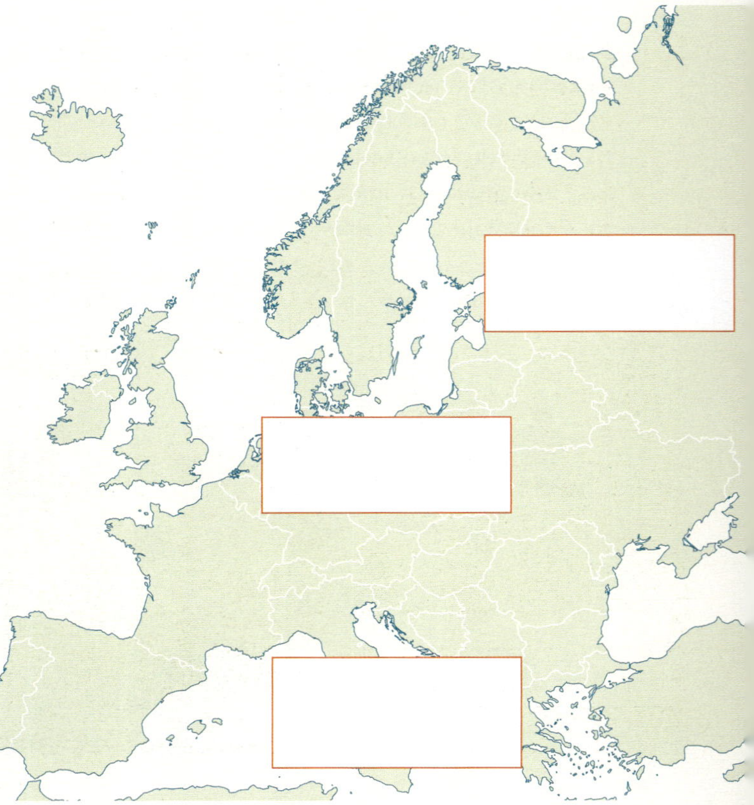

8 **Il materiale particolato che forma le polveri sottili deriva soprattutto**

A dall'impiego di combustibili fossili.
B da polveri sottili presenti in natura.
C dalla combustione di rifiuti agricoli.

......./4

9 **Segna quali tra questi sono considerati combustibili fossili:**

[2 punti per ciascuna risposta esatta]

A metano
B elettricità
C gasolio
D uranio
E legna
F benzina

......./6

10 **Completa con le parole:**

irritazioni • **emissioni** • **piogge acide** • **biossido di azoto** • **trasporto**

[2 punti per ciascuna risposta corretta]

I mezzi di .... utilizzano carburante e producono .... dannose per la salute e l'ambiente. Si tratta del .... , che provoca .... all'organismo ed è la principale causa delle ....

......./10

11 **Osserva la figura e scrivi sopra ogni sua parte quale fenomeno può provocare danni in quell'area.**

[3 punti per ciascuna risposta corretta]

1. inquinamento chimico
2. deforestazione
3. acque reflue

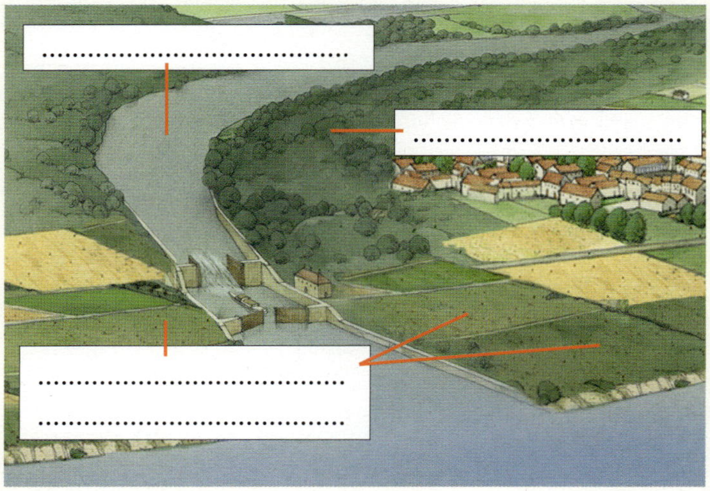

......./9

12 **Quali altre fonti di produzione delle polveri sottili inquinanti esistono oltre ai mezzi di trasporto?**

....
....
....
....

......./6

13 **Osserva il grafico.**

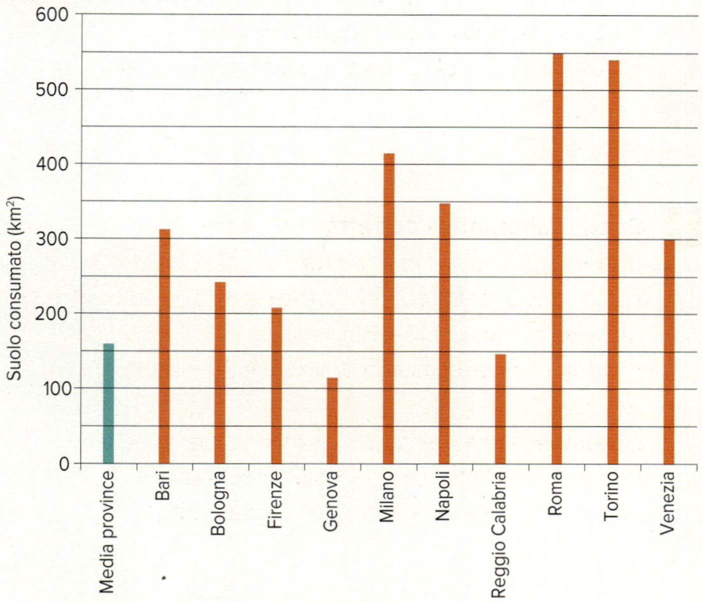

Con l'aiuto di un righello ricava dall'asse delle y (arrotondando) i kilometri quadrati delle 5 province italiane in cui si è verificato il maggiore consumo di suolo. Poi calcola di quante volte sono al di sopra della media (prima colonna del grafico).

Inserisci i dati in questa tabella.

[2 punti per ciascuna risposta corretta]

Città	Suolo consumato	Rapporto rispetto alla media
....Roma....	....560.... km^2	....3,7.... volte
....	.... km^2	.... volte
....	.... km^2	.... volte
....	.... km^2	.... volte
....	.... km^2	.... volte
media provinciale	.... km^2	

......./26

TOTALE ..../100

D

LE ACQUE CONTINENTALI E I PROBLEMI IDRICI

CIAK si impara! se fossero 100

Puoi iniziare con il filmato *Sfruttamento e inquinamento delle risorse idriche*

Jorg Hackemann/Shutterstock

Una chiatta in navigazione sul fiume Reno, a Colonia (in Germania).
Il Reno scorre per più di 1300 km dalle Alpi svizzere al Mare del Nord ed è navigabile per 800 km. Esso è percorso ogni giorno da oltre 1500 grandi imbarcazioni, cariche di prodotti. Il fiume, che attraversa una delle regioni più popolate d'Europa, è stato a lungo inquinato dalle acque reflue delle città che attraversa, dalle sostanze chimiche scaricate dalle industrie, dai fertilizzanti usati in agricoltura. Negli anni Settanta, il Reno era così inquinato da essere definito un «fiume morto», ma grazie a un accordo internazionale tra i paesi che attraversa sono state prese misure che hanno ridotto fortemente l'inquinamento delle sue acque.

PER ORIENTARTI NELL'UNITÀ D

Nell'**Unità 0** abbiamo visto come l'acqua sia coinvolta nel grande percorso del **ciclo idrologico**.

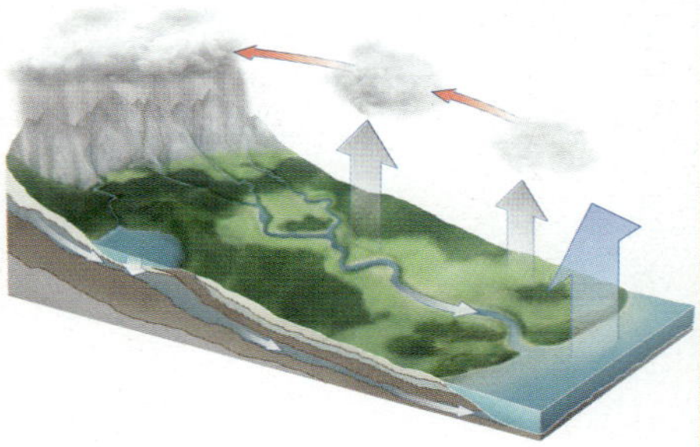

Nell'**Unità A** abbiamo dato uno sguardo d'insieme al **territorio europeo**. Abbiamo visto che il paesaggio è modellato dall'acqua, che erode le montagne e, trasportando a valle i detriti, forma le pianure.

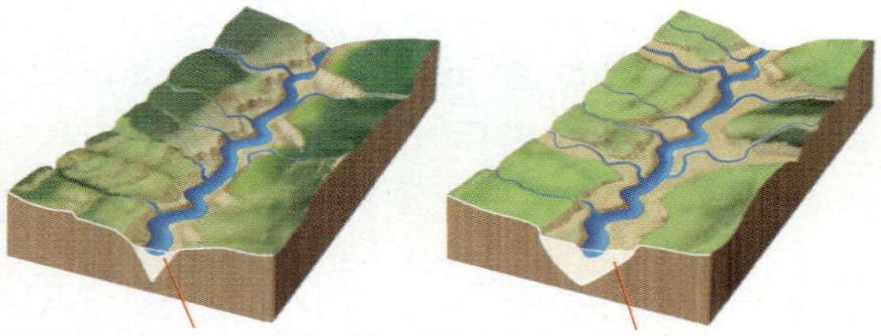

In questa unità osserveremo più da vicino come le caratteristiche dei fiumi e dei laghi dipendano dalle forme del territorio. Vedremo

- come il **fiume** raccolga l'acqua delle precipitazioni di un territorio e, convogliandole verso il mare, costituisca la principale arteria del ciclo dell'acqua (**lezione 1**)
- che i **fiumi europei**, anche quando nascono da una stessa catena montuosa, a causa della varietà del territorio scendono lungo versanti diversi e finiscono in mari diversi (**lezione 2**)
- che i **fiumi italiani** sono principalmente di due tipi: i fiumi alpini sono più lunghi e la loro acqua ha un flusso più regolare; i fiumi appenninici sono più brevi e irregolari (**lezione 3**)
- che i maggiori **laghi italiani ed europei** sono quelli scavati in passato dai ghiacciai, a cui si aggiungono numerosi altri tipi di lago, tutti in genere più piccoli (**lezione 4**)

Capiremo quanto sia importante per noi l'acqua dolce e quali sono i problemi legati all'utilizzo dell'acqua.

- Nonostante l'Europa abbia acqua dolce a sufficienza, in molti paesi se ne fa un **uso eccessivo**, mentre dovremmo eliminare gli sprechi e risparmiare questo bene prezioso (**lezione 5**).
- Le **alluvioni** costituiscono un fenomeno naturale, reso però distruttivo da un uso errato del territorio, per cui è fondamentale l'opera di prevenzione (**lezione 6**).
- Le acque continentali europee, pur essendo diminuito il loro **inquinamento**, sono ancora contaminate da sostanze dannose per l'ambiente e la nostra salute (**lezione 7**).

1 I FIUMI

Il fiume è un corso d'acqua perenne, che raccoglie le acque delle precipitazioni

Quando la pioggia cade sui versanti di una montagna, o quando la neve caduta sui pendii si scioglie, l'acqua non viene tutta assorbita dal terreno, scorre sulla sua superficie e scende verso valle per effetto della forza di gravità. Questo fenomeno viene definito **deflusso superficiale**.

L'acqua che in un primo tempo scorre come un velo sopra al terreno, poi forma dei **ruscelli** [A], che via via si ingrossano e, confluendo l'uno nell'altro, danno vita ai **corsi d'acqua**.

I corsi d'acqua si distinguono a seconda della quantità d'acqua che fluisce e della regolarità di questo flusso:

- un **torrente** è un corso d'acqua irregolare, che in estate può quasi seccare;
- un **fiume** è un corso d'acqua nel quale l'acqua scorre più o meno regolare per tutto l'anno.

by Paul/Shutterstock

A Un ruscello che si è formato dopo un periodo piovoso

Il fiume nasce da una sorgente e scorre verso il mare

Il luogo da cui scaturisce l'acqua che alimenta il fiume è chiamato **sorgente**. Scorrendo verso il mare per effetto della forza di gravità, il fiume raccoglie le acque di una vasta area, detta **bacino idrografico** [B].

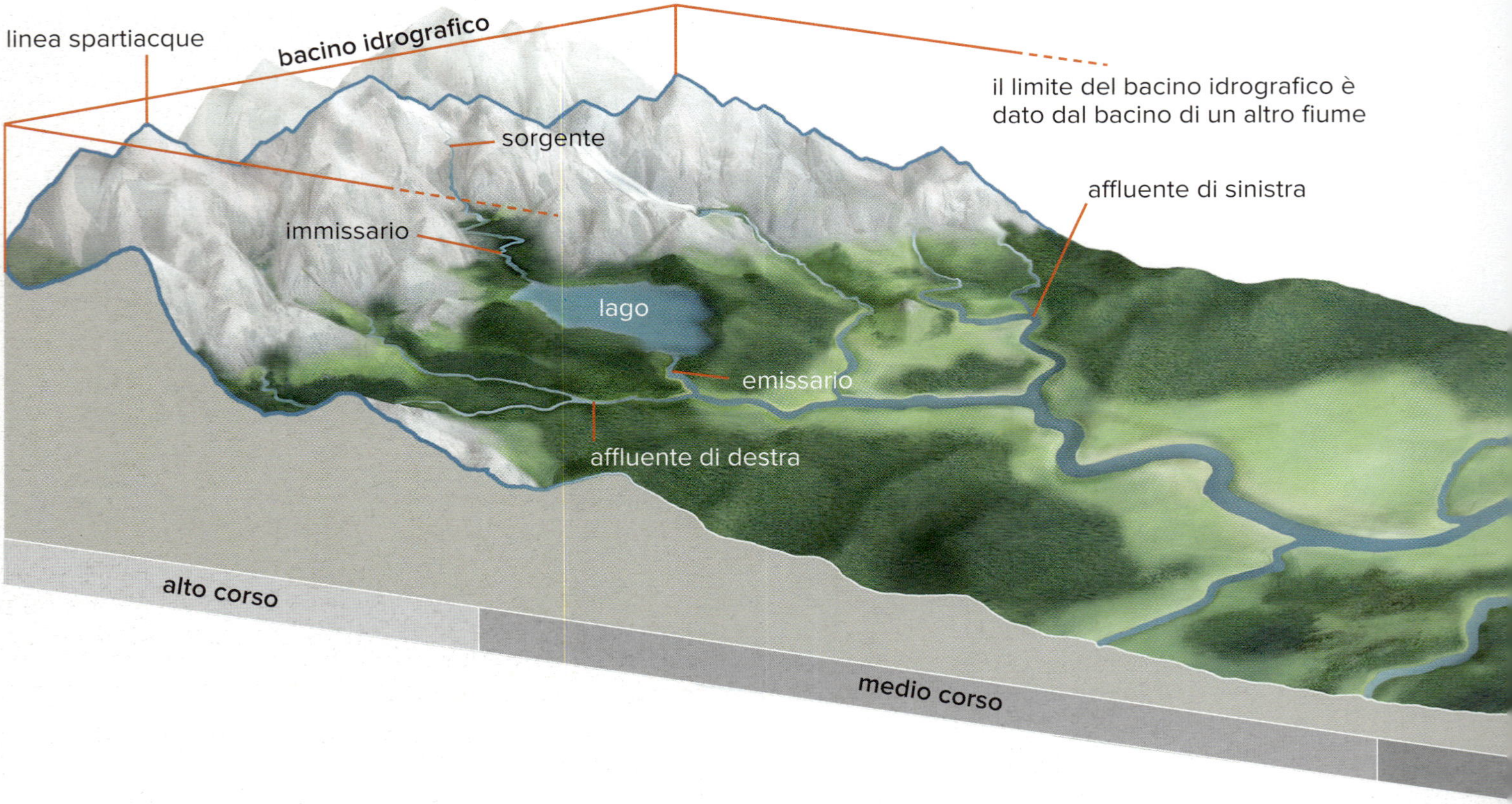

B Gli elementi che caratterizzano un corso d'acqua

Il bacino idrografico è simile a una grande vasca aperta verso il mare. I suoi bordi sono costituiti dalle creste dei monti circostanti che fanno da **linea spartiacque**, cioè separano il bacino idrografico da altri bacini confinanti.

Tutte le acque che scendono sui versanti all'interno del bacino idrografico confluiscono nel fiume.

La **lunghezza** del fiume viene misurata (seguendone il corso tortuoso) dalla sorgente alla **foce**, il luogo dove esso sbocca in mare.

Lungo il suo corso, il fiume cambia aspetto perché altri corsi d'acqua vi confluiscono e perché varia la pendenza del terreno

Il fiume è alimentato progressivamente da **affluenti**: corsi d'acqua secondari che sboccano in quello principale. Guardando verso valle, nella direzione in cui scorre il fiume, essi si distinguono in **affluenti di sinistra** e **affluenti di destra**.

Alimentato dagli affluenti, il fiume accresce la sua **portata**, cioè il volume di acqua che passa attraverso una sua sezione in un determinato tempo. Man mano che il fiume scende verso valle e la portata d'acqua aumenta, l'**alveo**, cioè l'avvallamento in cui il fiume scorre, si trasforma.

- Nell'**alto corso**, in montagna, il fiume ha carattere torrentizio a causa della elevata pendenza del terreno; la corrente è più veloce ed esercita una forte azione erosiva, trascinando a valle ciottoli e detriti di grosse dimensioni.
- Nel **medio corso** il fiume scorre su pendenze più dolci e, con l'apporto dei suoi affluenti, diventa più ampio e profondo.
- Nel **basso corso** il fiume scorre ancora più lentamente attraverso la pianura, con un percorso serpeggiante.

Le modifiche del corso del fiume sono dovute principalmente all'erosione sul fondo e sui lati dell'alveo, provocata dalla forza dell'acqua che scorre. Nei tratti dove l'alveo si incurva, la corrente erode maggiormente il lato esterno depositando i detriti sul lato interno. Si formano così i **meandri**, le curve che rendono serpeggiante il percorso del fiume in pianura [C].

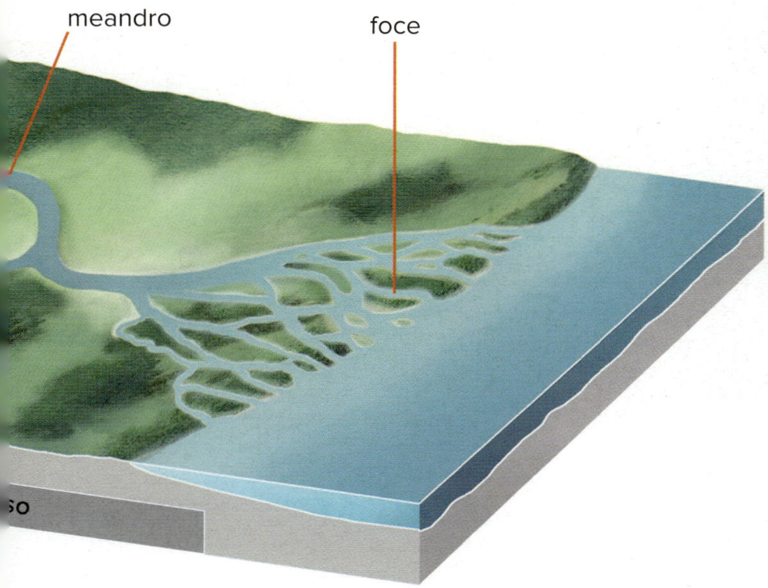

C Alcuni meandri lungo il corso del Po

Andrea Izzotti/Shutterstock

GUIDA ALLO STUDIO

1. Nella figura B ripassa in rosso tutti gli affluenti di destra del fiume.
2. Sottolinea nel testo quali sono le principali cause che modificano il corso del fiume.

VIDEO NELL'EBOOK

Il fiume dalla sorgente alla foce

Il fiume sbocca in mare con due tipi di foce: a delta o a estuario

La foce del fiume, nel tratto finale in cui esso sbocca in mare, può essere di due tipi – a **delta** o a **estuario** – a seconda della «forza» del fiume confrontata con quella del mare in cui esso sfocia.

Nei mari interni, come il Mediterraneo, prevale l'azione del fiume, che deposita più sedimenti di quelli che il mare riesce ad asportare. In questi casi si forma una **foce a delta**: il fiume si divide in alcuni rami poco profondi e, con i detriti che deposita, crea una pianura costiera protesa nel mare. La forma triangolare di questa pianura, simile alla lettera greca Δ (delta), ha dato il nome al tipo di foce. (Nel disegno della pagina precedente, la foce raffigurata è del tipo a delta.)

Nei mari molto profondi, come gli oceani, prevale al contrario l'azione del mare: durante le fasi di alta e bassa marea, il mare entra nella foce e poi rifluisce fuori; in tal modo porta via i detriti depositati dal fiume. In questi casi il fiume ha una **foce a estuario** [D], con un unico ramo a forma di imbuto più o meno largo e profondo.

Le foci a delta e a estuario presentano forti differenze. Riprenderemo questa distinzione nella prossima lezione, quando vedremo esempi di fiumi europei.

GUIDA ALLO STUDIO

Evidenzia perché la foce di un fiume che sbocca nei mari interni è diversa da quella di un fiume che sbocca nell'oceano.

D La formazione dell'estuario del fiume

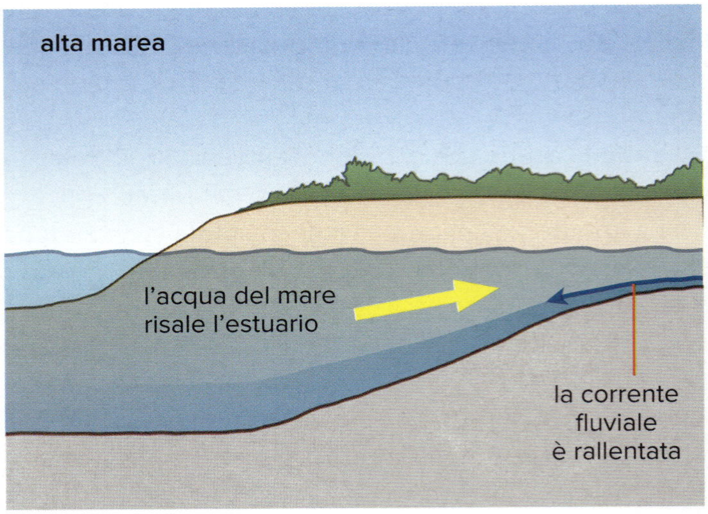

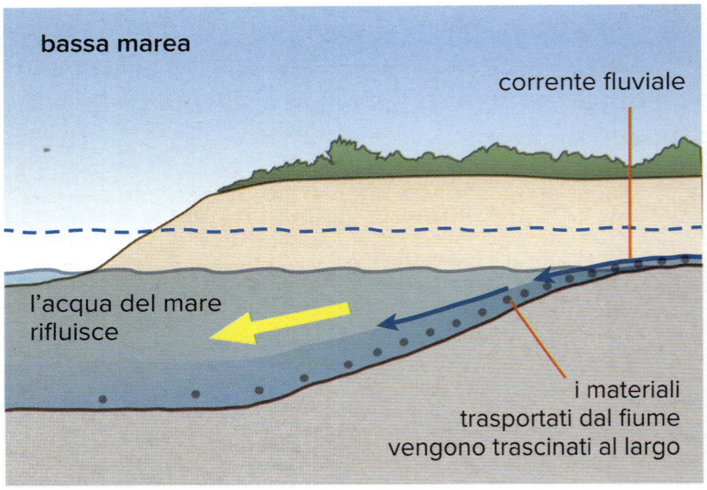

DIARIO

1. Scrivi sul quaderno di geografia un glossario che riporti il significato dei termini indicati.
   Puoi copiare lo schema qui a fianco e completarlo con le informazioni che trovi nella lezione.
2. Come si chiama il fiume più vicino al luogo in cui abiti?
   Consulta un atlante o fai una ricerca su internet per vedere se ha degli affluenti e come si chiamano.

Voce	Significato
Fiume	
Sorgente	
Bacino idrografico	
Meandro	
Affluente	
Foce	
Erosione fluviale	

METTITI ALLA PROVA

1 ●○○ **Vero o falso?**

a. Un ruscello è un corso d'acqua con portata regolare. V F

b. Un torrente è un corso d'acqua con portata irregolare. V F

2 ●○○ **Scegli l'alternativa corretta.**

a. I detriti trasportati da un fiume con foce a delta/estuario formano la pianura costiera alluvionale.

b. La foce a delta/estuario si protende nel mare con forma triangolare.

3 ●●○ **L'estuario di un fiume è**

A la foce a forma di imbuto.

B un'ampia curva del suo corso.

C la foce divisa in più rami.

4 ●●○ **Gli affluenti si disinguono (tra quelli di destra e quelli di sinistra)**

A osservando il corso d'acqua in direzione della sorgente.

B osservando il corso d'acqua in direzione della foce.

5 ●●○ **Completa il disegno con le parole:**

foce • sorgente • alto corso • affluente di destra • basso corso • medio corso • affluente di sinistra

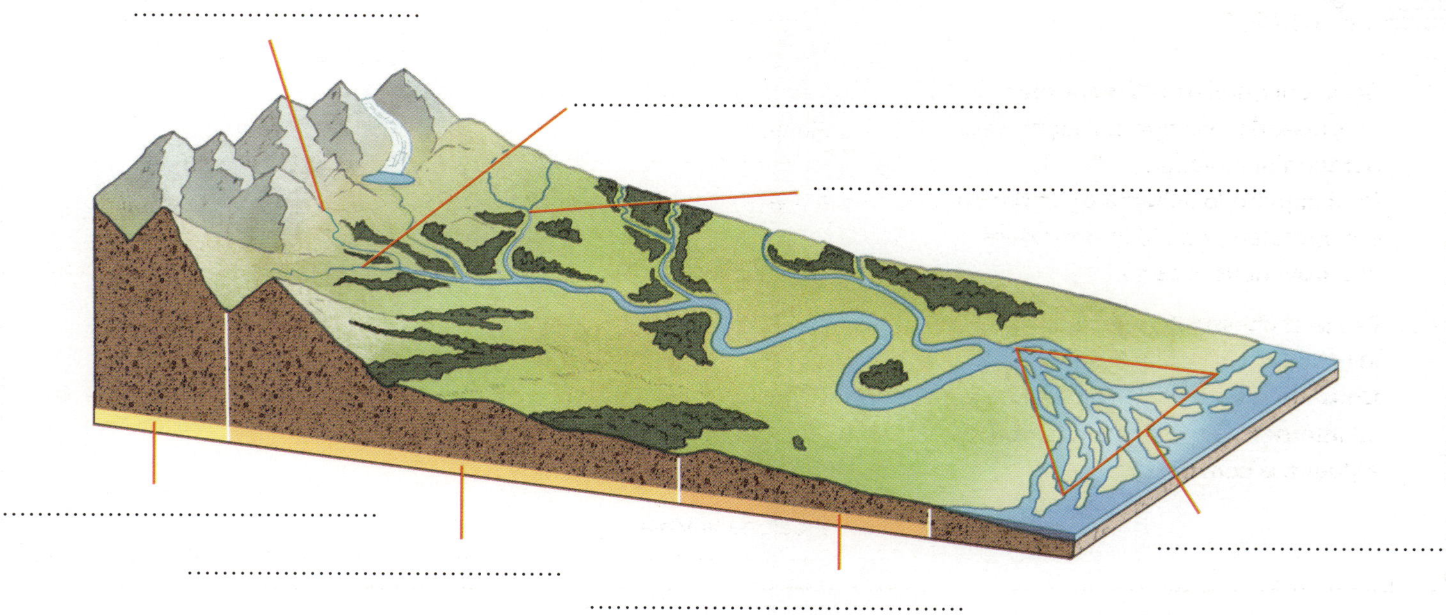

6 ●●○ **Che cosa sono i meandri?**

A Sinuosità che rendono serpeggiante il corso di un fiume.

B Caverne in cui scorrono fiumi sotterranei.

C Affluenti del Po.

7 ●●● **Completa il testo con le parole:**

mare • sorgente • affluenti • corrente • portata • foce • bacino idrografico

Il fiume nasce da una .... Per effetto della forza di gravità, la .... lo porta in direzione del .... , raccogliendo le acque del suo .... , cioè delle aree circostanti. Il fiume aumenta di .... per via dell'aggiunta di acqua da parte degli .... che incontra lungo tutto il suo percorso fino alla ....

8 ●●● **Descrivi le caratteristiche di un fiume lungo l'alto, il medio e il basso corso.**

....

....

....

....

....

....

....

....

2 I FIUMI EUROPEI

L'Europa è una regione ricca di fiumi, che scendono lungo versanti diversi

La regione europea si trova in un'area del pianeta con un clima abbastanza piovoso ed è quindi ricca di acqua.

L'Europa è circondata dal Mar Glaciale Artico a nord, dall'Oceano Atlantico a ovest, dal Mar Mediterraneo, dal Mar Nero e, in piccola parte, dal Mar Caspio a sud. I fiumi europei scendono verso tutte e tre queste direzioni e possono quindi essere classificati in base al **versante**, cioè al mare in cui essi sfociano [A].

I fiumi del versante dell'Oceano Atlantico hanno una foce generalmente a estuario

I fiumi che sfociano nell'Oceano Atlantico e nei mari adiacenti hanno un percorso in prevalenza pianeggiante e la foce a estuario.

Nell'Oceano Atlantico sfociano il **Tago**, il principale fiume della Penisola iberica, e la **Loira**, il principale fiume della Francia.

Nel Canale della Manica sfocia la **Senna**, dopo aver attraversato la Francia settentrionale.

A I principali fiumi europei

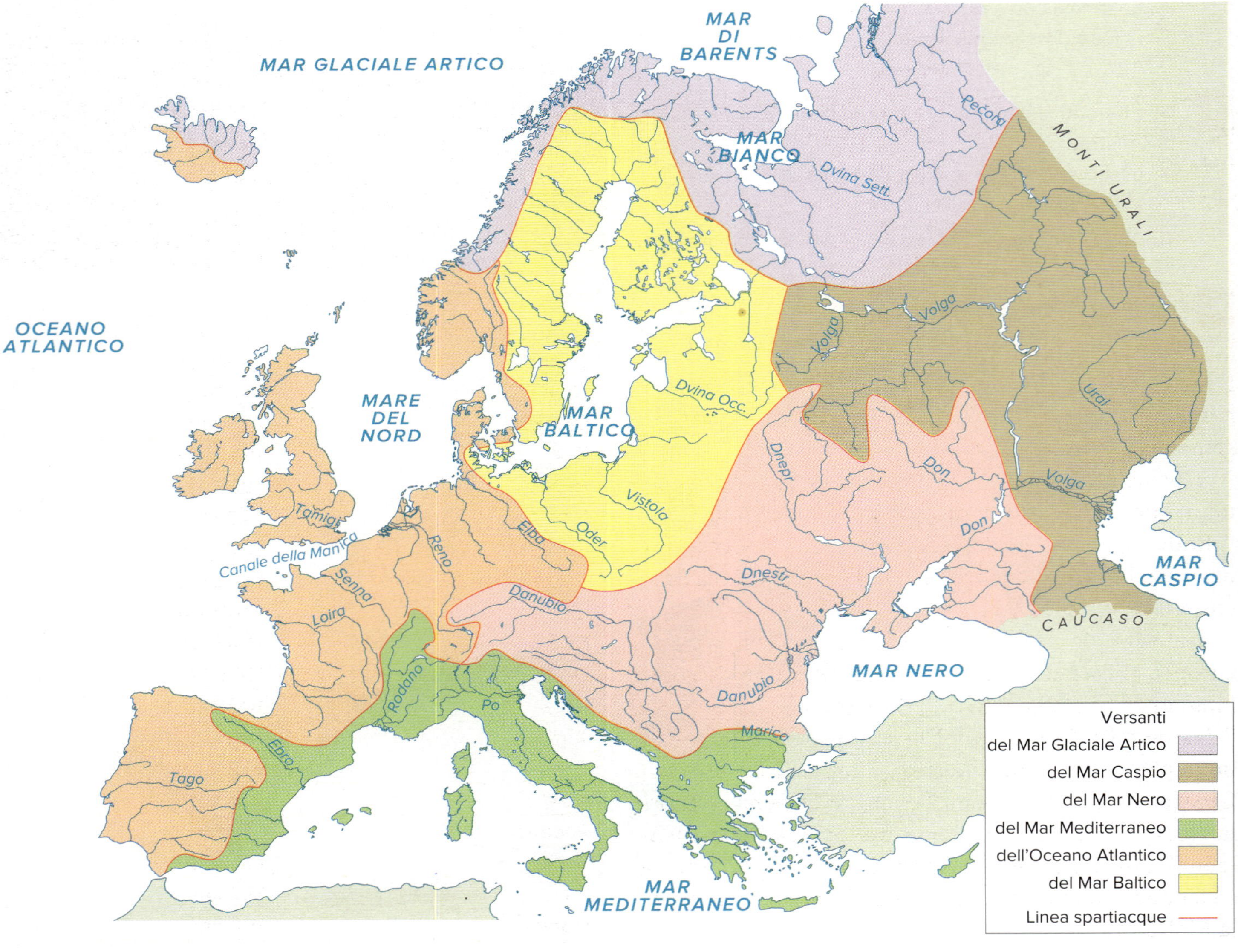

Nel Mare del Nord sfocia il **Reno**, da non confondere con il fiume italiano con lo stesso nome. Nasce dalle Alpi svizzere e si dirige a nord: attraversa Svizzera, Germania e Paesi Bassi, e costeggia Liechtenstein, Austria, Francia. Al Mare del Nord arrivano anche l'**Elba**, che nasce nella Repubblica Ceca e attraversa la Germania, e il **Tamigi**, unico fiume di rilievo della Gran Bretagna.

I fiumi del versante settentrionale sfociano nel Mar Baltico e nel Mar Bianco e sono lunghi e navigabili

I fiumi che sfociano nel Mar Baltico hanno foce a estuario e sono adatti alla navigazione; hanno una portata d'acqua costante e costituiscono importanti arterie del traffico commerciale.

I fiumi principali sono la **Vistola**, il maggior fiume polacco, e altri fiumi dell'Europa centro-orientale, tra cui l'**Oder** e il **Dvina occidentale**.

Nel Mar Bianco sboccano due fiumi russi: il **Dvina settentrionale** e il **Pečora**. Questi fiumi sono ghiacciati nei mesi invernali, mentre durante il disgelo diventano ricchi di acque.

I fiumi del versante meridionale sfociano nel Mar Mediterraneo e nel Mar Nero e hanno in genere la foce a delta

I fiumi del versante mediterraneo sono più brevi e hanno una portata d'acqua inferiore; quindi presentano generalmente una foce a delta.

I principali sono: il **Po**, che sbocca nell'Adriatico, un settore del Mediterraneo; il fiume spagnolo **Ebro**; il **Rodano**, che nasce dalle Alpi svizzere e attraversa la Francia; il **Marica**, che nasce in Bulgaria e sbocca sulla costa greca.

Nel Mar Nero sfociano alcuni dei più lunghi fiumi europei. Il **Danubio**, secondo fiume europeo sia come lunghezza, sia come bacino idrografico, nasce nella Selva nera (in Germania). Nel suo percorso, attraversa nove paesi: Germania, Austria, Slovacchia, Ungheria, Croazia, Serbia, Romania, Bulgaria e Ucraina. Sempre nel Mar Nero sfociano il **Don**, che scorre completamente in Russia, il **Dnepr**, che attraversa Russia, Bielorussia e Ucraina, e il **Dnestr**, che nasce in Ucraina e attraversa la Moldavia.

I fiumi che sfociano nel Mar Caspio sono lunghi e navigabili e hanno una foce a delta

Nel Mar Caspio sfocia il **Volga** [B], il maggiore fiume europeo: è lungo 3531 km (5 volte il Po) e ha un bacino idrografico di 1 360 000 km^2 (20 volte più grande di quello del Po). Nasce in una regione collinare russa (il Rialto del Valdaj) e, alimentato da oltre 200 affluenti, percorre il bassopiano russo, sfociando nel Mar Caspio con un delta composto da circa 500 bracci. Il Volga, come altri fiumi russi, ha una portata ridotta nei mesi invernali, quando i territori che attraversa sono gelati. A primavera invece, col disgelo, una massa enorme di acqua si riversa nel fiume.

Nel Mar Caspio sfocia anche l'**Ural**, un altro grande fiume russo, terzo in Europa per lunghezza.

B Il Volga durante il disgelo

LanaMee/Shutterstock

I 20 fiumi più lunghi d'Europa	
Volga	3531 km
Danubio	2860 km
Ural	2428 km
Dnepr	2201 km
Don	1870 km
Pečora	1809 km
Dnestr	1352 km
Reno	1326 km
Dvina Settentrionale	1302 km
Elba	1165 km
Vistola	1047 km
Dvina Occidentale	1026 km
Loira	1020 km
Tago	1007 km
Oder	912 km
Ebro	910 km
Rodano	812 km
Senna	776 km
Po	652 km
Marica	490 km

VIDEO NELL'EBOOK

- Quali sono i principali fiumi in Europa
- Perché la Loira ha una foce a estuario

Le foci a delta sono aree ricche di biodiversità e hanno grande rilevanza naturalistica

I principali fiumi europei con foce a delta sono il Po, il Rodano e il Danubio.

Del Po parleremo nella prossima lezione.

Il **Danubio**, dopo aver attraversato nove paesi scorrendo per quasi 2900 km, sbocca nel Mar Nero con quattro rami principali.

Il delta del Danubio è il territorio «più giovane» d'Europa: viene infatti modellato in continuazione dal fiume che, ogni anno, vi trasporta circa 50 milioni di tonnellate di detriti alluvionali. La maggior parte del delta è ricoperta da un acquitrino, il più vasto d'Europa, e da isole che appaiono e scompaiono a seconda della marea. Il territorio ospita una grande varietà di piante, uccelli e specie acquatiche; per questo motivo è stato inserito dall'Unesco nel Patrimonio mondiale [C].

C Il delta del Danubio

Porojnicu Stelian/Shutterstock

Le foci a estuario sono importanti per le attività umane; sono infatti risalibili e navigabili, e facilitano quindi i collegamenti commerciali

I principali fiumi europei con foce a estuario sono la Loira, l'Elba e il Tamigi.

Le foci a estuario sono spesso risalibili e navigabili e permettono il passaggio di petroliere, navi porta-container e traghetti; per questo nei pressi degli estuari dei principali fiumi europei sono stati costruiti importanti porti commerciali, come quello di Amburgo sull'Elba [D] e il porto di Londra sul Tamigi.

GUIDA ALLO STUDIO

Metti in evidenza nel testo il motivo per cui il territorio del Danubio viene definito «il più giovane» d'Europa e quale rilevanza ha dal punto di vista naturalistico.

D Il porto di Amburgo sul fiume Elba

SergiyN/Shutterstock

DIARIO

1. Traccia sul quaderno una tabella che indichi in quali mari sfociano i principali fiumi europei. Puoi copiare lo schema a lato e completarlo con le informazioni che trovi nella lezione.
2. *Sul bel Danubio blu*, un valzer composto da Johann Strauss, è uno dei brani di musica classica più famosi al mondo. Prova a cercarlo su Internet e ad ascoltarlo. Ti sembra che la musica ricordi lo scorrere del fiume?

Fiumi	Sfociano
Tago, Loira	Nell'Oceano Atlantico e nei mari adiacenti (Canale della Manica, Mare del Nord, Mar Baltico e Mar Bianco)
Po, Ebro	Nel Mar Mediterraneo e nel Mar Nero
Volga	Nel Mar Caspio

METTITI ALLA PROVA

1 Scegli le alternative corrette.
●○○
a. Il territorio europeo è ricco/povero di fiumi perché si trova in una parte del mondo con clima abbastanza piovoso/arido.
b. L'ampio delta del fiume Reno/Volga sfocia nel Mar Caspio/Mar Nero.
c. Le foci a estuario/delta sono importanti dal punto di vista commerciale.

2 Vero o falso?
●○○
a. La foce a estuario è tipica dei fiumi che sfociano nel Mar Caspio. V F
b. L'Ural è il terzo fiume più importante d'Europa. V F
c. Il Danubio nasce dalla Selva nera e sfocia nel Mediterraneo. V F

3 Qual è il principale fiume d'Europa per lunghezza?
●●○
A Il Reno.
B Il Danubio.
C Il Volga.

4 Quali tra questi fiumi sfociano nel Mar Nero?
●●○
[più risposte sono corrette]
A Dnepr
B Tamigi
C Oder
D Don
E Volga
F Danubio

5 Completa il testo con le parole:
●●○
acquitrino • Mar Nero • delta • acque • detriti • pianura alluvionale

Il delta del Danubio è considerato il territorio più giovane d'Europa, costantemente modellato dalle .... del fiume. La sua foce è protesa nel .... ed è formata da quattro rami principali. Il suo .... è il più grande d'Europa: è una vasta .... , formata da .... e in gran parte ricoperta da un .... , che raccoglie una vasta flora e fauna.

6 Qual è il più importante fiume della Francia?
●●○
A Il Reno.
B La Loira.
C Il Dvina.
D La Senna.

7 Completa lo schema.
●●○
Prima osserva gli esempi delle caselle di destra e scegli per quelle centrali tra:
nell'Oceano Atlantico • nel Mar Mediterraneo
Poi torna alle caselle di destra e completale con questi fiumi:
Ebro • Loira • Marica • Tago • Rodano • Reno

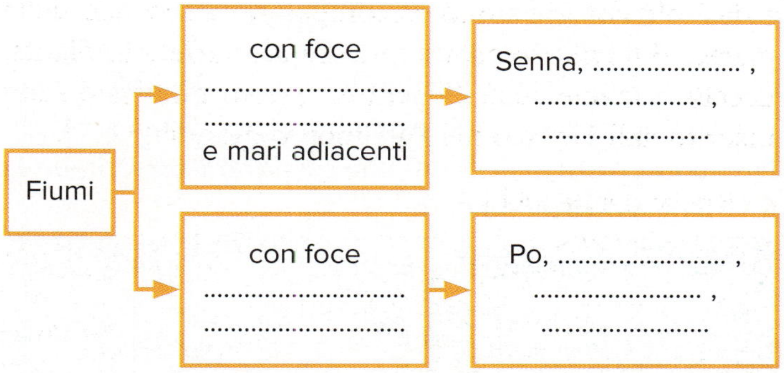

8 Completa lo schema con i nomi:
●●○
Po • Loira • Volga • Tago

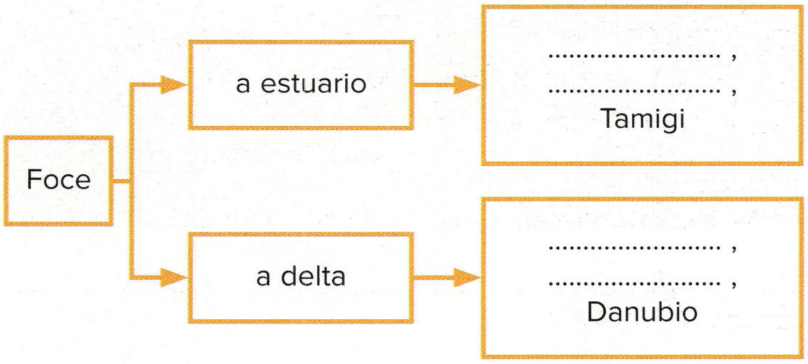

9 Perché in inverno la portata dei fiumi delle zone fredde (ad esempio il Volga) si riduce e, invece, in primavera aumenta?
●●●
....
....
....
....
....
....

3 I FIUMI ITALIANI

A seconda della catena montuosa da cui nascono, i fiumi italiani si distinguono in alpini e appenninici

L'Italia, a causa della sua forma stretta e allungata, non ha fiumi grandi come quelli di altre parti d'Europa, e quindi non ha vasti bacini idrografici, se escludiamo quello del fiume Po.

I suoi fiumi sono principalmente di due tipi: **alpini**, la cui sorgente si trova sulle Alpi, e **appenninici**, la cui sorgente si trova sugli Appennini [A].

La posizione delle due catene montuose (che si congiungono a ovest formando un angolo) fa sì che la pianura compresa tra di esse abbia una forma triangolare, con i principali fiumi che scendono verso la linea mediana, costituita dal Po.

Il Po è il più importante fiume italiano, sia per lunghezza sia per ampiezza del bacino idrografico

La sorgente del Po [B] si trova a 2020 metri di altitudine sul Monviso, un gruppo montuoso delle Alpi Cozie. Dopo aver percorso 652 km, sbocca nel Mare Adriatico con una foce a delta. Il suo bacino idrografico è il più grande d'Italia e si estende su oltre 71 000 km^2.

Lungo il suo corso il Po è alimentato da 141 affluenti.

- I principali **affluenti di sinistra** sono: la Dora Riparia, la Stura di Lanzo, la Dora Baltea, il Sesia, il Ticino, l'Olona, il Lambro, l'Adda, l'Oglio, il Mincio.
- I principali **affluenti di destra** sono: il Tànaro, il Bòrmida, lo Scrivia, la Trebbia, il Taro, l'Enza, il Secchia, il Panàro.

A I principali fiumi italiani

Principali fiumi alpini per lunghezza	
Po	652 km
Adige	410 km
Adda	313 km
Oglio	280 km
Tànaro	276 km
Ticino	248 km
Piave	220 km
Brenta	174 km
Tagliamento	172 km
Dora Baltea	160 km
Sesia	138 km

Principali fiumi appenninici per lunghezza	
Tevere	405 km
Arno	241 km
Reno	210 km
Volturno	175 km
Secchia	172 km
Ombrone	161 km
Liri-Garigliano	158 km
Basento	149 km
Panàro	148 km
Aterno-Pescara	145 km

Principali fiumi insulari per lunghezza	
Tirso	150 km
Salso	144 km
Flumendosa	127 km
Simèto	113 km

GUIDA ALLO STUDIO

Sottolinea che forma geometrica assume il bacino idrografico del fiume Po e per quali ragioni.

B Le sorgenti del fiume Po, in Piemonte

C Il fiume Adige presso Verona, in Veneto

D La foce del fiume Tevere, in Lazio

I fiumi alpini hanno portata d'acqua costante: i principali, oltre al Po, sono l'Adige e il Piave

I fiumi che nascono dalle Alpi hanno, in generale, una portata più abbondante e costante di quella dei fiumi che nascono dagli Appennini. Ciò è dovuto al fatto che sono alimentati in autunno e in inverno da piogge copiose che cadono sull'Italia settentrionale e, in primavera e in estate, dallo scioglimento della neve e del ghiaccio.

I principali fiumi alpini sono il **Po**, il maggiore fiume italiano, insieme ai suoi affluenti di sinistra, l'**Adige** [C], il secondo per lunghezza, il **Piave**, il Brenta, il Tagliamento, l'Isonzo, il Livenza. Come il Po, anche questi fiumi sfociano nell'Adriatico.

I fiumi appenninici hanno portata d'acqua irregolare: i principali sono il Tevere e l'Arno

Rispetto ai fiumi alpini, quelli appenninici hanno in generale una portata minore e irregolare, poiché dipende solo dalle precipitazioni. Alternano periodi di piena, in primavera e in autunno, a periodi di magra estiva, che può giungere fino al totale prosciugamento degli alvei fluviali. Ciò dipende dal fatto che gli Appennini sono privi di ghiacci, in grado, sciogliendosi, di alimentare i fiumi nel periodo estivo.

Nell'Italia settentrionale, gli affluenti di destra del Po sono quasi tutti (a eccezione del Tànaro) fiumi appenninici.

Nell'Italia centrale e in gran parte dell'Italia meridionale, i fiumi che scendono dagli Appennini verso il Mar Tirreno sono in genere più lunghi di quelli che scendono verso il Mare Adriatico. Questa diversità è dovuta al fatto che la linea spartiacque appenninica è più lontana dalla costa tirrenica, soprattutto in Toscana e nel Lazio.

Per tale ragione, i maggiori fiumi appenninici sono quelli che sfociano nel Mar Tirreno: il **Tevere** [D], terzo fiume italiano per lunghezza; l'**Arno**, il Volturno, l'Ombrone, il Liri-Garigliano.

I principali fiumi appenninici che sfociano nell'Adriatico sono il Reno, l'Aterno-Pescara, l'Òfanto, il Biferno e il Chienti.

I fiumi più meridionali della penisola sfociano nel Mar Ionio: i maggiori sono il Basento, l'Agri, il Bràdano e il Neto.

VIDEO NELL'EBOOK

Quali sono i fiumi principali in Italia

I fiumi della Sicilia e della Sardegna hanno un prevalente carattere torrentizio

Tra i fiumi appenninici della Sicilia, i principali sono il Salso, che sfocia nel Mar Mediterraneo, e il Simèto, che sfocia nello Ionio. Tutti gli altri hanno portata ed estensione limitate e spesso in estate sono in secca. Anche in Sardegna i fiumi hanno prevalentemente carattere torrentizio. I più importanti sono Tirso, il Flumendosa [E], il Coghinas, taluni sbarrati da dighe che formano laghi artificiali.

LPuddori/Shutterstock

E Il Flumendosa, in Sardegna, è sbarrato da una diga che forma un lungo lago artificiale

Il delta del Po, un territorio abitato fin dall'antichità, conserva ancora oggi molte caratteristiche naturali originarie

Fin dall'antichità l'uomo ha sfruttato le possibilità offerte dal territorio naturale del delta del Po [F].

Nel VI secolo a.C., gli **Etruschi** fondarono la città di Spina, che divenne presto un importante centro commerciale e mercantile. Dal III secolo a.C. i **Romani** stabilirono il proprio controllo sul territorio e nel 30 a.C. costruirono il porto militare di Classe, presso Ravenna, collegandolo al Po con un canale. A partire dai secoli VIII e IX le zone del delta sono state bonificate al fine di prosciugare i terreni paludosi per poterli coltivare.

Nonostante le trasformazioni subite ad opera dell'uomo, il paesaggio del delta conserva ancora oggi gran parte dei suoi caratteri naturali originari.

Nel 1989 è stato istituito il **Parco del Delta del Po**, che si estende su oltre 50 000 ettari e comprende una grande varietà di ambienti naturali. È una delle zone europee più ricche di biodiversità, con circa 1000 diverse specie di piante, tra cui alcune molto rare, e ben 300 specie di uccelli. Per questo il Parco costituisce la principale area ornitologica italiana, e una delle più rilevanti in Europa.

F Un ramo del delta del Po

Moment Open/Getty Images

DIARIO

1. Traccia sul quaderno una tabella che indichi i principali fiumi alpini ed appenninici. Puoi copiare lo schema a lato e completarlo con le informazioni che trovi nella lezione.
2. Conosci i nomi di altri fiumi italiani oltre a quelli nominati nella lezione? Prova a elencarli.

Fiumi	Quali sono i più noti?
alpini	Po
appenninici	Tevere

METTITI ALLA PROVA

1 Vero o falso?
a. Il Tànaro è uno degli affluenti di sinistra del Po. V F
b. Il fiume Isonzo sfocia nel Mar Tirreno. V F
c. Il fiume Secchia nasce nelle Alpi. V F

2 Scegli l'alternativa corretta.
a. I fiumi alpini sono alimentati anche dalle acque delle falde idriche/dei ghiacciai.
b. I fiumi appenninici che sfociano nel Mar Tirreno/Mar Adriatico sono più lunghi.

3 Il fiume appenninico più lungo è
A il Tevere.
B il Volturno.

4 Il fiume Po ha una lunghezza di
A circa 200 km.
B circa 400 km.
C oltre 600 km.

5 Quale tra questi fiumi sfocia nel Mare Adriatico?
A Adige.
B Ombrone.
C Arno.
D Tevere.

6 Quali tra questi fiumi sono affluenti del Po?
[più di una risposta esatta]
A Reno.
B Adda.
C Ticino.
D Adige.
E Piave.

7 Completa lo schema con i nomi dei fiumi:
Reno • Oglio • Adige • Tevere • Piave • Volturno

Fiumi
→ appenninici: .... , ... , ... , Ombrone
→ alpini: .... , ... , ... , Brenta

8 Completa il testo con le parole:
appenninici • bacini idrografici • alpini • ghiacciai • irregolare • costante • fredde • precipitazioni

L'Italia ha una forma stretta e allungata e per questo motivo non ci sono grandi ....
I fiumi italiani sono di due tipi: quelli .... , che hanno una portata abbondante e .... nel corso dell'anno, e quelli .... , che hanno una portata ridotta e ....
I primi sono alimentati dalle forti .... che cadono durante le stagioni .... al Nord, mentre in primavera ed estate l'acqua arriva dallo scioglimento dei ....
I secondi sono alimentati soltanto dalle precipitazioni.

9 Come si è sviluppata la città di Spina?
....
....
....
....

4 I LAGHI EUROPEI E ITALIANI

A seconda della loro origine, i laghi hanno forme e dimensioni diverse

I **laghi** sono masse d'acqua che riempiono depressioni naturali della superficie terrestre, senza comunicazione diretta col mare.

In base all'origine si distinguono diversi tipi di laghi:

- **glaciali**, quando occupano bacini scavati da antichi ghiacciai [A];
- **di sbarramento**, quando si formano in seguito allo sbarramento di una valle fluviale, a causa di una frana o dell'accumulo di detriti [B];
- **vulcanici**, se occupano i crateri di vulcani spenti [C];
- **tettonici**, se le depressioni naturali si sono formate in seguito all'abbassamento del terreno [D];
- **costieri**, cioè laghi formati da bracci di mare separati dal mare aperto da lingue di detriti [E].

I laghi sono di solito alimentati dalle acque di uno o più fiumi, chiamati **immissari**; i fiumi che scendono al mare alimentati dalle acque di un lago sono invece detti **emissari**.

I principali laghi europei sono di origine glaciale e si trovano nella regione settentrionale

La maggior parte dei laghi europei è di origine glaciale ed è concentrata nella regione comprendente i paesi attorno al Mar Baltico [F].

Il più grande lago europeo è il **Ladoga**, situato nella Russia nord-occidentale presso il confine con la Finlandia: ha una superficie di circa 18 400 km^2, cioè cinquanta volte più estesa di quella del Lago di Garda, il più grande lago italiano.

Attraverso fiumi immissari, il Ladoga riceve le acque di altri due laghi russi: l'**Onega** (9600 km^2), il secondo lago europeo, e l'**Ilmen** (2300 km^2). Riceve allo stesso tempo, attraverso un altro immissario, le acque del lago finlandese **Saimaa** (4400 km^2). Tra i maggiori laghi europei figura anche il lago svedese **Vänern** (5600 km^2).

Altri grandi laghi europei (con una superficie di oltre 500 km^2) sono il **Lago Balaton**, in Ungheria; quello svizzero di **Ginevra** e quello di **Costanza**, situato tra Svizzera, Germania e Austria.

A Un lago glaciale

B Un lago di sbarramento

C Un lago vulcanico

D Un lago tettonico

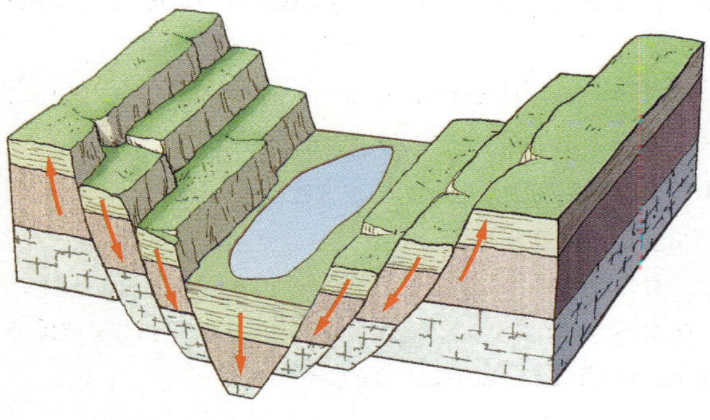

E Un lago costiero

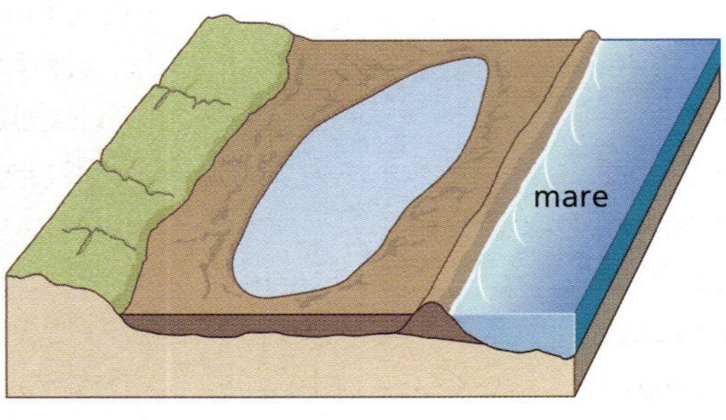

F I principali laghi europei

Anche i maggiori laghi italiani sono di origine glaciale e si trovano nelle Prealpi

Oltre l'85% di tutta l'acqua dei laghi italiani è concentrato nei laghi che si trovano ai piedi delle Prealpi, cioè dei sistemi montuosi che affiancano la catena delle Alpi.

I laghi prealpini sono:

- il Lago di **Garda**, il più esteso con una superficie di 370 km^2,
- il Lago **Maggiore** (212 km^2),
- il Lago di **Como** (146 km^2),
- il Lago d'**Iseo** (65 km^2),
- il Lago d'**Orta** (18 km^2),
- il Lago di **Lugano** (o **Ceresio**), tra Italia e Svizzera (50 km^2, di cui 18 in territorio italiano).

Altri laghi di origine glaciale minori si trovano nella zona compresa fra le Prealpi e la pianura: i principali sono il Lago di **Varese** (15 km^2) e il Lago di **Viverone** (6 km^2).

VIDEO NELL'EBOOK

- Quali sono i laghi principali in Europa
- L'origine dei principali laghi italiani

In Italia si trovano molti altri laghi di varia origine

Il piccolo Lago di **Alleghe** (0,5 km^2), in Veneto, è un lago di sbarramento, formatosi quando nel 1771 una grande frana sbarrò il percorso di un torrente.

Nel Lazio si trovano i laghi craterici di **Nemi** e di **Bolsena**, il maggiore lago italiano di origine vulcanica (114 km^2).

Il Lago **Trasimeno**, in Umbria, è un lago tettonico; con una superficie di 128 km^2 è il quarto lago italiano per estensione.

Tra i principali laghi costieri si distingue il Lago di **Massaciuccoli** (7 km^2), in Toscana, che oggi dista alcuni kilometri dal mare.

Le maggiori **lagune**, cioè gli specchi d'acqua che comunicano direttamente col mare attraverso aperture del cordone sabbioso, sono quelle di **Venezia** e **Orbetello** e le Valli di **Comacchio**.

I grandi laghi prealpini influenzano il clima delle zone circostanti

I laghi di grandi dimensioni e ricchi di acque restituiscono durante l'inverno il calore accumulato in estate, svolgendo quindi un'azione mitigatrice simile a quella del mare. Questo accade, ad esempio, nella zona del **Lago di Garda** [G].

Il Lago di Garda si estende fra Trentino, Lombardia e Veneto. Ha una lunghezza massima di 52 km, una larghezza massima di 17 km e una profondità massima di 346 m; da solo contiene quasi un terzo di tutta l'acqua dei laghi italiani.

La parte settentrionale del lago, nella quale sfocia il principale immissario, il fiume Sarca, è lunga e stretta e incassata tra i monti. La parte meridionale del lago, dalla quale esce l'emissario, il fiume Mincio, è più larga e meno profonda.

Sul lago ci sono cinque piccole isole: Isola di Garda (la più estesa), Isola dell'Olivo, Isola Sogno, Trimelone e Isola San Biagio.

Il clima del Garda, soprattutto della sua parte settentrionale, è particolarmente mite: da ottobre a novembre la temperatura dell'aria è di 10-20 °C; da dicembre a gennaio, di 5-15 °C. La zona del Garda, pur essendo in Nord Italia, ha quindi un clima quasi mediterraneo; ciò è dovuto sia all'azione mitigatrice delle acque, sia alla presenza di montagne, che riparano la zona dai venti freddi del nord.

Grazie alla bontà del clima, nella zona del Garda crescono numerose specie e varietà di piante, e vi si coltivano l'olivo, la vite e il limone, piante tipicamente mediterranee. Le acque del lago sono ricche di pesce: ve ne sono oltre 30 specie, tra cui trote e carpe.

G Il Lago di Garda

Beauty_is_all_around/Shutterstock

GUIDA ALLO STUDIO

1. Evidenzia le regioni attraverso cui si estende il Lago di Garda.
2. Quali sono le principali culture agricole di questo territorio? Sottolineale nel testo.

DIARIO

1. **Disegna sul quaderno di geografia un istogramma che indichi l'estensione dei grandi laghi europei. Al primo posto, sulla sinistra, colloca il Ladoga. Poi, in ordine decrescente di estensione, altri laghi. Segui il modello qui a lato.**
   Fai attenzione, perché l'estensione di alcuni laghi menzionati nel testo non viene indicata: puoi scegliere di non riportarli nell'istogramma, oppure puoi cercarne l'estensione su Internet.
   Un consiglio: poiché il Ladoga è molto più grande degli altri laghi, ti conviene tracciare un asse verticale lungo quanto tutta la pagina.
2. **Qual è il lago italiano più vicino al luogo in cui vivi? Quanto è grande?**

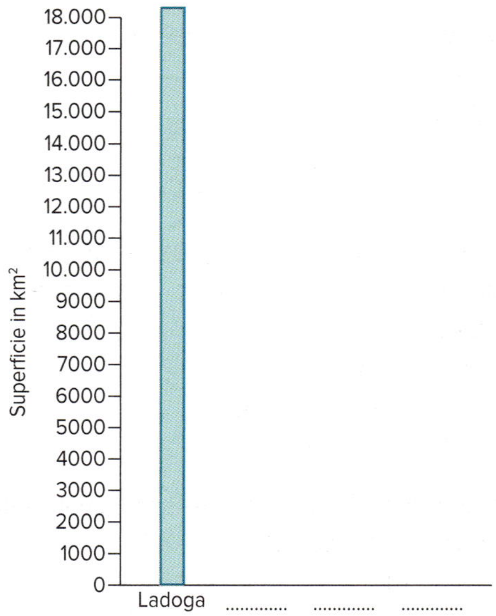

VIDEO NELL'EBOOK

Come si è formato il Lago di Garda

METTITI ALLA PROVA

1 ●○○ **Completa la figura con le parole:**
vulcano • cratere • lago vulcanico

....

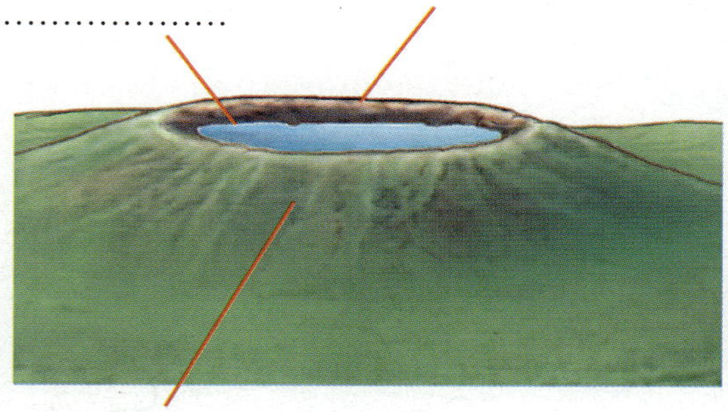

....

2 ●○○ **Vero o falso?**

a. Gli specchi d'acqua vicino alla costa che non comunicano col mare sono laghi costieri. V F
b. Il Lago di Bolsena è il più grande lago italiano di origine vulcanica. V F
c. Più dell'85% di tutta l'acqua dei laghi italiani è situato sugli Appennini. V F

3 ●○○ **Qual è il maggior lago italiano?**

A Il Lago di Garda.
B Il Lago di Como.
C Il Lago Maggiore.

4 ●○○ **Qual è il maggiore tra i laghi europei?**

A Il Lago Balaton.
B Il Ladoga.
C Il Lago di Ginevra.

5 ●●○ **Come sono chiamati i laghi formati in seguito a una frana che chiude una valle fluviale?**

A Laghi glaciali.
B Laghi costieri.
C Laghi di sbarramento.

6 ●●○ **Come sono chiamati i laghi formati in valli scavate da antichi ghiacciai?**

A Laghi glaciali.
B Laghi costieri.
C Laghi di sbarramento.

7 ●●○ **Scegli l'alternativa corretta.**

a. Il Mincio è un fiume immissario/emissario del Lago di Garda.
b. I laghi tettonici/glaciali sono quelli che si trovano tra le Prealpi e la Pianura padana.

8 ●●○ **Completa lo schema con i nomi dei laghi:**
Bolsena • Massaciuccoli • Garda • Alleghe • Trasimeno • d'Iseo • Maggiore

Laghi →
- glaciali: .... , ... , ...
- di sbarramento: ....
- vulcanici: ....
- tettonici: ....
- costieri: ....

9 ●●● **Scrivi una breve definizione di che cos'è un lago.**

....
....
....
....
....

10 ●●● **Perché sul Lago di Garda il clima è di tipo mediterraneo?**

....
....
....
....
....
....
....

5 L'ECCESSIVO SFRUTTAMENTO DELLE RISORSE IDRICHE

In generale l'Europa ha risorse idriche sufficienti, ma inegualmente distribuite sul territorio e anche il loro sfruttamento varia da paese a paese

Fiumi, laghi e falde idriche ci forniscono l'**acqua dolce** per i bisogni essenziali: bere, cucinare, lavare, irrigare i campi, far funzionare le industrie.

Complessivamente l'Europa ha **sufficienti risorse idriche**, cioè una sufficiente quantità di acqua dolce che si rinnova nel ciclo dell'acqua. Ma poiché le precipitazioni atmosferiche non sono distribuite in modo uniforme sul territorio europeo, le risorse idriche sono **quantitativamente diverse** da paese a paese.

I paesi dell'**Europa settentrionale** (Norvegia, Svezia, Finlandia e altri) e alcuni dell'Europa centrale e orientale (tra cui Austria, Svizzera e Russia) hanno abbastanza acqua per soddisfare le loro esigenze.

Altri paesi dell'**Europa centrale** e **orientale** (come Belgio, Germania e Romania) e dell'**Europa meridionale** (come Spagna, Italia e Malta) hanno invece minore disponibilità di acqua dolce, specialmente in estate.

La **carenza idrica**, ossia l'insufficienza di acqua rispetto ai bisogni essenziali, si avverte soprattutto nei periodi di siccità [A] e colpisce in particolare i paesi dell'**Europa meridionale**.

Lo **sfruttamento idrico**, cioè la quantità di acqua prelevata dalle risorse rinnovabili, varia da paese a paese; esso dipende infatti dal numero di abitanti e da quanta acqua consumano [B].

A Un terreno colpito da siccità

Limagebroker/Alamy

GUIDA ALLO STUDIO

Descrivi la posizione dell'Italia nella figura B.

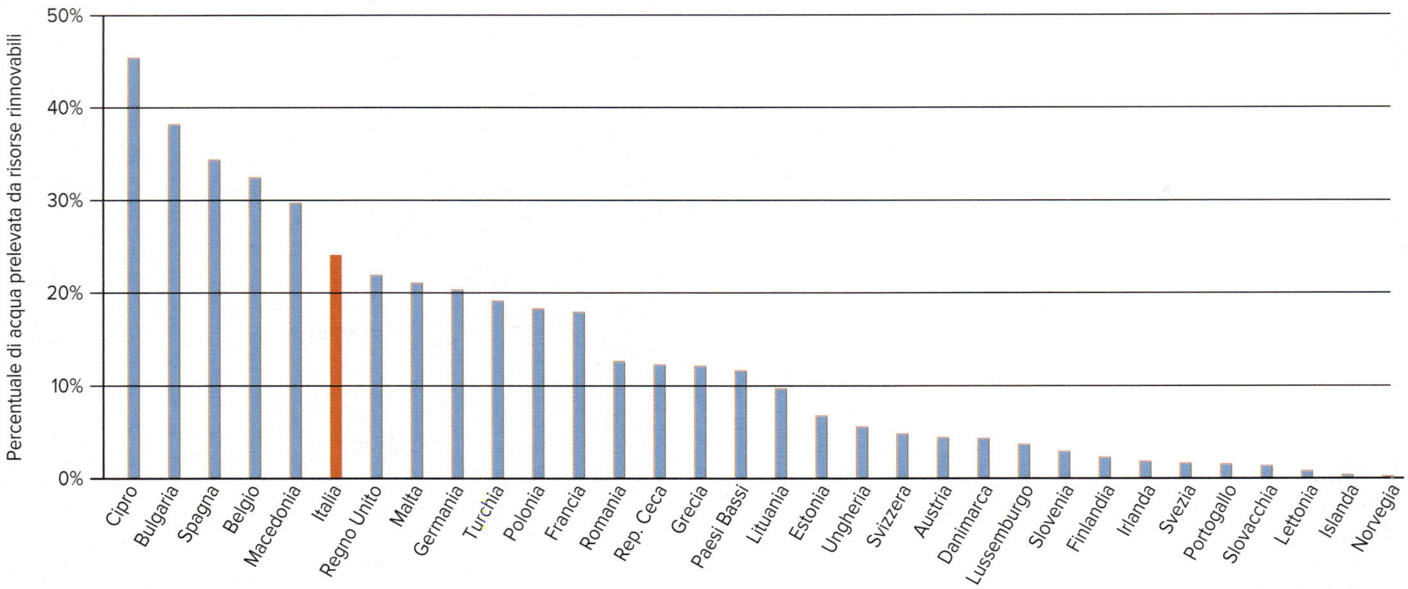

B Percentuale delle risorse idriche rinnovabili usata annualmente da alcuni paesi europei (fonte EEA)

Alcuni paesi europei sono soggetti a stress idrico, un eccessivo sfruttamento delle risorse idriche

Nel corso dell'anno ciascun paese può prelevare solo una parte delle proprie risorse idriche rinnovabili.

In Europa quasi la metà del **deflusso fluviale** si concentra tra aprile e giugno. Solo una piccola porzione di quest'acqua può essere conservata in bacini idrici (ossia in laghi artificiali) per essere poi utilizzata nei periodi di **siccità**, quando la disponibilità di acqua si riduce per assenza di piogge in un lungo periodo. Anche l'acqua delle **falde idriche** non è interamente disponibile: se si preleva più acqua di quanta ne affluisce naturalmente attraverso la pioggia, esse vengono danneggiate. Vaste falde idriche nelle zone costiere del Mediterraneo (in Spagna, Italia e Grecia), eccessivamente sfruttate, sono oggi soggette a infiltrazioni di acqua salata dal mare.

L'**indice di sfruttamento idrico** misura il rapporto tra la quantità di acqua dolce estratta in una determinata zona ogni anno e il totale delle sue risorse idriche.

- Se si estrae **oltre il 20%** dell'acqua dolce disponibile, si verifica una situazione di **stress**, ossia di eccessivo sfruttamento delle risorse idriche.
- Se si estrae **più del 40%**, si verifica uno stress idrico grave, cioè l'uso delle risorse disponibili ha raggiunto un **livello insostenibile**.

Oltre il 10% dei paesi europei è soggetto a **stress idrico** [C]; Cipro, Bulgaria, Spagna, Belgio, Italia, Inghilterra (Galles), Malta e Germania superano la soglia del 20%. Nei singoli paesi l'indice di sfruttamento idrico varia da zona a zona; vi possono essere quindi, all'interno di uno stesso paese, zone non soggette e altre soggette a stress idrico.

C Lo stress idrico in Europa

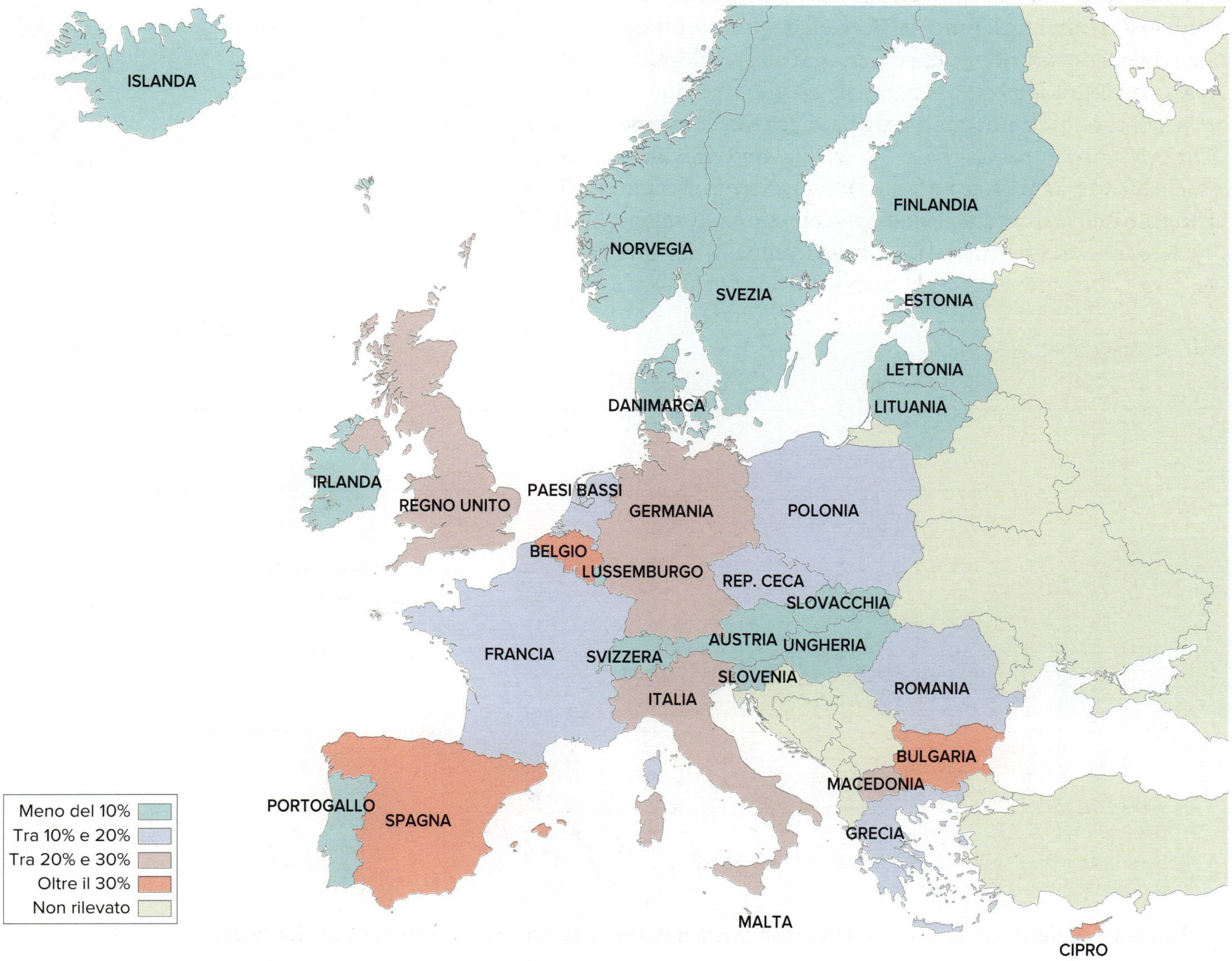

VIDEO NELL'EBOOK
Lo sfruttamento dell'acqua in Europa

In Europa oltre a un eccessivo consumo di acqua, anche le perdite nelle reti idriche sono causa di spreco

Nell'Unione europea l'acqua che viene prelevata dalle risorse idriche viene utilizzata, in media, per il 45% nell'agricoltura, il 40% nell'industria e il 15% nelle abitazioni.

Per essere sfruttata nelle varie attività, l'acqua deve essere raccolta e distribuita attraverso una complessa rete, che spesso presenta difetti o utilizza impianti poco efficienti.

In **Europa** si stima che lo **spreco di acqua** sia compreso tra il 20% e il 40% delle risorse idriche disponibili. Questo spreco è provocato per la maggior parte da perdite nelle reti idriche, mancanza di impianti per il risparmio dell'acqua, irrigazione [D] eccessiva o inutile, perdite da rubinetti.

In **Italia**, a causa delle cattive condizioni della rete di distribuzione, quasi il 30% dell'acqua immessa nelle tubazioni si perde prima di arrivare nelle case. Nell'agricoltura le perdite sono ancora più alte: fino al 40% dell'acqua destinata all'irrigazione si perde prima di arrivare ai campi.

Per evitare lo spreco idrico è necessario un uso più efficiente dell'acqua, attraverso l'introduzione di metodi e tecniche che permettano di risparmiarla.

D Un sistema di irrigazione agricola

L'Yarygin/Shutterstock

GUIDA ALLO STUDIO

1. Sottolinea quali sono le principali cause per cui l'acqua viene sprecata.
2. Confronta il dato dello spreco di acqua in Europa con quello italiano. Cosa si può fare per porre rimedio? Tra le risposte, evidenzia quella che ritieni più efficace.

Per ridurre il consumo di acqua possiamo adottare alcuni semplici accorgimenti, sia in casa sia in giardino

In genere non facciamo molta attenzione all'acqua che usiamo ogni giorno; dovremmo invece tener sempre presente che l'acqua è un **bene prezioso** e che occorre ridurre il suo consumo. Adottando alcuni semplici accorgimenti una famiglia può farci risparmiare nel corso dell'anno una notevole quantità di acqua.

Per risparmiare acqua, molte sono le cose che possiamo fare nelle nostre **abitazioni**:

- installare un riduttore di flusso in ciascun rubinetto;
- riparare subito un rubinetto che gocciola;
- non lasciare il rubinetto aperto quando non è necessario (ad esempio, per tutto il tempo in cui ci si lava i denti [E]);
- fare la doccia invece del bagno (lavandosi sotto la doccia si consumano in media 25 litri di acqua in confronto ai 90 necessari per riempire la vasca);
- lavare frutta e verdura in una bacinella e non sotto l'acqua corrente;
- servirsi del ciclo economico di lavatrice e lavapiatti, e utilizzare questi elettrodomestici solo a pieno carico.

Si possono adottare altri accorgimenti anche nella cura del **giardino**:

- irrigare solo le aree che ne hanno bisogno;
- raccogliere l'acqua piovana per innaffiare le piante.

E Chiudere il rubinetto quando non serve fa risparmiare fino a 12 litri d'acqua al minuto

Alena Ozerova/Shutterstock

DIARIO

1. Disegna sul quaderno di geografia un grafico a torta sull'utilizzo dell'acqua prelevata dalle risorse idriche nella UE.
   Prima di tutto, trova le informazioni relative ai tre principali usi, poi costruisci il grafico a torta (puoi usare il modello qui a lato, che trovi anche, più grande, in fondo al libro). Colora ogni spicchio in maniera differente e aggiungi una legenda (associando ogni colore alla rispettiva voce).
2. Cosa pensi del fatto che il 30-40% dell'acqua impiegata venga sprecato?

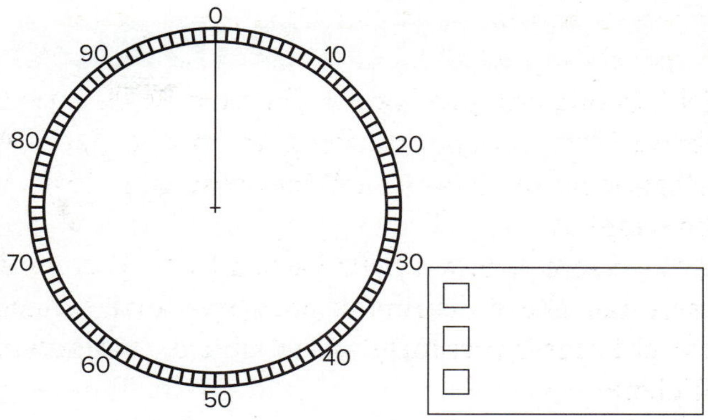

METTITI ALLA PROVA

1 ●○○ **Vero o falso?**

a. Attraverso le precipitazioni atmosferiche le risorse idriche si rinnovano in continuazione. V F

b. Grazie alle precipitazioni atmosferiche le risorse idriche si distribuiscono sul territorio europeo in modo uniforme. V F

2 ●○○ **Scegli l'alternativa corretta.**

a. L'Europa dispone di una quantità di acqua dolce insufficiente/sufficiente al suo fabbisogno interno.

b. L'indice di sfruttamento idrico è la somma/il rapporto fra la quantità di acqua dolce estratta in un anno e il totale delle risorse idriche disponibili.

3 ●○○ **Sono considerate risorse idriche le acque di**

A mari, fiumi e laghi.

B fiumi, laghi e falde idriche.

4 ●○○ **Dove si trova la maggior parte di paesi europei che soffrono di stress idrico?**

A In Europa centrale.

B In Europa meridionale.

C In Europa settentrionale.

5 ●○○ **Al di sopra di quale valore lo stress idrico viene considerato insostenibile?**

A 40%.

B 90%.

6 ●●○ **Completa lo schema con le parole:**
Italia • Paesi Bassi • Austria • Francia • Spagna • Germania

Stress idrico →
- sopra il 20%: .... , ... , ... , Belgio
- sotto il 20%: .... , ... , ... , Svezia

7 ●●● **Completa il testo con le parole:**
irrigazione dei campi • reti idriche • risorse idriche • impianti di risparmio

In Europa tra il 20% e il 40% delle .... disponibili viene sprecato. Le cause sono molte: perdite nelle tubazioni delle .... e dai rubinetti, eccessiva .... in agricoltura, mancanza di .... dell'acqua dolce.

8 ●●● **Descrivi perché anche l'acqua delle falde idriche è a rischio di stress idrico.**

....
....
....
....
....
....

6 LE ALLUVIONI E IL DISSESTO IDROGEOLOGICO

Le alluvioni sono un fenomeno naturale reso più frequente e distruttivo da un uso errato del territorio

Le **alluvioni**, ossia le inondazioni dovute allo straripamento di fiumi o a piogge molto violente, costituiscono un fenomeno naturale che colpisce spesso l'Europa [A].

A causa del **cambiamento climatico**, le piogge sono divenute più intense in alcune zone d'Europa; ciò significa che in un tempo minore cade sulla terra una quantità maggiore di acqua. Le alluvioni, inoltre, vengono rese più distruttive dal fatto che le attività umane modificano l'ambiente naturale, in particolare con il disboscamento e la cementificazione.

- Il **disboscamento** elimina le barriere naturali vegetali in grado di rallentare il flusso d'acqua. Inoltre può provocare frane, perché, senza le radici delle piante, il terreno è meno stabile.
- La **cementificazione** del territorio diminuisce la capacità del suolo di trattenere le acque e rallentarne la corsa verso i fiumi.

A causa di queste trasformazioni del territorio, quando si verificano forti precipitazioni l'acqua scende a valle più velocemente e si riversa in minor tempo nei torrenti e nei fiumi, provocando **piene** improvvise e violente.

Il degrado del territorio provocato dalle alluvioni e dalle frane è detto **dissesto idrogeologico**.

A Le zone europee colpite da alluvioni tra il 1980 e il 2000

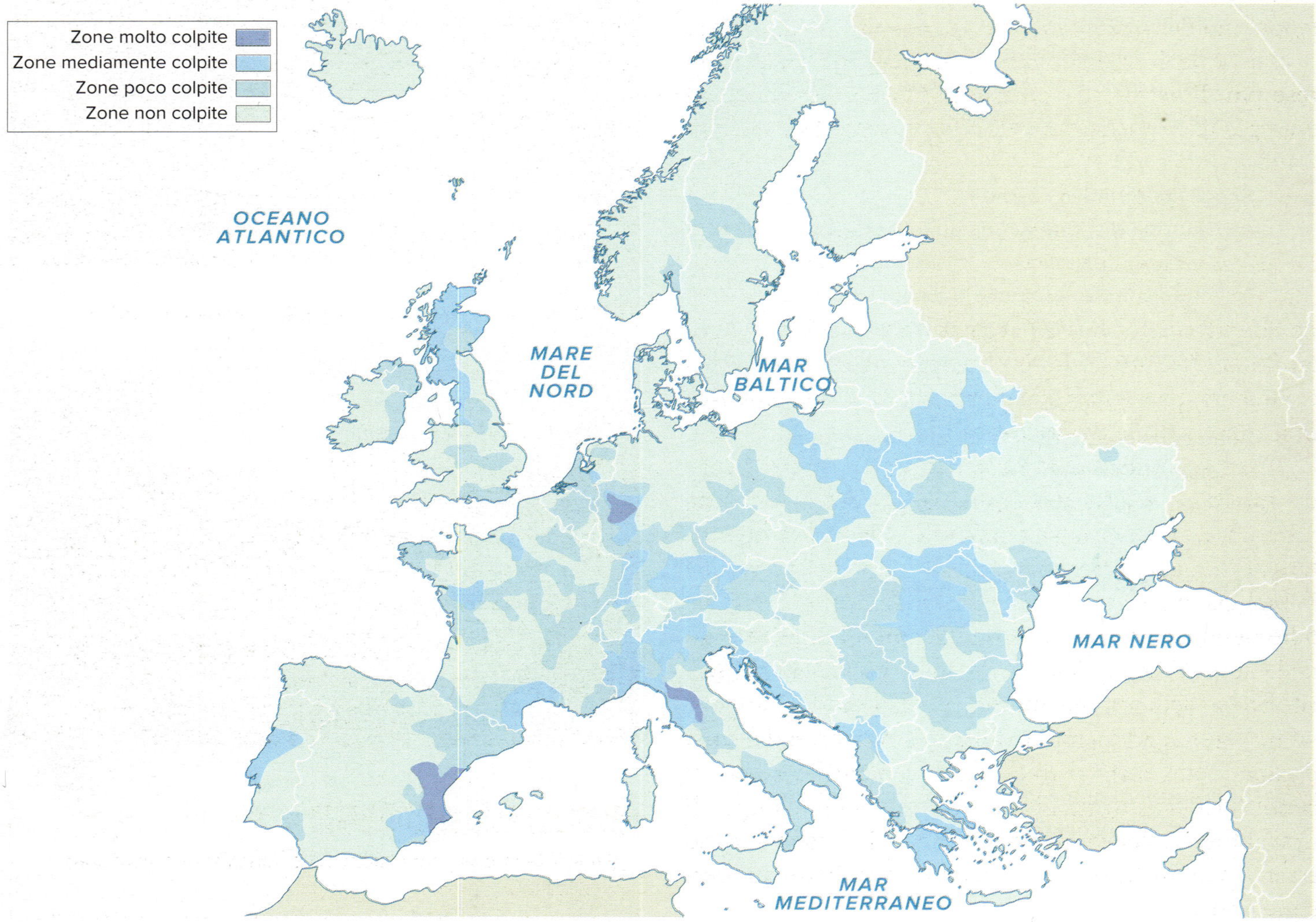

La cementificazione contribuisce ad aggravare il rischio legato alle alluvioni

Diversi tipi di costruzioni nei pressi dei corsi d'acqua possono aumentare i rischi in caso di alluvioni. Gli alvei dei fiumi sono spesso modificati costruendo argini che proteggono in caso di piccoli innalzamenti del livello dell'acqua. Contemporaneamente, però, questi argini creano delle **strettoie** e rendono i bacini idrografici simili a imbuti (come accade ad esempio nel Po [B]). Quando piove molto, l'acqua vi affluisce rapidamente in grande quantità, ma, non potendo defluire altrettanto velocemente, inonda il territorio circostante.

Anche molti fiumi minori o torrenti sono stati ingabbiati in **strutture di cemento**, sulle quali sono stati poi costruiti strade ed edifici. Spesso, durante le piene, i materiali trasportati dall'acqua creano un tappo in queste strettoie, provocando improvvise e violente esondazioni, cioè straripamenti [C].

La vicinanza di **abitazioni** e **industrie** nelle aree dove i corsi d'acqua si espandono durante le piene rende il fenomeno della cementificazione ancor più pericoloso.

Anche le frane, che sono fenomeni naturali, sono rese più disastrose da un uso errato del territorio; ad esempio dalla costruzione di interi quartieri su versanti franosi.

Le alluvioni lampo colpiscono improvvisamente una ristretta zona con grande violenza

Le **alluvioni lampo** (dall'inglese *flash floods*), particolarmente distruttive, sono provocate da un'improvvisa e violenta precipitazione temporalesca, che colpisce una zona ristretta di territorio.

In certe condizioni atmosferiche, ad esempio quando un flusso d'aria molto umida investe una catena montuosa, si verifica un temporale che scarica quantitativi di pioggia eccezionali: in un'ora può accumularsi la pioggia che normalmente cadrebbe in tre mesi. Tale fenomeno, che provoca in breve tempo l'**allagamento** della zona, diventa devastante quando colpisce un territorio particolarmente modificato dalle attività umane.

In Liguria, ad esempio, dove gli stretti alvei dei corsi d'acqua sono stati ristretti dalla cementificazione, si sono verificate negli ultimi anni alluvioni lampo di spaventosa violenza: in pochi minuti le strade si sono trasformate in torrenti, in grado di trascinare via persone e cose [D].

B L'esondazione del Po nel 2014

Nando Piezzi/Corbis

C La cementificazione dell'alveo del fiume Adda

Danilo Donadoni

D L'alluvione lampo che ha colpito Genova nel 2014

simone_rozio/iStock

GUIDA ALLO STUDIO

Evidenzia in quali condizioni eccezionali si può verificare un'alluvione lampo.

In Italia oltre 7000 comuni sono a rischio di alluvioni o frane (rischio idrogeologico)

In **Italia** circa l'88% degli oltre 8000 comuni hanno aree a rischio di alluvioni o di frane [E]. In Valle d'Aosta, Liguria, Emilia-Romagna, Toscana, Marche, Molise e Basilicata tutti i comuni della regione sono esposti a tale rischio.

Sono soggetti al **rischio di alluvioni** circa 6 milioni di abitanti, equivalenti al 10% della popolazione nazionale. In Emilia-Romagna è esposto a tale pericolo il 64% della popolazione; in Toscana, il 26%; in Liguria, il 16%.

Sono esposti al **pericolo di frane** oltre 5,6 milioni di abitanti, equivalenti al 9,5% della popolazione nazionale. In Liguria è esposto a tale pericolo il 55% della popolazione; in Valle d'Aosta, il 48%; in Toscana, il 33%.

E Le aree italiane soggette al pericolo di alluvioni e frane (fonte ISPRA)

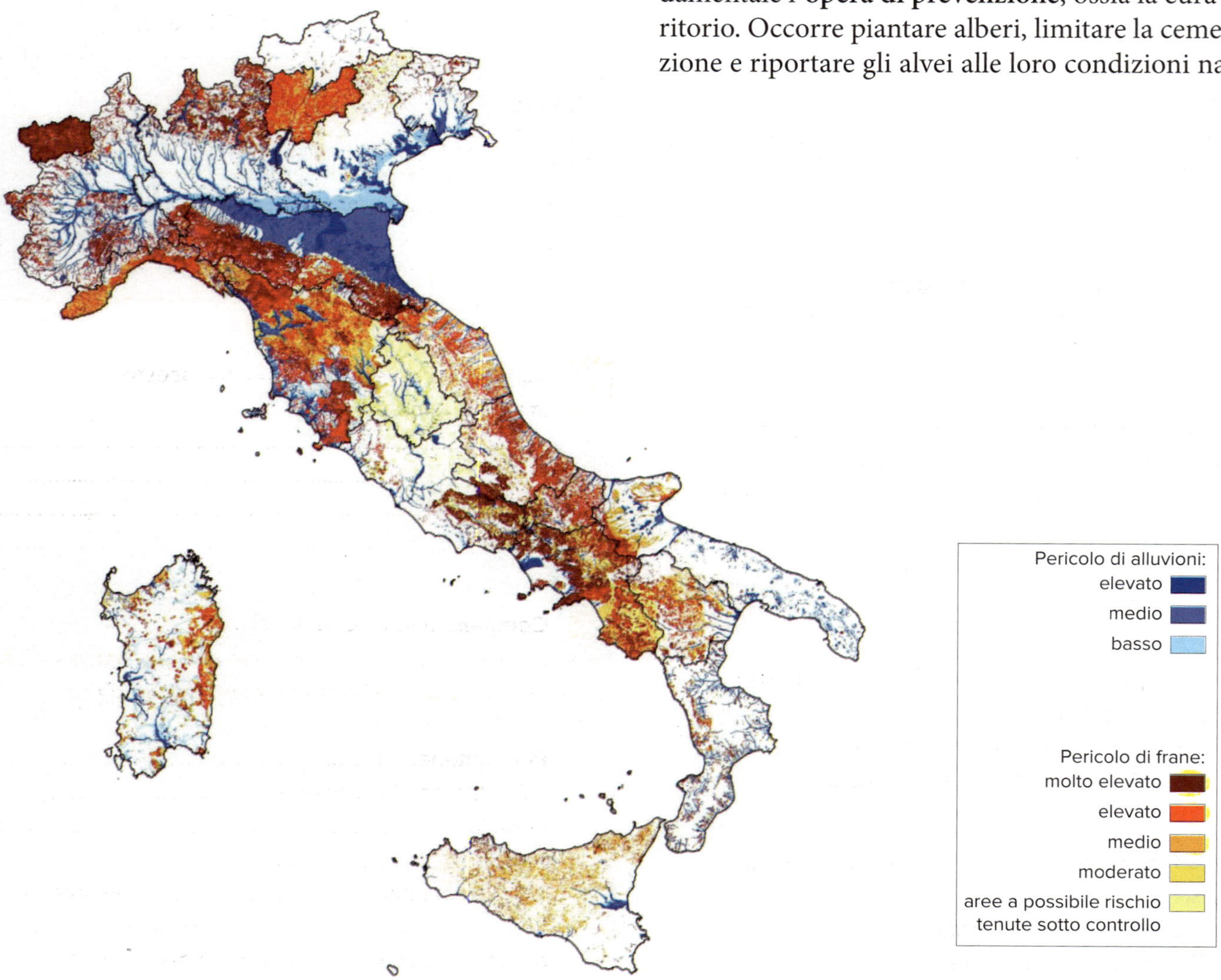

Per ridurre il rischio idrogeologico occorre attuare opere di messa in sicurezza del territorio e di prevenzione

Il dissesto idrogeologico in Italia è causato in particolare dall'urbanizzazione dei territori attuata senza tener conto del rischio idrogeologico.

Da un'inchiesta effettuata in un migliaio di comuni italiani, risulta che: in 50 comuni su 100 sono stati costruiti impianti per attività produttive in aree a rischio di alluvioni e frane; in 30 comuni su 100 in tali aree sono stati costruiti interi quartieri residenziali; in 18 comuni su 100 scuole e ospedali.

Le opere per la **messa in sicurezza** dei corsi d'acqua e il consolidamento dei versanti franosi, se non sono attuate nei modi appropriati, possono ottenere l'effetto opposto e accrescere la fragilità del territorio.

Per ridurre ed eliminare il dissesto idrogeologico e le sue disastrose conseguenze per le popolazioni, è fondamentale l'**opera di prevenzione**, ossia la cura del territorio. Occorre piantare alberi, limitare la cementificazione e riportare gli alvei alle loro condizioni naturali.

VIDEO NELL'EBOOK
- Le alluvioni negli ultimi 100 anni
- Il dissesto idrogeologico italiano

DIARIO

1. Costruisci sul quaderno una tabella che indichi quali sono le cause naturali delle alluvioni e quali attività umane contribuiscono ad accrescerne la frequenza.
Puoi usare lo schema a lato come modello.
2. Hai mai assistito allo straripamento di un fiume? Racconta le tue sensazioni.

Cause naturali delle alluvioni	Uso errato del territorio che contribuisce ad aumentare la frequenza e la distruttività delle alluvioni
Piogge molto violente	Cementificazione (ad esempio ...

METTITI ALLA PROVA

1 Vero o falso?
●○○
a. Le alluvioni sono un fenomeno naturale. V F
b. In Italia il 10% della popolazione è esposta al pericolo di alluvioni. V F

2 Scegli l'alternativa corretta.
●○○
A causa del cambiamento climatico/disboscamento in alcune zone d'Europa si verificano piogge intense che provocano alluvioni.

3 Che cosa è un'esondazione?
●○○
A Una grande caduta di pioggia.
B Lo straripamento di un fiume con allagamento dei terreni circostanti.

4 In che modo la cementificazione contribuisce a peggiorare l'effetto delle alluvioni?
●○○
A Diminuisce la capacità del terreno di assorbire l'acqua in eccesso.
B Allarga l'alveo del fiume, aumentandone la portata.

5 Come influisce il disboscamento sulle alluvioni?
●○○
A Le blocca, in quanto l'acqua è libera di scorrere via.
B Le favorisce, eliminando le barriere vegetali che rallentano il flusso delle acque.

6 Quanti comuni italiani hanno aree a rischio di alluvioni e frane?
●○○
A Meno della metà del totale.
B Più della metà del totale.

7 Completa lo schema con i nomi:
●●○
Sicilia • Emilia-Romagna • Valle d'Aosta • Trentino-Alto Adige • Toscana

Rischio frane e alluvioni
→ Intero territorio di: Liguria, ... , ... , ...
→ Parte del territorio di: Veneto, ... , ... , ...

8 Scrivi una breve definizione di dissesto idrogeologico.
●●●
....
....
....
....

9 Completa il testo con le parole:
●●●
alvei • prevenzione • dissesto idrogeologico • alberi • rischio idrogeologico • cementificazione • cura del territorio

Per contenere il .... è fondamentale l'opera di .... , ossia la .... e tenere conto del ....
Occorre piantare .... , limitare la .... , riportare gli .... dei corsi d'acqua alle loro condizioni naturali.

7 L'INQUINAMENTO DELLE ACQUE CONTINENTALI

La qualità delle acque continentali europee, a lungo inquinate, è migliorata grazie a nuovi sistemi di depurazione

Le **acque continentali** (i fiumi, i laghi e le falde acquifere) dell'Europa sono state a lungo sottoposte a **inquinamento**, ossia all'introduzione di sostanze dannose per l'uomo e l'ambiente prodotte dalle stesse attività umane [A].

Le prime contromisure sono state adottate solo nella seconda metà del Novecento, quando ci si è resi conto della pericolosità dell'inquinamento delle acque. È stato introdotto, ad esempio, l'obbligo per legge di depurare le **acque reflue**, cioè le acque che, dopo essere state utilizzate per le attività umane, vengono restituite ai fiumi.

Grazie al crescente uso di **impianti di depurazione** urbani, le acque reflue delle abitazioni contengono oggi una minore quantità di microrganismi patogeni (virus e batteri che provocano malattie infettive). Inoltre, grazie all'uso di detersivi ecologici, contengono meno sostanze nocive per l'ambiente.

Nelle acque reflue delle industrie è diminuita anche la quantità di **sostanze chimiche** e **metalli pesanti** (soprattutto mercurio) dannosi, oltre che per l'ambiente, per la salute: possono provocare tumori, rallentamenti nella crescita e disturbi della memoria.

Oggi la qualità delle acque continentali, in generale, è migliorata. Lo dimostrano i dati raccolti dall'Agenzia Europea dell'Ambiente (AEA), un'agenzia dell'Unione europea che effettua il **monitoraggio** (cioè il controllo mediante appositi strumenti) delle acque.

Un esempio positivo è quello del **fiume Reno**, che attraversa alcune delle regioni più popolate e industrializzate d'Europa. Le loro acque reflue inquinate avevano ridotto il Reno in tale stato da essere definito, verso il 1970, un «fiume morto». Le prime misure anti-inquinamento furono vanificate quando nel 1986, a causa di un incendio nell'industria chimica Sandoz a Basilea (in Svizzera), si riversarono nel fiume oltre 30 tonnellate di pesticidi e 2 tonnellate di mercurio. Successivamente, con un nuovo programma, i paesi renani sono riusciti a ridurre fortemente l'inquinamento delle sue acque.

A Le fonti di inquinamento delle acque dei fiumi, dei laghi e delle falde idriche

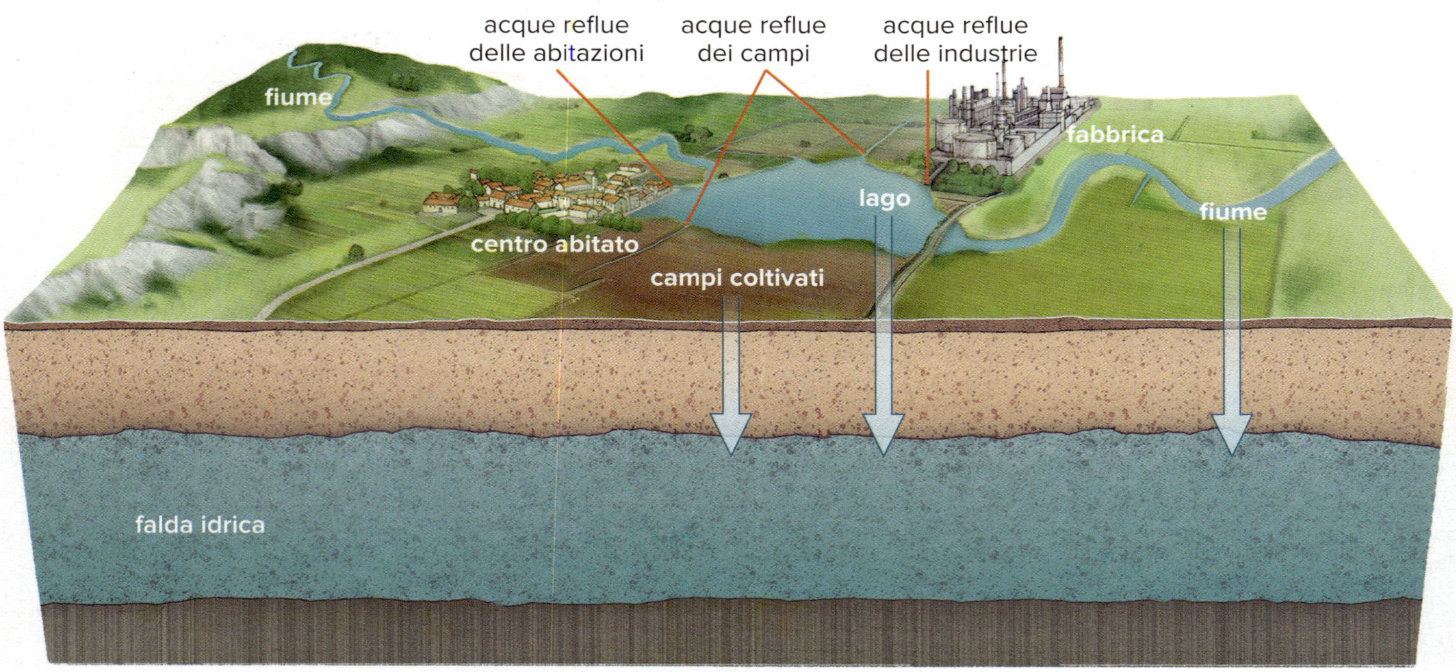

Nonostante i progressi, le acque europee sono sottoposte a una forte pressione umana

Resta ancora molto da fare in Europa per ridurre ed eliminare l'inquinamento delle acque continentali, poiché in esse sono riversate sostanze inquinanti provenienti da:

- attività economiche (industrie, campi coltivati);
- insediamenti urbani.

Inoltre, nei corsi d'acqua si possono verificare eccezionali sversamenti – accidentali o dolosi (cioè attuati volontariamente) – di sostanze inquinanti.

Secondo i dati raccolti dalla AEA, nell'Unione europea circa la metà delle **acque superficiali** (fiumi, torrenti, laghi) non è in un buono stato ecologico, ossia ha una qualità inferiore a quella che naturalmente dovrebbe avere. In circa il 10% delle acque superficiali si trovano sostanze chimiche a livelli dannosi per l'ambiente e la salute.

Le acque superficiali più inquinate risultano quelle dei Paesi Bassi, del Belgio, dell'Italia meridionale, dell'Inghilterra sud-orientale e di alcune parti della Germania settentrionale.

Lo stato chimico delle **acque sotterranee** (falde acquifere) risulta in generale peggiore di quello delle acque superficiali: circa il 25% è inquinato da pericolose sostanze provenienti dalle attività umane.

Le acque sotterranee più inquinate risultano quelle del Belgio, del Lussemburgo e della Repubblica Ceca.

Questi dati sono parziali e non forniscono il quadro completo della situazione. Infatti, in molti paesi della UE il monitoraggio delle acque continentali è inadeguato, e lo stato chimico del 40% delle acque superficiali è sconosciuto.

In Europa è in aumento l'inquinamento provocato dai fertilizzanti e dai pesticidi

L'inquinamento provocato dai prodotti chimici usati nell'agricoltura, presenti nelle acque reflue dei campi, è in aumento.

- I **fertilizzanti**, usati per rendere i terreni più produttivi, contengono nitrati e fosfati. Finendo nei fiumi e laghi, queste sostanze provocano il fenomeno della **eutrofizzazione**: una eccessiva crescita di alghe che, riducendo la percentuale di ossigeno nell'acqua e impedendo il passaggio della luce del sole, causa la scomparsa di molte specie vegetali e animali.
- I **pesticidi**, usati contro piante e insetti nocivi, contaminano le falde acquifere, i fiumi e i laghi.

Penetrando nel corpo umano attraverso l'acqua e il cibo, queste e altre sostanze chimiche possono danneggiare la salute [B].

B Le sostanze inquinanti presenti nell'ambiente danneggiano la salute

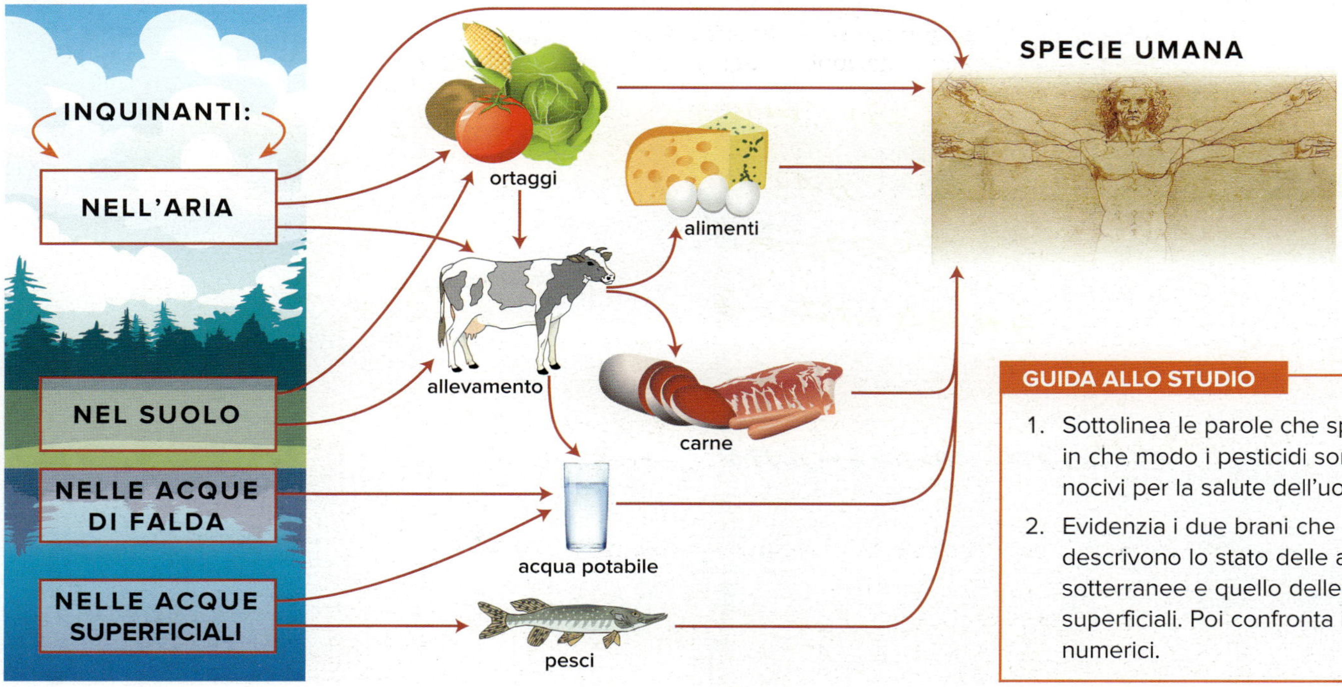

GUIDA ALLO STUDIO

1. Sottolinea le parole che spiegano in che modo i pesticidi sono nocivi per la salute dell'uomo.
2. Evidenzia i due brani che descrivono lo stato delle acque sotterranee e quello delle acque superficiali. Poi confronta i dati numerici.

VIDEO NELL'EBOOK

L'inquinamento delle acque continentali

L'inquinamento delle acque italiane è preoccupante

L'inquinamento delle **acque continentali italiane**, pur essendo diminuito, resta a livelli preoccupanti, in particolare per ciò che riguarda il contenuto di pesticidi, che proviene dal loro uso in agricoltura. Lo dimostrano i dati raccolti dall'Istituto Superiore per la Protezione e la Ricerca Ambientale (ISPRA).

Innanzitutto non si conosce lo stato chimico di circa i tre quarti delle acque italiane. I punti di **monitoraggio** (dove si controlla la qualità dell'acqua mediante appositi strumenti) sono concentrati nella Pianura padano-veneta, mentre in regioni come il Molise e la Calabria sono limitati o del tutto assenti.

Le analisi effettuate dove è stato possibile hanno evidenziato una situazione critica sia nelle acque superficiali, sia in quelle sotterranee.

- Nelle **acque superficiali** sono stati trovati pesticidi nel 64% dei punti di monitoraggio controllati a livello nazionale [C]. La contaminazione è molto elevata in Veneto, Lombardia, Emilia-Romagna, Toscana e Umbria, dove risulta inquinato oltre il 70% dei punti di monitoraggio.
- Nelle **acque sotterranee** sono stati trovati pesticidi nel 32% dei punti di monitoraggio a livello nazionale. La contaminazione è particolarmente elevata in Lombardia, Friuli e Sicilia, dove risulta inquinato più del 50% dei punti di monitoraggio.

Per tenere sotto controllo l'inquinamento delle acque in Italia, occorre una **rete di monitoraggio** che copra l'intero territorio nazionale. Allo stesso tempo occorre diminuire l'uso delle sostanze chimiche e dei pesticidi [D], incrementando l'**agricoltura biologica** che non usa tali sostanze.

C Il livello di contaminazione delle acque superficiali in Italia (fonte ISPRA, 2014)

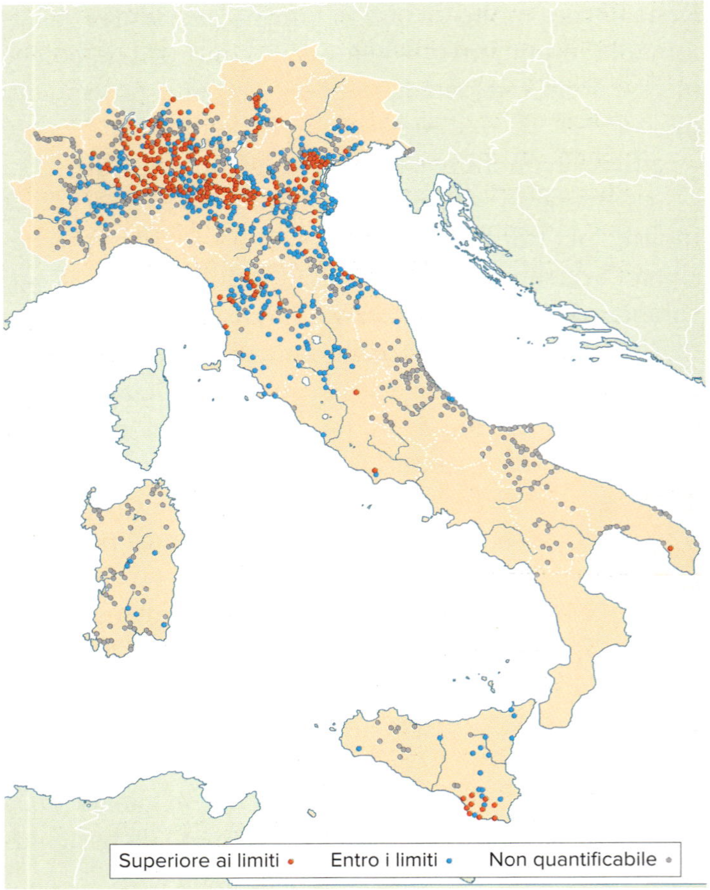

D Un aereo che spruzza pesticidi sulle coltivazioni

dlewis33/iStock

DIARIO

1. Traccia sul quaderno una tabella che indichi le misure che hanno contribuito a migliorare, negli ultimi decenni, la qualità delle acque continentali dell'Europa.
Indica anche quali attività, nonostante i miglioramenti, continuino a minacciare lo stato delle acque.
Puoi ispirarti allo schema qui a lato ma, questa volta, non ti daremo altre indicazioni. Leggi la lezione per reperire le informazioni che ti servono.
2. Come pensi che si potrebbe favorire un ulteriore miglioramento dello stato delle acque continentali europee?

Il miglioramento della qualità delle acque continentali negli ultimi decenni è dovuto a	Nonostante i miglioramenti lo stato delle acque continentali è ancora minacciato da

METTITI ALLA PROVA

1 ●○○ **Vero o falso?**

a. Nelle acque reflue sono presenti sostanze che danneggiano l'ambiente, ma non la salute dell'uomo. V F
b. Gli impianti di depurazione nelle città servono a eliminare le sostanze inquinanti presenti nelle acque reflue. V F
c. Depurare le acque reflue non è un obbligo imposto dalla legge. V F

2 ●○○ **Scegli l'alternativa corretta.**

a. In Europa le acque delle falde acquifere sono meno/più inquinate delle acque superficiali.
b. Le acque sotterranee di Belgio e Repubblica Ceca/Germania e Polonia sono tra le più inquinate.

3 ●●○ **Come è cambiato il livello di inquinamento delle acque continentali europee?**

A Il livello è diminuito in tutte le acque interne.
B Il livello è diminuito per la maggior parte delle acque interne, ma non dei fiumi.
C Il livello è rimasto costante o addirittura aumentato nei laghi.

4 ●●○ **Negli ultimi decenni, in Europa, come è cambiato il livello di inquinamento delle acque reflue delle abitazioni e delle industrie?**

A Il livello è diminuito.
B Il livello è rimasto costante.
C Il livello è aumentato.

5 ●●○ **Come è cambiato il livello di inquinamento delle acque reflue dell'agricoltura?**

A Il livello è diminuito.
B Il livello è rimasto costante.
C Il livello è aumentato.

6 ●●○ **Completa il testo con le parole:**
pesticidi • regioni • acque

Nel complesso la contaminazione da .... in Italia risulta più diffusa nella Pianura padano-veneta. Questo dipende però dal fatto che le sue .... sono monitorate in maggiore misura rispetto a quelle di altre ....

7 ●●○ **Cosa sono le acque reflue?**

A Sono acque ricche di sostanze nutrienti e di microrganismi utili in agricoltura.
B Sono acque di scarico delle attività umane.
C Sono acque utilizzate dalle industrie, che poi vengono scaricate in mare in condotti speciali.

8 ●●● **In che modo i fertilizzanti contribuiscono all'inquinamento delle acque continentali?**

....
....
....
....
....

UNO SGUARDO D'INSIEME

In questa unità abbiamo visto che i fiumi sono le più importanti arterie del ciclo dell'acqua.

1 I FIUMI

Il **fiume** è un corso d'acqua perenne che scorre verso il mare.
Le sue parti fondamentali sono:

- la **sorgente**;
- il **corso**, che si distingue in **alto**, **medio** e **basso**;
- gli **affluenti**;
- la **foce**, che può essere **a delta** o **a estuario**.

Il **bacino idrografico** è l'area in cui scorrono le acque che finiscono nel fiume.
La **portata** è la quantità di acqua che passa in una sezione del fiume in un certo tempo.
I fiumi riportano al mare le acque di precipitazione che scorrono sulla terra; altra acqua scorre invece nel sottosuolo, nelle **falde acquifere**.

Abbiamo poi studiato le acque continentali europee, formate dai fiumi e dai laghi.

2 I FIUMI EUROPEI

I **fiumi europei** si distinguono per **versante**.

- **Versante occidentale**: fiumi che sfociano nell'Oceano Atlantico e nei mari adiacenti (Tago, Loira, Senna, Elba, Reno e Tamigi).
- **Versante settentrionale**: fiumi che sfociano nel Mar Baltico e nel Mar Glaciale Artico (Vistola, Oder, Dvina settentrionale e occidentale).
- **Versante meridionale**: fiumi che sfociano nel Mar Mediterraneo (Po, Ebro, Rodano, Marica) e nel Mar Nero (Danubio, Don, Dnepr, Dnestr).
- **Versante del Mar Caspio** (Volga e Ural).

Le **foci a delta** (come quella del **Danubio**) sono aree ricche di biodiversità. Le **foci a estuario** (come quelle dell'**Elba** e del **Tamigi**) sono importanti per le attività umane, perché permettono la navigazione e i commerci.

3 I FIUMI ITALIANI

I fiumi italiani si distinguono in alpini e appenninici.

- I **fiumi alpini** nascono nelle Alpi e hanno portata d'acqua abbondante e costante: i principali sono il Po e l'Adige.
- I **fiumi appenninici** nascono negli Appennini e hanno portata d'acqua irregolare; i principali sono il Tevere e l'Arno.

Il **Po** è il maggiore fiume italiano per lunghezza e per estensione del bacino idrografico.
Il suo **delta** è un'area naturale protetta che ospita molte specie vegetali e animali.

4 I LAGHI EUROPEI E ITALIANI

I **laghi**, cioè le masse d'acqua che riempiono depressioni naturali della superficie terrestre, si distinguono in base all'origine:

- **glaciali**;
- **di sbarramento**;
- **vulcanici**;
- **tettonici**;
- **costieri**.

I principali **laghi europei** sono di origine glaciale e si trovano nella regione settentrionale: il Ladoga, l'Onega, il Saimaa, e il Vänern.
Il **Mar Caspio**, il più grande lago del mondo, si trova nella parte asiatica della Russia.
I maggiori **laghi italiani** si trovano nelle Prealpi e sono di origine glaciale: lago di Garda, Maggiore, d'Iseo, di Como, di Lugano, d'Orta.

Le attività umane mettono in pericolo le acque continentali.

5 L'ECCESSIVO SFRUTTAMENTO DELLE RISORSE IDRICHE

In generale l'Europa dispone di **risorse idriche** sufficienti, ma esse sono inegualmente distribuite sul territorio:
- i paesi dell'**Europa settentrionale** hanno acqua dolce a sufficienza;
- i paesi dell'**Europa centrale**, **orientale** e **meridionale** hanno minore disponibilità idrica;
- i paesi dell'**Europa meridionale** sono spesso colpiti da carenza idrica, dovuta alla **siccità**.

Lo **sfruttamento idrico** varia da paese a paese e dipende dal numero degli abitanti e da quanta acqua consumano.
Oggi in Europa le principali cause di **spreco idrico** sono:
- l'eccessivo consumo di acqua rispetto alle risorse disponibili (stress idrico);
- le perdite nelle reti idriche.

Per risparmiare acqua si possono adottare accorgimenti, sia in casa sia in giardino.

6 LE ALLUVIONI E IL DISSESTO IDROGEOLOGICO

Il **dissesto idrogeologico** è il degrado del territorio provocato da **alluvioni** e **frane**. Questi fenomeni naturali sono aggravati dalle modifiche umane all'ambiente naturale:
- il **disboscamento**;
- la **cementificazione**;
- la **modificazione degli alvei** dei corsi d'acqua.

Le modifiche del territorio rendono particolarmente disastrose le **alluvioni lampo**, come è accaduto in Liguria negli ultimi anni.
L'**Italia** è un paese ad alto **rischio idrogeologico**, causato soprattutto da un'errata urbanizzazione; per ridurre il rischio occorre attuare opere di messa in sicurezza e di prevenzione del territorio.

7 L'INQUINAMENTO DELLE ACQUE CONTINENTALI

La qualità delle acque europee è migliorata grazie a nuovi **impianti di depurazione**:
- le **acque reflue domestiche** contengono meno agenti patogeni;
- le **acque reflue industriali** contengono meno sostanze chimiche e metalli pesanti.

Nonostante i progressi, in Europa l'inquinamento delle **acque superficiali** e **sotterranee** rimane alto, in particolare quello provocato dai **fertilizzanti** e dai **pesticidi** usati nell'agricoltura.
I pesticidi sono un importante fattore inquinante delle **acque continentali italiane**; per contrastare questo fenomeno, occorre aumentare i punti di monitoraggio e incrementare l'agricoltura biologica.

Geostoria

LA GESTIONE DELL'ACQUA NELL'ANTICHITÀ

Le prime civiltà nacquero e si svilupparono sulle sponde dei grandi fiumi: quelle mesopotamiche lungo il Tigri e l'Eufrate; quella egizia lungo il Nilo. Qui i suoli erano più fertili e vi era disponibilità di acqua per l'agricoltura. I fiumi, inoltre, rendevano più agevoli i trasporti.

LA GESTIONE DELLE RISORSE IDRICHE

Dal IV millennio a.C. sia i sumeri sia gli egizi costruirono dighe e canali per l'irrigazione.

Si cominciarono anche a stabilire normative sull'uso dell'acqua e sulla protezione dalle alluvioni. Il Codice di Hammurabi, testo babilonese del XVIII secolo a.C., stabiliva le corrette modalità di irrigazione dei campi. Chi non manteneva in buone condizioni il proprio argine, provocando l'allagamento dei campi vicini, veniva punito.

Le antiche civiltà cominciarono a usare anche le acque sotterranee: i primi pozzi furono scavati probabilmente già prima del II millennio a.C. Si costruirono allo stesso tempo cisterne interrate per la raccolta e la conservazione dell'acqua piovana.

L'INVENZIONE DI MACCHINE PER IL SOLLEVAMENTO DELL'ACQUA

Contemporaneamente, furono ideate diverse macchine per il sollevamento dell'acqua. Uno dei più antichi dispositivi, usato in Mesopotamia ed Egitto già nel III/II millennio a.C., è lo *shaduf* [1], da noi noto come mazzacavallo: è costituito da un palo che regge un'asta mobile con a un'estremità un secchio e all'altra un contrappeso, così da poter tirare su il secchio pieno d'acqua con il minimo sforzo. È tuttora in uso in Egitto, India, Bangladesh e altri paesi.

Un'altra macchina per il sollevamento dell'acqua era la coclea [2], nota anche come vite di Archimede dal nome del suo inventore, Archimede di Siracusa

1 *Shaduf, uno dei più antichi mezzi di sollevamento dell'acqua*

2 *Coclea, detta anche «vite di Archimede» dal nome del suo inventore*

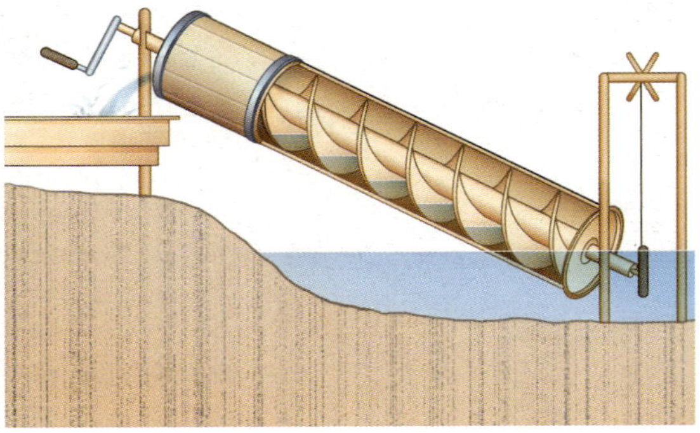

(287-212 a.C.). Probabilmente, però, veniva usata già molto tempo prima in Mesopotamia. È costituita da un involucro cilindrico al cui interno si trova una grossa vite senza fine elicoidale, azionata da una manovella.

Tale dispositivo, ancora usato manualmente in Bangladesh e molti altri paesi, ha oggi diverse applicazioni industriali.

LA COSTRUZIONE DI ACQUEDOTTI

Per il trasporto dell'acqua nelle zone aride, evitando che evaporasse, furono costruite condutture sotterranee (chiamate *kariz*, *qanat* o *foggare*) in Persia, Nord Africa e altre regioni, dove sono tuttora in uso.

Per il trasporto dell'acqua a lunga distanza, superando i dislivelli nel terreno, vennero costruiti acquedotti sempre più efficienti.

Furono gli antichi romani a portarli al massimo livello tecnico e architettonico: a partire dal III secolo a.C., costruirono acquedotti sempre più efficienti e maestosi, sia a Roma che in altre parti dell'impero [3].

Nella sola Roma vennero costruiti undici acquedotti, le cui condutture avevano una lunghezza complessiva di oltre 500 kilometri.

COMPETENZA: ORIENTARSI NELLO SPAZIO E NEL TEMPO

1. L'acqua è un bene che usiamo tutti i giorni per dissetarci, lavarci, cucinare ecc. Quali sono le altre attività umane, descritte nel testo, che portarono le antiche civiltà a insediarsi vicino a corsi d'acqua?

....

2. Descrivi cosa sono un «canale», una «cisterna» e un «acquedotto» e qual è la loro funzione.

....
....
....
....
....
....
....
....
....

3 *Il Pont du Gard, acquedotto romano costruito intorno al 50 d.C. nel sud della Francia.*

Shutterstock

Lettura

IL PONTE «TAPPO» CHE HA SOMMERSO GENOVA

Marco Imarisio, «Corriere della Sera», 7 novembre 2011 (stralci)

GENOVA – Le fatalità hanno sempre nome e cognome. C'è poco da tirare in ballo l'ineluttabile, perché poi va sempre a finire che piove, e una volta finiti di piangere i morti dell'alluvione, si torna a una storia molto italiana. Alla nostra incommensurabile capacità di farci male da soli.

E così, scendendo dal rio Fereggiano, si arriva al Bisagno, il torrente che divide il Levante di Genova dal Ponente. Lo vedi, e poi non lo vedi più. Entra nei quattro archi scavati sotto alla massicciata della stazione Brignole e scompare fino alla foce.

L'imbuto è sempre quello. Nell'ottobre 1970 il Bisagno uscì dagli argini al ponte ferroviario, strozzato da un ingresso che limitava la sua portata a 500 metri cubi al secondo, contro i 1200 trascinati dalla piena. Quel che non ci stava divenne una valanga d'acqua che si portò via la vita di 24 persone e sommerse Genova. Venerdì scorso quella massicciata ha respinto l'acqua di troppo, alzando il livello del torrente al limite degli argini, e creando un muro liquido che ha impedito lo sfogo al rio Fereggiano, che si getta nel Bisagno appena un chilometro prima del ponte. Ha fatto da tappo, gonfiando l'affluente, che ha rotto gli argini più in alto, trasformando la palazzina al civico 2B in un pozzo che ha inghiottito cinque persone.

È andata così, dice il geologo incaricato dalla Procura di cercare le cause del nuovo disastro. Non c'è voluto molto per arrivarci, giusto un paio di sopralluoghi, il problema è sotto gli occhi di tutti quelli che vogliono vedere. «C'è una eterna spada di Damocle che pende sulle nostre teste».

Luca Zennaro/Corbis

COMPETENZA: COMUNICARE IN ITALIANO

1. L'articolo mette a confronto due gravi alluvioni che hanno colpito Genova nell'ottobre del 1970 e nel novembre del 2011. Perché il fenomeno tende a ripetersi nei mesi autunnali?

....

....

....

....

....

....

2. Qual è la causa principale che rende così distruttive queste alluvioni?

....

....

....

....

....

....

....

....

Patrimonio mondiale

FERRARA, CITTÀ DEL RINASCIMENTO, E IL DELTA DEL PO

Ferrara è una città dell'Emilia-Romagna situata a sud del fiume Po, nella parte nord-orientale della regione. Si estende, insieme alla sua provincia, su un territorio pianeggiante attraversato da corsi d'acqua, che presenta eccezionali caratteristiche culturali e ambientali.

Il nucleo originario della città di Ferrara fu costruito, in epoca bizantina, sulla sponda di un antico ramo del delta del Po (il Po di Volano) e si sviluppò come porto fluviale. Il canale della Burana lambisce tuttora il lato meridionale della città.

Ferrara

UNA CITTÀ E DUE PERIODI STORICI

Camminare per le vie di Ferrara è come sfogliare un grande libro di storia e di arte.

La sua architettura ci racconta che la città ebbe un primo sviluppo urbano nel Medioevo e che nel Rinascimento fu riorganizzata e ampliata.

Il nuovo piano urbanistico, voluto alla fine del XV secolo da Ercole I d'Este, duca della città, fu affidato all'architetto Biagio Rossetti. Rossetti ideò un piano che permise di unire armoniosamente la vecchia città medievale con quella nuova rinascimentale: un reticolo ordinato di strade collegò i palazzi, le chiese e i giardini garantendo la presenza di ampi spazi aperti e, quindi, la possibilità di osservare il panorama urbano e la bellezza dei suoi edifici dalla giusta prospettiva.

LA NATURA, L'UOMO E IL PO

Il Delta del Po, che insieme a Ferrara fa parte del patrimonio mondiale dell'Unesco, è un territorio che conserva pressoché intatti i propri ambienti naturali originari. Ospita centinaia di specie di piante e di animali e habitat diversi: boschi, valli salmastre e zone umide di acqua dolce.

Tra gli ospiti del delta va inserito anche l'uomo, che sin dall'antichità si stabilì lungo i bracci del fiume e le cui attività di bonifica, edificazione e sfruttamento delle risorse tramite l'agricoltura, la caccia e la pesca si sono integrate in modo equilibrato con le esigenze della natura.

LE «DELIZIE» DEL FIUME

Tra il XV e il XVI secolo i duchi d'Este, il cui dominio si estendeva oltre i confini di Ferrara, fecero costruire nel Delta del Po le «Delizie», residenze di villeggiatura che dovevano allietare la loro corte con sublimi architetture e decorazioni, ampi giardini e il panorama circostante.

Queste ville sono state riconosciute dall'Unesco come un importante esempio «dell'influenza della cultura rinascimentale sul paesaggio naturale» e il Delta del Po è stato definito «un eccezionale paesaggio culturale» dove si uniscono arte, urbanistica e natura fluviale.

COMPETENZA: IMPARARE A IMPARARE

1. Perché il Delta del Po è considerato un territorio dalle caratteristiche naturali eccezionali?

....
....
....
....
....
....

2. Quali sono gli elementi che hanno portato l'Unesco a definire il delta «un eccezionale paesaggio culturale»?

....
....
....
....
....
....
....
....
....
....

3. Il palazzo Schifanoia è una delle «Delizie» dei duchi d'Este, chiamato così perché doveva «schivar la noia», cioè divertire i propri ospiti. Immagina di avere a disposizione per te e i tuoi amici un palazzo dei divertimenti: come lo chiameresti e sulle sponde di quale fiume lo collocheresti?

DIARIO

Traccia sul quaderno una mappa che riassuma quali sono i problemi ambientali legati alle acque interne.

Usa lo schema che vedi qui sotto, completandolo con le parole chiave che questa volta dovrai andare a cercare tu (nelle lezioni 5, 6 e 7).

Un consiglio: osserva bene i primi «nodi» della mappa (quelli che vengono subito dopo il titolo): ti daranno indizi su quale lezione dell'unità consultare.

Una volta completata la mappa, trascrivila sul quaderno. Mentre la trascrivi puoi modificare il testo, se preferisci. Puoi anche provare a migliorarla, ad esempio usando un colore differente per ogni diramazione principale, oppure aggiungendo disegni o foto.

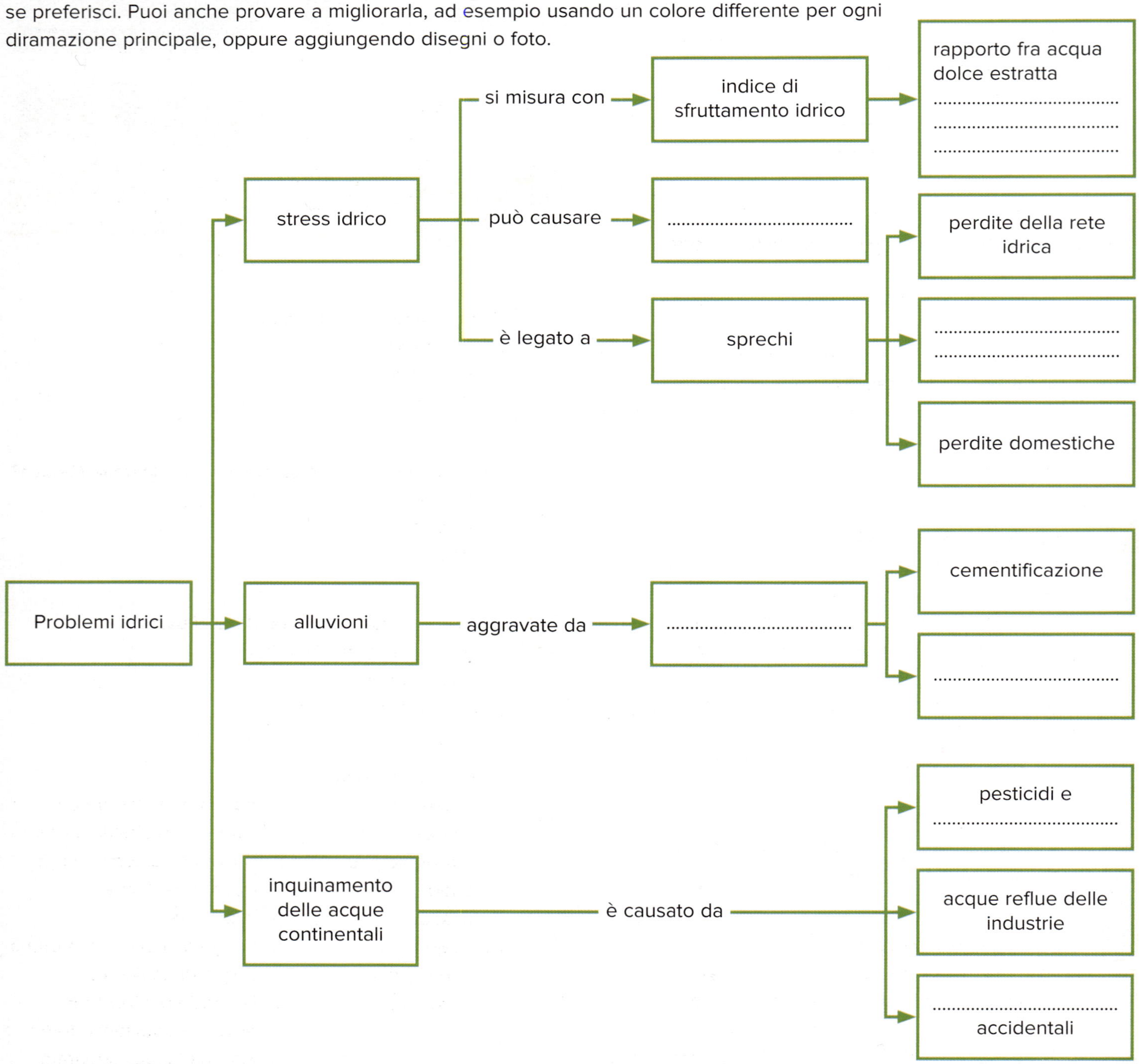

METTI ALLA PROVA LE TUE CONOSCENZE

ZTE ONLINE

1 ●○○ **Scrivi i termini che corrispondono alle definizioni.**

bacino idrografico • alveo • alluvione • lago vulcanico • foce

1. Inondazione dovuta a straripamento di un fiume o a violente piogge: ....
2. Massa d'acqua che occupa un cratere spento: ....
3. Area in cui scorre il fiume e da cui raccoglie le sue acque: ....
4. Avvallamento in cui scorre l'acqua del fiume: ....
5. Luogo dove il fiume sbocca nel mare: ....

2 ●○○ **Vero o falso?**

a. Un torrente è un corso in cui l'acqua scorre regolare per tutto l'anno. V F
b. L'acqua delle falde idriche è disponibile con regolarità tutto l'anno. V F
c. Il Secchia è un affluente di destra del Po. V F
d. In Europa il «deflusso fluviale» si verifica prevalentemente in inverno. V F
e. Le foci ad estuario sono quelle più navigabili. V F

3 ●○○ **Scegli l'alternativa corretta.**

a. Sono detti fiumi immissari/emissari quelli che escono dal lago verso il mare.
b. L'eccessivo sfruttamento delle risorse idriche rinnovabili di definisce «carenza idrica»/«stress idrico».
c. Il Po, il Rodano e il Danubio sono i più importanti fiumi con foce a delta/estuario.
d. La portata costante del fiume Adige in estate è dovuta alle abbondanti piogge/allo scioglimento dei ghiacci.
e. Quando la foce di un fiume ha un unico ramo a forma di imbuto si dice foce a delta/estuario.

4 ●●○ **Si chiamano «acque reflue»**

A le acque in eccesso dopo un forte nubifragio.
B le acque reimmesse nei fiumi dopo essere state impiegate in attività umane.
C le acque provenienti da alluvioni in territori al alta cementificazione.

5 ●●○ **Abbina i disegni alle corrispondenti tipologie di lago:**

A lago glaciale
B lago di sbarramento
C lago vulcanico
D lago costiero

6 ●●○ **Il Lago Ladoga è situato in**

A Germania.
B Finlandia.
C Russia.

7 ●●○ **Quale fiume francese sfocia nel Canale della Manica?**

A La Loira.
B La Senna.
C Il Rodano.

8 ●●○ **Qual è la causa principale delle alluvioni?**

A Il cambiamento climatico.
B La siccità.
C La cementificazione.

9 ●●○ **Collega con frecce.**

1. Meandro
2. Dissesto idrogeologico
3. Lago costiero
4. Acque continentali
5. Sorgente

a. Acqua proveniente da fiume, lago o falda idrica.
b. Curva che si forma lungo il corso del fiume in pianura.
c. Luogo da cui parte la prima acqua di un fiume.
d. Degrado del territorio dovuto a alluvioni e frane.
e. Massa d'acqua separata dal mare da lingue di detriti.

10 ●●●

Incrocia i dati delle tabelle sulla lunghezza dei fiumi che si trovano nella lezione 3 e costruisci un istogramma dei primi 10 fiumi italiani.

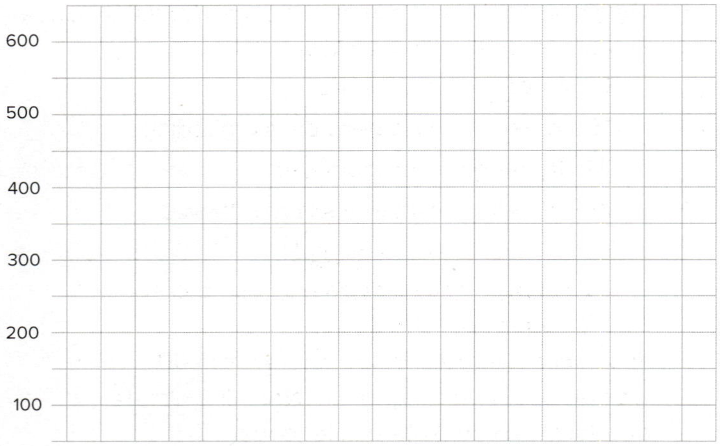

11 ●●○

Completa il testo con le parole:

tubazioni • orientale • ricco • carenza idrica • estate • piove • settentrionale • rete di distribuzione • meridionale

L'Europa è un continente .... d'acqua ma molte regioni non ne hanno abbastanza.
I paesi dell'Europa .... e alcuni dell'Europa centrale e .... hanno acqua per soddisfare ogni esigenza. Altri paesi dell'Europa centrale e orientale e dell'Europa .... , tra cui l'Italia, soffrono di .... , non hanno cioè acqua a sufficienza. Durante l' .... la situazione si aggrava perché .... di meno. Inoltre l'acqua viene persa lungo la .... alle case perché le .... sono vecchie.

12 ●●●

Inserisci nella carta le lettere corrispondenti ai laghi e ai fiumi indicati.

- **a.** Garda
- **b.** Loira
- **c.** Saimaa
- **d.** Balaton
- **e.** Reno
- **f.** Vänern
- **g.** Po
- **h.** Danubio
- **i.** Ladoga
- **j.** Ural
- **k.** Tevere
- **l.** Onega
- **m.** Volga
- **n.** L. di Ginevra

SVILUPPA LE TUE COMPETENZE

13 CALCOLA

In base alla tabella qui sotto trova la lunghezza media dei primi 10 fiumi europei. ....

Alla lunghezza di quale fiume si avvicina di più il risultato? ....

In base al risultato trovato, quante volte è più lungo il fiume Volga? ....

I 10 fiumi più lunghi d'Europa	
Volga	3531 km
Danubio	2860 km
Ural	2428 km
Dnepr	2201 km
Don	1870 km
Pečora	1809 km
Dnestr	1352 km
Reno	1326 km
Dvina Settentrionale	1302 km
Elba	1165 km

14 IN ENGLISH

Conosci il significato di queste parole?

river banks • source • mouth • flash flood • delta

Se non lo conosci, cercalo nel dizionario e poi completa il testo in inglese qui sotto.

The place where a river starts: ....

The place where a river joins the sea: ....

An area where a river divides into branches before entering the sea: ....

The land long the sides of a river: ....

A sudden and destructive rush of water caused by heavy rain: ....

15 SE FOSSERO 100

Ogni italiano consuma in media circa 150 litri di acqua potabile al giorno, così suddivisi:

- 6 litri per bere e cucinare
- 18 litri per la pulizia della casa e giardino
- 27 litri per gli elettrodomestici
- 45 litri nelle cassette di scarico dei WC
- 54 litri per l'igiene personale

Calcola la percentuale di ciascun uso dell'acqua, usando la proporzione

tipo di consumo : consumo totale = x : 100

e colora lo schema seguente. Non dimenticare di colorare e completare la legenda.

Legenda
☐ per bere e cucinare
☐ per la pulizia della casa e giardino
☐ per gli elettrodomestici
☐ nelle cassette di scarico dei WC
☐ per l'igiene personale

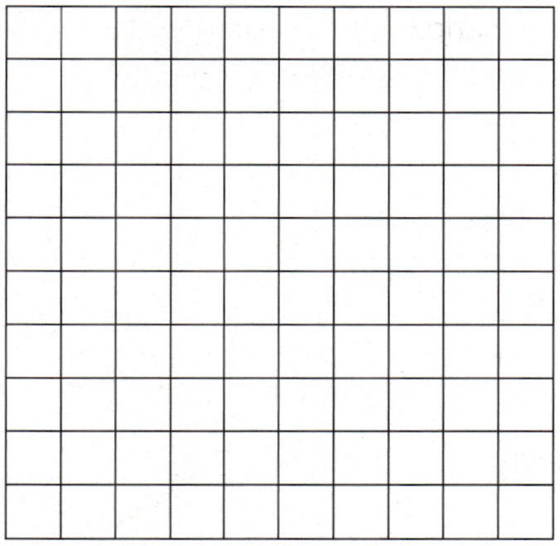

16 COMPITO DI REALTÀ

Immagina di organizzare una campagna per sollecitare le persone a consumare meno acqua.

1. Scegli il nome dell'iniziativa. Potrebbe essere «Non sprecare l'acqua!», però forse sarebbe meglio che scrivessi tu un titolo originale.
2. Realizza una serie di volantini quadrati (10x10 cm) che possano essere distribuiti comodamente.
3. Su ciascuno, in alto, riporta il nome dell'iniziativa; subito sotto, indica un modo alla portata di tutti per ridurre lo spreco di acqua. (Puoi ispirarti ai suggerimenti contenuti nella lezione 5.)
4. Sotto la scritta colloca un'immagine, una foto o un disegno. (Attenzione, l'immagine deve essere grande e deve parlare direttamente agli osservatori.)

SEI PRONTO PER LA VERIFICA? IN 1 ORA

1 **Vero o falso?**
[2 punti per ciascuna domanda]

a. Gli affluenti di sinistra si distinguono da quelli di destra osservando il fiume verso la sorgente. V F
b. Le foci a delta sono aree di importante rilevanza naturalistica. V F
c. Un lago si definisce tettonico se formato in seguito allo sbarramento di una valle fluviale. V F
d. Il principale lago costiero italiano è il Massaciuccoli. V F
e. La cementificazione impedisce al territorio di trattenere l'acqua. V F

......./10

2 **Scegli l'alternativa corretta.**
[2 punti per ciascuna risposta]

a. La linea spartiacque separa un fiume dagli immissari/un bacino idrografico da quello confinante.
b. Il versante meridionale è costituito dai bacini idrografici del Mar Mediterraneo e del Mar Nero/Mar Caspio.
c. I più importanti fiumi con foce a delta/estuario sono la Loira, l'Elba e il Tamigi.
d. Un emissario è un fiume che va verso il mare/un lago.
e. Il Panàro, il Secchia e lo Scrivia sono tutti affluenti di destra/sinistra del Po.

......./10

3 **Il Danubio sfocia nel versante**

A del Mar Mediterraneo.
B del Mar Baltico.
C del Mar Nero.
D del Mar Caspio.

......./3

4 **Il fenomeno per cui l'acqua non assorbita dal terreno scorre verso valle si dice**

A deflusso superficiale.
B bacino idrografico.
C linea spartiacque.

......./3

5 **Il monitoraggio delle falde idriche evidenzia che**

A l'inquinamento è inferiore rispetto alle acque superficiali.
B l'inquinamento è maggiore rispetto alle acque superficiali.
C non è presente alcuna forma di inquinamento.

......./3

6 **Il bacino idrografico è**

A il fenomeno per cui l'acqua del fiume scorre sempre verso valle.
B la vasta area che si apre verso il mare, in cui scorre il fiume e da cui raccoglie le sue acque.
C una naturale depressione del terreno coperta d'acqua.

......./3

7 **Quale di questi fiumi sfocia nel Mare del Nord?**

A Tago.
B Tamigi.
C Po.

......./3

8 **Quant'è lungo il fiume Po?**

A Meno di 500 km.
B Tra 500 e 1000 km.
C Oltre 1000 km.

......./3

9 **La poca disponibilità d'acqua per i bisogni essenziali si definisce**

A carenza idrica.
B indice di sfruttamento idrico.
C deflusso fluviale.

......./3

10 **Per quale motivo i fiumi appenninici che sfociano nel Mar Tirreno sono più lunghi di quelli che sfociano nel Mar Adriatico?**

A Perché l'alveo di questi fiumi è prevalentemente sabbioso.
B Perché nel versante tirreno ci sono maggiori precipitazioni.
C Perché la linea spartiacque è più lontana dalla costa.

......./3

11 **Completa con le parole:**
Mar Tirreno • appenninici • linea spartiacque • estate • alpini • irregolare • ghiacciai • mare • acqua piovana • Mar Adriatico
[2 punti per ciascuna parola inserita]

I fiumi italiani .... hanno acqua tutto l'anno, perché in .... si alimentano dai .... che si sciolgono. I fiumi .... hanno invece portata .... poiché si alimentano solo con .... Solitamente i fiumi appenninici che sfociano nel .... sono più corti rispetto a quelli che sfociano nel .... perché la .... è più vicina al ....

......./20

12 **Dato il termine, scrivi a destra la definizione.**
[4 punti per ciascuna definizione]

Fiume: ....
....
....
....

Lago: ....
....
....
....

Affluente: ....
....
....
....

Immissario: ....
....
....
....

......./16

13 **Che cos'è la portata di un fiume?**

....
....
....
....
....

......./5

14 **Inserisci nella carta le lettere corrispondenti ai fiumi indicati.**
Colora il corso del fiume in blu se è un fiume alpino; in rosso se è un fiume appenninico.
[2 punti per ciascuna lettera inserita,
1 punto per ciascun colore attribuito]

a. Po ....
b. Arno ....
c. Volturno ....
d. Adige ....
e. Tevere ....

......./15

TOTALE ..../100

E L'AMBIENTE COSTIERO E MARINO E I SUOI PROBLEMI

CIAK si impara! se fossero 100

Puoi iniziare con il filmato *Sovraccarico ed erosione delle coste*

Bildagentur Zoonar GmbH/Shutterstock

Benidorm, città spagnola sul Mar Mediterraneo, è una nota località di villeggiatura. Ai suoi 70000 abitanti si aggiungono, soprattutto in estate, centinaia di migliaia di turisti.

La pressione umana sulla fascia costiera e sulle acque marine è enorme.

Per esempio, il consumo di acqua da parte dei turisti è molto più alto di quello degli abitanti: l'ospite di un hotel di fascia alta arriva a consumare oltre 360 litri di acqua al giorno, quasi il triplo di un residente. Nel periodo estivo sono maggiori anche gli scarichi delle acque reflue che, se non vengono adeguatamente depurate, inquinano quelle marine.

PER ORIENTARTI NELL'UNITÀ E

Nell'**Unità D** abbiamo viaggiato attraverso l'Europa «alla scoperta dell'acqua»: dei fiumi, dei laghi e delle falde acquifere (che insieme formano le **acque continentali**). Abbiamo seguito il percorso compiuto dall'acqua delle precipitazioni che da vaste aree si raccolgono tutte in un corso d'acqua diretto verso il mare. Abbiamo infine «visitato» i maggiori laghi italiani ed europei.

In questa unità vedremo le caratteristiche dell'**ambiente costiero e marino**.

Le **coste** sono modellate dal moto ondoso del mare e dalle correnti: a seconda del territorio, le coste possono essere **alte e rocciose** o **basse e sabbiose** (**Lezione 1**).

Le **coste europee** sono bagnate dall'Oceano Atlantico e dai suoi mari adiacenti, il Mar Mediterraneo e il Mar Nero, e hanno forme molto varie (**Lezione 2**).

Le **coste italiane** hanno un grande sviluppo. La penisola italiana è bagnata dal Mar Mediterraneo e da alcuni suoi mari minori (**Lezione 3**).

Analizzeremo poi gli effetti della **pressione umana** sulle coste e sui mari.

La **cementificazione** delle zone costiere altera gli equilibri ecologici accrescendo l'**erosione** delle spiagge (**Lezione 4**).

L'**inquinamento** dei mari, causato dagli scarichi terrestri e dal traffico navale, ha anche effetti sulla salute umana ed è particolarmente grave nei mari chiusi come il Mediterraneo (**Lezione 5**).

1 LE FORME DELLE COSTE

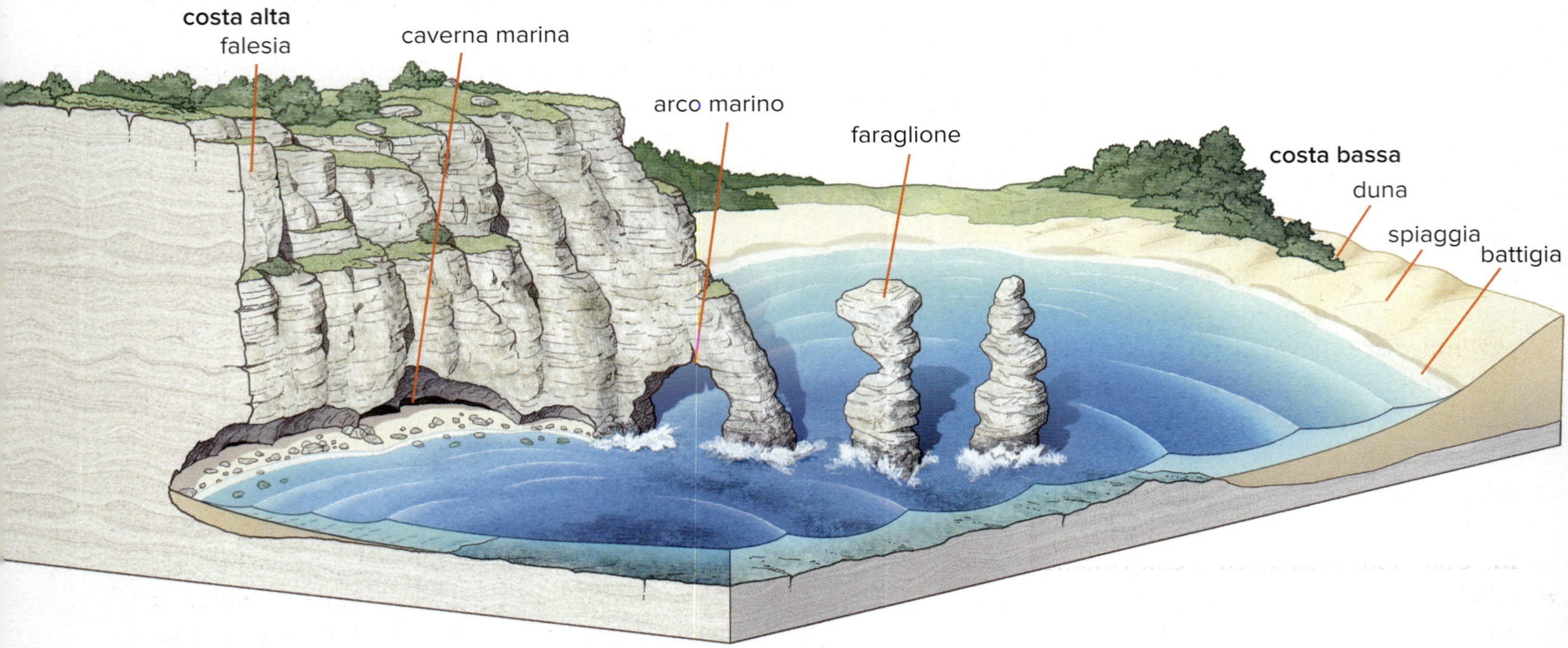

A La costa alta e la costa bassa

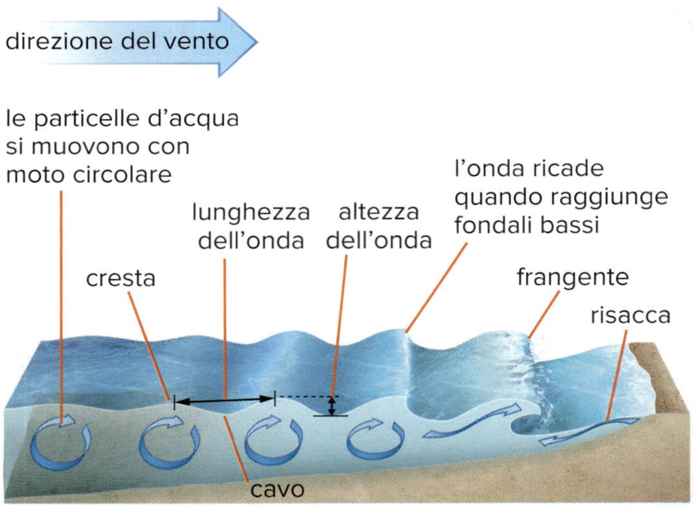

B Il moto ondoso

Le coste si distinguono in alte e basse, a seconda di come è fatto il territorio che si affaccia sul mare

La **costa** è la zona che si trova al limite tra la terraferma e il mare; essa è in parte emersa e in parte sommersa.

La forma della costa dipende dal tipo di territorio che si affaccia sul mare. In base ad esso si distinguono due tipi di costa [A]:

- **costa alta** se il territorio è montuoso o collinare;
- **costa bassa** se il territorio è pianeggiante.

La forma della costa dipende anche dal mare con il quale essa è a contatto. Con i suoi continui movimenti, infatti, il mare modella la costa. Nei mari aperti, come negli oceani, l'azione del mare è più forte che nei mari chiusi (come nel Mediterraneo e, in particolare, nel nostro Mare Adriatico).

Le onde sono generate dalla pressione del **vento** sulla superficie del mare in una zona aperta. Nel punto in cui il vento preme, l'acqua si abbassa, ma in questo modo costringe l'acqua delle zone subito attorno ad alzarsi [B]. Questa oscillazione verticale si trasmette a catena all'acqua circostante, come avviene quando si getta un sasso in uno stagno.

L'azione erosiva del mare è opera soprattutto dei **frangenti**, cioè delle onde che arrivano a rompersi sulla costa, e della **risacca**, cioè delle onde che tornano indietro, trascinando con sé sabbia e altri detriti.

Le coste alte e rocciose vengono modellate dal moto ondoso

Lungo una costa alta e rocciosa, l'azione del mare è di tipo principalmente **erosivo**: cioè l'acqua, con il moto delle onde, non deposita nulla e porta invece via piccole particelle di roccia.

Le **falesie** sono un tipo particolare di coste alte, caratterizzate da pareti rocciose a strapiombo sul mare. La parete della falesia viene erosa alla base dal moto ondoso; col tempo le onde scavano sempre più profondamente la roccia, fino a quando la parte superiore della falesia crolla [C]. In questo modo, la costa arretra, ma la parete rimane sempre verticale. Questo processo continua finché i detriti, accumulatisi in seguito ai crolli ai piedi della parete, non formano uno sbarramento così consistente che impedisce alle onde di raggiungere la falesia.

Talvolta, lungo le coste alte, le onde scavano **caverne marine** all'interno della roccia. Ciò avviene soprattutto dove ci sono dei punti di roccia meno dura, o delle spaccature.

In alcuni casi le onde possono scavare **archi marini**. Una volta crollati gli archi, rimangono dei pilastri rocciosi chiamati **faraglioni** che, col tempo, vengono anch'essi consumati dalle onde.

Lungo le coste alte vi sono spesso delle insenature più o meno vaste, dette **baie** o **golfi**, chiuse ai lati da **promontori**.

Le coste basse vengono modellate dal moto ondoso, dalle correnti e dal vento

Le coste basse sono costituite principalmente da **spiagge**, distese pianeggianti formate da detriti (sabbia o ghiaia) depositati dai corsi d'acqua. Lungo le spiagge, l'azione del mare è contemporaneamente di erosione e di deposizione.

Quando il frangente risale il pendio della spiaggia, provoca un movimento della sabbia o della ghiaia verso terra; quando con la **risacca** l'acqua ridiscende il pendio della spiaggia, provoca un movimento della sabbia o della ghiaia verso il mare.

Col tempo, la forma di queste coste può cambiare per effetto delle correnti marine o del vento, che spesso spingono le onde trasversalmente rispetto alla linea di costa. Pertanto esse salgono e scendono lungo il pendio della spiaggia obliquamente, provocando un **movimento laterale** della sabbia o della ghiaia [D]. L'effetto finale è lo spostamento di detriti da una zona all'altra della costa.

Il vento, oltre a generare le onde marine, può anche esercitare un'azione diretta sulle spiagge spostando la sabbia. Si formano così piccole colline di sabbia, le **dune**, che svolgono una importante funzione nel proteggere le coste basse dalla forza del mare.

GUIDA ALLO STUDIO

1. Sottolinea in che modo il vento agisce sulla superficie del mare.
2. Evidenzia nel testo il processo attraverso il quale le coste possono cambiare forma, sia quelle alte sia quelle basse.

C L'erosione delle falesie

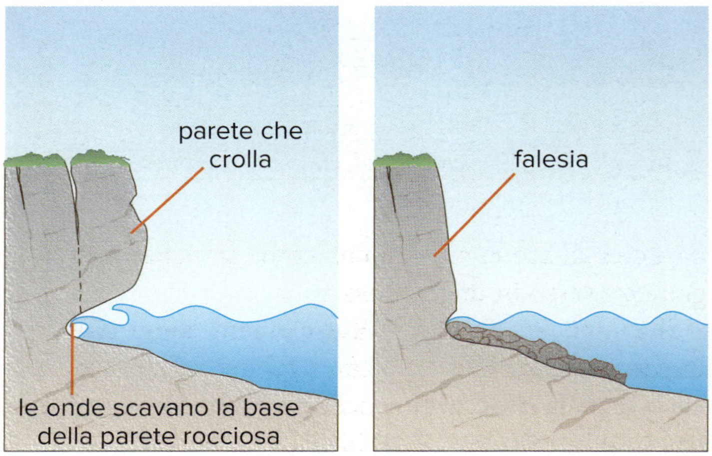

D L'azione del moto ondoso sulla spiaggia

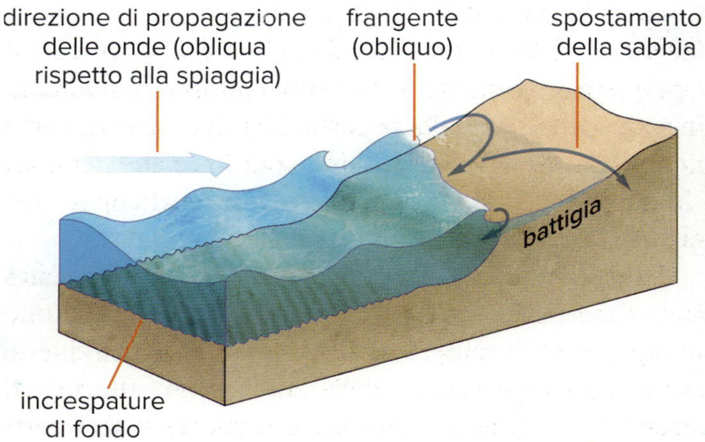

VIDEO NELL'EBOOK

Il modellamento delle coste alte

Alamy Stock Photo

E La falesia di Cape Enniberg

Le falesie europee più imponenti si trovano lungo le coste atlantiche

La scogliera più alta si trova nelle isole Fær Øer, poco al largo della Norvegia settentrionale, ma appartenenti alla Danimarca. È la falesia di Cape Enniberg [E], alta ben 750 metri.

Sulla costa occidentale dell'Irlanda, la scogliera del monte Croaghaun, sull'isola di Achill, raggiunge i 660 metri d'altezza. Nell'Irlanda settentrionale le falesie di Slieve League raggiungono un'altezza di 600 metri.

Sempre sulle coste dell'Oceano Atlantico, ma in Galizia (Spagna) si trova la Vixía de Herbeira, che misura circa 620 metri d'altezza.

Le falesie **più lunghe** d'Europa si trovano sulle due sponde del Canale della Manica, in Inghilterra e in Francia.

Bianche e ripide falesie, note come le «bianche scogliere di Dover», si trovano sulle coste inglesi.

Lungo le coste francesi della Normandia sono celebri le falesie di Etretat [F].

Nel Mediterraneo, coste rocciose e frastagliate si trovano soprattutto in Italia e nella penisola balcanica.

Pictureflex/Shutterstock

F Le scogliere di Etretat, in Normandia (Francia)

DIARIO

1. **Traccia due mappe che illustrino come il mare modella le coste alte e basse.**
   Per quanto riguarda le coste alte, in particolare le falesie, puoi usare questo schema.

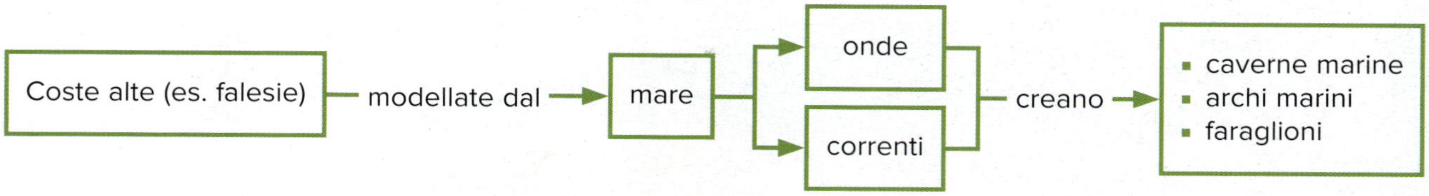

   Per quanto riguarda le coste basse, in particolare le spiagge, costruisci tu uno schema simile sulla base delle informazioni contenute nella lezione.
2. **Preferisci le spiagge di sabbia o quelle di ghiaia? Per quali ragioni?**

METTITI ALLA PROVA

1 Vero o falso?
- **a.** Se un territorio che si affaccia sul mare è collinare o montuoso, la costa è alta. V F
- **b.** Le spiagge sono costituite da sabbia o ghiaia portate dai fiumi. V F
- **c.** La costa è la zona che si trova al limite tra la terraferma e il mare, in parte emersa in parte sommersa. V F
- **d.** Le più alte falesie europee si trovano in Belgio e nei Paesi Bassi. V F
- **e.** I faraglioni sono caverne marine scavate all'interno della roccia. V F

2 Scegli l'alternativa corretta.
- **a.** Le onde del mare sono generate dalle correnti marine/dal vento.
- **b.** Le spiagge vengono modellate dalle onde che si rompono sulla risacca/costa.

3 Le falesie sono
- A coste basse e sabbiose.
- B pareti rocciose a strapiombo sul mare.

4 Le onde sono provocate
- A dall'erosione delle coste.
- B dalla pressione del vento sul mare.

5 La forma di una costa dipende
- A solo dal tipo di territorio che si affaccia sul mare e dalle correnti marine.
- B solo dalle onde marine che scavano la costa e dai fiumi che depositano detriti.
- C dal tipo di territorio che si affaccia sul mare, dalle onde marine che scavano la costa, dai fiumi che depositano detriti e dalle correnti marine.

6 I frangenti sono
- A piccole colline di sabbia.
- B onde che arrivano a rompersi sulla costa.
- C vaste insenature chiuse ai lati da promontori.

7 Completa lo schema con le parole:
cresta • cavo • lunghezza dell'onda • altezza dell'onda

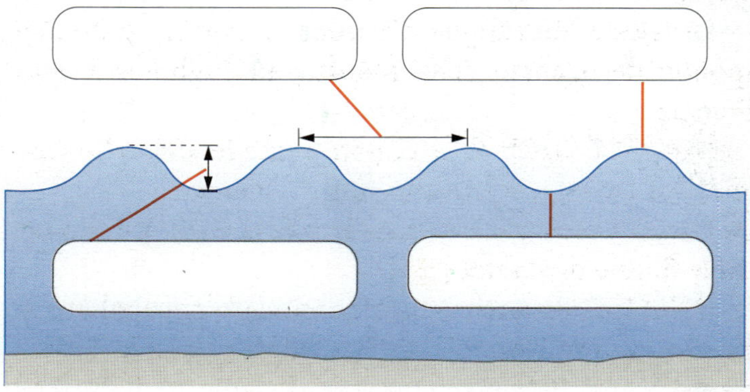

2 I MARI E LE COSTE DELL'EUROPA

A I mari e le coste d'Europa

L'Europa è circondata a nord, ovest e sud dall'Oceano Atlantico e dai mari adiacenti

La penisola europea è circondata su tre lati dall'Oceano Atlantico e dai mari in cui esso si dirama [**A**]:

- a nord, il **Mar Glaciale Artico**;
- a ovest, lo stesso **Oceano Atlantico**;
- a sud, il **Mar Mediterraneo**.

A nord l'Europa è bagnata da: Mar Glaciale Artico, Mar di Norvegia, Mar Baltico e Mare del Nord

Il **Mar Glaciale Artico** è suddiviso dall'arcipelago russo in due sezioni: **Mar di Barents** a ovest e **Mar di Kara** a est. Il Mar di Barents, in gran parte coperto di ghiaccio per tutto l'anno, penetra nel continente a sud della penisola russa di Kola, prendendo il nome di **Mar Bianco**.

A ovest della penisola scandinava l'Atlantico prende il nome di **Mar di Norvegia**. Questo mare non gela mai nonostante sia situato molto a nord, grazie alla profondità e all'influsso della *Corrente del Golfo*.

Il **Mar Baltico** è situato tra il Bassopiano sarmatico e la Penisola scandinava ed è chiuso a sud-ovest dalla penisola dello Jutland. Si articola in numerosi golfi ed è disseminato di isole. Il Mar Baltico è poco salato e poco profondo ed è gelato per molti mesi l'anno.

Tra la Scandinavia, lo Jutland, il Bassopiano germanico e le Isole britanniche si estende il **Mare del Nord**, poco profondo e burrascoso.

A ovest l'Europa è bagnata dall'Atlantico nord-orientale

L'Atlantico nord-orientale è costituito da alcuni bacini oceanici, profondi fino a 5800 metri, e da aree meno profonde lungo la costa della Penisola iberica e quella occidentale della Francia.

La Gran Bretagna, la cui costa orientale si affaccia sul Mare del Nord, a ovest è bagnata dal **Mar d'Irlanda** che la separa dall'isola omonima, mentre a sud è separata dal continente dal Canale della Manica.

Grazie all'influsso della **Corrente del Golfo**, la temperatura dell'acqua marina è piuttosto alta: in superficie è compresa tra 7 e 15 °C.

A sud l'Europa è bagnata dal Mediterraneo, un bacino semichiuso dell'Oceano Atlantico

Rispetto all'Atlantico, al quale è collegato attraverso lo Stretto di Gibilterra, il **Mar Mediterraneo** è meno profondo e più caldo (15-26 °C in superficie). Si estende per 2,5 milioni di km^2 ed è suddiviso in diversi bacini minori dalla Penisola italiana e dalla Penisola balcanica.

Nel settore orientale del Mediterraneo tra la Grecia, l'isola di Creta e la Penisola anatolica è racchiuso il **Mar Egeo**, costellato di numerose isole (Eubea, Lesbo, Rodi e altre). Il Mar Egeo comunica con il piccolo **Mar di Marmara** attraverso lo Stretto dei Dardanelli e con il **Mar Nero** attraverso lo Stretto del Bosforo.

Il Mar Nero comunica a sua volta con un piccolo mare, il **Mar d'Azov**, racchiuso tra la penisola di Crimea e le coste dell'Ucraina e della Russia.

Le coste europee sono alte e rocciose sull'Atlantico e i mari adiacenti, basse e sabbiose sul Mare del Nord e sul Mar Nero

Le coste europee si sviluppano per circa 138 000 km e variano per forma e tipologia.

Sono coste **alte** e **frastagliate** nelle regioni settentrionali che si affacciano sull'Oceano Atlantico e in gran parte del Mar Mediterraneo; sono basse e lineari sulle coste atlantiche di Francia e Spagna, in alcuni punti del Mediterraneo (come sul nostro Mare Adriatico) e sul Mar Nero.

Alte scogliere si trovano sulle coste atlantiche di Norvegia, Irlanda e Scozia. Sono incise da profonde insenature marine, dovute alla sommersione di valli scavate dall'azione erosiva dei ghiacciai. Famosi i **fiordi** norvegesi e le **falesie** irlandesi.

Nel Mediterraneo, coste rocciose e frastagliate si trovano soprattutto nella Penisola balcanica [B].

Sono invece prevalentemente **basse** e **sabbiose** le coste del Mare del Nord, quelle francesi sulla Manica (a ovest della foce della Senna) e sul Mediterraneo, quelle spagnole sull'Atlantico e sul Mediterraneo, e quelle dei paesi che si affacciano sul Mar Nero [C].

Le coste italiane, lunghe più di 7000 km, sono per oltre la metà rocciose: ne sono un esempio quelle liguri, alte e frastagliate, e quelle a sud di Napoli, dalla Penisola sorrentina alla Costiera amalfitana e alla Calabria. Sono in gran parte alte e rocciose anche le coste della Sicilia e della Sardegna.

Le spiagge prevalgono invece nettamente sul litorale adriatico.

B Costa rocciosa in Croazia, sul Mare Adriatico

Bertl123/iStock

C Una spiaggia in Bulgaria, sul Mar Nero

niki_spasov/Shutterstock

VIDEO NELL'EBOOK

I mari e le coste in Europa

Le coste del Mar di Norvegia sono intagliate dai fiordi

I **fiordi** sono valli lunghe, strette e ramificate scavate dai ghiacciai tra 100 000 e 10 000 anni fa, nel periodo delle glaciazioni. In quell'epoca quasi tutta l'Europa era coperta dal ghiaccio.

Scorrendo lungo i pendii, gli enormi ghiacciai scavarono le valli fino a profondità al di sotto del livello del mare. Quando i ghiacci si ritirarono circa 10 000 anni fa e il livello del mare si innalzò, l'acqua riempì le vallate lasciate dai ghiacciai in arretramento.

Due fiordi, il Geirangerfjord [D] e il Nærøyfjord, fanno parte del Patrimonio mondiale dell'Unesco. Lunghi oltre 15 km e profondi fino a 500 metri, sono fiancheggiati da ripide montagne e cascate.

Il Nærøyfjord, che nel punto più stretto si restringe ad appena 250 metri mentre in altri tratti supera il kilometro di larghezza, è uno dei bracci del Sognefjord, il fiordo più lungo della Norvegia.

Il Sognefjord si insinua nella terraferma per 204 kilometri, dalla costa, poco a nord di Bergen, fino alle montagne del Parco Nazionale Jotunheimen nelle Alpi scandinave. Esso raggiunge una profondità di oltre 1300 metri e le montagne che lo circondano arrivano a più di 1700 metri di altezza.

Molti fiordi sono percorribili con battelli di grandi dimensioni, tra cui navi da crociera capaci di trasportare migliaia di passeggeri.

Circa 30 000 abitanti vivono in quest'area, distribuiti in villaggi lungo i fiordi e nelle valli.

GUIDA ALLO STUDIO

1. Indica nel testo per quale ragione i fiordi sono stati inondati dall'acqua del mare durante il periodo preistorico.
2. Evidenzia quali tra i fiordi norvegesi sono stati riconosciuti patrimonio dell'Unesco.

niki_spasov/Shutterstock

D Il fiordo di Geiranger, in Norvegia

DIARIO

1. Traccia sul quaderno una mappa dei mari europei.
Puoi partire da questo schema e aggiungere tutte le diramazioni necessarie per completarlo con le informazioni che trovi nella lezione.

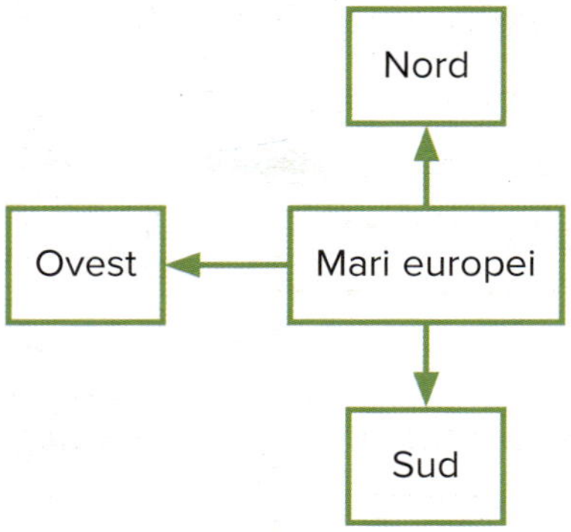

2. Se domani dovessi partire per una crociera, su quale mare europeo ti piacerebbe navigare?
Perché?

METTITI ALLA PROVA

1 Vero o falso?

●○○

a. La Gran Bretagna a ovest è bagnata dal Mare del Nord. V F

b. In Italia le coste basse e sabbiose si trovano soprattutto in Liguria. V F

2 Scegli l'alternativa corretta.

●○○

a. Grazie alla Corrente del Golfo il Mar di Barents/Mar di Norvegia non gela mai d'inverno.

b. Il Canale della Manica/Lo Stretto di Gibilterra mette in comunicazione il Mar Mediterraneo con l'Oceano Atlantico.

3 In quali mari è suddiviso il Mar Glaciale Artico?

●○○

A Mar di Norvegia e Mare d'Irlanda.

B Mar Baltico e Mare d'Irlanda.

C Mar di Barents e Mar di Kara.

4 Il Mar Baltico si trova

●●○

A fra il Bassopiano sarmatico, la Penisola scandinava e la Penisola dello Jutland.

B fra la Scandinavia, lo Jutland, il Bassopiano germanico e le Isole britanniche.

C fra la Penisola scandinava e l'Arcipelago russo.

5 Quale mare è situato tra gli stretti dei Dardanelli e del Bosforo?

●●○

A Mar Nero.

B Mar Egeo.

C Mar di Marmara.

6 Completa la mappa con le parole:

●●○

ovest • sud • poco • molto • 7-15 °C • 15-26 °C

Caratteristiche

- Mar Mediterraneo
  - a .... dell'Europa, ... profondo, temperatura tra i ....
- Oceano Atlantico
  - a .... dell'Europa, ... profondo, temperatura tra i ....

7 Osserva la cartina e inserisci nei riquadri le lettere corrispondenti ai nomi dei mari.

●●○

A. Mar Egeo

B. Mar Mediterraneo

C. Mar Baltico

D. Mare del Nord

E. Mar Glaciale Artico

F. Mar Nero

8 Completa il testo con le parole:

●●○

Penisola balcanica • falesie • fiordi • Mare del Nord • sabbiose • Norvegia • ghiacciai • Mediterraneo • frastagliate

Nel Mediterraneo, coste rocciose e .... si trovano soprattutto nella .... Invece, coste basse e .... si trovano nel .... , sulla costa francese della Manica, nel Mar Nero e nel Mar .... Sulle coste atlantiche si trovano alte .... In .... le coste sono costituite da .... , profonde insenature marine scavate dai ....

3 I MARI E LE COSTE DELL'ITALIA

I mari che circondano l'Italia sono sezioni del Mar Mediterraneo: Mar Ligure, Mar Tirreno, Mar Ionio e Mare Adriatico

La Penisola italiana si protende con le sue isole nel Mediterraneo. I mari che la circondano sono quindi sezioni del Mediterraneo, che assumono nomi specifici [A].

- Il **Mar Ligure** bagna le coste occidentali dell'Italia a nord-ovest e si estende tra la costa ligure e la punta settentrionale della Corsica.
- Il **Mar Tirreno** è il mare italiano più vasto; si estende a sud del Mar Ligure ed è chiuso tra la penisola italiana, la Corsica, la Sicilia e la Sardegna.

A I mari e le coste dell'Italia

- Il **Mar Ionio** comunica col Tirreno attraverso lo Stretto di Messina ed è delimitato a ovest dalle coste dell'Italia meridionale e della Sicilia e a est dalla costa greca.
- Il **Mare Adriatico** comunica con lo Ionio attraverso il Canale d'Otranto e si estende tra la Penisola italiana a ovest e quella balcanica a est.

L'Italia, avendo la forma di una lunga penisola, ha coste molto estese, sia sabbiose sia rocciose

Le coste italiane, comprese quelle delle isole, hanno una lunghezza totale di circa 7400 kilometri, equivalente alla distanza tra Roma e Calcutta (in India). Per poco più della metà della lunghezza totale sono **spiagge** [B] di vario tipo: sabbiose ampie e diritte; ghiaiose, in genere più piccole; fangose, caratteristiche delle lagune.

Sulle coste liguri le spiagge sono limitate e per lo più ghiaiose.

Tratti più o meno lunghi di spiaggia sabbiosa si alternano a coste alte e rocciose in Toscana, nel Lazio, in Campania, in Calabria, in Basilicata, in Sicilia e in Sardegna.

Le spiagge prevalgono nettamente sul litorale adriatico a partire da Otranto, in Puglia, andando su verso nord lungo le coste del Molise, dell'Abruzzo, delle Marche, dell'Emilia-Romagna, del Veneto e del Friuli-Venezia Giulia. Sono interrotte solo da due promontori (il Gargano in Puglia e il Monte Cònero nelle Marche) e, infine, dalle coste alte attorno a Trieste.

Le spiagge adriatiche sono in genere sabbiose, salvo alcuni tratti fangosi sul litorale da Rimini a Grado, dove vi sono lagune e paludi: le valli di Comacchio, il Delta del Po, la Laguna veneta e quelle di Marano e Grado, più a nord.

In Italia le coste alte hanno uno sviluppo minore di quelle basse ma sono ugualmente molto estese

Per quasi la metà della lunghezza totale le coste italiane sono rocciose di vario tipo: falesie, rilievi affacciati direttamente sul mare o che scendono a terrazze, coste rocciose ma basse. Lungo tutte queste coste vi sono numerosi golfi.

Coste rocciose, alte e frastagliate, si trovano in Liguria, e per alcuni tratti in Toscana e nel Lazio; hanno forma di promontori [C] (i maggiori sono l'Argentario e il Circeo). Coste rocciose si trovano anche a sud di Napoli, dalla Penisola sorrentina alla Costiera amalfitana e poi, via via, fino alla Calabria.

Coste rocciose si trovano anche in alcuni tratti del litorale pugliese: nel Salento (che si affaccia sul Mar Ionio e sul Canale d'Otranto) e nel promontorio del Gargano sull'Adriatico.

Sono in gran parte alte e rocciose anche le coste delle isole.

GUIDA ALLO STUDIO

1. Sottolinea nel testo in quali punti la costa adriatica diventa alta e rocciosa.
2. Di che tipo sono le coste di Sicilia e Sardegna? Evidenzia le risposte nel testo.

B La spiaggia di San Benedetto del Tronto, sul Mare Adriatico

Tipsimages

C Il promontorio dell'Argentario, sul Mar Tirreno

aerostato/iStock

VIDEO NELL'EBOOK

I mari e le coste in Italia

Il fondo dei mari è costituito da un paesaggio fatto di pianure, valli, montagne e vulcani

Quando siamo sulla costa e guardiamo il mare, esso ci appare come una immensa superficie piatta che si estende fino all'orizzonte. Ma se andassimo sott'acqua verso il largo, vedremmo un paesaggio ben diverso [D].

A partire dalla costa, si trova prima la **piattaforma continentale**: un'area pianeggiante lievemente inclinata, costituita dall'orlo sommerso del continente, che degrada fino a una profondità massima di 200 metri.

Si incontra quindi un ripido pendio, la **scarpata continentale**, che scende fino a circa 3000 metri di profondità. Essa è incisa da **canyon sottomarini**, strette e profonde valli scavate da correnti fangose.

Alla base della scarpata si estende una vasta area pianeggiante, la **piana abissale**, interrotta da rilievi e profonde depressioni.

I principali **rilievi sottomarini** sono costituiti da vulcani, i cui picchi più alti possono emergere dalla superficie del mare e presentarsi come isole.

Le principali depressioni sono costituite da **fosse oceaniche** la cui profondità, che generalmente è di 6000-7000 metri, può raggiungere gli 11 000.

I fondali italiani differiscono da zona a zona anche all'interno dello stesso mare

La piattaforma continentale è in genere più larga di fronte alle coste basse e più stretta di fronte alle coste alte: ad esempio, mentre il fondo dell'**Adriatico** è costituito quasi interamente dalla piattaforma continentale, questa è poco estesa nei mari Ligure e Ionio.

Nel **Mar Ligure**, la scarpata inizia quasi subito, raggiungendo al largo di Genova una profondità di oltre 2500 metri. Lo stesso nello **Ionio**, dove raggiunge i 2000 metri di profondità a poche miglia dalle coste siciliane.

Nel **Tirreno**, il più vasto mare italiano, la piattaforma continentale è sviluppata a nord (con larghezze variabili tra 9 e 65 km); è invece pressoché assente a sud di Napoli. Nella Sicilia settentrionale il fondale raggiunge notevoli profondità nelle vicinanze della costa.

La piana abissale della zona centro-meridionale del Tirreno, la cui profondità media supera i 3000 metri, è interrotta da rilievi montuosi di origine vulcanica. Tra questi, il **vulcano sottomarino Marsili**, situato nel Tirreno meridionale e tuttora attivo, è uno dei più grandi vulcani d'Europa: si innalza 3000 metri dal fondo marino sino a 500 m sotto la superficie del mare.

D Com'è fatto il fondo marino

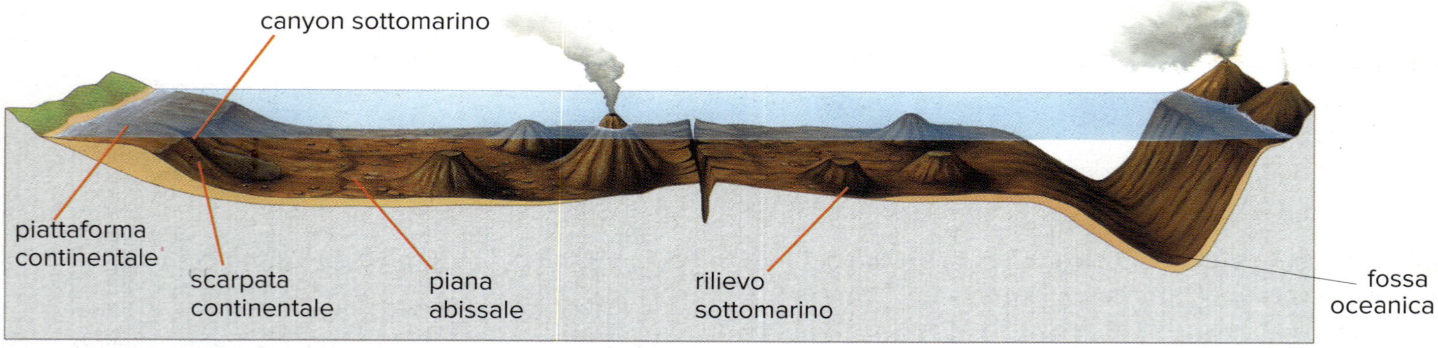

DIARIO

1. Fai un quadro dei mari italiani.
   Puoi copiare questo schema e completarlo.

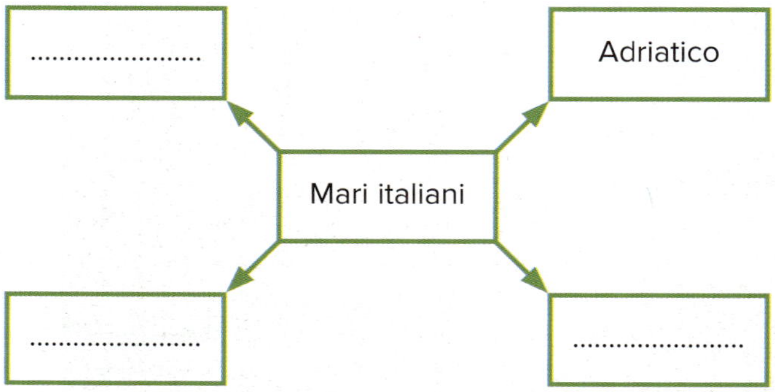

2. Qual è il mare italiano più vicino al luogo in cui vivi? Quanto è profondo? Che forma hanno le sue coste?

METTITI ALLA PROVA

1 ●○○ **Vero o falso?**

a. Il mare italiano più profondo è il Mar Ionio. V F

b. Il mare italiano meno profondo è il Mar Ligure. V F

c. Il Marsili è un vulcano sottomarino. V F

2 ●○○ **Scegli l'alternativa corretta.**

a. La scarpata/piattaforma continentale arriva fino a 3000 m sotto il livello del mare.

b. A sud del Mar Ligure si trova il Mar Ionio/Tirreno.

c. Lo Stretto di Messina mette in comunicazione il Mar Tirreno/Ligure con il Mar Ionio/Adriatico.

3 ●○○ **La costa dell'Adriatico settentrionale è per lo più**

A alta e rocciosa.

B bassa e sabbiosa.

4 ●●○ **A partire dalla costa, scendendo sott'acqua, si trova per prima**

A la piana abissale.

B la scarpata continentale.

C la piattaforma continentale.

5 ●●○ **Il mare italiano più vasto è il**

A Mar Tirreno.

B Mare Adriatico.

C Mar Ionio.

6 ●●○ **Guarda queste due fotografie e associa a ciascuna la zona della costa italiana che ritieni sia raffigurata. Scegli tra:**

costa adriatica • costa tirrenica

Sailorr/Shutterstock

Pfeiffer/Shutterstock

....

7 ●●○ **Completa la carta con le parole:**

Mar Adriatico • Mar Ionio • Mar Tirreno • Mar Ligure

8 ●●● **Completa il testo con le parole:**

Gargano • promontori • tirrenico • Sardegna • Marche • rocciose • adriatico • Circeo • Friuli • Puglia • basse

Le coste italiane sono in parte .... : un esempio sono quelle di Liguria, ... e Calabria.

Nel versante .... si trovano alte sporgenze della costa verso il mare, i .... , per esempio l'Argentario lungo il litorale toscano e il .... in Lazio.

Al sud, in .... , il litorale roccioso è presente nel Salento e nel ....

Nel versante .... si trovano coste .... , formate da sabbia o ghiaia, dal Molise fino al .... Fa eccezione il promontorio del Monte Cònero, nelle ....

4 IL SOVRACCARICO DELLE COSTE

In Europa gran parte della popolazione vive nelle regioni costiere

Quasi la metà della popolazione dell'Unione europea vive nelle regioni costiere a una distanza massima di 50 km dal mare. La maggior parte si concentra nella fascia costiera, a una distanza massima di 10 km dal mare, dove la **densità demografica** è molto più alta.

In Danimarca, vive nelle regioni costiere l'intera popolazione; in Irlanda e Grecia, oltre il 90%; in Svezia e Portogallo, oltre l'80%.

In Italia, vive nella fascia costiera in media il 60% della popolazione. Secondo i dati dell'ISPRA, nelle Marche e in Liguria oltre il 70% della popolazione risiede a una distanza massima di 10 km dal mare; oltre il 40% risiede entro i 300 metri dalla costa. In Campania e Abruzzo tali percentuali sono rispettivamente del 57% e del 30%.

Alla popolazione residente nella fascia costiera si aggiunge, nella stagione estiva, un gran numero di **turisti** attratti dalle favorevoli condizioni climatiche. Ciò richiede la costruzione di strutture ricettive e provoca un forte aumento dei consumi idrici e della produzione di acque reflue. Così si accresce fortemente la pressione umana sulle coste.

La crescente urbanizzazione della fascia costiera per uso abitativo, turistico e industriale ha provocato la cementificazione di gran parte delle coste europee e italiane

Le zone maggiormente trasformate sono quelle entro un kilometro dalla costa. Soprattutto in Portogallo, Spagna, Francia, Italia, Grecia e Irlanda, le coste sono state sempre più urbanizzate. Si sono cioè trasformate in **aree urbane** con la costruzione di case, alberghi, centri commerciali, stabilimenti balneari, villaggi turistici, strade, piazzali e altre opere [A].

Sulle coste europee vi sono anche molte **aree portuali e industriali**. Qui si trova circa un quinto dei complessi industriali dell'Europa: soprattutto raffinerie e centrali termoelettriche, che usano il petrolio trasportato via mare, e centrali elettronucleari che usano l'acqua del mare nei sistemi di raffreddamento.

Particolarmente industrializzate sono le coste del Mare del Nord in Danimarca, Germania, Paesi Bassi e Gran Bretagna: vi si concentra un terzo dei complessi industriali costieri dell'Europa.

Anche in Italia, gran parte dei complessi industriali più pericolosi per l'ambiente è stata edificata proprio nelle zone costiere.

A Come può essere modificata un'area costiera

Negli ultimi trent'anni in Italia sono stati cancellati dal cemento 222 km di paesaggi costieri [B], a un ritmo di quasi 8 km all'anno. 2200 km di coste, quasi un terzo dell'intera lunghezza delle coste italiane, sono stati trasformati dall'urbanizzazione. Il record negativo spetta a Calabria, Abruzzo [C], Lazio e Liguria, dove si salva ormai solo un terzo dei paesaggi costieri.

La cementificazione delle coste ha alterato i delicati equilibri naturali

La crescente pressione umana sulle coste ha cancellato paesaggi di straordinario pregio e continua a modificare l'ambiente naturale delle zone costiere. Una delle conseguenze più gravi dell'alterazione degli equilibri naturali è l'erosione delle coste basse.

Sono state fortemente ridotte anche le **zone umide costiere** [D] (lagune, stagni, laghi, paludi) che svolgono l'importante funzione di filtri naturali. La loro vegetazione, infatti, è in grado di assorbire le sostanze dannose (come i fertilizzanti chimici usati nell'agricoltura e gli scarichi delle industrie) e le sostanze tossiche che da terra si riversano nelle acque marine.

L'erosione delle coste è un processo naturale, che viene però accelerato dalla **pressione umana**. Questa, sconvolgendo gli equilibri naturali, provoca una maggiore erosione in particolare nelle coste basse, soprattutto delle spiagge. Tale fenomeno è dovuto a più cause.

La **costruzione** di moli, dighe e altre opere direttamente sul mare modifica l'azione naturale delle onde e correnti marine, facendo diminuire la quantità di sabbia che esse trasportano e depositano lungo la costa.

La **scomparsa delle dune**, dovuta alla costruzione di stabilimenti balneari e case sul litorale, indebolisce la resistenza delle coste basse alla forza del mare.

Allo stesso tempo la **cementificazione** degli alvei dei fiumi, il prelievo di acqua e sabbia per usi agricoli e industriali riducono la quantità di detriti che i fiumi depositano lungo la costa formando le spiagge.

GUIDA ALLO STUDIO

1. Sottolinea nel testo il punto in cui si spiega quale problema è causato dall'incremento di turisti nella stagione estiva nelle zone costiere.
2. Evidenzia i nomi delle regioni italiane che hanno cementificato oltre la metà della fascia costiera.

VIDEO NELL'EBOOK

- La pressione umana sulle coste europee
- Come può essere modificata un'area costiera

B Coste completamente trasformate nelle regioni italiane

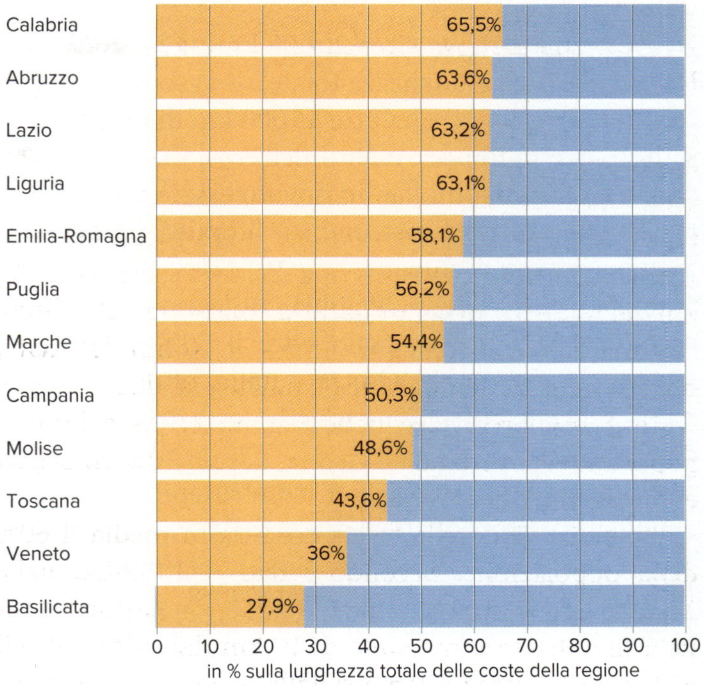

C L'area di Giulianova, sulle coste abruzzesi

seraficus/iStock

D Stagni a Oristano, Sardegna

marmo81/Shutterstock

Gravi forme di erosione colpiscono un quinto delle coste europee

Nell'Unione europea circa 20 000 km di coste, equivalenti al 20% della lunghezza totale, sono soggetti a gravi forme di erosione [E]. Oltre 15 000 km di queste coste stanno arretrando per effetto dell'erosione. A causa di ciò, negli ultimi anni hanno dovuto essere abbandonate centinaia di case costruite sul litorale, mentre altre migliaia sono a rischio.

In Slovenia, Belgio, Polonia, Bulgaria e Romania, è colpito da tale fenomeno oltre il 50% delle coste; in Francia, Germania, Grecia e Italia, oltre il 30%. Le meno soggette all'erosione sono le coste della Finlandia e della Svezia.

Il metodo più usato per combattere l'erosione è quello di costruire opere di difesa della costa, come scogliere artificiali e dighe [F]. Esso è però scarsamente efficace: lo dimostra il fatto che, tra le coste che stanno arretrando a causa dell'erosione, vi sono anche 3000 km di coste protette con tali opere. In molti casi, costruendo queste barriere, si è riusciti a proteggere la costa localmente ma si è accentuata l'erosione in altri tratti.

Un metodo più efficace è il **ripascimento artificiale** delle spiagge, ossia la sostituzione della sabbia perduta a causa dell'erosione con altra sabbia estratta dal fondale marino. L'estrazione di sabbia può però causare gravi danni all'ambiente sottomarino.

Si stanno quindi sperimentando altri metodi. Uno di questi consiste nell'abbandonare la zona costiera erosa (trasferendo tutte le costruzioni a maggiore distanza dal mare) in modo da ristabilire l'equilibrio naturale che rende la costa più resistente all'erosione.

E Erosione costiera a Zandvoort, in Olanda

ictor/iStock

F Barriere anti-erosione nel porto di Ajaccio, Corsica

miropink/iShutterstock

DIARIO

Traccia sul tuo diario una mappa delle cause e delle conseguenze della pressione umana sulle aree costiere.
Puoi ispirarti a questo schema.

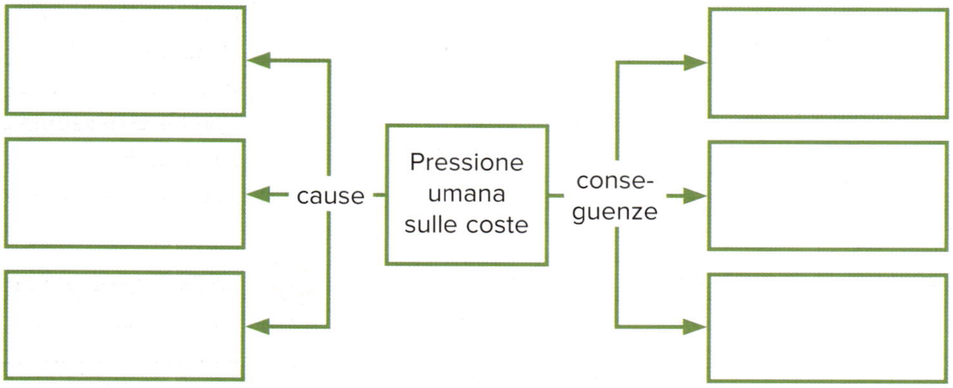

METTITI ALLA PROVA

1 ●○○ **Vero o falso?**

a. La densità demografica è maggiore nell'entroterra dell'Europa. V F

b. Circa un quinto delle industrie europee si trova in zone costiere. V F

c. In Italia le industrie più inquinanti si concentrano nell'entroterra. V F

d. La Calabria e la Liguria sono tra le regioni più colpite dall'urbanizzazione delle coste. V F

2 ●○○ **Scegli l'alternativa corretta.**

a. In Europa le zone maggiormente colpite dall'urbanizzazione sono quelle entro 1 km/oltre i 30 km dalla costa.

b. Le coste meno soggette all'erosione sono quelle di Finlandia e Svezia/Grecia e Germania.

c. La pressione umana sulle coste durante il periodo estivo provoca un aumento dei consumi idrici/del traffico.

3 ●●○ **La popolazione di quale stato europeo vive interamente nelle regioni costiere?**

A Italia.

B Inghilterra.

C Danimarca.

4 ●●○ **A che cosa è dovuta la scomparsa di gran parte delle dune e delle zone umide costiere?**

A All'azione dei venti.

B Alle onde marine.

C Alla cementificazione nelle zone costiere.

5 ●●○ **Quanti abitanti della UE vivono a ridosso delle regioni costiere?**

A Quasi la metà.

B Quasi il 90%.

C Oltre il 70%.

6 ●●○ **La popolazione italiana che vive sulle coste è in media**

A il 90%.

B poco meno dei 2/3 del totale (il 60%).

C circa un terzo del totale (il 33%).

7 ●●○ **Assegna un colore a ogni voce della legenda e poi colora le regioni costiere in base ai dati della figura B di questa lezione.**

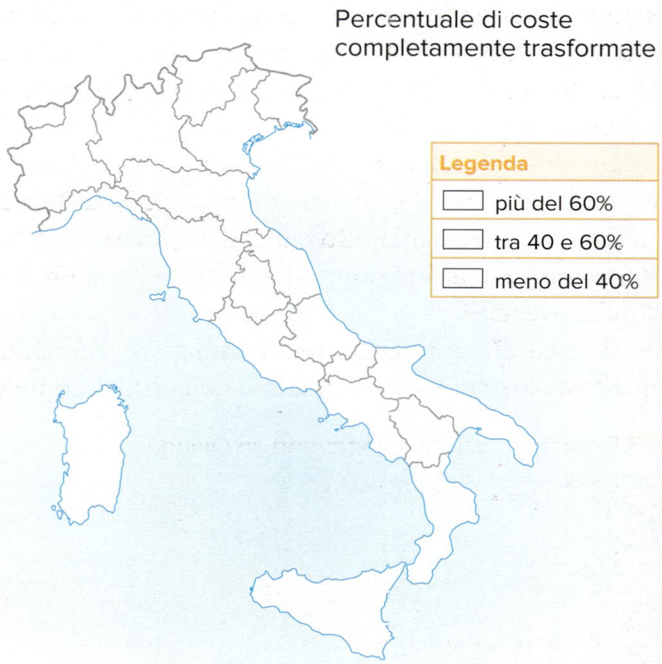

8 ●●● **Completa lo schema con le parole:**
stabilimenti balneari • pressione umana • erosione • spiagge • onde • forza del mare • detriti • cementificazione • sabbia • moli • dune

L' .... delle coste è un processo naturale dovuto all'azione delle .... , delle correnti marine e del vento. Tuttavia la .... sull'ambiente ne accelera il processo. La costruzione di .... e dighe modifica l'azione del mare, alterando la quantità di .... che si deposita lungo la costa. La costruzione di .... fa scomparire le .... che proteggono naturalmente le coste basse dalla .... Inoltre, la .... degli alvei dei fiumi e il prelievo di sabbia per usi industriali riducono la quantità di .... che i fiumi depositano lungo la costa, formando le ....

9 ●●● **Cos'è il ripascimento artificiale delle spiagge?**

....
....
....
....

5 L'INQUINAMENTO DELLE ACQUE MARINE

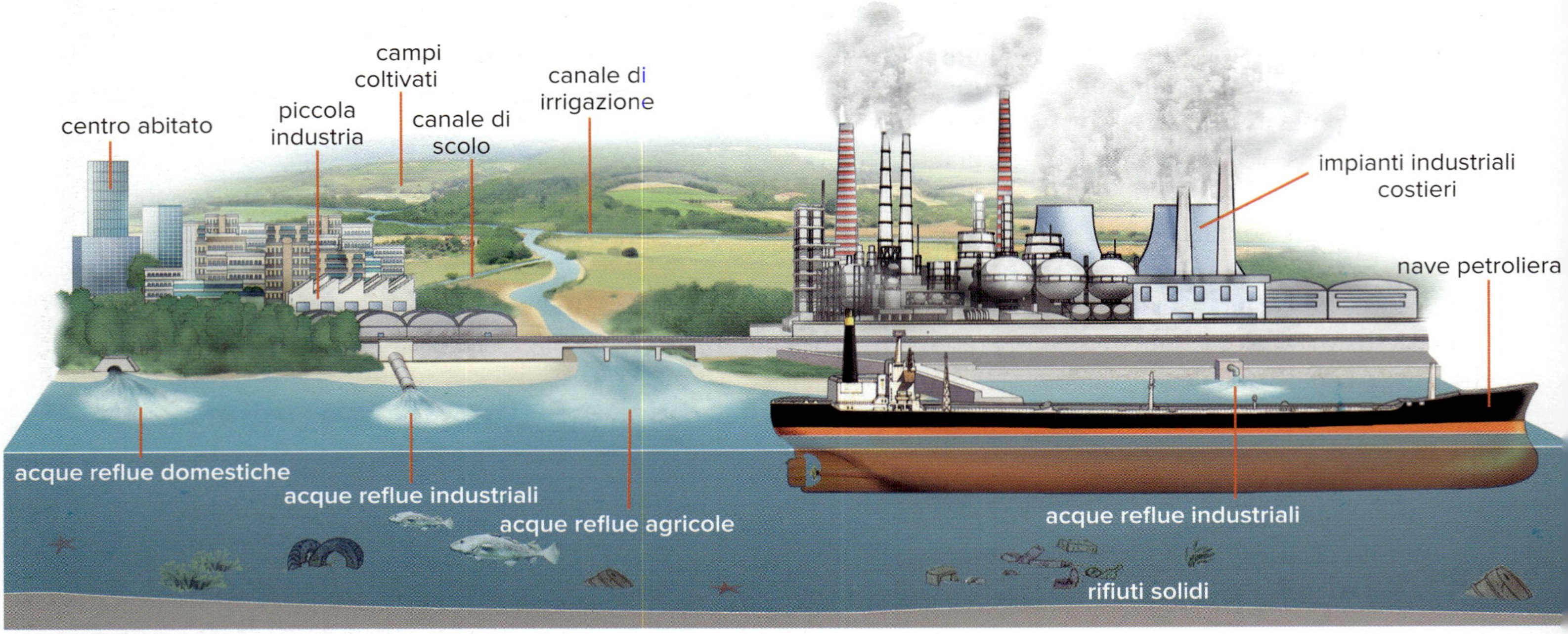

A L'inquinamento delle acque costiere

Le acque marine sono inquinate da sostanze provenienti soprattutto dagli scarichi terrestri, cui si aggiungono quelle generate dal traffico navale

Particolarmente vulnerabili all'inquinamento sono le acque costiere, le più ricche di specie vegetali e animali.

Circa l'80% delle sostanze inquinanti è scaricato in mare attraverso le **acque reflue** industriali, agricole e urbane provenienti dalle zone costiere e, attraverso i fiumi, da quelle interne [A]. Esse contengono petrolio, piombo, mercurio, detersivi, fertilizzanti, pesticidi e molte altre sostanze dannose per l'ambiente e la salute.

Finiscono in mare anche molti **rifiuti solidi**. Trasportati dalle correnti, vi restano per secoli: la durata di una bottiglia o un sacchetto di plastica nell'acqua marina viene stimata in circa mille anni.

Il resto delle sostanze inquinanti che penetrano nell'ambiente marino è generato dal **traffico navale**, soprattutto da petroliere [B]: molte, nonostante i divieti, effettuano in mare aperto il lavaggio delle cisterne. Vengono in tal modo immesse nei mari europei ogni anno decine di migliaia di tonnellate di petrolio, cui si aggiungono altre grosse quantità che fuoriescono a causa di incidenti: l'affondamento di una petroliera provoca una massa oleosa che può ricoprire centinaia di kilometri di costa.

Inoltre, nelle acque di zavorra scaricate dalle navi in mare vi sono dannose specie estranee, vegetali e animali, provenienti da altri mari.

B Una petroliera nel Mar Mediterraneo

olio/iStock

Le sostanze inquinanti provocano gravi conseguenze agli ecosistemi marini e attraverso la catena alimentare danneggiano la salute umana

I prodotti chimici e i metalli scaricati in mare entrano nella **catena alimentare**, danneggiando la salute umana: ad esempio, molti abitanti delle coste del Mar Glaciale Artico hanno nel sangue un contenuto di piombo superiore alla norma, dovuto alla concentrazione di questo metallo nei pesci e nelle foche di cui si nutrono.

Il petrolio riversatosi in mare si trasforma in catrame, che resta sul fondo marino danneggiando gli organismi animali e vegetali soprattutto nelle acque costiere [C].

Le sostanze nutrienti (fosfati e azoto) contenute nei concimi chimici e nei detersivi scaricati in mare provocano la **eutrofizzazione**: una massiccia crescita di alghe che riduce la percentuale di ossigeno nell'acqua marina e impedisce il passaggio della luce del sole, causando la scomparsa di altre specie vegetali e ittiche. Sono colpiti da tale fenomeno soprattutto i mari semichiusi, come il Mar Nero e il Mediterraneo, in cui l'acqua impiega più tempo a rinnovarsi.

Un'alga tropicale, *Caulerpa taxifolia* [D], introdotta accidentalmente dall'Acquario di Monaco nel Mediterraneo, si è rapidamente diffusa a spese di un'alga locale, *Posidonia oceanica*, preziosa per l'equilibrio ambientale in quanto fornisce ossigeno alle acque costiere, offre rifugio a molte specie di pesci e stabilizza i sedimenti proteggendo il litorale.

Gli interventi per ridurre l'inquinamento delle acque marine devono essere attuati con un metodo che tenga conto dell'intero ecosistema

Gli interventi per ridurre l'inquinamento delle acque marine sono fondamentalmente di tre tipi:

- **conservare gli habitat costieri**, in particolare quelli delle zone umide nei pressi delle coste;
- **estendere le aree marine protette**, soprattutto nelle acque costiere;
- **ridurre le fonti di inquinamento** sia sulla terraferma che in mare.

I paesi che si affacciano sul mare devono attuare questi interventi in modo integrato, ossia tenendo conto dell'intero ecosistema, sia terrestre sia marino. Tali interventi, che stanno ottenendo alcuni risultati anche se con grande fatica e lentamente, vengono attuati dai governi e dagli enti locali.

VIDEO NELL'EBOOK

L'inquinamento delle acque marine

C Un granchio su una spiaggia invasa dal catrame

fluke samed/Shutterstock

D L'alga *Caulerpa taxifolia*

Science Photo Library

GUIDA ALLO STUDIO

1. Evidenzia nel testo della lezione la maggiore fonte di inquinamento delle acque marine e la rispettiva percentuale.
2. Sottolinea in che modo le sostanze inquinanti scaricate in mare sono dannose per la nostra salute.

Ciascuno di noi può contribuire a ridurre l'inquinamento delle acque marine con semplici norme di comportamento: ad esempio, non lasciare sulla spiaggia bottiglie di plastica o altri rifiuti solidi.

Il Mediterraneo è particolarmente vulnerabile all'inquinamento per le sue caratteristiche naturali

Poiché il Mediterraneo è un **bacino semichiuso**, occorrono tra 80 e 100 anni perché si rinnovi la sola acqua superficiale e ne occorrono circa 7000 perché si rinnovi l'intera massa d'acqua.

Sulle coste mediterranee, la cui lunghezza supera i 46 000 km, vive circa un terzo dei quasi 500 milioni di abitanti dei paesi rivieraschi, ai quali si aggiungono, soprattutto nel periodo estivo, centinaia di milioni di turisti. Sulle coste del Mediterraneo sorgono quasi 600 città, circa 290 porti commerciali [E] e 750 turistici, una quindicina di impianti di produzione di gas e 200 centrali termoelettriche. Le acque reflue di questi insediamenti, che spesso non vengono depurate, finiscono in mare.

Agli scarichi da terra si aggiungono quelli dal mare. Il Mediterraneo è solcato ogni anno da circa 200 mila navi di grandi dimensioni (mercantili, petroliere, navi cisterna, traghetti, navi passeggeri). Attraverso il Mediterraneo passa il 20% del trasporto mondiale di idrocarburi. Solo le petroliere trasportano ogni anno circa 400 milioni di tonnellate di greggio.

Il lavaggio in mare delle cisterne e gli sversamenti provocati da incidenti alle navi (in media 60 l'anno, 15 dei quali coinvolgono petroliere e navi cisterna) immettono ogni anno nelle acque del Mediterraneo una quantità di idrocarburi stimata in circa 150 000 tonnellate. In seguito a ciò, la presenza di catrame nelle acque del Mediterraneo risulta la più alta fra tutti i mari del mondo.

Il **Piano di azione per il Mediterraneo**, adottato nel 1975 dagli stati rivieraschi sotto la spinta delle Nazioni Unite, ha conseguito alcuni risultati, non sufficienti però a impedire il crescente inquinamento di questo mare.

E Il porto di Barcellona è uno dei più grandi del Mediterraneo

MarKord/Shutterstock

DIARIO

Traccia sul tuo diario una mappa delle cause e delle conseguenze dell'inquinamento delle acque marine.
Puoi ispirarti a questo schema, completandolo con le informazioni che trovi nella lezione.

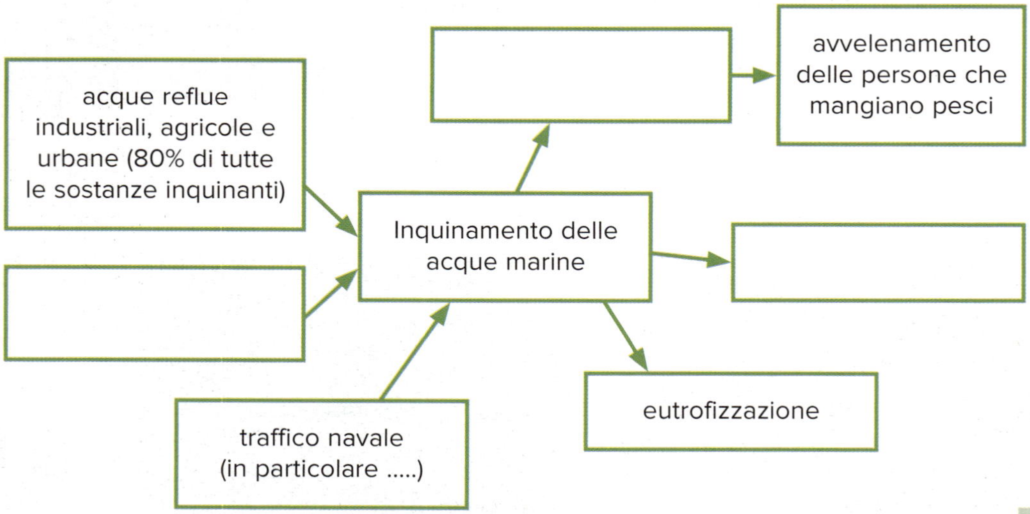

METTITI ALLA PROVA

1 Vero o falso?

●○○ **a.** L'inquinamento delle acque costiere deriva sia da sostanze liquide sia da sostanze solide. V F

b. Il Mar Nero è uno dei mari meno colpiti dall'eutrofizzazione. V F

c. Le acque del Mar Mediterraneo, che è un bacino semichiuso, si rinnovano in pochi anni. V F

2 Scegli l'alternativa corretta.

●○○ **a.** I mari più colpiti dall'eutrofizzazione sono quelli aperti/semichiusi.

b. La *Caulerpa taxifolia*/*Posidonia oceanica* è un'alga che ha infestato i fondali del Mar Mediterraneo.

3 Come arriva in mare l'80% circa delle sostanze inquinanti?

●●○ A A causa del traffico navale.

B Nelle acque reflue industriali, agricole e urbane.

4 Che cosa è l'«eutrofizzazione»?

●●○ A L'accumulo di petrolio sui fondali marini sotto forma di catrame.

B Una massiccia crescita di alghe.

C L'introduzione di specie estranee che danneggiano quelle native.

5 Guarda le tre fotografie qui sotto e associa a ciascuna di esse l'evento che può essersi verificato. Scegli tra:

●●○ **A. una petroliera ha perso parte del carico in un incidente**

B. un'industria ha riversato in mare delle sostanze tossiche

C. il depuratore degli scarichi di una città non funziona bene

6 Quanto tempo impiega una bottiglia di plastica per sciogliersi nel mare?

●●○ A Circa 100 anni.

B Circa 1000 anni.

C Circa 10 anni.

7 Completa lo schema con le parole:

●●○ conservare • estendere • ridurre

Come ridurre l'inquinamento?
→ .... gli habitat costieri
→ .... le aree marine protette
→ .... le fonti di inquinamento

8 Completa il testo con le parole:

●●● navi petroliere • attività umane • rifiuti solidi • incidenti • acque costiere • acque marine • acque di scarichi terrestri

In Europa le .... sono inquinate a causa delle ....
In particolare le .... sono quelle più inquinate. Le maggiori fonti di inquinamento sono le .... e anche molti ....
Molto grave è l'inquinamento provocato dalle .... , che lavano le cisterne in mare aperto o che possono perdere parte del carico per ....

xpixel/Shutterstock

PHAI_YO/Shutterstock

wim claes/Shutterstock

UNO SGUARDO D'INSIEME

In questa unità abbiamo visto che la forma delle coste si modifica nel tempo a causa dell'azione del mare e delle correnti.

1 LE FORME DELLE COSTE

La **costa** ha varie forme, a seconda del territorio che si affaccia sul mare:
- **alta** se il territorio è una montagna o una collina;
- **bassa** se il territorio è pianeggiante.

La forma delle coste cambia per effetto di vari fenomeni.
- Le **coste alte e rocciose** vengono modellate dal **moto ondoso**; in Europa le più conosciute coste alte sono le scogliere irlandesi che si affacciano sull'Oceano Atlantico.
- Le **coste basse e sabbiose** vengono modellate dal **moto ondoso**, dalle **correnti** e dall'azione del **vento**.

Abbiamo poi passato in rassegna i mari e i tipi di coste in Europa e in Italia.

2 I MARI E LE COSTE DELL'EUROPA

L'**Europa** è circondata a nord, ovest e sud dall'Oceano Atlantico e dai mari adiacenti. È bagnata:
- a nord da **Mar Glaciale Artico**, Mar di Norvegia, Mar Baltico, Mare del Nord e Mar d'Irlanda;
- a ovest dall'**Atlantico** nord-orientale;
- a sud dal **Mediterraneo**.

Le **coste europee** sono:
- alte e frastagliate sull'Atlantico e sui mari adiacenti;
- basse e sabbiose sul Mare del Nord e sul Mar Nero;
- basse e sabbiose o rocciose e frastagliate sul Mediterraneo.

3 I MARI E LE COSTE DELL'ITALIA

I **mari** che circondano l'Italia sono diramazioni del Mar Mediterraneo:
- il **Mar Ligure**, a nord-ovest;
- il **Mar Tirreno**, il più vasto, a ovest;
- il **Mar Ionio**, a sud-est;
- il **Mare Adriatico**, a est.

L'Italia è una penisola, comprende diverse isole e ha coste molto estese. Esse sono:
- **basse e sabbiose** (spiagge) soprattutto sul litorale adriatico;
- **alte e rocciose** in Liguria, nelle isole e in alcuni tratti dei litorali tirrenico e ionico;

Il **fondo** dei mari italiani è costituito da un paesaggio fatto di pianure, valli, montagne e vulcani sottomarini, come il gigantesco Marsili, nel Mar Tirreno meridionale.

Le attività umane hanno profondamente modificato il paesaggio costiero e l'ambiente marino.

4 IL SOVRACCARICO DELLE COSTE

Quasi la metà della **popolazione europea** vive nelle **regioni costiere**.
L'**urbanizzazione** crescente ha provocato una forte **cementificazione** delle coste europee e italiane, per uso abitativo, turistico, industriale e portuale.
La cementificazione ha causato molti **danni** all'ambiente naturale:

- la riduzione delle zone umide costiere;
- la scomparsa delle dune sabbiose e l'**erosione delle spiagge**, che colpisce un quinto delle coste europee.

Per contrastare l'erosione possono essere attuati diversi metodi, come la costruzione di opere di difesa o il ripascimento artificiale delle spiagge.

5 L'INQUINAMENTO DELLE ACQUE MARINE

In Europa le acque marine, in particolare quelle costiere, sono inquinate da sostanze provenienti da:

- **scarichi terrestri**, cioè le acque reflue industriali, agricole e urbane;
- **traffico navale**, soprattutto delle petroliere.

Le **sostanze inquinanti** scaricate in mare (prodotti chimici, metalli, petrolio, sostanze nutrienti) provocano gravi conseguenze agli ecosistemi marini e, attraverso la catena alimentare, alla salute umana.

Gli **interventi** per ridurre l'inquinamento delle acque marine devono:

- conservare gli habitat costieri;
- estendere le aree marine protette;
- ridurre le fonti di inquinamento.

Il **Mediterraneo** è particolarmente vulnerabile all'inquinamento, sia per le sue caratteristiche naturali, sia perché è sottoposto a una forte pressione umana.

Geostoria

LE TRASFORMAZIONI DEL MEDITERRANEO

Come abbiamo già visto nell'unità 0, le terre emerse, inizialmente riunite in un unico continente denominato *Pangea*, si sono progressivamente separate fino a raggiungere la configurazione attuale. All'interno di questo più ampio processo, come si è formato il nostro Mar Mediterraneo?

LA CHIUSURA DEL MARE DELLA TETIDE

L'antenato dell'attuale Mediterraneo era un golfo ricco di vita e con acque relativamente poco profonde, denominato **mare della *Tetide***.

Circa 150 milioni di anni fa, con la divisione della *Pangea* (*Laurasia* a Nord e *Gondwana* a Sud), la *Tetide* si allargò, divenendo un canale di comunicazione fra quelli che in seguito verranno chiamati Oceano Atlantico e Oceano Indiano.

Circa 45 milioni di anni fa questo «canale» si chiuse a oriente, per effetto della collisione fra Africa, India, Europa e Asia. La *Tetide* aveva ormai raggiunto le dimensioni dell'attuale Mediterraneo e, da golfo orientale, si era trasformata di fatto in un grande golfo sull'Atlantico.

Nel frattempo l'area mediterranea si frammentò in una serie di placche più piccole (*microplacche*), i cui movimenti diedero origine a isole di varie dimensioni e fondali di differente profondità. Proprio per effetto del movimento di queste microplacche, circa 30 milioni di anni fa, la Sardegna e la Corsica si separarono dalla Penisola iberica (Spagna).

IL PROSCIUGAMENTO DEL MEDITERRANEO

Circa 5-6 milioni di anni fa, per un insieme di cause molto complesso, il Mediterraneo rimase isolato dall'Oceano Atlantico ed evaporò fino a prosciugarsi quasi interamente [1]. Il bacino del Mediterraneo si presentava allora come una

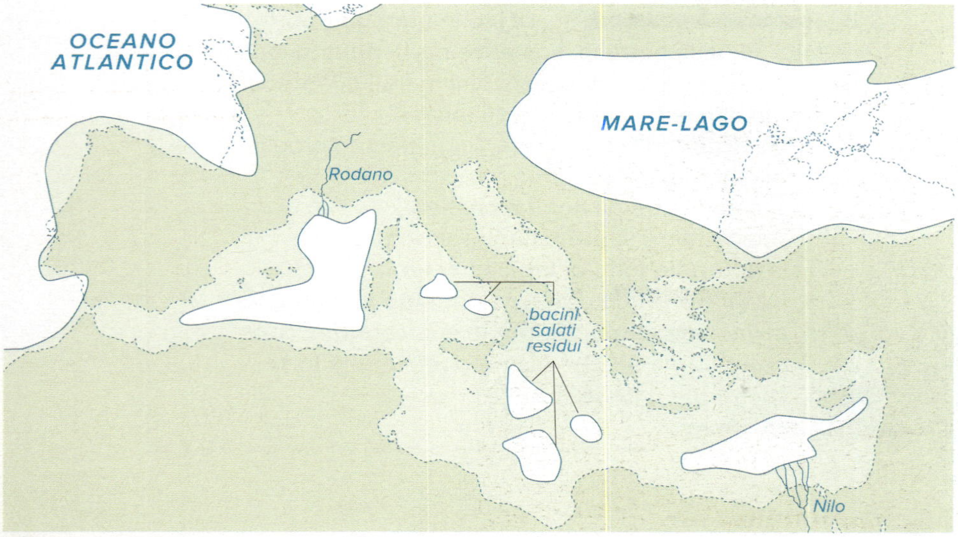

1 *Il Mediterraneo si trasforma in un grande lago salato*

valle profonda e arida con uno spesso strato di sale sul fondale, e il collegamento con l'Oceano Atlantico era chiuso.

L'acqua residua rimaneva confinata in zone simili a grandi laghi, alimentati dai fiumi che sfociavano in questo mare prosciugato.

Anche se gli studiosi non hanno ancora spiegato completamente il fenomeno del prosciugamento, possiamo vederne numerose testimonianze sui fondali del Mediterraneo, come tracce delle antiche foci dei fiumi e rocce prodotte dalla precipitazione di sali che si depositarono a causa dell'evaporazione delle acque marine.

IL RITORNO DELL'ACQUA

Il prosciugamento del Mediterraneo (che gli studiosi chiamano *crisi di salinità*) durò circa 300000 anni. Circa 5 milioni di anni fa, in seguito a un innalzamento delle acque degli oceani, lo stretto di Gibilterra [2] non fu più una barriera sufficiente a bloccare le acque atlantiche e una catastrofica inondazione in pochi anni riempì nuovamente il bacino del Mediterraneo, che assunse così la forma attuale.

Dato che lo spostamento delle placche è ancora in corso, non ci sono previsioni sicure circa la disposizione futura dei continenti. Secondo molti studiosi, la pressione verso nord della placca africana ridurrà progressivamente le dimensioni del Mediterraneo fino a cancellarlo del tutto (e piegando l'Italia in posizione orizzontale ovest-est).

Nell'immediato futuro non dobbiamo comunque preoccuparci. L'intero processo richiederà circa 50 milioni di anni!

2 *Il promontorio di Gibilterra*

swilmor/iStock

COMPETENZA: ORIENTARSI NELLO SPAZIO E NEL TEMPO

1. 250 milioni di anni fa la Terra era composta di un unico grande continente e di un unico grande oceano. Ti ricordi i loro nomi?

....

2. Cos'era il mare della Tetide?

....

....

3. La scheda suddivide la storia della formazione del Mediterraneo in quattro fasi. Evidenziale nel testo e costruisci sul quaderno una tabella, simile a quella sotto.

PERIODO	TRASFORMAZIONE
150 milioni di anni fa	la Pangea si divide e la Tetide diventa un canale di comunicazione tra l'Oceano Atlantico e l'Indiano

Lettura

NEL BLU DI AZZURRA

L. Corsi, *Nel blu di Azzurra*, Campanila Editrice

La storia di una balenottera di cartapesta, costruita per ornare uno dei carri di Viareggio che ogni anno sfilano sui viali a mare durante la festa di Carnevale. Lasciata sulla spiaggia, viene trascinata dalle onde in quel mare dove aveva sempre desiderato di nuotare.

Di seguito gli stralci del suo viaggio nel Mar Tirreno.

Con la notte si era ritirato anche il vento, ormai stanco e con la gola arrossata per il troppo soffiare. Il mare era calmo e per Azzurra risultò più facile nuotare. Poteva addirittura distrarsi a guardare il paesaggio, mentre fendeva l'acqua, che ora le sembrava un prato di velluto.

Azzurra era incantata dalla bellezza della costa versiliese[1]. Lunghe spiagge, pinete rigogliose, incoronate dalla fredda maestà delle Alpi Apuane. Si emozionò per l'incanto di quel mattino. Si sentiva fortunata e sì, anche grintosa, tanto che riuscì pure a nuotare più velocemente nei pressi di Viareggio. Dopo Torre del Lago rallentò l'andatura, perché la pinna destra scricchiolava stridula ed era più difficile mantenere l'equilibrio. Arrivarono a Marina di Pisa, vicino alla foce dell'Arno, che era mezzogiorno.

L'acqua del fiume e quella del mare si incontravano in un allegro boogie woogie[2]; Azzurra decise di provare anche lei a ballare e lasciò che l'acqua dolce le solleticasse un po' la pancia. Dopo un po' che nuotava, vide che la costa era cambiata; scendendo scoscesa, sembrava più diffidente, più arroccata, meno disponibile verso il mare, accolto fino a quel momento amorevolmente dalle spiagge. E il mare, dispettoso, sputava spruzzi alla roccia anche quando era calmo. Se poi si arrabbiava, diventava così impetuoso da far paura.

Per arrivare all'Isola d'Elba, senza perdersi in giri inutili, si era deciso di seguire la rotta delle navi. Azzurra aprì gli occhi: l'Isola d'Elba le si presentava in tutto il suo splendore. L'acqua era chiara e trasparente, di una limpidezza cristallina. La costa, in parte scoscesa, si apriva in piccole calette con spiagge incantevoli di sabbia fine. Un leggero vento di terra portava il profumo intenso del rosmarino selvatico e increspava la superficie lucida e levigata del mare.

Azzurra notò che il colore dell'acqua cambiava a seconda dei fondali. Qui gli scogli erano bruni, scuri scuri, ma luccicavano al sole per i frammenti di pirite. Piccoli pesci sfrecciavano a banchi, cambiando direzione, repentinamente tutti insieme, all'improvviso, come diligenti soldatini in marcia. La curiosità di Azzurra era catturata da tutto ciò che le si parava davanti: un'alga che si muoveva, un granchio che usciva timido da uno scoglio, un centrino[3] di conchiglie bianche e rosa. Ma ciò che la rendeva euforica era l'immensa sensazione di libertà che provava volteggiandosi nell'acqua.

COMPETENZA: COMUNICARE IN ITALIANO

1. Lungo le coste di quale regione italiana nuota la balenottera Azzurra?

   ....

2. La balenottera sta percorrendo il Mar Tirreno verso sud o verso nord?

   ....

3. Mentre nuota, Azzurra vede il paesaggio cambiare, da spiagge a coste rocciose. Quale dei due tipi di costa prevale in Toscana?

   ....
   ....

[1] *versiliese*: della Versilia, zona a nord di Viareggio.
[2] *boogie woogie*: ballo veloce, su musica molto ritmata.
[3] *centrino*: è un'immagine figurata; si paragonano le conchiglie a un ricamo.

Patrimonio mondiale

IL PARCO NAZIONALE DEL CIRCEO

Situato sulla costa laziale, circa 100 km a sud di Roma in provincia di Latina, il Parco nazionale del Circeo è la più piccola area protetta d'Italia. Nonostante ciò, ha un grande valore ambientale e storico perché conserva un tratto di costa, così com'era prima della bonifica dell'Agro Pontino degli anni Venti e Trenta del secolo scorso.

QUALI SONO LE SUE CARATTERISTICHE AMBIENTALI

In questo tratto di costa, il paesaggio è dominato dal promontorio del Circeo, alto 541 metri sul livello del mare e circondato da aree pianeggianti.

Nei pressi del promontorio, la sabbia trasportata e accumulata dalle correnti marine ha creato col tempo una grande duna costiera, lunga 28 kilometri e alta fino a 27 metri. Essa ha chiuso alcune insenature separandole dal mare. Questi specchi d'acqua si sono col tempo trasformati in quattro piccoli laghi costieri (noti come «laghi pontini»): quelli di Fogliano, Monaci, Caprolace e Sabaudia. Essi sono stati dichiarati «aree umide di importanza internazionale per l'avifauna»: vi passano infatti l'inverno oltre 220 specie di uccelli, tra cui gru e fenicotteri.

Nel parco resta anche una piccola parte della foresta un tempo estesa lungo tutta questa costa, formata da pini, querce e numerose altre piante, tra cui una rara specie di palma nana. Ugualmente ricca è la fauna comprendente, oltre agli uccelli, diverse specie di mammiferi.

Per il suo valore ambientale, il Parco nazionale del Circeo, che comprende anche l'isola di Zannone è stato incluso dall'Unesco tra le «riserve di biosfera».

QUAL È IL SUO VALORE STORICO

Il promontorio del Circeo fu abitato sin da tempi antichissimi. Nelle grotte carsiche che si aprono nella sua base, sono stati trovati il cranio di un uomo di Neanderthal, risalente a circa 70000 anni fa, e utensili di epoca preistorica.

Qui approdarono, molto tempo dopo, navigatori greci che, scambiando il promontorio per un'isola, credettero di aver trovato uno dei luoghi descritti nell'Odissea: l'isola di Eea su cui Ulisse incontra la maga Circe.

Nel luogo dove è ora San Felice Circeo sorgeva una città, Circeii, che nel V secolo a.C. divenne uno dei capisaldi dei volsci durante la loro penetrazione nel Lazio. Conquistata definitivamente dai romani nel 393 a.C., divenne un importante luogo di villeggiatura della nobiltà. Restano di quel periodo le mura ciclopiche e l'acropoli (la parte più alta e fortificata) e i ruderi di alcune ville romane.

COMPETENZA: IMPARARE A IMPARARE

1. Dove si trova il parco nazionale del Circeo?
   ....
   ....
2. Cos'è un promontorio?
   ....
   ....
3. Perché gli antichi navigatori greci scambiarono il promontorio del Circeo per un'isola?
   ....
   ....
   ....
   ....
4. Per «riserva di biosfera» l'Unesco intende un'area nella quale l'uomo è riuscito a vivere rispettando il suo ecosistema, quindi senza deturparne l'ambiente. Quali comportamenti giudichi rispettosi dell'ambiente e quali no? Scrivine sul tuo quaderno almeno quattro e spiega perché.

Il promontorio del Circeo

nico99/Shutterstock

DIARIO

Scrivi sul tuo quaderno di geografia un riassunto dell'unità E.
Qui sotto trovi alcuni titoli come suggerimento per suddividere il riassunto in parti e, sotto a ciascun titolo, alcune domande guida.
Rispondendo alle domande (che non dovrai trascrivere nel riassunto) metterai in evidenza gli argomenti più importanti dell'unità.
Un consiglio: mentre sfogli le lezioni, guarda le parti che hai evidenziato o sottolineato su indicazione dei box «Guida allo studio»: ti aiuteranno a ricordare i vari argomenti.

Introduzione

1. Di che cosa si occupa l'unità E?
   (Cerca la risposta nell'apertura dell'unità e in ciò che ti ricordi dell'unità in generale)

I mari europei

1. Quali sono i principali mari europei?
   (Cerca la risposta nella lezione 2)
2. Quali sono i principali mari italiani?
   (Cerca la risposta nella lezione 3)

Le coste europee

1. Quali sono, in generale, le caratteristiche delle coste?
   (Cerca la risposta nella lezione 1)
2. Quali sono le caratteristiche delle coste europee?
   Fai qualche esempio.
   (Cerca la risposta nella lezione 2)
3. Quali sono le caratteristiche delle coste italiane?
   Fai qualche esempio.
   (Cerca la risposta nella lezione 3)

La pressione umana sulle coste e sui mari

1. Come la popolazione e le attività umane modificano le aree costiere? Fai qualche esempio.
   (Cerca la risposta nella lezione 4)
2. Quali sono le principali fonti di inquinamento delle acque marine? Che effetti hanno sulla salute degli esseri umani?
   (Cerca la risposta nella lezione 5)

Conclusione

1. Come potrebbero i governi alleggerire la pressione sulle coste e l'inquinamento delle acque marine?
   (Cerca le risposte nelle lezioni 4 e 5, ma aggiungi anche le tue riflessioni personali)
2. Come potrebbero le singole persone (a partire da te) contribuire a ridurre l'inquinamento delle acque marine?
   (Cerca le risposte nella lezione 5, ma aggiungi anche le tue riflessioni personali)

NOTA: Un riassunto non deve seguire per forza la suddivisione del testo originale. Per esempio, in questo caso, anziché dividere i mari e le coste d'Europa da quelli d'Italia, si è scelto di trattare prima tutti i mari e poi tutte le coste, per rendere il riassunto più omogeneo.
Ricorda, quando dovrai riassumere un testo in autonomia, di decidere subito se seguire l'indice del testo oppure se fare dei cambiamenti.

volmart/iStock

METTI ALLA PROVA LE TUE CONOSCENZE

ZTE ONLINE

1 ●○○ **Scrivi i termini che corrispondono alle definizioni. Scegli tra:**

piattaforma continentale • faraglione • fiordo

a. Scoglio roccioso a forma di pilastro in prossimità della costa:

....

b. Area pianeggiante sommersa lievemente inclinata (sino a 200 m):

....

c. Valle scavata da antichi ghiacciai:

....

2 ●○○ **Vero o falso?**

a. Grazie alla Corrente del Golfo il Mar Baltico non gela mai durante l'inverno. V F

b. L'azione di un mare chiuso sulla costa è maggiore rispetto a quella di un mare aperto. V F

c. Se il moto ondoso del mare deposita materiale (sabbia o ghiaia), siamo in presenza di coste alte e rocciose. V F

d. Il Marsili è il più grande vulcano d'Europa. V F

e. In Italia circa il 60% della popolazione vive nella fascia costiera. V F

3 ●○○ **Completa la mappa con le parole:**

Kara • Mediterraneo • Baltico • Atlantico • Bianco • Tirreno

4 ●○○ **Scegli l'alternativa corretta.**

a. Il frangente muove la sabbia e la ghiaia verso la spiaggia/il mare.

b. A sud della penisola russa di Kola si trova il Mar Bianco/Mar di Kara.

c. Il mare italiano più grande è il Mar Adriatico/Mar Tirreno.

d. Un territorio collinare che si affaccia sul mare va classificato come costa alta/bassa.

e. Nel Mar Ligure la piattaforma continentale è poco/molto estesa.

5 ●○○ **In presenza di falesie la costa**

A arretra.

B avanza.

C rimane immutata.

6 ●●○ **Attraverso lo Stretto di Messina con quale mare comunica il Mar Tirreno?**

A Il Mar Adriatico.

B Il Mar Ionio.

C Il Mar Egeo.

7 ●●○ **Quando un arco marino crolla si forma**

A una caverna marina.

B una falesia.

C un faraglione.

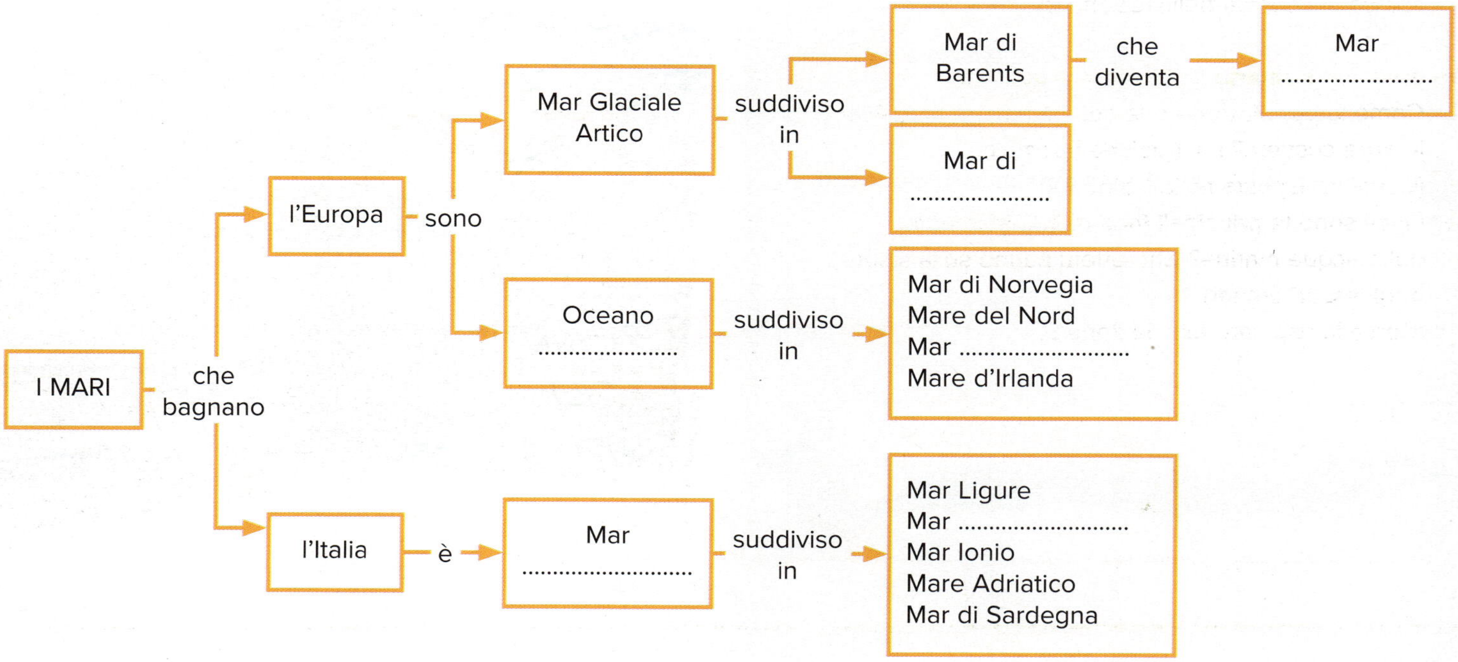

8 ●●○ **Il Mar di Norvegia è situato**

A a nord della Penisola scandinava.
B a ovest della Penisola scandinava.
C a sud della Penisola scandinava.

9 ●●○ **Che cos'è una falesia?**

A una caverna marina scavata all'interno della roccia.
B un particolare tipo di costa alta e rocciosa.
C una spiaggia sabbiosa.

10 ●●○ **Perché le petroliere sono fonte di inquinamento delle acque marine? (Due risposte esatte).**

A Le petroliere lavano le cisterne in mare aperto.
B Sono molto pesanti e consumano molto gasolio.
C A causa di incidenti scaricano in mare molte tonnellate di petrolio.

11 ●●● **Completa il testo con le parole:**

montuoso • costa • vento • onde • fiumi • pianeggiante • spiagge • territorio • mare

La .... ha varie forme che dipendono dal tipo di .... che si affaccia sul mare. La costa è alta quando il territorio è .... ; bassa quando è costituita da un terreno ....
La forma dipende anche dall'azione del .... , che per mezzo delle .... ne modella l'aspetto.
Le coste basse sono costituite da .... formate da detriti depositati dai ....
Il .... contribuisce a dare forma al territorio costiero, spostando la sabbia.

12 ●●● **Osserva la figura e scrivi i termini corrispondenti.**

scarpata continentale • fossa oceanica • piattaforma continentale • piana abissale • rilievo sottomarino

13 ●●● **Nella tabella sono riportati alcuni dati in percentuale sul consumo di suolo costiero di un campione di 6 regioni italiane.**

Regione	Entro 300 m dalla costa	Tra 300 m e 1000 m	Tra 1 e 10 km
Liguria	40,4	24,3	6,4
Emilia-Romagna	29,4	26,2	9,7
Marche	40,7	25,9	9,6
Lazio	26,2	17,3	8,5
Puglia	25,4	18,2	8,3
Sicilia	24,5	20,3	7,9

Sulla base di questi dati costruisci un istogramma con 3 colonne per ciascuna regione.

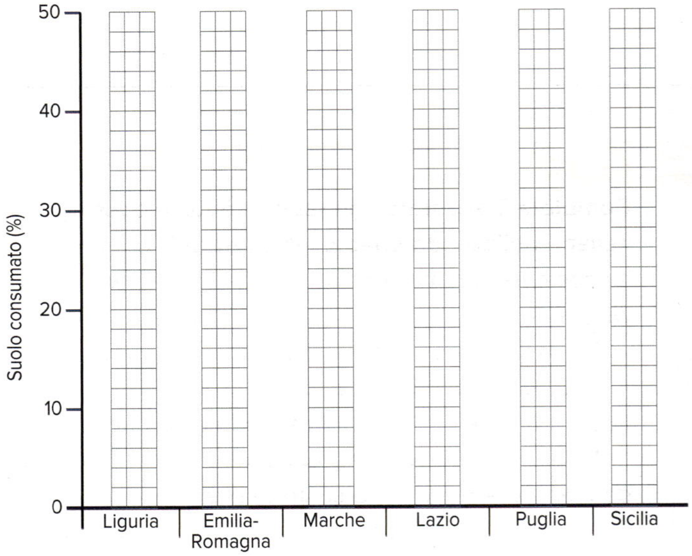

Legenda
☐ <300 m
☐ 300-1000 m
☐ 1-10 km

14 ●●● **Dato il termine, scrivi a destra la definizione.**

Costa: ....
....
Golfo: ....
....
Duna: ....
....
Spiaggia: ....
....

SVILUPPA LE TUE COMPETENZE

15 IN ENGLISH

Cerca sul dizionario le parole che non conosci. Poi colloca al posto giusto sul disegno la lettera che distingue ciascuna frase.

a. The coast is where the land meets the sea.
b. The sea grinds shells and rocks into tiny grains and washes them ashore.
c. Sand is made from broken up shells and rocks.
d. The beach is the area covered by sand deposited by the sea.
e. The cliff is a high and steep rock face.
f. Waves erode the cliff, creating an arch.
g. The top of the arch falls into the water, leaving a stack standing in the sea.

16 SE FOSSERO 100

Completa il quadrato che rappresenta le coste italiane utilizzando queste informazioni.

Le coste italiane misurano in totale 7465 km.
Di questi:

- 3515 km sono di coste alte,
- 3950 km sono di coste basse.

Delle coste basse, 1671 km sono in erosione.
Calcola quale percentuale di coste è costituita da coste alte e quale da coste basse.
Colora i 100 quadratini usando due colori diversi per le coste alte e le coste basse.
Poi tratteggia i quadratini di coste basse che corrispondono alla percentuale di coste in erosione.

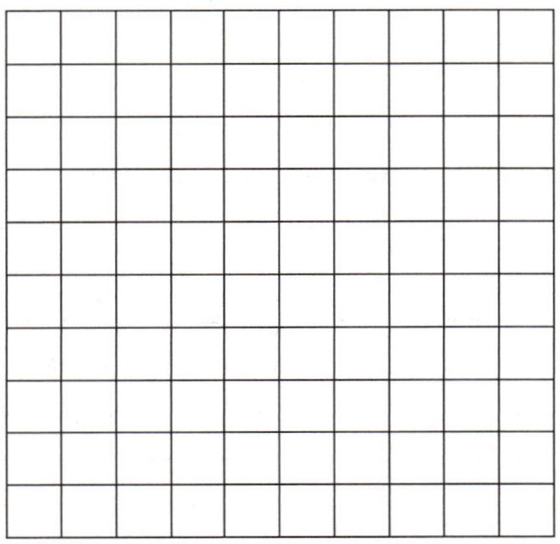

Legenda
☐ Coste alte
☐ Coste basse

17 COMPITO DI REALTÀ

Immagina di navigare su un vascello che, salpato da un porto sul Mar di Barents, debba raggiungere la Crimea (sul Mar Nero). Il capitano ti affida il compito di calcolare la rotta e tenere il diario di bordo.

1. Prima di tutto disegna una cartina dell'Europa (come al solito puoi usare le carte mute in fondo al libro).
2. Poi traccia una rotta marittima dal Mar di Barents alla Crimea.
3. Annota i nomi dei mari che la nave dovrà attraversare.
4. Prova a scrivere una serie di testi come se fossero estratti dal diario di bordo. Parla dei mari e magari anche delle coste alle quali si avvicina la nave.

Puoi prendere spunto da questo esempio.
Il Mar di Barents è molto freddo e spesso ghiacciato. Per evitare le zone ghiacciate navighiamo lungo la costa, ma senza avvicinarci troppo alle falesie. Entriamo nel Mar di Norvegia. Anche qui fa piuttosto freddo, ma non dobbiamo più preoccuparci del ghiaccio. La Corrente del Golfo impedisce alle acque di gelarsi. Osserviamo le coste in lontananza ammirando gli alti fiordi.

Ora tocca a te proseguire.

SEI PRONTO PER LA VERIFICA? IN 1 ORA

1 **Vero o falso?**
[2 punti per ciascuna risposta]

a. Le coste italiane sono lunghe quasi 8000 km. V F
b. Gli archi marini sono insenature chiuse ai lati da promontori. V F
c. Il Mar Bianco si colloca a sud del Mare del Nord. V F
d. Nel Mar Ionio la scarpata continentale inizia a pochi km dalla costa. V F
e. La piattaforma continentale è un'area pianeggiante interrotta da catene montuose sottomarine e fosse oceaniche. V F

......./10

2 **Scegli l'alternativa corretta.**
[2 punti per ciascuna risposta]

a. Le onde sono provocate dalla pressione del vento sulla superficie del mare/della costa.
b. Attraverso il Canale d'Otranto il Mar Adriatico comunica con il Mar Ionio/Tirreno.
c. Le coste della Liguria sono prevalentemente sabbiose/rocciose.
d. La risacca sposta i detriti o la ghiaia verso la spiaggia/il mare.
e. Il Marsili è situato nel Mar Tirreno/Ionio.

......./10

3 **Vive entro 50 km dalla costa**

A un terzo della popolazione europea.
B un decimo della popolazione europea.
C quasi la metà della popolazione europea.

......./3

4 **Quale tra questi mari si estende fra le coste occidentali dell'Italia e la Corsica settentrionale?**

A Il Mar Ligure.
B Il Mar Tirreno.
C Il Mar Ionio.

......./3

5 **Le onde scavano caverne marine in presenza di**

A faraglioni.
B archi marini.
C falesie.

......./3

6 **Le coste europee sono basse e sabbiose**

A a nord della Penisola iberica.
B nel Canale della Manica (costa inglese).
C nel Mare Adriatico (costa italiana).

......./3

7 **Che cos'è un frangente?**

A L'onda, quando arriva a rompersi sulla spiaggia.
B Il punto in cui il vento spinge di più sul mare.
C La parte della falesia che crolla in mare.

......./3

8 **Quale fenomeno provocano i concimi chimici scaricati in mare?**

A L'eutrofizzazione.
B La tropicalizzazione.
C L'inquinamento dei fondali marini.

......./3

9 **In Italia vive sulla costa**

A il 30% della popolazione.
B il 60% della popolazione.
C l'80% della popolazione.
D il 90% della popolazione.

......./3

10 **Quale di queste non è una causa di erosione delle coste?**

A La cementificazione degli alvei dei fiumi.
B Il prelievo di sabbia per usi industriali.
C Il ripascimento artificiale.

......./3

11 **Completa il testo con le parole:**
Mar Nero • Mar Egeo • Mar di Marmara • Mar Ionio
[2 punti per ciascuna risposta]

Tra l'Italia meridionale e la Grecia si trova il ....
Tra la Grecia e l'isola di Creta si trova il .... , che comunica attraverso lo Stretto del Bosforo con il .... e attraverso lo Stretto dei Dardanelli con il ....

......./8

12 **Completa la carta con i nomi dei mari.**
[2 punti per ciascuna risposta]

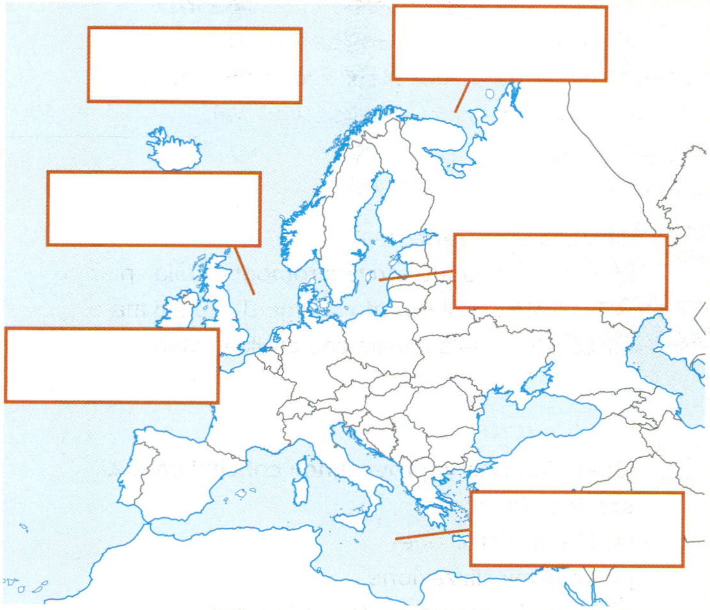

......./12

13 **Da cosa dipende il «movimento laterale» della sabbia sulla costa?**

....
....
....
....
....
....

......./6

14 **Quali sono le principali fonti di inquinamento delle acque marine?**

....
....
....
....
....

......./6

15 **Che cosa sono le falesie?**

....
....
....
....
....

......./6

16 **Costruisci un grafico a torta, e la relativa legenda per illustrare questi dati.**
Secondo alcune statistiche le cause delle perdite di petrolio in mare si manifestano secondo le seguenti proporzioni:

- durante le operazioni di carico e scarico circa il 35%;
- per lavaggio delle cisterne e altre operazioni di routine il 15%;
- per arenamento e/o falle nello scafo circa il 10%;
- durante l'immagazzinamento nei porti circa il 7%;
- per collisioni o in seguito a incendi o esplosioni circa il 4%;
- per altre cause non meglio determinate il 29%.

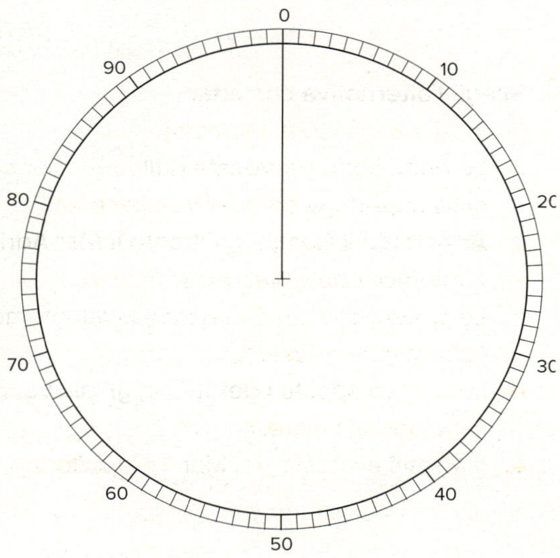

Legenda
☐ Carico e scarico
☐ Lavaggio delle cisterne
☐ Falle
☐ Immagazzinamento
☐ Collisioni
☐ Altre cause

......./18

TOTALE ..../100

LE REGIONI ITALIANE

L'Italia è divisa in 20 regioni.

Ognuna ha una città capoluogo di regione. Per esempio, Trieste è il capoluogo del Friuli-Venezia Giulia

Le regioni sono suddivise in province, ciascuna con una città capoluogo. Per esempio, Grosseto è il capoluogo della provincia omonima nella regione Toscana.

DIARIO

Come si studia una regione

Mentre studi una regione ti può essere utile organizzare le informazioni che leggi riportandole in uno schema sul tuo quaderno.
Procedi in questo modo.

1. Tenendo come base la carta della regione e dell'area che la circonda, ricalca su un foglio il perimetro della regione; prima di procedere puoi ingrandirlo, se vuoi, con una fotocopiatrice.
2. Scrivi sulla carta i nomi della regione scelta, delle regioni confinanti e degli eventuali paesi confinanti.
3. Scrivi il nome del mare o dei mari che la bagnano, colorando l'area marina di celeste.
4. Indica con segni a forma di **∧**, messi in fila, le maggiori catene montuose, colora di marrone le zone che occupano e scrivi il loro nome.
5. Indica con segni a forma di **⌒**, messi in fila, le maggiori zone collinari, colorale di giallo, o marrone chiaro, e scrivi i loro nomi.
6. Disegna con il colore blu la forma dei principali laghi e i percorsi dei principali fiumi, e scrivi il loro nome.
7. Colora di verde chiaro le aree pianeggianti e scrivi il nome di quelle più note.
8. Indica con dei cerchietti le città principali e scrivi il loro nome.
9. Scrivi a lato della carta le altre informazioni importanti che leggi nella descrizione della regione che hai scelto e collegale con delle frecce alle località alle quali si riferiscono.

Quando la carta sarà completa fai un esperimento: osservando gli elementi che hai disegnato esponi a voce alta le caratteristiche principali della regione.
Ora dovrebbe essere molto più facile ricordarle.

Organizza un itinerario nella regione

Un'altra attività che potrà esserti utile per approfondire la conoscenza di una regione è quella di realizzare un opuscolo che descriva la regione dal punto di vista turistico.

1. Scegli una regione italiana che non conosci e leggi la descrizione che ne dà il libro.
2. Fai una ricerca su Internet per trovare altre informazioni e soprattutto per mettere insieme un buon numero di fotografie (che stamperai solo dopo aver fatto la scelta definitiva).
3. Decidi i luoghi di cui vuoi suggerire la visita e pensa ad essi come tappe di un viaggio. Ordinali quindi secondo un percorso logico (che non vada a zig-zag per la regione!).
4. Cerca anche di variare il tipo di visita, tappa per tappa: includi località di interesse storico oppure naturalistico o semplicemente paesaggistico. Proponi un viaggio che segua i tuoi gusti ma pensa che altri possono avere interessi diversi.
5. Se l'insegnante lo consiglia, puoi svolgere questa attività in gruppo, e in tal caso dovrete cercare di seguire un percorso che risponda agli interessi dell'uno e dell'altro.
6. A questo punto realizza l'opuscolo. Scegli un'immagine che ti sembra rappresentativa della regione, stampala e incollala sulla prima pagina. Dai anche un titolo all'opuscolo, immaginando di voler catturare l'attenzione di chi sta cercando la meta di un viaggio.
7. Nella pagina iniziale sarà utile anche mettere una piccola carta della regione su cui avrai tracciato il percorso dell'itinerario. Puoi fare una fotocopia della carta muta d'Italia in fondo al libro e ritagliare la regione. Se vuoi indicare le tappe del percorso, ingrandisci con la fotocopiatrice il disegno della regione e indica le tappe con numeri o con i nomi delle località toccate dal viaggio.
8. Prosegui, nelle pagine successive, con una breve descrizione di ciascuna tappa del viaggio (una pagina per tappa sarà sufficiente). Usa 3-4 fotografie per descrivere le caratteristiche dei luoghi di cui proponi la visita: i monumenti o le attività che possono essere interessanti per una ragazza o un ragazzo della tua età, i piatti regionali che ti sembrano più appetitosi ecc.
9. Nell'ultima pagina dell'opuscolo potrai dare indicazioni pratiche su come spostarsi tra una località e l'altra: sempre su Internet sono disponibili orari dei treni e dei trasporti pubblici su strada. Potresti fare una tabella dove, per ciascuna tappa, sono segnalati i mezzi di trasporto disponibili.

1 VALLE D'AOSTA

Una gita in Valle d'Aosta

Superficie **3261 km²**
Popolazione **128 000 abitanti**
Densità di popolazione **39 ab./km²**
Città principali
Aosta (capoluogo di regione) **35 000 ab.**

Dal 1948 è stata dichiarata regione autonoma a statuto speciale. Vi è riconosciuto ufficialmente il bilinguismo italiano-francese

Nel 25 a.C. i romani, dopo aver sottomesso la popolazione locale, fondarono la città di Augusta Praetoria là dove avevano un accampamento militare. Il nome, trasformato in Aosta, passò poi a indicare tutta la valle.

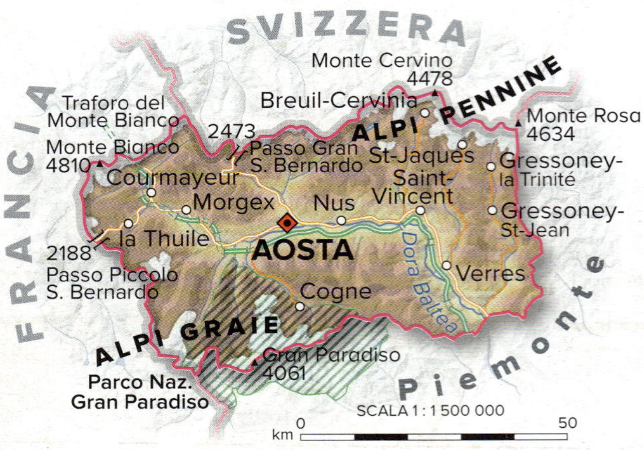

Monti e vallate

Due catene alpine ricche di ghiacciai occupano l'intera regione: le **Alpi Pennine** a nord con i massicci imponenti del Cervino e del Rosa; le **Alpi Graie** a ovest e sud dominate dai massicci del Monte Bianco [A] e del Gran Paradiso. Fra le Graie e le Pennine si stende la valle della Dora Baltea che dal Monte Bianco scende fino al confine col Piemonte. In essa confluiscono numerose valli laterali. Il fiume più importante è la Dora Baltea che nasce dalle pendici del Monte Bianco, scorre da ovest a est e si dirige poi a sud verso il Piemonte, dove confluisce nel Po. Nel suo corso riceve le acque di numerosi affluenti di destra e di sinistra che scendono impetuosi dalle cime più alte delle Alpi. Anche i laghi sono numerosi, ma di piccole dimensioni, alimentati dallo scioglimento dei ghiacciai. Alcuni sono stati creati artificialmente dalle dighe di sbarramento costruite sui fiumi per la produzione di energia elettrica.

Una regione con millenni di storia

La Valle d'Aosta è la più piccola e la meno popolata di tutte le regioni, ma in questo piccolo territorio sono concentrati millenni di storia.

Il fondovalle è percorso dalla **strada romana** per le Gallie (l'odierna Francia) di cui sono ancora visibili i principali resti monumentali: il ponte di Pont Saint Martin lungo più di 35 metri, il tratto presso Donnas scavato per 200 metri nella roccia viva e i ciclopici muri di sostegno di Bard.

Sulla strada che porta verso Cogne e il Parco Nazionale del Gran Paradiso si trova un monumento unico, il ponte-acquedotto di Pondel costruito nel 3 a.C.

I ghiacciai

Non si può non parlare dei ghiacciai in una regione circondata dalle cime più alte delle Alpi. Dalle famose stazioni sciistiche di Cervinia e Courmayeur partono funivie per i ghiacciai del Monte Bianco e del Monte Rosa. Alla stazione del Piccolo Cervino, raggiungibile dal territorio svizzero, a 3883 metri di altezza, è stata realizzata la grotta nel ghiaccio più grande e più alta del mondo, 15 metri di profondità. Essa rappresenta un luogo incantato, dove giochi di luce e musiche di sottofondo danno risalto alle sculture in ghiaccio.

I castelli

Una delle ricchezze della Valle d'Aosta è costituita dai castelli disseminati sul suo territorio. Di grande valore storico, sono testimonianza della ricca storia feudale della regione. Il più noto è il **Castello di Fenis**, che raggiunse il massimo splendore nel 1400, con la doppia cinta muraria merlata, le numerose torri e gli affreschi all'interno. Seguono per importanza il castello di Verres con la sua massiccia mole quadrata, Issogne con i suoi stupendi

Marco Maggesi/Shutterstock

A *Guglie rocciose nel massiccio del Monte Bianco*

leoks/Shutterstock

B *La fortificazione di Bard*

affreschi, Sarre, residenza dei Savoia, con le sale piene di migliaia di trofei di caccia del re e Gressoney, voluto dalla regina Margherita come residenza estiva. I castelli della regione costituiscono un itinerario di grande fascino e interesse.

Entrati nella regione si viene accolti dall'imponente fortificazione di **Bard** [B] che sbarra la Valle. Si tratta di una ricostruzione ottocentesca dopo che Napoleone l'aveva fatta demolire in seguito alla resistenza che gli era stata opposta durante la sua discesa in Italia.

Economia

In passato questa regione ha avuto un grande sviluppo industriale, ma dagli anni '70 lo ha progressivamente abbandonato a favore delle **attività turistiche**. Si è andato così formando un grande distretto alpino in cui operano migliaia di imprese commerciali, artigianali e ricettive. Estesi comprensori sciistici collegano tra loro non solo le numerose località della regione, ma anche quelle dei versanti svizzero e francese. Anche il recupero e la valorizzazione dell'ingente patrimonio storico, artistico e ambientale hanno dato un notevole incremento al settore turistico. Oggi l'agricoltura svolge un ruolo marginale mentre l'industria è in buona parte rappresentata da imprese medio-piccole nel comparto delle costruzioni, del legno, della carta e del tessile e nella produzione di acciai speciali.

AOSTA

L'impianto urbano della città risale all'epoca in cui fu fondata, il 25 a.C. Il centro storico, chiuso nel perimetro quasi completo della cinta muraria, mantiene testimonianze di epoca romana con le monumentali Porte Pretoriane, il teatro e l'Arco di Augusto.

Nel corso dei secoli si sono succeduti capolavori dell'arte medievale e rinascimentale come la cattedrale e la collegiata di **Sant'Orso** che racchiudono opere d'arte importanti. Proprio dedicata a Sant'Orso è la fiera che ogni anno, il 30 e 31 gennaio, si celebra nel centro storico di Aosta. Una grande festa popolare, dove centinaia di artisti e artigiani presentano i loro lavori, svolti come hobby o come vera e propria attività produttiva.

METTITI ALLA PROVA

Vero o falso?

1. La città di Aosta è stata fondata dai galli. V F

Scegli l'alternativa corretta

2. La Dora Baltea nasce dal Gran Paradiso/Monte Bianco.
3. La principale risorsa economica della regione è il turismo/l'agricoltura.

Completa

4. A .... di Aosta si trovano le Alpi .... A sud-ovest le Alpi ....

2 PIEMONTE

Una gita in Piemonte

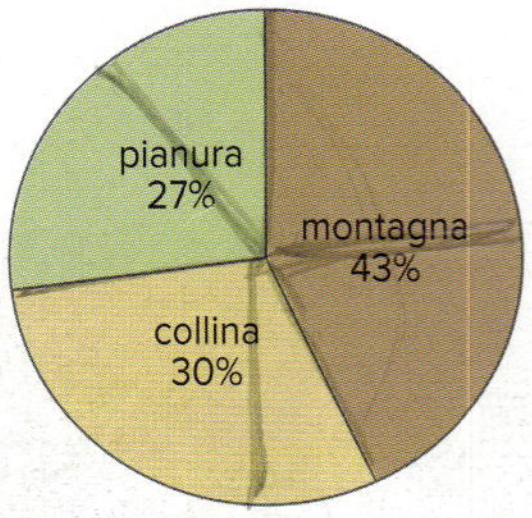

STRUTTURA VAL DI SUSA

Superficie 25 387 km²
Popolazione 4 425 000 abitanti
Densità di popolazione 174 ab./km²
Città principali
Torino (capoluogo di regione) **896 773 ab.**
città metropolitana **2 291 719 ab.**

Novara	**104 452**
Alessandria	**93 963**
Asti	**76 673**
Cuneo	**56 116**
Vercelli	**46 834**
Biella	**45 016**

Intorno al XIII secolo cominciò a diffondersi nella zona il nome Piemonte per indicare vari territori che si trovavano a «piè del monte». Questo nome deriva dall'espressione latina ad pedem montium.
La regione è infatti circondata su tre lati dalle montagne, nello specifico dalle Alpi Occidentali e dall'Appennino ligure.

La regione a «piè del monte»

Il territorio, per la maggior parte montuoso e collinoso, è circondato su tre lati dalle **Alpi**, con alcune delle cime più alte: le Marittime, le Cozie con il Monviso, le Graie con il Gran Paradiso, le Pennine con il Monte Rosa, le Lepontine. Nella parte centro-meridionale si estende una serie di **colline** poco elevate e ricche di coltivazioni pregiate: le Colline del Po, il Monferrato e le Langhe.

La pianura, che copre il 27% della superficie della regione, è costituita dalla parte occidentale della **Pianura padana**. Essa degrada da circa 400 metri di quota, nei pressi di Cuneo, a circa 50 al confine con la Lombardia.

In Piemonte ha origine il più lungo fiume italiano, il **Po**, che nasce dal Monviso e scorre fino al confine con la Lombardia, arricchito da numerosi affluenti. Interamente in territorio piemontese sono i laghi d'Orta e di Viverone e numerosi piccoli laghi alpini di origine glaciale. Il **Lago Maggiore**, invece, ha nel territorio piemontese solo la metà occidentale.

Il Parco nazionale del Gran Paradiso

Questo parco, che si estende su poco più di 700 km² a cavallo tra Piemonte e Valle d'Aosta, comprende l'intero massiccio del Gran Paradiso e la parte superiore delle valli che ne discendono. Nato come riserva di caccia dei re d'Italia, nel 1922 divenne il primo Parco nazionale italiano [A].

Nei fondovalle si estendono i boschi di larici, abeti e pini. Man mano che si sale gli alberi lasciano lo spazio a vasti pascoli alpini ricchi di fiori nella tarda primavera. A quote più alte, tra 1500 e 3200 metri, si trovano le stelle alpine.

La fauna è caratterizzata dalla diffusa presenza di **stambecchi**, che non è difficile osservare al pascolo. Diffuse sono anche le **marmotte**, che con le forti unghie scavano lunghe gallerie nel terreno per nascondersi e trascorrere l'inverno in letargo. Nel parco nidificano l'**aquila reale** e vari altri uccelli. Tra questi il crociere, uccello tipico dei boschi di conifere, caratterizzato dal becco con le punte che si incrociano, peculiarità che gli permette di far leva sulle pigne per estrarne semi.

Notevole è anche il patrimonio culturale del parco: villaggi e alpeggi raccontano la lunga storia della civiltà dei pastori. Il modello più comune di abitazione è un edificio in pietra e legno con in basso la stalla, al primo piano l'abitazione e al di sopra il fienile, in modo da mantenere i locali abitativi più al caldo possibile.

ueuaphoto/iStock

A *Uno stambecco nel Parco nazionale del Gran Paradiso*

Le residenze reali

Il Piemonte è una regione ricca di storia, con un importante patrimonio artistico e culturale. Famose sono le 17 **residenze reali**, storiche dimore dei Savoia e della nobiltà sabauda, che le usavano come luoghi di soggiorno, di festa, di caccia. Alcune, come Moncalieri e Palazzo Madama, furono ricavate da fortezze medievali, trasformate a partire dal XVI secolo; altre, come la palazzina di Stupinigi e la Venaria, sono residenze costruite nel XVII-XVIII secolo.

Le residenze si distribuiscono su una superficie di circa 10 000 km^2: dal Castello di Agliè a nord al Castello Reale di Casotto a sud, dal Castello di Rivoli a ovest al Castello di Govone a est. Grazie a un grande progetto di recupero e valorizzazione, attuato dalla Regione Piemonte, le residenze, che un tempo erano «privilegio di pochi», sono state trasformate in «bene fruibile da tutti». Riconoscendone il valore, l'Unesco le ha inserite tra i beni culturali del Patrimonio mondiale.

La Sacra di San Michele

Attraversando la **Val di Susa** ci si trova davanti un'imponente costruzione abbarbicata sulla cima di un monte: è la Sacra di San Michele [B]. Nel corso del X secolo un piccolo gruppo di eremiti costruì le prime cappelle. Successivamente fu realizzata l'attuale struttura con il monastero, la chiesa e l'ospizio per i pellegrini che durante il medioevo, attraverso la via francigena, scendevano dalla Francia o dall'Inghilterra per raggiungere Roma.

La struttura architettonica della Sacra è davvero originale e particolarmente complessa. Dal portale d'ingresso si raggiunge la chiesa attraverso un ampio e ripido scalone, alla cui sinistra s'innalza un pilastro di oltre 18 metri, che sostiene il pavimento della chiesa sovrastante. In una nicchia centrale le sepolture di abati e monaci hanno dato a questo percorso il nome di **Scalone dei Morti**. Anche la chiesa ha una costruzione particolare: poggia non sul terreno ma sulle cappelle preesistenti e tutto l'insieme

chiakto/Shutterstock

B *La Sacra di San Michele*

del basamento, delle scalinate e dei contrafforti di sostegno forma un corpo unico con le rocce della montagna: si può dire che è fuso con essa. Uscendo dalla chiesa, nella parte più alta del complesso si trova un belvedere da cui è possibile immergersi nel suggestivo panorama di tutta la Val di Susa. L'atmosfera magica che accoglie i visitatori rende quasi credibile l'antica leggenda che attribuiva agli angeli la costruzione della Sacra.

Economia

Dagli inizi del 2000 sono risultate evidenti le trasformazioni subite dall'economia regionale. Gli addetti all'industria sono diminuiti. Il settore del tessile-abbigliamento è stato in buona parte trasferito in paesi con manodopera a basso costo; altri settori, come quello dell'auto, sono stati riorganizzati fuori dalla regione e all'estero. Contemporaneamente è aumentato il peso della **ricerca** e dell'**informatica**. Il settore dell'agricoltura è oggi altamente specializzato: la coltura più diffusa è il **riso**, soprattutto nelle province di Novara e Vercelli. Sulle colline dell'Astigiano e delle Langhe si coltivano uve pregiate, con cui si producono **vini** di alta qualità. Importanti gli allevamenti di bovini e suini collegati all'industria di lavorazione delle carni. Notevole l'apporto economico del turismo legato agli sport invernali con i suoi 1300 km di piste e le 53 stazioni sciistiche. Tra queste, il Sestriere, che si affaccia sulla Val Chisone e sulla Val di Susa, il comprensorio del Monterosa Ski e altre località rinomate come Bardonecchia.

METTITI ALLA PROVA

Vero o falso?

1. Il fiume Po nasce dal Monte Rosa. V F
2. Il Parco nazionale del Gran Paradiso si estende per quasi la metà del massiccio montuoso. V F

Scegli l'alternativa corretta

3. Il Piemonte è circondato a ovest dalle Alpi Cozie/Lepontine e a sud dalle Alpi Graie/Marittime.
4. Circa un quarto del territorio è costituito da montagne/pianure.

Completa

5. Il settore .... consiste in .... verso Novara e Vercelli e .... nelle Langhe. Il .... è forte nelle zone sciistiche. Il settore dell' .... è uscito dalla regione.

TORINO

Storia

Dopo il crollo dell'Impero romano, la città di *Augusta Taurinorum* (originariamente fondata dai taurini, una popolazione celto-ligure) venne annessa ai domini dei longobardi e, in seguito, conquistata da Carlo Magno, re dei franchi (773 d.C.).

Contesa per lungo tempo fra il Regno di Francia e i **Savoia**, rimase stabilmente sotto il controllo di questi ultimi a partire dal 1700 e poco dopo divenne capitale del Regno di Sardegna.

Sotto la dominazione napoleonica Torino [C] vide l'abolizione dei privilegi feudali e l'apertura delle carriere pubbliche ai nuovi ceti borghesi. Per tale motivo, a partire dalla Restaurazione del 1815, la

ZM_Photo/Shutterstock

C *Veduta di Torino, con la Mole Antonelliana*

città divenne centro di idee liberali e costituzionali, dando i natali a molti protagonisti del **Risorgimento**, fra i quali Camillo Benso Conte di Cavour, Massimo D'Azeglio e Cesare Balbo. Dopo l'Unità fu per un breve periodo capitale del Regno d'Italia (dal 1861 al 1864).

Nel Novecento, la città fu teatro di grandi conflitti sindacali, come scioperi e occupazioni di fabbriche, e divenne un centro nevralgico del movimento socialista. Basti ricordare il grande sciopero operaio del 1943 che, estendendosi rapidamente al resto d'Italia, contribuì alla caduta del regime fascista.

Dopo la ricostruzione dalle gravi devastazioni della guerra, Torino divenne protagonista, assieme a Milano, dell'impetuoso periodo di crescita economica degli anni '50 e '60.

Economia e società

A Torino sono nate molte grandi aziende italiane. Oltre alla fabbrica automobilistica **FIAT**, occorre citare la compagnia telefonica SIP (poi divenuta Telecom), la Lavazza, la Cirio e la Banca San Paolo. La città è anche famosa per la produzione di cioccolata, in particolare del cioccolatino gianduiotto, che prende il nome da Gianduia, una maschera carnevalesca locale.

Il massimo sviluppo dell'industria torinese si ebbe negli anni '50 e '60, soprattutto ad opera della FIAT e del suo indotto (l'insieme di imprese che forniscono beni e servizi alla fabbrica). L'aumento di richiesta di manodopera attirò un notevole numero di lavoratori provenienti da altre regioni, specialmente dal Mezzogiorno. In periferia sorsero interi nuovi quartieri residenziali per i lavoratori (come Le Vallette e Mirafiori). Torino era diventata la «città della FIAT». A partire dalla fine degli anni '70, però, l'industria cominciò a ridurre i posti di lavoro, provocando un conseguente calo della popolazione torinese.

Attualmente Torino ha subito una profonda riconversione postindustriale dove il **terziario**, soprattutto quello avanzato, costituisce ormai il settore trainante. I fabbricati esistenti hanno avuto un diverso utilizzo, come è avvenuto allo stabilimento del Lingotto, trasformato in un moderno spazio espositivo. Questa transizione si riflette anche nella struttura urbanistica, con la costruzione della metropolitana e lo sviluppo di collegamenti veloci con Milano e la Francia.

Arte e cultura

Il patrimonio artistico torinese è particolarmente vario. Si possono menzionare il Duomo (1498) con la cappella della Sacra Sindone (1694), il castello del Parco del Valentino, il Palazzo Reale, facente parte delle Residenze, e quello dell'Accademia delle Scienze, la **Mole Antonelliana**, con il suo profilo svettante al di sopra dei palazzi, il Teatro Regio e lo stabilimento del Lingotto. Nella città si trovano importanti musei: tra i più noti il Civico di Arte Antica a Palazzo Madama, il **Museo Egizio**, il Museo del Risorgimento, l'Armeria Reale, il Museo dell'Automobile e il Museo Nazionale del Cinema che ha sede nella Mole Antonelliana.

Dal punto di vista culturale Torino ospita una università di antica tradizione, che risale a più di 600 anni fa, e il famoso Politecnico, università per la formazione di ingegneri e architetti. È anche sede di numerose case editrici e dell'Orchestra Sinfonica della RAI. Vi si tengono inoltre manifestazioni di fama internazionale, come il Salone dell'Automobile e quello del Libro.

Il Parco del Valentino

Il più famoso e antico parco pubblico della città, vero e proprio polmone verde, fu realizzato verso la metà dell'Ottocento lungo la sponda sinistra del Po. In mezzo al parco sorge il castello del Valentino, una delle residenze reali dei Savoia e oggi sede della facoltà di Architettura. Un'attrattiva del parco è il caratteristico **Borgo medievale**, costruito in occasione dell'Esposizione universale del 1884. Attraverso il ponte levatoio si procede all'interno delle mura merlate. Il suggestivo percorso si snoda fra edifici che danno l'illusione di trovarsi in un vero villaggio dell'epoca animato da botteghe di artigiani. Nel punto più elevato si erge la Rocca, costruita sul modello dei castelli valdostani e piemontesi, che riproduce una dimora signorile con la sala baronale, il corpo di guardia, le carceri nei sotterranei e tutto quanto evidenzia gli usi e i costumi dei signori del Quattrocento.

METTITI ALLA PROVA

Vero o falso?

1. Il massimo sviluppo dell'industria torinese si è avuto negli anni Trenta. V F
2. La città di Torino è attraversata dal fiume Po. V F

Scegli l'alternativa corretta

3. Dal 1700 Torino fu capitale del Regno di Sardegna/Sicilia.
4. A Torino si trova il Museo Nazionale del Teatro/Cinema.

3 LOMBARDIA

Una gita in Lombardia

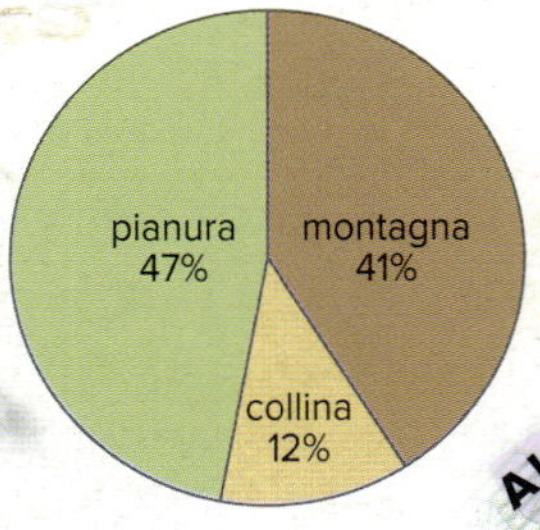

Superficie 23 864 km²

Popolazione 10 000 000 di abitanti

Densità di popolazione 419 ab./km²

Città principali

Milano (capoluogo di regione) **1 324 110 ab.**
città metropolitana **3 196 825 ab.**

Brescia	196 058
Monza	122 367
Bergamo	112 002
Como	84 687
Varese	80 857
Pavia	72 205
Cremona	71 657
Mantova	48 747
Lecco	48 141
Lodi	44 769
Sondrio	21 891

I longobardi dal VI all'VIII secolo occuparono gran parte della penisola, che da loro prese il nome di Longobardia. Quando furono sconfitti il nome rimase alla sola regione settentrionale e, nel corso degli anni, venne modificato in Lombardia.

Grande pianura e alte montagne

Quasi metà della regione è occupata dalla pianura. Il tratto lombardo della **Pianura padana** [A] comincia a sud delle Prealpi a una quota di 200 metri, per poi scendere lentamente fino a poche decine di metri lungo il **Po**, che l'attraversa per circa 300 km. L'alta pianura, a nord, è densamente popolata, la bassa pianura, a sud fino alla linea del Po, è particolarmente fertile e ricca di acque. Qui si gettano nel grande fiume i suoi affluenti di sinistra: il Ticino, che nasce in Svizzera e si immette nel Po vicino a Pavia; l'Olona e il Lambro che lambiscono Milano; l'Adda, il più lungo, l'Oglio e il Mincio. Tutti questi fiumi sono immissari e/o emissari dei maggiori **laghi prealpini**. A ovest il Lago Maggiore è condiviso con Svizzera e Piemonte e attraversato dal fiume Ticino. Il Lago di Lugano è condivi-

Tips Images

A *Coltivazioni nella Pianura padana*

Alexander Chaikin/Shutterstock

B *Il Lago di Como*

Cristiano Palazzini/Shutterstock

C *Palazzo Te, a Mantova*

so con la Svizzera; il Lago di Como [B] è attraversato dal fiume Adda; il Lago d'Iseo è attraversato dall'Oglio; il Lago di Garda, condiviso con il Veneto e il Trentino-Alto Adige, ha come emissario il fiume Mincio. A questi si aggiungono circa un migliaio di piccoli laghi alpini a un'altitudine intorno ai 2000 m.

Anche la zona delle **montagne** è molto ampia (41%). I rilievi sono disposti in fasce quasi parallele. A nord le Alpi Lepontine e le Retiche, le più elevate e ricche di ghiacciai, che culminano con il massiccio del Bernina (4049 m). Sotto di esse, separate dalla Valtellina, le Alpi Orobie. Più a sud, dal Lago Maggiore al Lago di Garda, si estendono le Prealpi, incise dalle valli dei numerosi affluenti di sinistra del Po. Nella parte più meridionale, denominata **Oltrepò pavese**, la regione si estende fino agli Appennini, in un triangolo delimitato da Piemonte ed Emilia-Romagna.

Data la grande varietà di ambienti, anche il clima si differenzia notevolmente a seconda della posizione, ma in generale può essere definito di tipo semi-continentale, caratterizzato da inverni freddi, con giornate di gelo e nebbie impenetrabili favorite dall'abbondanza di corsi d'acqua. Le estati sono calde, umide e afose per la scarsa ventilazione tipica della zona. In vicinanza dei laghi invece c'è un microclima mediterraneo.

Arte e bellezze naturali

In questa regione, ricca di importanti città e di centri industriali ed economici, sono molto diffusi i viaggi d'affari, che trovano qui un'ottima rete di trasporti anche per chi viene dall'estero. Il **sistema aeroportuale** comprende le quattro strutture di Milano Malpensa, Linate, Orio al Serio e Montichiari. Anche dal punto di vista strettamente turistico la regione ha molto da offrire ai visitatori. Le bellezze naturali e le splendide **città d'arte** possono soddisfare ogni esigenza: chi desidera fare turismo culturale potrà visitare mostre a Milano, Mantova, Brescia o monumenti, come il Duomo di Milano o l'interessantissima Bergamo Alta. I musei conservano la memoria storica della regione. Tra le gallerie più famose si ricordano il Museo della Scienza e della Tecnologia a Milano, l'Accademia Carrara di Bergamo, il Museo di Santa Giulia a Brescia, il Palazzo Te di Mantova [C] o la Villa Reale di Monza.

Infine non si possono dimenticare i paesaggi montani della Lombardia, con i colori accesi e l'aria pura della montagna: i villaggi montani sono moltissimi e tutti suggestivi, custodi delle tradizioni più autentiche. Tra questi meritano una visita i centri dell'Alta Valtellina, come Bormio e Livigno, e tutta la zona del **Parco Nazionale dello Stelvio**, famosi per il turismo invernale ed estivo. Bellissimi anche i laghi: il Lago Maggiore balneabile in alcuni punti, il Lago di Como circondato da splendide ville, il Lago d'Iseo dominato dal Monte Isola e infine il Lago di Garda con i borghi lungo le rive dove crescono limoni, olivi e vite.

Il trenino rosso del Bernina

Nelle montagne della Lombardia è possibile effettuare quello che la rivista «National Geographic» ha definito uno dei dieci viaggi ferroviari più belli del mondo, a bordo del trenino rosso del Bernina. Questa ferrovia, inaugurata il 1° luglio 1908 e successivamente ampliata in Svizzera, in soli 60 km sale da 429 a 2253 metri, collegando la località svizzera di Saint Moritz con Tirano in territorio italiano. Costruita in modo da superare pendenze fino al 7%, offre lungo il suo percorso panorami di grande bellezza. Questa ferrovia fu presa a riferimento per la costruzione di quella giapponese sulle pendici del Monte Fuji, inaugurata nel 1919. Nel 1973 è stato siglato un gemellaggio ufficiale tra le due ferrovie.

Economia

La regione ha conosciuto in passato un poderoso **sviluppo industriale**. L'area di massima concentrazione degli impianti corrisponde alla fascia di alta pianura con il triangolo Milano-Varese-Lecco e la direttrice che si allunga verso Bergamo e Brescia. Ogni settore industriale è supportato dalla crescita di infrastrutture, dalla informatizzazione degli impianti e dalle attività di ricerca. L'industria, molto diversificata, comprende sia produzioni di base che ad alto contenuto tecnologico. L'area milanese va potenziando il proprio ruolo di polo economico e culturale di livello internazionale.

L'abbondanza delle risorse idriche della bassa pianura ha favorito l'ampliamento delle colture foraggere e l'espansione dell'allevamento di bovini e suini, che alimenta una fiorente industria agroalimentare.

METTITI ALLA PROVA

Vero o falso?

1. Quasi metà del territorio lombardo è pianeggiante. V F
2. Il fiume Po attraversa la regione da nord a sud. V F

Scegli l'alternativa corretta

3. Il Lago di Como è attraversato dal fiume Adda/Ticino.
4. Il Lago di Garda è al confine con il Veneto/Piemonte.

Completa

5. Tra le attrazioni turistiche lombarde ci sono il Duomo di .... , l'Accademia Carrara a .... , il Palazzo Te a ....

MILANO

Restuccia Giancarlo/Shutterstock

D *Grattacieli nel centro di Milano*

Storia

Fondata alla fine del V secolo a. C. dai galli, fu in seguito conquistata dai romani che le diedero il nome di *Mediolanum*. Dopo il crollo dell'impero fu saccheggiata dai burgundi, occupata dai bizantini e dai goti e infine conquistata dai longobardi.

Passata sotto il dominio dei franchi nell'VIII secolo, Milano conobbe un notevole sviluppo economico, tanto che fu tra le prime città italiane a costituirsi in libero comune. Dopo aver fondato la **Lega Lombarda**, guidò gli altri comuni italiani contro l'imperatore Federico Barbarossa, riportando una decisiva vittoria nella Battaglia di Legnano (1176).

Passata dal comune alla signoria, venne governata dagli **Sforza**, divenendo una delle più ricche e influenti corti rinascimentali del XV secolo.

Funestata da guerre e pestilenze (1630), nel Settecento divenne il principale centro dell'**illuminismo** italiano. La cultura liberale portò gli intellettuali milanesi ad aderire entusiasticamente all'esperienza napoleonica. Ciò spiega perché, dopo la Restaurazione del 1815, la città fu protagonista della lotta per l'indipendenza dal dominio austriaco. Famose, ad esempio, le «cinque giornate di Milano» del 1848.

A partire dall'Unità d'Italia, Milano assunse il ruolo di principale centro economico del Regno. Nel periodo fra le due guerre mondiali fu teatro dell'azione politica sia socialista, sia fascista. Nel periodo della Resistenza è stata un centro propulsore della lotta al nazi-fascismo. Dopo la Seconda guerra mondiale, la città ha conosciuto una nuova stagione di scontro sociale. Vi iniziarono sia le lotte sindacali e studentesche degli anni '60, sia i primi attentati terroristici, come la strage di **Piazza Fontana**, il 12 dicembre 1969.

Economia e società

Milano [D] può essere definita la «capitale economica» dell'Italia. Centro commerciale fino alla fine del XIX secolo, poi grande metropoli industriale, infine città leader nel settore terziario, Milano è oggi la città italiana con la più alta concentrazione di **servizi**, soprattutto nelle attività pubblicitarie, informatiche, di ricerca, credito e, in misura crescente, in quelle legate al turismo, soprattutto quello d'affari.

La popolazione milanese, in costante crescita fin dai primi dell'Ottocento, ha subìto una forte impennata fra il 1950 e il 1970, per poi cominciare gradualmente a diminuire. Ciò è dipeso dal rapido sviluppo e dalla successiva contrazione del settore industriale. La contrazione dell'industria ha lasciato liberi ampi spazi che sono stati gradualmente ristrutturati e adibiti ad attività terziarie. Significativo il caso dell'area ex Pirelli, trasformata in polo universitario.

E *Duomo di Milano*

Arte e cultura

Milano possiede un ricco patrimonio artistico. Si possono menzionare il Duomo (XIV-XIX secolo), la chiesa di S. Maria delle Grazie, che ospita la famosa *Ultima Cena* di Leonardo da Vinci, e la Basilica di S. Lorenzo (375). Al periodo rinascimentale risalgono numerosi palazzi, come Palazzo Marino e Palazzo Litta (XVI secolo). Non mancano notevoli esempi di architettura contemporanea, come il Grattacielo Pirelli (1960). La città è anche sede di importanti musei, come il Nazionale della Scienza e della Tecnica, il Civico del Castello Sforzesco e il Teatrale della Scala. Milano è anche la principale città italiana dal punto di vista culturale e dell'editoria. Vi hanno sede ben sei **università** (Statale, Politecnico, Bocconi, Cattolica, San Raffaele, IULM), il maggiore teatro di lirica (La Scala), le sedi dei principali quotidiani nazionali (Corriere della Sera, Il Sole 24Ore, La Gazzetta dello Sport, etc.) e diverse case editrici.

A partire dagli anni '80, Milano è anche divenuta sede di numerose produzioni cinematografiche e televisive, contribuendo a influenzare l'immaginario degli italiani e a lanciare numerose mode.

Il Duomo

Per ben cinque secoli architetti, scultori, artisti e operai locali e provenienti da tutta Europa si avvicendarono nella costruzione di questa imponente opera. Essa inizia nel 1386 per volere del Signore di Milano Gian Galeazzo Visconti, che intende, in questo modo celebrare il suo potere, e termina nei primi anni dell'Ottocento con la costruzione della facciata. L'edificio, in stile **gotico-lombardo** [E], è realizzato in marmo bianco rosato proveniente dalle cave della Val D'Ossola. Ha una lunghezza di 157 metri e la guglia maggiore raggiunge l'altezza di 108 metri. Sulla sua cima nel 1774 fu posta la statua dorata della Madonna (*la bela Madunina* come è chiamata affettuosamente dai milanesi). L'abbondanza delle decorazioni, guglie, pinnacoli, statue (circa 2000), vetrate monumentali è impressionante. Attraverso le scale o l'ascensore si raggiungono le terrazze sul tetto da dove si può ammirare tutta la città.

METTITI ALLA PROVA

Vero o falso?

1. Nel XV secolo Milano fu governata dalla signoria degli Sforza. V F
2. L'area una volta della Pirelli è stata oggi trasformata in polo museale. V F

Scegli l'alternativa corretta

3. L'economia milanese si basa soprattutto sul settore primario/terziario.

Completa

4. Il Duomo di Milano è in stile .... Voluto da Gian Galeazzo .... , è realizzato in .... bianco rosato. In cima è posta la statua dorata della ....

4 TRENTINO-ALTO ADIGE

Una gita in Trentino-Alto Adige

Superficie 13 605 km²
Popolazione 1 056 000 abitanti
Densità di popolazione 78 ab./km²
Città principali
Trento (capoluogo di regione) **117 304 ab.**
Bolzano **106 110**

Dal 1948 è regione autonoma a statuto speciale e vi è riconosciuto ufficialmente il bilinguismo italiano-tedesco.

I due nomi si riferiscono alle componenti del territorio. Trentino indica fin dai tempi più antichi il territorio di Trento, l'antica colonia romana di Tridentum. *La denominazione Alto Adige, dall'alto corso del fiume, risale alla fine della Prima guerra mondiale, quando fu annessa all'Italia la parte meridionale del Tirolo, che fino a quel momento era una regione dell'impero austro-ungarico. Südtirol è infatti il nome tedesco dell'Alto Adige.*

Una regione di montagne

Situato nell'estremità settentrionale dell'Italia, il Trentino-Alto Adige è, fra le regioni italiane, quella più nota per la bellezza delle sue montagne. A ovest, al confine con Lombardia e Svizzera, si elevano le **Alpi Retiche** con gli imponenti massicci dell'Adamello ricchi di ghiacciai. A nord le **Alpi Atesine** separano la regione dall'Austria. Dall'altopiano di Bolzano fino al confine orientale si estendono le **Dolomiti**.

Questo scenario racchiude una straordinaria varietà di paesaggi: maestose vette ricoperte di neve, boschi, ampie vallate, corsi d'acqua, laghi, l'incantevole gioco di luci tra le guglie delle Dolomiti, i caratteristici paesini e le mille sfumature di una natura incontaminata [A]. Un immenso comprensorio sciistico con centinaia di chilometri di piste pone la regione all'avanguardia turistica.

Le catene alpine che occupano la regione sono incise da numerose e lunghe valli. La più importante è la **Valle dell'Adige**, dove scorre il secondo fiume d'Italia per lunghezza. Esso attraversa tutta la regione da nord a sud e, dopo aver percorso la pianura veneta, sfocia nell'Adriatico. La regione è anche ricca di laghi, circa 500 ma di dimensioni molto piccole, e di bacini artificiali.

Terra di passaggio e punto di incontro tra il mondo latino e quello nordico, il Trentino-Alto Adige custodisce anche un notevole patrimonio culturale: testimonianze preistoriche, possenti castelli, santuari e città di rilievo storico e artistico.

Krishna.Wu/Shutterstock

A *Santa Maddalena, nel Sud Tirolo*

Le Dolomiti

Dal giugno 2009 l'Unesco ha dichiarato queste montagne Patrimonio dell'umanità. Esse si estendono anche alle regioni Veneto e Friuli-Venezia Giulia. Le Dolomiti sono generalmente considerate uno dei più bei paesaggi montuosi del mondo. La loro bellezza deriva da una diversità di forme verticali spettacolari. Le superfici rocciose nude, di colore chiaro, si levano al di sopra di verdi foreste e praterie in una stupenda armonia di colori. Al tramonto, quando sono colpite dagli ultimi raggi del sole si colorano di rosa.

Queste nostre montagne si chiamano Dolomiti in onore dello scienziato francese Déodat de Dolomieu (1750-1801) che le studiò durante i suoi numerosi viaggi nell'area. Egli fece analizzare il tipo di roccia predominante nella zona e si scoprì che si trattava di un nuovo minerale a cui venne dato il nome di *dolomite*.

Economia

L'alto livello di reddito pro capite, un efficiente sistema di infrastrutture e di servizi sociali e sanitari e un ridotto tasso di disoccupazione garantiscono una buona qualità della vita. L'economia della regione è favorita dalla posizione geografica che la collega direttamente al mercato europeo. Importanti sono le **centrali idroelettriche** che forniscono energia alle industrie meccaniche, chimiche, del legno, della carta, ecc.

Nelle valli meno elevate e più fertili è praticata un'**agricoltura specializzata** e altamente redditizia: sono famosi le mele della Val di Non, i vini e le grappe locali. Notevole consistenza hanno l'allevamento bovino e suino e le attività legate allo sfruttamento delle risorse forestali. Ma il settore trainante dell'economia regionale è il **turismo**, grazie alla grande capacità ricettiva di alberghi, campeggi, agriturismi e case in affitto.

TRENTO

I primi insediamenti umani nel territorio di Trento risalgono alla preistoria, ma solo con i romani si ha un primo vero nucleo. Occupata dai longobardi e poi dai franchi diventa sede di un marchesato. Per conservare la sicurezza della valle, gli imperatori concedono la zona al vescovo di Trento che darà vita a uno stato che durerà fino al 1801. Dal 1545 al 1563 vi si svolge il celebre Concilio Tridentino che per 18 anni, con varie interruzioni, definì la posizione della chiesa cattolica nei confronti della riforma protestante. La città, a partire dal XIII secolo, si sviluppa e assume quelle caratteristiche urbanistiche che tuttora conserva e che meritano un'attenta visita, con le sue strade strette e gli alti edifici affrescati anche all'esterno. Il centro della città è costituito da Piazza del Duomo con l'antica cattedrale, la torre civica e il palazzo pretorio risalenti al XIII secolo.

METTITI ALLA PROVA

Vero o falso?

1. Durante la Seconda guerra mondiale è stata annessa alla regione la parte meridionale del Tirolo. V F
2. Il nome Dolomiti deriva dal minerale di cui sono formate, la dolomite. V F

Scegli l'alternativa corretta

3. Nella Valle dell'Adige scorre il primo/secondo fiume più lungo d'Italia.
4. La regione si rifornisce di energia eolica/idroelettrica.

Completa

5. A .... si trovano le Alpi .... con i ghiacciai dell'Adamello. A .... le Alpi .... A est si estendono le ....

5 VETENO

Una gita in Veneto

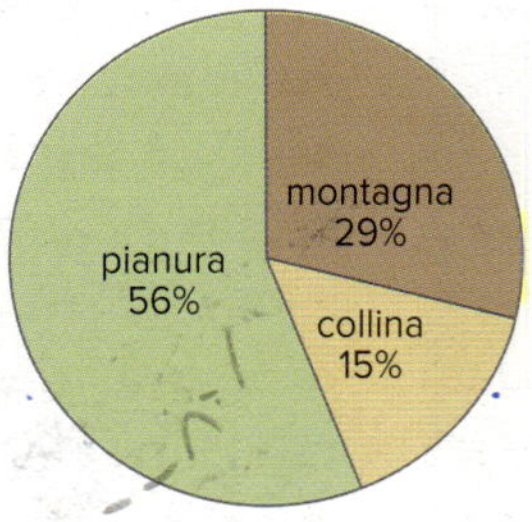

Superficie 18 407 km²
Popolazione 4 938 000 abitanti
Densità di popolazione 268 ab./km²
Città principali
Venezia (capoluogo di regione) **264 579 ab.**
città metropolitana **858 198 ab.**

Verona	260 125
Padova	211 210
Vicenza	113 599
Treviso	83 652
Rovigo	52 170
Belluno	35 703

Anticamente, prima dell'epoca romana, la regione era abitata dal popolo dei veneti, proveniente dall'Illiria, una regione dei Balcani.

REGIONE VENETO
CAPOLUOGO VENEZIA
PROVINCIE PADOVA VICENZA VERONA TREVISO ROVIGO BELLUNO

La regione del Nord-Est

Il Veneto occupa il quadrante nord-orientale della penisola italiana, dalla catena montuosa delle **Alpi Carniche** e delle **Dolomiti** fino al mare **Adriatico**. La grande pianura veneta (56% dell'intero territorio) è delimitata dal Po che segna il confine con l'Emilia-Romagna. La zona prealpina, estesa dal lago di Garda al fiume Piave, è costituita da una fascia di rilievi di differente elevazione, fra cui l'Altopiano di Asiago e il massiccio del Grappa. Caratteristiche fisiche particolari si riscontrano nel Polesine, ovvero la parte di pianura compresa fra l'Adige e il Po, e nella fascia costiera adriatica, che include la zona lagunare tra il Brenta e il Tagliamento. Caratteri comuni a queste zone sono le pendenze limitate, che favoriscono il ristagno delle acque (controllate mediante canali artificiali, argini e idrovore) e l'accumulo di detriti di origine fluviale lungo le spiagge, con formazione di cordoni litoranei.

Per le sue caratteristiche morfologiche e per la posizione rispetto ai venti, il Veneto presenta una grande varietà di climi, da quello alpino a quello mediterraneo del Garda e della fascia costiera. Le nebbie sono frequenti, soprattutto nella parte occidentale della pianura. Le precipitazioni sono abbondanti nella zona alpina e prealpina, scarse nelle aree di pianura.

Gli scenari della Grande Guerra 1915-18

I nomi del Piave, dell'Altopiano di Asiago, del Pasubio ci ricordano i luoghi impervi che furono teatro di una sanguinosa guerra di posizione durante la Prima guerra mondiale. In uno degli inverni più rigidi del seco-

CONFINA CON
TRENTINO ALTO ADIGE LOMBARDIA
FRIULI VENEZIA GIULIA AUSTRIA

lo scorso (1916-1917), le Dolomiti furono il campo di battaglia di una guerra tremenda. Militari austriaci e tedeschi da una parte e italiani dall'altra si scontrarono in alta quota, con condizioni ambientali e climatiche estreme, affrontando indicibili disagi anche a causa della difficoltà di essere riforniti di viveri e materiali di qualsiasi tipo. Il freddo e le slavine divennero subito il vero grande nemico da sconfiggere: la battaglia tra eserciti si trasformò nella grande guerra dell'uomo contro la montagna.

Quello che ora rimane su queste cime testimonia la tenacia, il coraggio e la disperazione di chi dovette lottare in **trincee** e gallerie che costellano ancora oggi quella che era la linea del fronte. Le feritoie che si aprono sulle montagne indicano le postazioni di artiglieria e di mitragliatrici in cui i soldati vivevano.

I minatori di Belluno

In provincia di Belluno, in Valle Imperina, si trova uno dei più interessanti esempi di archeologia industriale del Veneto. Qui, per quasi sei secoli si è svolta un'attività estrattiva che ha fornito la materia prima all'industria del **rame**.

La miniera è stata chiusa definitivamente nel 1962 e il recupero del territorio e degli edifici è iniziato all'inizio degli anni Novanta. Questo territorio, che oggi è coperto di faggi e larici, nell'Ottocento era completamente brullo per il continuo uso del legname nei forni.

Oggi sono stati restaurati la centrale elettrica, l'edificio dei forni fusori e il dormitorio dei minatori. Una mostra, intitolata «Uomini della Valle Imperina», ci fa rivivere la storia di centinaia di uomini, fatta di fatica e sudore.

Le Ville venete

Le Ville venete palladiane sono straordinarie dimore nell'entroterra di Venezia, dove i signori si ritiravano per trascorrere le proprie vacanze, circondandosi di amici e personaggi della cultura, dell'arte e della musica.

Protagonista di questo periodo è stato l'architetto **Andrea Palladio** (1508-1580). Sue sono molte delle ville costruite nella regione, e dichiarate dall'Unesco Patrimonio dell'umanità [A]. Fondato su uno studio approfondito dell'architettura romana classica, il lavoro di Palladio ha ispirato uno stile architettonico caratteristico (lo stile palladiano) che si è successivamente diffuso in Europa e nell'America del Nord. Nel 2010, Palladio è stato riconosciuto dal Congresso degli Stati Uniti «Padre dell'architettura americana».

La grande alluvione del Polesine

L'abbondanza di acque fluviali nella bassa pianura ha portato nel corso dei secoli a gravi straripamenti, per cui quest'area ha sempre avuto bisogno di lavori di controllo del sistema idraulico (argini, canali, chiuse, ecc.). L'alluvione del Polesine del novembre 1951 fu un evento catastrofico che colpì gran parte del territorio della provincia di **Rovigo**. Morte e distruzione interessarono tutte le località della provincia, ma i danni maggiori si ebbero nel Polesine dove gli argini cedettero alla violenza delle acque. Qui case, ponti e strade furono distrutti e le terre rese improduttive da metri di fango. Di conseguenza gran parte della popolazione fu costretta a trasferirsi. Si calcola che in circa 80 000 abbiano abbandonato il loro territorio nel decennio 1951-61.

Flavio Vallenari/iStock

A *La villa palladiana Almerico Capra, conosciuta anche come La Rotonda*

Economia

Il Veneto possiede un tessuto industriale che poggia su due realtà: una caratterizzata da numerose **piccole e medie imprese**, specializzate nella manifattura, nei settori alimentare, chimico-farmaceutico e dell'editoria. La seconda realtà basata su grandi imprese concentrate nel polo di **Marghera-Mestre** con impianti metallurgici e chimici.

Le coltivazioni di mais e di soia sono diffuse specie nelle zone di pianura, la barbabietola da zucchero nella provincia di Rovigo, la frutta nel veronese e la vite nel trevigiano [B]. L'allevamento di bovini e suini costituisce anch'esso un'importante risorsa. Nelle province di Venezia e Rovigo si sono sviluppati anche centri pescherecci con annesse industrie di trasformazione del pescato.

Andrea Padoan/Shutterstock

B *Viti in Valdobbiadene*

La varietà di ambienti naturali e la ricchezza del patrimonio artistico e culturale della regione hanno favorito lo sviluppo del turismo.

METTITI ALLA PROVA

Vero o falso?

1. La pianura veneta occupa poco più della metà del territorio. V F
2. Durante la Seconda guerra mondiale le Dolomiti furono un sanguinoso campo di battaglia. V F

Scegli l'alternativa corretta

3. Il fiume Po/Adige segna il confine veneto con l'Emilia-Romagna a sud.
4. La parte di territorio compresa tra il Po e l'Adige si chiama Altopiano di Asiago/Polesine.

Completa

5. L'agricoltura veneta produce .... e soia in pianura, ... in provincia di Rovigo, ... nel veronese e .... nel trevigiano.

VENEZIA

Storia

Nata come rifugio di profughi durante le invasioni barbariche, antico porto bizantino, Venezia [C] fu una delle prime città italiane a conquistare la piena indipendenza nel 692. Governata da una potente oligarchia mercantile attraverso un supremo magistrato denominato Doge, riuscì a conservare la propria autonomia resistendo a numerosi tentativi di conquista e divenendo sempre più potente e ricca.

Bertl123/Shutterstock

C *Una veduta di Venezia*

La **Repubblica marinara** estese la propria rete di traffici nel Mediterraneo, partecipò alle Crociate (in particolare alla quarta) e consolidò i privilegi delle famiglie più influenti. Colpita duramente dalla peste del 1348, la città riuscì a risollevarsi, anche attraverso una politica di espansione verso la terraferma.

All'inizio del XVI secolo, però, la potenza di Venezia cominciò a declinare a causa della perdita d'importanza delle rotte mediterranee in seguito alla scoperta dell'America e verso la fine del Settecento la città perse definitivamente la propria indipendenza politica. Inizialmente ceduta agli austriaci da Napoleone, nel 1866 fu annessa al Regno d'Italia.

Durante il Novecento, Venezia ha conosciuto un notevole sviluppo dal punto di vista turistico, nonostante l'aggravarsi di alcuni problemi ambientali. A causa di lenti processi naturali, ma anche di miopi interventi umani come l'eccessivo sfruttamento delle falde acquifere, il fondo della laguna ha accelerato il suo sprofondamento, aggravando il fenomeno della cosiddetta «**acqua alta**» (il periodico allagamento del centro storico).

Per contrastare tali fenomeni sono stati stanziati, a partire dagli anni '80, significativi finanziamenti. Nel 2003 è stato varato il progetto **MOSE**, che prevede la costruzione di speciali paratie in grado di contrastare l'acqua alta. Questo progetto ha però sollevato anche molte critiche, soprattutto di associazioni ambientaliste, preoccupate dal fatto che un intervento così drastico possa alterare in maniera imprevedibile l'ecosistema dell'intera laguna.

Economia e società

L'economia veneziana è fortemente legata alla conformazione fisica della città.

Esteso su circa 120 isole, separate da canali e collegate da numerosi ponti, il comune di Venezia presenta attività economiche fortemente localizzate: le **attività industriali**, petrolifere e portuali sono concentrate nelle zone di Mestre e Marghera, mentre il centro storico vive quasi interamente di turismo.

Negli ultimi decenni gli effetti del generale processo di terziarizzazione sono diventati più evidenti. Gli addetti alla produzione industriale sono calati (il Petrolchimico di Marghera, ad esempio, impiega oggi meno di un terzo degli operai rispetto agli anni '70) e anche nei quartieri residenziali di Mestre è diminuita la popolazione, principalmente a vantaggio dei più vivibili comuni minori del circondario.

Gli unici settori ancora in crescita sono, come è prevedibile, quelli legati al **turismo** con più di tre milioni di visitatori all'anno.

Caratteristica distintiva del sistema viario della città è quella di essere quasi interamente acquatico (vaporetti, motoscafi e le tradizionali gondole).

Arte e cultura

La potenza e la ricchezza di Venezia durante gli undici secoli di indipendenza hanno permesso alla città di accumulare un patrimonio artistico unico al mondo.

Le testimonianze architettoniche del suo glorioso passato sono innumerevoli. Nell'imponente basilica di **San Marco** (IX-XI secolo) si intrecciano gli stili bizantino, romanico e gotico, mentre l'interno è rivestito da una ricca decorazione a mosaico; a fianco il Campanile svetta dall'alto dei suoi 98 metri. Il **Palazzo Ducale** che fu abitazione privata dei Dogi, sede di governo, palazzo di giustizia e prigione risalta nella grande piazza con i suoi colori bianco e rosa. Ricordiamo poi, fra le tante chiese, quella di S. Pietro e Paolo (XIII secolo), le numerose sinagoghe, i palazzi storici che si affacciano sul **Canal Grande** [D], nonché i ponti di Rialto e dei Sospiri.

La città è anche sede di una famosa università e ospita manifestazioni culturali di portata internazionale come la Biennale d'Arte, la Mostra Internazionale del Cinema e prestigiose esposizioni.

Samot/Shutterstock

D *Il Canal Grande con una gondola in primo piano*

METTITI ALLA PROVA

Vero o falso?

1. In seguito alla scoperta delle Americhe, la potenza economica di Venezia declinò. V F
2. Il MOSE è un progetto per contrastare il fenomeno dell'acqua alta in laguna. V F

Scegli l'alternativa corretta

3. Il settore economico legato al turismo/petrolchimico è ancora in crescita.
4. Il comune di Venezia è esteso su 120/170 isole collegate da ponti e vaporetti.

6 FRIULI-VENEZIA GIULIA

Una gita in Friuli-Venezia Giulia

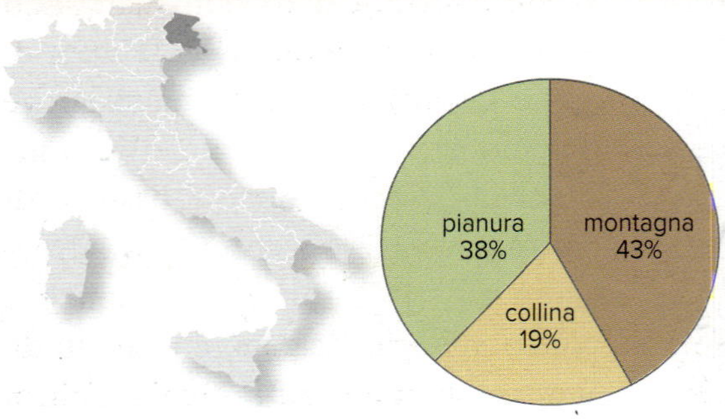

Superficie 7 855 km²
Popolazione 1 227 000 abitanti
Densità di popolazione 156 ab./km²
Città principali
Trieste (capoluogo di regione) **205 413 ab.**
Udine **99 473**
Pordenone **51 632**
Gorizia **35 114**

Dal 1964 è stata dichiarata regione autonoma a statuto speciale. Lingue ufficiali sono l'italiano e lo sloveno, sono lingue riconosciute e protette il friulano e il tedesco.

I due nomi della regione sono collegati all'epoca romana. Friuli è la contrazione di Forum Iulii *(Piazza di Giulio), il nome dato all'antica città di Cividale in onore di Giulio Cesare. Venezia Giulia fu coniato per indicare il Friuli orientale, Trieste e l'Istria quando diventarono italiani dopo la Prima guerra mondiale.*

Il territorio

Montagne e colline caratterizzano il 62% del territorio. Il settore montano della regione, che prende il nome di **Carnia**, comprende le Alpi Carniche al confine con l'Austria e un breve tratto delle Alpi Giulie al confine con la Slovenia. Al di sotto si estendono le Prealpi. A sud-est appartiene all'Italia solo una sottile striscia dell'Altopiano del **Carso** alle spalle del Golfo di Trieste. Esso è arido in superficie, ma molto ricco di acque sotterranee.

La Pianura friulana rappresenta l'estrema propaggine della Pianura padano-veneta. Si estende dalla metà della regione fino al Mare Adriatico ed è ricca di corsi d'acqua. Il principale è il **Tagliamento** che attraversa tutto il territorio da nord a sud e nell'ultimo tratto segna il confine con il Veneto. Il fiume **Timavo** nasce in Croazia, scorre per circa 40 km sotto terra e riemerge in Italia a 2 km dalla foce, vicino a Trieste.

La costa è bassa e sabbiosa, orlata dalle lagune di Marano e di Grado dove si estende una ricca vegetazione palustre. Il breve tratto di costa della Venezia Giulia è alto e roccioso.

Il clima è continentale o mediterraneo. Un vento tipico di Trieste è la **bora** che soffia da nord-est e può superare i 150 km/h.

Cenni storici

Il territorio del Friuli costituisce quasi tutta la regione. La Venezia Giulia, la sottile striscia orientale, si è ridotta notevolmente (solo il 10% dell'intera regione) in seguito alla Seconda guerra mondiale. Dalla fine della guerra il confine taglia in due la città di Gorizia. La sua parte occidentale è rimasta italiana, mentre quella orientale è una città della Slovenia col nome di Nova Gorica.

lebanmax/Shutterstock

A *Il Castello di Miramare, a Trieste*

Una fusione di popoli e culture

Terra di romani, longobardi, veneziani, austriaci, sloveni, qui nel corso di secoli si sono avvicendati e mescolati popoli e culture, arricchendo la regione di tesori d'arte. Molte città ci incantano con le loro bellezze artistiche. **Udine**, con i suoi eleganti palazzi in stile veneziano e liberty e i capolavori pittorici di Giambattista Tiepolo. **Pordenone**, la città dei portici e dei palazzi affrescati. Aquileia, con i suoi mosaici paleocristiani. **Cividale**, riconosciuta dall'Unesco Patrimonio dell'umanità. Gorizia, luogo nevralgico della Prima guerra mondiale, con il suo castello risalente al XIII secolo.

Palmanova la città fortezza

Questa cittadina ha una precisa data di nascita: il 7 ottobre 1593, anniversario della **vittoria di Lepanto** sui turchi avvenuta il 7 ottobre 1571. Con questa scelta la repubblica di Venezia voleva lanciare un messaggio sulla funzione della nuova fortezza quale argine alle invasioni dell'impero ottomano. È chiamata la città stellata per la sua pianta poligonale a stella con 9 punte. Verso la fine della Seconda guerra mondiale, nel periodo della Repubblica fascista di Salò, nella fortezza ebbe sede la famigerata caserma Piave, un centro di detenzione e tortura dove trovarono una morte atroce numerosi partigiani.

Economia

La struttura industriale della regione è prevalentemente rivolta alle esportazioni, specie verso i paesi dell'Europa orientale. I principali settori industriali sono quelli metallurgico, meccanico e chimico. La **cantieristica** è in netta ripresa per quanto riguarda le navi da crociera. Sta crescendo l'attività portuale di Trieste. Nei pressi del capoluogo si trovano numerose **istituzioni scientifiche** di alto livello.

Nel settore dell'agricoltura le maggiori produzioni riguardano le colture tradizionali: mais, grano, patate e barbabietole, mentre buone prospettive sono offerte dalla frutticoltura. Grande importanza hanno le colture specializzate come la vite, da cui si ottengono vini e grappe di alta qualità. All'allevamento di bovini e suini si aggiunge quello di bachi da seta.

TRIESTE

È un territorio di confine, con uno sguardo al mare Adriatico e l'altro all'aspro promontorio carsico, dove grandi letterati come James Joyce, Italo Svevo e Umberto Saba hanno tratto ispirazione. È una città sul mare, a cominciare dalla splendida Piazza dell'Unità e dal **Castello di Miramare** [**A**]. Questa residenza principesca, immersa in un grande parco, fu costruita intorno al 1860 per volere dell'arciduca Massimiliano d'Asburgo, per un breve periodo imperatore del Messico. La sua posizione a picco sul mare offre la possibilità di godere di uno splendido panorama sul Golfo di Trieste.

METTITI ALLA PROVA

Vero o falso?

1. Il Tagliamento segna il confine con la Slovenia. V F

Scegli l'alternativa corretta

2. Le Alpi Carniche/Giulie segnano il confine della regione con l'Austria.
3. La città di confine, Pordenone/Gorizia, dalla fine della Seconda guerra mondiale è tagliata a metà.

Completa

4. L'altopiano del .... , al confine con la .... , si eleva alle spalle di .... Questa zona è molto ricca di .... sotterranee.

7 LIGURIA

Una gita in Liguria

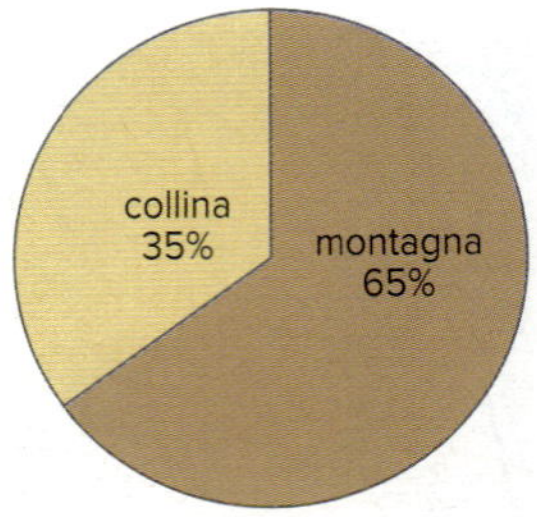

Superficie 5416 km²
Popolazione 1 583 000 abitanti
Densità di popolazione 292 ab./km²
Città principali
Genova (capoluogo di regione) 562 175 ab.
città metropolitana 862 175 ab.
La Spezia 93 990
Savona 61 529
Imperia 42 450

Il termine deriva da una delle prime gens italiche di cui si ha notizia, il popolo dei liguri, che in epoca preromana abitava il territorio. La Liguria antica comprendeva tutta la pianura piemontese a sud del Po.

Un territorio stretto fra montagne e mare

Le Alpi Marittime e l'Appennino ligure, che si congiungono al Passo di Cadibona, occupano la maggior parte del territorio. Vere e proprie pianure non esistono dato che è pianeggiante solo qualche sottile striscia costiera in corrispondenza delle foci dei fiumi e anche le valli che tagliano le montagne sono brevi e strette. Per questo motivo i corsi d'acqua che sfociano nel Mar Ligure sono tutti brevi per mancanza di spazio, e a carattere torrentizio. In Liguria nascono anche importanti affluenti del Po come Tànaro, Bòrmida, Scrivia e Trebbia, che lasciano però il territorio ligure dopo pochi kilometri per scorrere ampiamente nella Pianura padana.

La regione ha uno sviluppo costiero di oltre 330 km. Questa fascia di terra lungo il mare è formata dalla **Riviera di Levante** [A], da Genova a La Spezia, la cui caratteristica dominante è una costa alta e compatta poiché le catene montuose corrono vicinissime al mare (celebri le scogliere a picco delle Cinque Terre). La **Riviera di Ponente**, da Genova fino al confine con la Francia, è invece più dolce e i promontori si alternano

Yulia Grigoryeva/Shutterstock

A *Una veduta di Santa Margherita Ligure*

Matej Kastelic/Shutterstock

B *Riomaggiore, nelle Cinque Terre*

C *Le grotte dei Balzi Rossi*

a tratti sabbiosi. È famosa la cittadina di Sanremo, dove il riparo offerto dalle catene montuose e la vicinanza del mare offrono un clima mite che consente la crescita di una stupenda vegetazione.

Le Cinque Terre

Cinque paesini aggrappati a speroni di roccia a strapiombo su minuscole insenature costituiscono una delle zone più rinomate e incontaminate della costa tirrenica. Da ovest a est si susseguono Monterosso, Vernazza, Corniglia, Manarola e Riomaggiore [B], con il loro profilo frastagliato lungo una costa rocciosa racchiusa da due promontori. Grazie al lungo isolamento dovuto alla durezza del suo ambiente, questo lembo selvaggio della costa ligure è stato risparmiato da un'incontrollata espansione edilizia e dal 1997 l'Unesco lo ha dichiarato Patrimonio dell'umanità. Una rete di oltre 100 km di sentieri tra il litorale e l'entroterra ha permesso per secoli agli abitanti di spostarsi attraverso la montagna terrazzata dove da sempre si coltivano vite e olivo. Il percorso più spettacolare è il Sentiero Azzurro lungo 12 km ma il più conosciuto è un tratto di esso tra Riomaggiore e Manarola, punteggiato di agavi e fichi d'india, chiamato **Via dell'Amore**.

Le Cinque Terre non sono solo natura e sole, ma presentano un'architettura unica al mondo: le case di vari colori pastello, i muri a secco che sostengono i terrazzamenti dei ripidi pendii, i sentieri e le scalinate che si arrampicano fra le case, i numerosi santuari e le chiese nel tipico stile genovese.

Il mezzo più adatto per raggiungere le Cinque Terre è il treno. Dalla stazione di La Spezia partono i treni locali che effettuano fermate in tutti e cinque i paesi e consentono con un unico biglietto di scendere a ogni paese e risalire per visitare il successivo.

Balzi Rossi

I Balzi Rossi [C] sono famose grotte della Riviera ligure nei pressi di Ventimiglia, chiamate così dal colore rossiccio della roccia. Costituiscono un **sito preistorico** di grande importanza. Fin dai tempi più antichi del Paleolitico, molti gruppi umani sceglievano l'insediamento in grotta per le garanzie di protezione e difesa che offriva e anche per la possibilità di integrare con la pesca la propria economia di sussistenza. Le caverne, che si aprono poco al di sopra del livello del mare, hanno restituito sepolture, manufatti di osso e pietra, resti di animali.

METTITI ALLA PROVA

Scegli l'alternativa corretta

1. Le Cinque Terre si trovano nella Riviera di Ponente/Levante.
2. I fiumi liguri hanno un corso lungo/breve.

Completa

3. La Riviera di .... , da Genova a .... ha una costa .... con montagne vicino al mare. La Riviera di .... , da Genova fino alla .... , ha tratti sabbiosi.

Economia

Le principali **coltivazioni** sono quelle specializzate degli ortaggi, a pieno campo e in serra, diffuse in particolare nella piana di Albenga. La coltivazione dei fiori [D], iniziata fin dall'Ottocento, è oggi estesa a tutta la Riviera di Ponente. La coltivazione della vite e dell'olivo, tradizionalmente favorite dal clima mediterraneo, hanno visto ridursi i loro spazi dalla cementificazione del territorio. Nell'industria è calato il peso dei settori siderurgico, metallurgico e petrolchimico, mentre è aumentato quello dei settori meccanico e delle alte tecnologie. I comparti trainanti sono quelli delle telecomunicazioni, dell'automazione industriale, delle apparecchiature biomediche, oltre che della cantieristica e componentistica navale. Il motore economico della regione è costituito dall'**attività portuale**, concentrata a Genova e La Spezia, e dal **turismo**, favorito dal clima e dalla bellezza dei luoghi.

SurkovDimitri/iStock

D *Coltivazione di fiori a Sanremo*

GENOVA

S-F/Shutterstock

E *Veduta di Genova*

Storia

Abitata fin dal secondo millennio da popolazioni liguri, entrò in contatto con Roma durante le guerre puniche e al tempo di Cesare (I sec. a.C.) iniziò la sua vocazione commerciale diventando il porto più importante della Gallia cisalpina. Con le Crociate ottenne possessi e concessioni in Oriente. Lo sviluppo del commercio la mise in competizione con le **repubbliche marinare** di Venezia e Pisa, sulla quale ottenne una grande vittoria nella battaglia della Meloria nel 1284. Dopo la scoperta dell'America (1492) la città strinse ulteriori legami con Spagna e Portogallo, paesi che con le loro conquiste coloniali erano in piena espansione economica. In questo periodo spiccò la figura del condottiero Andrea Doria che, appoggiato dai grandi banchieri e dall'aristocrazia, riuscì ad assicurare alla città un lungo periodo di pace.

La decadenza della Spagna portò con sé anche quella di Genova, che nel 1768 perse la Corsica, ceduta alla Francia. Nel corso dell'Ottocento il ceto intellettuale genovese accolse le idee liberali del **Risorgimento**: erano genovesi Giuseppe Mazzini, Nino Bixio e Goffredo Mameli, al quale si devono i versi del nostro inno nazionale. La spedizione dei Mille, guidata da Garibaldi, partì proprio da Quarto (Genova).

Dopo l'Unità d'Italia, la città e il porto ripresero slancio e la produzione industriale si sviluppò rapidamente specie nel settore cantieristico e dei trasporti. Durante la dittatura fascista la città fu teatro di una forte opposizione, che dopo l'8 settembre 1943 si trasformò in resistenza armata. Fu grazie all'insurrezione della città che le truppe tedesche furono costrette alla resa prima dell'arrivo dell'esercito alleato e le industrie e il porto furono salvati dalla distruzione.

Economia e società

Genova [E] raggiunse il massimo dello sviluppo industriale negli anni '60. Successivamente, una lenta ma continua diminuzione delle grandi

luiginophoto/iStock

F *Il porto*

industrie portò la città e il suo porto a una profonda crisi. La rinascita è cominciata dalla metà degli anni ’90, quando lo scalo ha ritrovato una posizione di primo piano nei traffici del Mediterraneo e nel movimento delle navi da crociera e dei traghetti.

La città, stretta fra il mare e la montagna retrostante, ha potuto giovarsi degli spazi lasciati liberi dalla dismissione di numerose aree industriali, dove si sono installate le nuove imprese dell’**alta tecnologia** e delle **attività terziarie**. Ha avuto anche un rilancio come polo di attrazione turistica grazie al recupero del Porto Antico su progetto dell’architetto genovese Renzo Piano [F]. Qui è nata la zona dell’EXPO per mostre e convegni e qui si trova anche l’acquario più grande d’Europa, aperto nel 1992. Si può ammirare il Porto Antico e la città salendo in ascensore sul caratteristico «bigo», dal nome in genovese di una struttura da carico che si trovava sulle navi mercantili prima dell’avvento dei container.

Arte e cultura

La città possiede un ricco patrimonio artistico: la cattedrale di **San Lorenzo** [G] che risale al XII secolo, splendido esempio di gotico genovese; il sontuoso edificio del **Palazzo Ducale** (XVI secolo), le Case dei Doria, erette dalla potente famiglia fra il Duecento e il Quattrocento. Non mancano notevoli esempi di architettura contemporanea, come il grattacielo del *World Trade Center*, sede della Camera di commercio, o la Torre Piacentini. Il tempio della lirica è rappresentato dal **Teatro Carlo Felice**; degni di nota anche il Teatro della Tosse per la prosa e l’Archivolto, dedicato a festival e rassegne. La città è sede di una prestigiosa e antica università.

Claudio Divizia/Shutterstock

G *Cattedrale di San Lorenzo*

I Palazzi dei Rolli

I Rolli prendono il nome dai rotoli di pergamena in cui venivano scritti i nomi dei palazzi più ricchi di Genova dove, secondo un decreto del 1576 del senato della repubblica, dovevano essere ospitate le alte personalità in visita di Stato. I Palazzi dei Rolli erano le residenze delle famiglie aristocratiche più potenti, al vertice del potere finanziario e marittimo. Questi sontuosi palazzi, costruiti durante il cosiddetto «Secolo d’Oro» (XVI-XVII secolo) in quello che già allora era il quartiere più esclusivo della città, nel 2006 sono stati inseriti dall’Unesco nel Patrimonio dell’Umanità.

METTITI ALLA PROVA

Vero o falso?

1. Andrea Doria portò alla città ricchezza e pace. V F

Scegli l’alternativa corretta

2. L’Unesco ha inserito i Palazzi dei Rolli/il Palazzo Ducale all’interno del Patrimonio mondiale.

Completa

3. Dopo la scoperta dell’ .... , Genova strinse legami con Spagna e ....

8 EMILIA-ROMAGNA

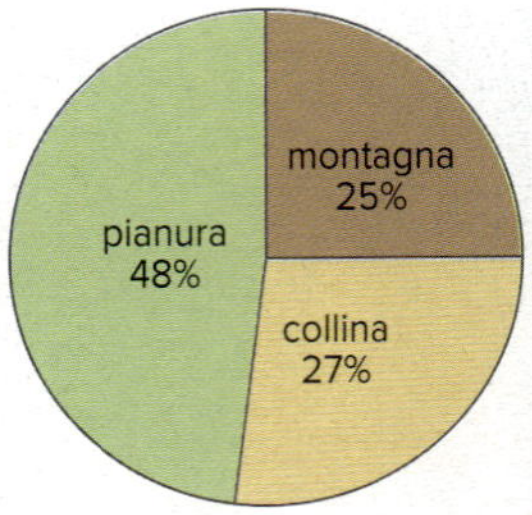

Una gita in Emilia-Romagna

Superficie 22 453 km²
Popolazione 4 451 000 abitanti
Densità di popolazione 198 ab./km²
Città principali

Bologna (capoluogo di regione) **386 181 ab.**
città metropolitana **1 004 323 ab.**

Parma	190 284
Modena	185 148
Reggio Emilia	171 655
Ravenna	158 911
Rimini	147 578
Ferrara	133 682
Forlì	118 255
Piacenza	102 269
Cesena	96 885

Emilia deriva dal nome dell'antica via che attraversa diagonalmente la regione, la Via Emilia, fatta costruire dal console romano Emilio Lepido nel II secolo a.C. Romagna deriva dal termine Romània, con il quale nel medioevo si indicava il territorio di Ravenna.

Tra l'Appennino e il Po

L'Emilia-Romagna per un lunghissimo tratto è delimitata a nord dal corso del Po, comprende tutta la porzione sudorientale della **Pianura padana** e parte dell'area del delta del fiume. A sud-ovest è contornata dall'**Appennino tosco-emiliano**. La pianura è percorsa da una serie di affluenti del Po (Trebbia, Secchia, Panaro e molti altri), quasi paralleli fra loro, che scendono dall'Appennino. A sud delle Valli di Comacchio, il Reno e altri fiumi sfociano direttamente in mare, attraversando la pianura romagnola. La costa, affacciata sul Mare Adriatico, è bassa e orlata da ampie e belle spiagge [A]. Nel tratto fra le foci del Po e del Reno permangono i residui delle zone paludose di un tempo: ampi specchi di acqua salmastra chiamati valli, lagune, saline.

Il clima è di tipo continentale, con precipitazioni abbondanti, salvo che durante l'estate, e frequente presenza di nebbia.

La Via Emilia

Allo sbocco delle valli appenniniche, proprio ai piedi delle colline che scendono verso la pianura, corre la Via Emilia, che da Rimini a Piacenza

A La Riviera romagnola

B Basilica di San Vitale, a Ravenna

attraversa tutta la regione. Costruita dai Romani all'inizio del II secolo a.C., questa importantissima via di comunicazione separa le aree montane dalle aree di pianura. Lungo la Via Emilia, a distanze quasi regolari, sono sorte fin dall'antichità molte città, grandi e piccole, che oggi si sono talmente espanse, proprio seguendo la via consolare, da formare in certi tratti quasi un'unica città, una conurbazione. La maggior parte della popolazione della regione, quindi, si concentra lungo la Via Emilia, dove si è insediata anche l'industria moderna, mentre l'area appenninica è sicuramente meno popolosa.

Il Patrimonio mondiale dell'umanità in Emilia Romagna

I siti del Patrimonio mondiale appartengono a tutte le popolazioni del mondo, al di là dei territori nei quali sono collocati: sono l'eredità del passato di cui noi oggi beneficiamo e che trasmettiamo alle generazioni future. In Emilia-Romagna si trovano tre notevoli siti nelle città d'arte di Modena, Ravenna e Ferrara.

Modena fu una fiorente città romana sulla quale, al decadere dell'Impero, ebbero forti influenze la Chiesa e la nobile famiglia dei Canossa. Tra il X e il XII secolo furono edificate la Cattedrale e la Torre civica sulla Piazza Grande, giunta sino ai giorni nostri praticamente intatta.

Ravenna fu tre volte capitale: dell'Impero romano d'Occidente, del regno di Teodorico, dell'impero bizantino in Italia e conobbe fino all'VIII secolo un periodo di splendore e ricchezza. La caratterizzano monumenti di culto dalle splendide decorazioni a mosaico come la Basilica di San Vitale [B], il Mausoleo di Galla Placidia, il Mausoleo di Teodorico, la Basilica di S. Apollinare Nuovo, la Basilica di S. Apollinare in Classe.

Ferrara con la Signoria degli Estensi divenne nel XV secolo un centro culturale rinascimentale di grande rilievo grazie a pittori come Piero della Francesca e Andrea Mantegna. La città rinascimentale ha mantenuto la struttura urbana intatta entro le sue mura: di particolare rilievo sono il Castello estense e la Cattedrale di San Giorgio.

Una popolazione di turisti

Sono molti milioni, ogni anno, i turisti italiani ed europei, specie tedeschi, che passano le loro vacanze in Emilia-Romagna. Tutti conoscono la Riviera romagnola, con le vastissime spiagge perfettamente attrezzate, con le pensioni e gli alberghi confortevoli, con le tante attività inventate per trascorrere il tempo libero. Ma accanto al turismo balneare va di nuovo ricordato il turismo delle città d'arte, così numerose nella regione.

METTITI ALLA PROVA

Vero o falso?

1. La maggior parte del territorio della regione è appenninico. V F

Scegli l'alternativa corretta

2. Il fiume Reno/Po divide la regione da Lombardia e Veneto.
3. La Via Emilia attraversa la regione da Piacenza a Rimini/Ravenna.

Completa

4. La costa che si affaccia sul .... è bassa e ....
Il clima della regione è di tipo ....

Economia

L'Emilia-Romagna è una regione fertilissima, frutto di lavori di bonifica cominciati anche in epoche remote, ed è anche dotata di una efficiente rete d'irrigazione. Il settore agricolo, uno dei più avanzati, è caratterizzato dalla presenza di migliaia di **cooperative**, che non solo producono ma trasformano e commercializzano i prodotti. Le colture tipiche sono grano e mais, frutta e ortaggi. Rinomati sono i formaggi, soprattutto il parmigiano reggiano, i salumi come il prosciutto di Parma, e i vini. È molto diffuso l'allevamento di suini e bovini.

L'industria, a eccezione dei grandi complessi chimici di Ferrara e Ravenna, si basa su piccole e medie imprese, molte delle quali di alto livello tecnologico. Famose le **industrie meccaniche** dai nomi illustri come Ferrari [C], Maserati, Ducati e quelle **alimentari**, che esportano i loro prodotti in tutto il mondo.

Un ruolo rilevante ha il turismo, soprattutto quello estivo sulla Riviera romagnola.

John_Silver/Shutterstock

C *Il Museo Enzo Ferrari a Modena*

BOLOGNA

bellena/Shutterstock

D *Una veduta di Bologna*

Storia

Abitata fin dai tempi più antichi, divenne un'importante città a opera degli etruschi, che le diedero il nome di *Felsina*. Successivamente fu colonizzata dai romani con il nome di *Bononia*, divenendo un centro fiorente di collegamento tra la Pianura padana e le regioni adriatiche.

Dopo il crollo dell'Impero romano e le invasioni barbariche, la città ricominciò a crescere fino alla costituzione in libero comune (1114). Nel periodo di massimo splendore divenne uno dei dieci centri europei più popolosi, con uno sviluppo urbano pari a quello di Parigi. Famosa per la sua **università**, la cui fondazione, prima in Europa, risale al 1088, Bologna si caratterizzò come uno dei principali centri europei di studi giuridici. Dal punto di vista economico ebbe un grande sviluppo l'**industria tessile** (arte della lana) e successivamente, grazie all'invenzione dei mulini ad acqua «alla bolognese», divenne un grande mercato della seta a livello internazionale.

Durante il periodo rinascimentale fu lacerata da lotte tra fazioni rivali, rimanendo poi, a partire dal 1506, sotto il saldo **dominio pontificio**. In età napoleonica conobbe una parentesi di libertà repubblicana. Si unì al Regno d'Italia nel 1860, continuando a sviluppare la sua vocazione commerciale e di snodo viario. Durante il Novecento Bologna [D] ha conosciuto un notevole sviluppo industriale, soprattutto nei settori meccanico, elettronico, chimico e farmaceutico. A partire dagli anni '70, comunque, la produzione industriale ha iniziato a calare a vantaggio delle attività terziarie, soprattutto quelle avanzate (marketing, pubblicità, produzione di software, servizi alle imprese).

La città è anche stata tristemente protagonista della cosiddetta «**strategia della tensione**». Il 2 agosto 1980, infatti, una bomba esplose nella Stazione di Bologna, facendo 85 vittime. A tutt'oggi, i mandanti della strage rimangono sconosciuti e impuniti.

Economia e società

Bologna è un importante **snodo** ferroviario, autostradale e aeroportuale. L'aeroporto internazionale ha visto negli ultimi anni aumentare costantemente il numero di passeggeri e di merci. Parallelamente l'Interporto si è affermato come uno dei principali scali-merci in Europa.

Essendo ben integrata nella **rete dei trasporti**, la città si distingue nel settore del commercio all'ingrosso (magazzini e complessi fieristici). Si possono menzionare il Centergross, uno dei centri all'ingrosso più grandi d'Europa, il Fiera District, opera dell'architetto giapponese Kenzo Tange e di altri importanti architetti italiani, che ospita esposizioni fieristiche di fama internazionale, il Palazzo dei Congressi e la Borsa Merci. Il centro storico, invece, si è da tempo specializzato nell'erogazione di servizi.

La popolazione, in crescita fino agli anni '70, ha cominciato negli ultimi anni a diminuire. Tale fenomeno è stato causato, a Bologna come in molte altre città, dall'esaurimento del ciclo espansivo legato all'industria e non, come si potrebbe erroneamente supporre, da una scarsa vivibilità della città. Bologna è infatti ai primi posti nella classifica delle città italiane quanto a spazi pubblici attrezzati, servizi al cittadino e **qualità della vita**.

Arte e cultura

Il centro monumentale della città ha conservato l'originaria **pianta medievale**. Attorno alle due antiche torri, Garisenda e degli Asinelli, si dirama a raggiera una rete di strade che raggiungono le porte delle antiche mura. Nella città rimangono alcune delle tante torri costruite in epoca medievale e rinascimentale. Elemento caratteristico del centro storico sono comunque i **portici**, estesi per chilometri.

Anche i principali monumenti sono di epoca basso medievale e rinascimentale. Si possono indicare, fra i tanti, la chiesa gotica di S. Petronio con il famoso portale di Jacopo della Quercia, la chiesa di S. Giacomo Maggiore, il Palazzo del Podestà e quello Comunale, il Palazzo dei Notai, il Palazzo dei Banchi.

I principali musei della città sono la Pinacoteca Nazionale, il Museo Civico Archeologico e il Museo Medievale.

L'Università di Bologna, con circa 90 000 studenti, conserva un alto profilo culturale, soprattutto nel settore degli studi umanistici.

Le due torri

La torre della potente famiglia degli **Asinelli**, alta 97 metri, è affiancata da quella dei **Garisenda** [E], alta 48 metri perché interrotta a causa di un cedimento del terreno.

Queste torri sono fra le poche rimaste di quella selva infinita che, a partire dal XII secolo, le famiglie più potenti della città innalzavano a lato delle loro case, anche a uso militare, per dimostrare la loro importanza. Oggi esse sono il simbolo di Bologna e sono state ammirate dai vari visitatori a cominciare da Dante che le nomina nel XXXI canto dell'*Inferno*.

Stefano Zaccaria/Shutterstock

E *Torre Garisenda e Torre degli Asinelli*

Un famoso scrittore dell'Ottocento, riferendosi al fatto che le due torri sono inclinate l'una verso l'altra, le vede «farsi un inchino fra loro, rigido e bizzarro».

La torre degli Asinelli è aperta ai visitatori e offre, dalla cima, una splendida vista sulla città.

METTITI ALLA PROVA

Vero o falso?

1. Felsina era l'antico nome che i romani diedero alla città. V F
2. Nel Medioevo Bologna era un importante polo tessile. V F

Scegli l'alternativa corretta

3. La pianta del centro di Bologna è di origine rinascimentale/medievale.
4. La torre più alta di Bologna apparteneva alla famiglia dei Garisenda/degli Asinelli.

9 TOSCANA

Una gita in Toscana

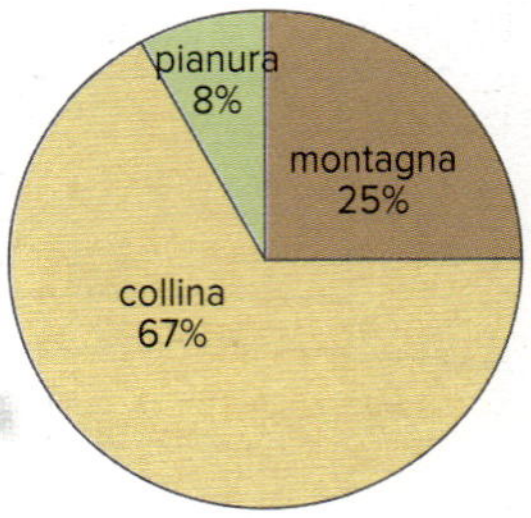

Superficie 22 987 km²
Popolazione 3 753 000 abitanti
Densità di popolazione 163 ab./km²
Città principali

Firenze (capoluogo di regione)
381 035 ab.
città metropolitana **1 012 180 ab.**

Prato	191 002
Livorno	159 542
Arezzo	99 434
Pistoia	90 542
Pisa	89 523
Lucca	89 290
Grosseto	81 837
Massa	69 836
Carrara	63 861
Siena	53 943

Prima dell'epoca romana la regione tra i fiumi Arno e Tevere era abitata dal popolo degli etruschi e quindi chiamata Etruria. I romani la chiamarono in latino Tuscia*, da cui derivò in seguito il nome Toscana.*

Un territorio molto vario

Il territorio è in massima parte collinare e montuoso con solo l'8% pianeggiante. L'**Appennino ligure** e quello **tosco-emiliano** chiudono a nord e a est la regione. Parallelamente, tra la Garfagnana e la Versilia, si estende la catena delle **Alpi Apuane**. Più a sud si trovano le **colline** del Chianti, le colline Metallifere e il monte Amiata, un antico vulcano spento.

La **pianura** più vasta è quella del **Valdarno** inferiore, che si estende a valle di Firenze fino al mare. Altri tratti di pianura sono la piana di Lucca e la **Versilia** (tra le Apuane e il mare). Più a sud si trovano alcuni lembi di pianura lungo la costa della **Maremma**, soprattutto quella grossetana.

Il fiume principale è l'Arno (241 km) che nasce dal monte Falterona e, dopo aver bagnato Firenze e Pisa, sfocia nel Tirreno. A nord dell'Arno, sfociano nello stesso mare il Serchio e il Magra; a sud, il Cècina e l'Ombrone. Il lago principale è quello costiero di Massaciuccoli in Versilia. A sud, racchiusa tra il promontorio dell'Argentario e la costa, si estende la laguna di Orbetello.

Le coste sono in prevalenza basse e sabbiose, un tempo orlate di paludi costiere come la Maremma, oggi bonificate. A sud di Livorno si affacciano sul mare alcuni promontori rocciosi. Le isole dell'arcipelago toscano sono tutte montuose e hanno quindi in prevalenza coste alte e/o rocciose. L'Elba è l'isola maggiore.

Il medioevo in Toscana

La Toscana è una delle regioni italiane che più ha conservato le strutture architettoniche dell'epoca medievale. In città come Siena, Arezzo, Lucca e in numerosi borghi si possono respirare le tradizioni del passato, passeggiando all'interno delle antiche cinte murarie in strade che si inerpicano fra case in pietra e alte torri.

In ricordo di quel lontano passato molti borghi organizzano ogni anno, specie nel periodo estivo, feste medievali animate da figuranti in costume, giullari, musicisti, sbandieratori. Chi ha avuto occasione di assistere a queste rievocazioni non può dimenticare il paesino di **Monteriggioni**, arroccato su un colle vicino a Siena. Lo stesso Dante rimase talmente impressionato dalla visione della sua cinta muraria, costellata da 14 torri, al punto di nominarla nel canto XXXI dell'*Inferno*.

Sempre per ricordare i nostri grandi poeti e narratori si può visitare **Certaldo Alto**, patria di Giovanni Boccaccio, dove ogni anno si svolge il festival internazionale del teatro di strada nell'atmosfera fantastica di un paese rimasto intatto nel tempo.

Nella provincia senese un'altra gemma brilla incontrastata: **San Gimignano** [A], piccola città fortificata, famosa per le sue belle torri medievali che rendono il profilo cittadino davvero unico. Nel periodo più florido le ricche famiglie di San Gimignano arrivarono a costruire ben 72 torri come simbolo del loro benessere e potere. Di queste oggi ne rimangono 14 che contribuiscono a rendere ancora più affascinante la cittadina che l'Unesco ha dichiarato Patrimonio dell'umanità nel 1990.

Bagno Vignoni, dove il tempo si è fermato

Abitata da poche decine di persone, questa frazione della Val d'Orcia, non lontana da Siena, è conosciuta per le sue acque termali fin dall'epoca etrusca e poi romana. Al centro del borgo medievale, circondata da antiche costruzioni in pietra, si trova la **Piazza delle Sorgenti**, una grande vasca rettangolare di acqua calda e fumante che esce dalla falda sotterranea di origine vulcanica. Da parecchi anni è proibito usare la vasca a scopo termale, ma nelle vicinanze si trovano piscine termali libere o a pagamento.

Alla scoperta della terra del ferro

Il Parco Minerario dell'Isola d'Elba ci presenta uno scenario che è stato formato dal lavoro dell'uomo in oltre tremila anni. Nelle miniere di ferro elbane [B] veniva estratta principalmente l'**ematite** che, ridotta in piccoli pezzi e miscelata al carbone di legno e altro materiale, dava origine al ferro.

Nei paesi di Rio Marina, Capoliveri e Rio nell'Elba ci sono i musei dei minerali, dell'archeologia e dell'arte mineraria. Inoltre è possibile visitare la **galleria del Ginevro**, l'ultima ad essere dismessa nel 1981. Il primo livello della miniera è aperto al pubblico che può percorrere la galleria scavata fra le pareti di roccia rossastre, a fianco di carrelli e attrezzature ormai arrugginite che ci avvicinano alla dura vita del minatore.

canadastock/Shutterstock

A San Gimignano

Jaa(c)/Shutterstock

B *Miniera di ferro sull'Isola d'Elba*

L'estrazione e la lavorazione del ferro dell'Isola d'Elba risalgono con ogni probabilità alla prima Età del ferro (I millennio a.C.) e sono proseguite con fasi alterne per millenni, fin quasi ai nostri giorni. Tuttavia è con gli Etruschi, e successivamente con i Romani, che i giacimenti di minerali di ferro cominciarono ad essere sfruttati in modo intensivo. Lo storico Tito Livio ci ricorda che fu il ferro elbano a forgiare le spade per la campagna militare contro Annibale.

Economia

Dell'antica attività mineraria della Toscana sono attivi solo i giacimenti di salgemma, le cave di **marmo di Carrara** e i soffioni boraciferi di Larderello, impiegati per produrre energia termoelettrica. La grande industria (petrolchimica, vetraria, tessile, meccanica) ha diminuito progressivamente i suoi dipendenti, per cui il grosso dell'occupazione è frammentata in un gran numero di piccole e medie imprese come quelle del cuoio, del mobile e altre di artigianato di alto livello. A **Pontedera** si producono gli scooter Piaggio.

L'agricoltura, basata sull'utilizzo di tecniche moderne, produce grano, mais, ortaggi, olive (olio), uva (famosi i vini del Chianti [C]). L'allevamento si concentra sugli ovini e i suini. Il turismo ha un peso notevole in Toscana. Le **città d'arte** hanno una storia illustre alle loro spalle, di cui hanno conservato splendide testimonianze. Anche le località balneari (Versilia, Elba, ecc.) sono molto apprezzate.

JeniFoto/Shutterstock

C *Colline coltivate nel Chianti*

METTITI ALLA PROVA

Vero o falso?

1. Circa il 20% del territorio della regione è collinare. V F
2. Il Monte Amiata è un vulcano tuttora attivo. V F

Scegli l'alternativa corretta

3. Certaldo Alto/San Gimignano è famosa per la presenza di numerose torri.

Completa

4. La pianura toscana più estesa è il .... Il fiume principale è l' .... , che sfocia nel .... Il .... è il più importante lago, e verso sud si incontra la laguna di ....

FIRENZE

Storia

Amministrata dai romani con il nome di *Florentia*, la città, dopo il crollo dell'Impero, passò sotto il controllo bizantino, poi venne inglobata nella *Tuscia* longobarda.

Costituitasi in **libero comune** nel XII secolo, conobbe un periodo di eccezionale sviluppo economico, demografico e urbanistico, tanto che nel 1172 dovette dotarsi di una nuova e più ampia cinta muraria. Il governo della città, inizialmente tenuto dalla nobiltà urbana, passò nelle mani della borghesia mercantile e finanziaria organizzata nelle «Arti maggiori».

kozer/Shutterstock

D *Una veduta di Firenze*

Simbolo della nuova egemonia delle «Arti» (le associazioni di mestiere) fu la costruzione di **Palazzo Vecchio** con una torre molto più alta di quelle delle famiglie gentilizie. A metà del XIV secolo, le lotte intestine fra guelfi e ghibellini, la perdita dell'indipendenza politica e la diffusione della peste assestarono un colpo micidiale alla città. Da tale periodo di crisi e declino, Firenze riuscì gradualmente a sollevarsi grazie ad alcune signorie illuminate, in particolare quella dei **Medici**. Grandi mecenati e promotori della cultura rinascimentale, i Medici trasformarono Firenze [D] in un punto di riferimento europeo.

La dinastia medicea si spense nel 1737, e il titolo di Granduca di Toscana passò alla casa di Lorena. Dopo la parentesi napoleonica, la città entrò a far parte del Regno d'Italia, divenendone la capitale provvisoria dal 1865 al 1871, in attesa della liberazione di Roma. Tornata a essere, nei primi decenni del Novecento, il principale centro della cultura italiana, Firenze conobbe una netta contrapposizione fra fascisti e antifascisti e fu occupata dai tedeschi durante la Seconda guerra mondiale (1943-44).

Nel 1966, il centro storico fu in gran parte allagato in seguito allo straripamento dell'Arno. Le perdite umane (35 persone) e i gravi danni al patrimonio artistico-culturale avrebbero potuto essere ben maggiori, se non si fossero mobilitati migliaia di volontari, specialmente giovani, provenienti anche dall'estero, a riprova di come Firenze occupi un posto speciale nel cuore delle persone.

S.Borisov/Shutterstock

E *Il Ponte Vecchio*

Economia e società

Principale motore dell'economia fiorentina è il settore del **turismo** (culturale, congressuale e fieristico). Il centro storico, una delle aree monumentali più importanti del mondo, ha da tempo perso il suo carattere residenziale a vantaggio di attività terziarie, soprattutto alberghiere, ristorative e ricreative. Il turismo di massa ha però peggiorato il problema della congestione del traffico.

La produzione industriale è costituita per la maggior parte da quella manifatturiera: famosa nel mondo è l'industria fiorentina della **moda**. Importante è anche l'**artigianato**, in particolare nel settore del legno, del ferro battuto e dell'**oreficeria**, anche se non mancano attività di alto livello tecnologico come le Officine Galileo.

Arte e cultura

Firenze presenta una concentrazione di edifici religiosi e civili di elevato interesse architettonico. Fra i tanti, il complesso del Duomo, con la Chiesa di **S. Maria del Fiore** (XIV secolo), sormontata dalla maestosa cupola del Brunelleschi, il Battistero e il campanile di Giotto. Fra gli edifici civili, Palazzo Vecchio, costruito nel Trecento come sede dei Priori delle Arti e poi divenuto dimora della famiglia dei Medici, che lo trasformarono in una reggia sontuosa. Palazzo Pitti (1458), nei cui appartamenti monumentali si susseguirono nei secoli le famiglie reali dei Medici, dei Lorena e dei Savoia. Il palazzo del Bargello, risalente alla seconda metà del Duecento, sede del Podestà al tempo del libero comune e sotto i Medici adattato a prigione e a luogo di tortura ed esecuzioni capitali. Il **Ponte Vecchio** (1345) [E] è l'unico ponte di Firenze scampato ai bombardamenti della Seconda guerra mondiale.

La città è sede di importanti musei di fama internazionale: il più importante e conosciuto da tutti è la **Galleria degli Uffizi**, dove i Medici vollero conservare ed esporre i capolavori dei più importanti artisti che vanno dal XIII al XVIII secolo. La città è anche sede della Biblioteca Nazionale Centrale, l'altra si trova a Roma, e di molte case editrici.

METTITI ALLA PROVA

Vero o falso?

1. La principale attività economica della città è il turismo. V F
2. Nel 1986 si verificò uno straripamento dell'Arno che creò molti danni alla città. V F

Scegli l'alternativa corretta

3. Nel periodo rinascimentale la famiglia Medici/Visconti riportò la città al centro dell'arte e della cultura europee.

Completa

4. Fanno parte del complesso monumentale del Duomo la Chiesa di .... , riconoscibile dalla cupola del .... , il Battistero e il campanile di ....

10 MARCHE

Una gita nelle Marche

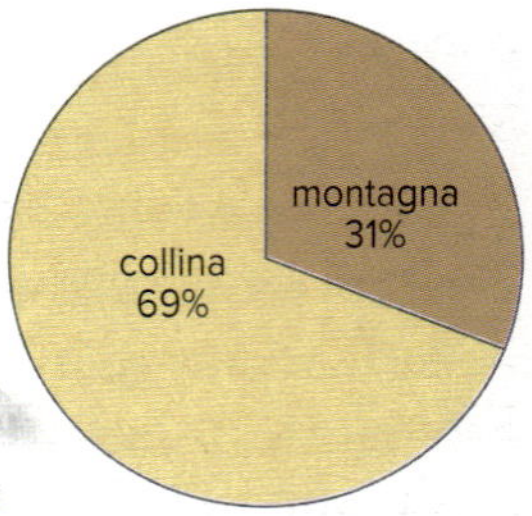

Superficie 9401 km²
Popolazione 1 551 000 abitanti
Densità di popolazione 165 ab./km²
Città principali

Ancona (capoluogo di regione)	**101 518 ab.**
Pesaro	**94 604**
Ascoli Piceno	**49 875**
Macerata	**42 731**
Fermo	**37 728**
Urbino	**15 176**

Il nome della regione deriva da marka, termine di antica origine germanica che significa zona di confine. Nel X secolo esso fu usato per indicare i feudi in cui era suddiviso il territorio, e che erano affidati a un feudatario chiamato marchese.

Un territorio di monti e colline

Prevalentemente collinari (69% del territorio), le Marche non possiedono vere pianure, se si escludono le strette fasce alluvionali che si snodano tra le colline fino alla sottile striscia sabbiosa lungo la costa. A ovest si leva la parte montuosa (31%) dell'**Appennino umbro-marchigiano**, fino a sud al gruppo dei Sibillini con il Monte Vettore. Numerosi fiumi scendono dai fianchi dell'Appennino, scorrono fra le catene collinari disposte a pettine fino al Mare Adriatico, hanno regime torrentizio e scarsità di affluenti a eccezione del Metauro, il più lungo con 110 km.

La costa marchigiana è rettilinea e quasi ovunque bassa e sabbiosa, ad eccezione del tratto centrale dove diventa alta e scoscesa per la presenza del promontorio del Conero.

Il territorio delle Marche si trova in un'area a elevato rischio sismico. Due forti terremoti, nell'agosto e nell'ottobre 2016, hanno sconvolto la zona dei Monti Sibillini e la provincia di Macerata.

Alla scoperta di un mondo sotterraneo

Le **Grotte di Frasassi** sono le più grandi e le più conosciute in Italia. Furono aperte al pubblico nel 1974. Finora ne sono stati esplorati 13 km, ma si pensa che ce ne siano 35. La Grotta del Vento è la più grande d'Europa, ed è talmente ampia che potrebbe addirittura contenere il Duomo di Milano. Queste Grotte rappresentano uno dei percorsi naturalistici più affascinanti del mondo, dove il silenzio è rotto solo dalla caduta delle gocce d'acqua, dove si possono ammirare gli involontari capolavori della natura valorizzati da un sapiente uso dell'illuminazione: piccoli laghi, enormi sale con candide stalattiti e alte stalagmiti.

Il Palazzo Ducale di Urbino

Nel centro storico di Urbino, in posizione dominante, si trova l'elegante mole del Palazzo Ducale [A], uno dei gioielli architettonici del **Rinascimento**, costruito a più riprese durante il XV secolo per volere del duca di Urbino come simbolo del suo prestigio e potere. La facciata, dal tipico colore rosato, è alleggerita da archi a tutto sesto a cui si affiancano due eleganti torri. All'interno si susseguono sale sontuose, cuore del palazzo e della vita di Corte, che custodiscono dipinti di massimi pittori quali Piero della Francesca, Raffaello, Tiziano, sculture, mobili e arazzi di enorme valore artistico.

A *Una veduta di Urbino con il Palazzo Ducale*

Alexander Tolstykh/Shutterstock

La Rocca di Paolo e Francesca

La Rocca di Gradara e il suo Borgo fortificato rappresentano una delle strutture medievali meglio conservate d'Italia. Il **castello**, noto per essere stato il luogo in cui si svolse il tragico amore di Paolo e Francesca narrato da Dante nella *Divina Commedia*, si erge su un piccolo colle al confine tra Marche e Romagna. Anche il Borgo conserva perfettamente l'originario carattere medievale. La visita al castello, passando per il ponte levatoio, l'armeria e la sala della tortura, permette di rivivere le atmosfere del suo antico passato.

Economia

L'industria della regione si basa su imprese piccole e medie e sull'artigianato di buon livello. La produzione della carta, di cui **Fabriano** ha un'antichissima tradizione, continua a essere fiorente, come pure i settori alimentare, dell'edilizia e del mobile.

L'agricoltura produce cereali, ortaggi e uva, da cui derivano vini pregiati. Tra le colture industriali è al primo posto la barbabietola lavorata in moderni zuccherifici a **Jesi** e a **Fano**, seguita dal girasole e dalla soia. Il settore zootecnico ha registrato un incremento produttivo in ogni comparto. La pesca ha invece subito un ridimensionamento a causa della rarefazione della fauna marina dovuta a un eccessivo sfruttamento delle risorse. Sviluppato è il turismo, soprattutto nelle località balneari del litorale.

ANCONA

Protesa sul mare dall'alto del promontorio del Conero, la città è uno dei maggiori porti italiani per traffico di passeggeri e di merci. La sua storia millenaria risale al IV secolo a.C., quando i greci scelsero la zona di fondazione per il suo ampio porto naturale. Il nome deriva dalla parola greca *ankòn* che significa gomito e si riferisce alla forma a gomito piegato della costa che protegge il porto. Oltre che polo economico, Ancona è anche una città d'arte ricca di monumenti. Fra questi spicca la millenaria **Cattedrale di San Ciriaco** che dalla cima del promontorio domina il mare da tre lati. Su un'alta scalinata l'ampio portale è caratterizzato da due leoni di porfido rosso che sostengono alte colonne. Con molta probabilità la chiesa è stata costruita sui resti di un antico tempio greco dedicato ad Afrodite, protettrice dei naviganti.

METTITI ALLA PROVA

Vero o falso?

1. L'Appennino separa le Marche dalla regione Toscana. V F
2. Il porto di Ancona è uno dei maggiori in Italia. V F

Scegli l'alternativa corretta

3. I Monti Sibillini si trovano a sud/nord di Ancona.
4. Fabriano è un importante centro di produzione della lana/carta.

Completa

5. La costa marchigiana è rettilinea e .... ad eccezione del .... Il fiume più lungo è il .... , la montagna più alta il ....

11 UMBRIA

Una gita in Umbria

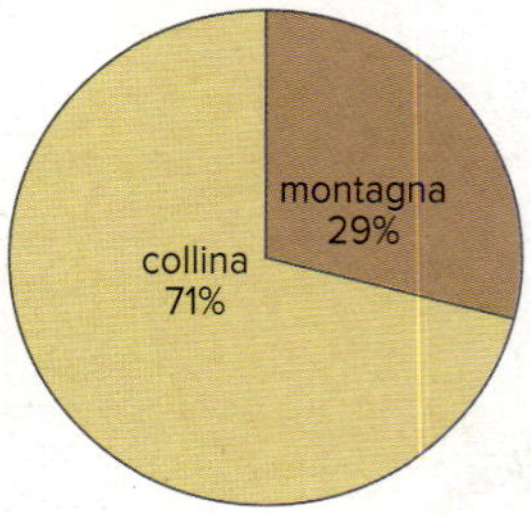

Superficie 8464 km²
Popolazione 895 000 abitanti
Densità di popolazione 106 ab./km²
Città principali
Perugia (capoluogo di regione) **165 668 ab.**

Terni	**112 133**
Foligno	**57 245**
Spoleto	**38 700**
Assisi	**28 266**

Umbria indica in latino il «paese degli umbri», un'antica popolazione italica che abitava una zona molto più vasta dell'attuale regione, prima che vi si insediassero gli etruschi e poi i romani.

Un territorio senza sbocchi sul mare

Il paesaggio dominante dell'Umbria è quello delle colline coperte da boschi e prati. La parte orientale, al confine con le Marche, è occupata dall'**Appennino umbro-marchigiano** che comprende a sud i Monti Sibillini. Tra i rilievi collinari si aprono due lunghe valli: la Val Tiberina, in cui scorre il Tevere per 200 km da nord a sud, e la Valle Umbra. Altre limitate zone pianeggianti sono rappresentate dalle conche, un tempo occupate da bacini lacustri e quindi anche oggi fertili e ricche di acque. Molto ricco di acque è il fiume Nera che, con il suo affluente Velino, forma la **cascata delle Marmore**. Fra i laghi spicca il **Trasimeno**, al confine con la Toscana. Quarto d'Italia per ampiezza ma ultimo per profondità, raggiunge al massimo appena 6 metri. A sud, collegato da un canale al fiume Velino, si stende il caratteristico Lago di Piediluco di forma allungata e articolato in vari rami. Da alcuni decenni è stato trasformato in serbatoio per il sistema idroelettrico al servizio dell'area industriale di Terni. Lungo il Tevere si trova il bacino artificiale di Alviano, famoso per l'oasi naturalistica che vi si è formata.

Il territorio è in zona sismica ed è stato colpito diverse volte nell'ultimo secolo. I terremoti del 2016 hanno interessato la zona di Norcia.

Umbria medievale

L'Umbria è costellata di centri, borghi, fortezze, mura che hanno conservato il loro caratteristico aspetto medievale, tipico del periodo in cui fiorirono in Italia i **liberi comuni**, fatto di suggestivi vicoli, imponenti edifici comunali, grandi cattedrali, monasteri, scalinate che si inerpicano fra case in pietra. Intorno al 1200-1300 ad Assisi [A], Todi, Gubbio, Perugia e in tanti altri centri furono costruiti imponenti edifici comunali a cui si affiancarono cattedrali ornate di trifore e rosoni secondo lo stile gotico.

Orvieto underground

La città di Orvieto si trova arroccata su una rupe di roccia. All'inizio degli anni '80 è iniziata la grande esplorazione che ha portato alla scoperta di

canadastock/Shutterstock

A *Una veduta di Assisi e della Basilica di San Francesco*

lorenzobovi/Shutterstock

B *Il Palazzo dei Priori a Perugia*

un incredibile **mondo sotterraneo** di più di 1200 grotte, pozzi, cisterne, cunicoli creati dall'uomo in millenni di continuo lavoro sotto la città di Orvieto. Al IX secolo a.C. risalgono i pozzi per la ricerca dell'acqua necessaria per resistere agli assedi. Ma il ritrovamento forse più affascinante è quello in una vasta cavità vicina a Piazza Duomo. Lì esiste un intero frantoio medievale per le olive, completo di macine, pressa, focolare, mangiatoie per gli animali addetti alle macine, condutture per l'acqua e cisterne. Ogni giorno, visite guidate accompagnano i visitatori alla scoperta di questa «Orvieto Underground», nel silenzio delle grotte millenarie.

Economia

Anche in Umbria l'attività industriale si basa essenzialmente sulle piccole e medie imprese, dato che il grande polo industriale di **Terni**, in passato di importanza fondamentale, ha subito una forte riduzione con conseguenti tagli nell'occupazione. Industrie alimentari, tessili, dell'abbigliamento e tipografiche si trovano soprattutto tra Perugia e Foligno.

Di rilievo le **attività artigianali**, come la lavorazione della ceramica di Deruta, Gubbio e Orvieto, del ferro battuto e del legno.

Nelle aree di fondovalle e bassa collina si coltivano soprattutto grano, mais, uva, ortaggi. Importanti sono la coltura intensiva del **tabacco** e, nelle aree collinari scarsamente fertili, la raccolta del pregiato tartufo. Molto sviluppato l'allevamento di suini. Buono l'afflusso di turisti, attratti dai centri religiosi e dal ricco patrimonio storico.

PERUGIA

Perugia è un importante polo economico e anche una meta di istruzione e di turismo culturale. La sua università è una delle più antiche, risalente al 1308. Ad essa si affianca l'Università per stranieri fondata nel 1925, impegnata nell'insegnamento e nella diffusione della lingua e della civiltà italiana.

In questa città, ricca di opere d'arte, spicca l'imponente **Palazzo dei Priori** [B], un tempo sede delle magistrature del libero comune, che fa da sfondo alla Fontana Maggiore, capolavoro di scultura del Duecento attribuita ai maestri Nicola e Giovanni Pisano e considerata il simbolo della città.

METTITI ALLA PROVA

Vero o falso?

1. Il lago Trasimeno è il meno profondo d'Italia. V F

Scegli l'alternativa corretta

2. Il Tevere scorre nella Valle Umbra/Tiberina.

Completa

3. L'economia umbra si basa su .... imprese. Il polo industriale di .... ha subito negli anni una forte riduzione. Importante è la lavorazione della ....

12 LAZIO

Una gita in Lazio

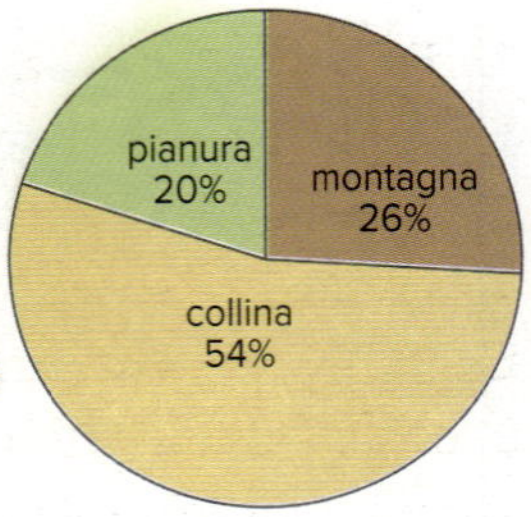

Superficie **17 232 km²**
Popolazione **5 886 000 abitanti**
Densità di popolazione **342 ab./km²**

Città principali

Roma (capoluogo di regione)
2 872 021 ab.
città metropolitana
4 342 046 ab.

Latina	**125 496**
Viterbo	**67 307**
Civitavecchia	**53 069**
Rieti	**47 729**
Frosinone	**46 507**

Il termine latino latus *significa largo, ampio, e molto probabilmente veniva usato dagli antichi abitanti, i latini, per indicare il loro insediamento nella piana del Tevere.*

Il territorio

Al confine orientale, il territorio del Lazio è occupato dall'Appennino abruzzese con i monti Reatini, Sabini, Simbruini, Ernici. Molte delle loro vette superano i 2000 metri, come ad esempio il **Monte Terminillo**, famosa località sciistica. Nella fascia centrale, parallela alla costa, si stendono le colline dell'Antiappennino dalle quali emergono i rilievi isolati dei monti Volsini, Cimini, Sabatini e dei Colli Albani, tutti di origine vulcanica. Ancora più a sud l'Antiappennino comprende i monti Lepini, Ausoni e Aurunci.

Le pianure del Lazio si estendono fra le colline e il mare. Procedendo da nord a sud troviamo la Maremma laziale, l'Agro Romano e l'Agro Pontino, territori un tempo paludosi e malarici, bonificati nel secolo scorso.

Il fiume principale è il **Tevere**, terzo per lunghezza dopo il Po e l'Adige. Nasce dal Monte Fumaiolo, al confine fra Romagna e Toscana, attraversa l'Umbria e scorre in territorio laziale per circa 205 km fino al Mar Tirreno, dove sfocia con due rami. Il suo affluente più importante è l'Aniene. Altro fiume è il Liri che, dopo la confluenza col Gari, dà origine al Garigliano, al confine con la Campania. I principali laghi del Lazio, formatisi nei crateri di antichi vulcani spenti, sono, da nord a sud, il Lago di Bolsena (il più grande) e quelli di Vico, Bracciano, Albano e Nemi (il più piccolo).

Un forte terremoto ha colpito la provincia di Rieti nel 2016.

Il Lazio si affaccia sul Mar Tirreno. Le coste sono in prevalenza basse e sabbiose, diventano rocciose verso sud col Capo Circeo e il Promontorio di Gaeta. Lungo l'Agro Pontino la costa è occupata da laghi litoranei salati separati dal mare da cordoni di dune. Fanno parte della regione le Isole Ponziane davanti al Golfo di Gaeta.

Tutte le strade portano a Roma

Questo proverbio popolare si riferisce all'efficiente sistema stradale dell'antica Roma, su cui in buona parte si basa l'attuale sistema viario italiano. Molte **strade consolari** partivano da Roma e quindi, se prese in senso contrario, «portavano a Roma». Le attuali strade statali opportunamente trasformate sono tutte strade consolari romane: Aurelia, Cassia, Flaminia, Salaria, Tiburtina, Casilina, Appia, e rappresentano ancora le principali vie di collegamento con le altre regioni. Oggi naturalmente la vita moderna privilegia la velocità, specie nei trasporti a lunga distanza, e per arrivare a Roma si preferisce servirsi delle quattro autostrade, delle principali linee ferroviarie di alta velocità o dell'aeroporto internazionale di **Fiumicino**. Il turismo è una componente essenziale dell'economia del Lazio e anche se Roma è la città con il maggior numero di presenze, non possiamo dimenticare altre città, borghi e castelli medievali, paesi antichi, ville signorili.

Viterbo e Santa Rosa

L'antica città di Viterbo [A] con il suo centro storico medievale circondato da mura è un ambiente perfetto per uno spettacolo che si ripete da secoli il 3 settembre di ogni anno. Si tratta della manifestazione più importante e più attesa del capoluogo. Una torre alta 30 metri e pesante 5 tonnellate, illuminata da mille luci, con alla sommità la statua di Santa Rosa, viene trasportata sulle spalle da 100 «facchini» tra le vie della città fino al santuario della santa. Durante il tragitto, la «macchina» effettua cinque soste per consentire ai «facchini» di riprendere fiato e al pubblico di godere meglio dello spettacolo. Gli ultimi cento metri vengono compiuti di corsa tra gli applausi della folla. I fuochi d'artificio chiudono infine la manifestazione.

ValerioMei/Shutterstock

A *Viterbo*

ValerioMei/Shutterstock

B *Il Parco dei Mostri di Bomarzo*

Il Parco dei Mostri di Bomarzo

Fu un principe Orsini che fece costruire il Parco sul finire del XVI secolo allo scopo di stupire i suoi ospiti con immagini bizzarre e fantasiose. Le enormi strutture in pietra, insolite per la cultura italiana del '500, sono molte e assai diverse tra di loro. Le più appariscenti sono: il «Mascherone», dalle sembianze mostruose con un'enorme bocca spalancata nel cui interno è ricavata una stanza; l'«Elefante in battaglia» [B], con una torre sul dorso e un nemico fra la proboscide, il terrificante «Gigante», nell'atto di squartare un uomo. Una delle bizzarrie più appariscenti del Parco è la «Casetta pendente», appositamente costruita sopra un masso inclinato, che fa girare la testa e dove è difficile mantenere l'equilibrio. Si susseguono orsi, draghi, orchi, tutti di dimensioni gigantesche per catturare l'ammirazione degli ospiti principeschi e magari incutere spavento nei poveri villici dell'epoca.

METTITI ALLA PROVA

Vero o falso?

1. L'Agro Romano e l'Agro Pontino erano territori paludosi e malarici, poi bonificati. V F
2. Il Lago di Bolsena si è formato sul cratere di un vulcano. V F

Scegli l'alternativa corretta

3. La gran parte del territorio laziale è collinare/montuosa.

Completa

4. Il principale fiume è il ...., che nasce dal Monte ...., al confine fra .... e Toscana. Sfocia nel Mar Tirreno e il suo affluente più importante è l' ....

Il Parco regionale dei Castelli romani

Resti archeologici di epoca romana punteggiano il parco disteso sui colli Albani, in passato luogo di villeggiatura prediletto delle famiglie nobili della capitale e dei papi. Nel territorio protetto si snoda una fitta rete di sentieri e vivono parecchie **specie di animali**, molte delle quali vi sono ritornate proprio dopo l'istituzione del parco. Tra i sedici comuni che rientrano in quest'area è tutto un susseguirsi di località che ci invitano a fare un salto nel passato con le loro cinte murarie, le rocche trecentesche, le strade e i vicoli che attraversano antiche case in pietra ornate da fiori di mille colori, palazzi e chiese di un antico passato.

Economia

L'agricoltura mantiene ancora una certa importanza nel viterbese e nell'agro romano e pontino, con aziende di crescenti dimensioni e tecnologicamente avanzate, mentre l'allevamento, per secoli base fondamentale della vita economica della regione, non ha più grande rilievo. Vengono coltivati cereali, ortaggi in serra e biologici, fiori. Molto diffusi anche la vite e l'olivo da cui si ricavano vini e oli di alta qualità.

Nelle province di Roma e Frosinone e nell'area tra **Aprilia** e **Latina** sono sorte molte zone industriali, anche con produzioni ad alta tecnologia come quella elettronica. Il Lazio possiede inoltre centrali termoelettriche, che gli permettono di esportare energia in altre regioni.

Le principali attività restano però quelle legate alla **pubblica amministrazione** e, soprattutto, al **turismo**: Roma è al primo posto per afflusso di turisti.

ROMA

Una storia millenaria

Secondo la leggenda, la fondazione di Roma sul colle Palatino risale al 753 a.C. Gradualmente il modesto villaggio riuscì a conquistare ampie porzioni del territorio circostante, strappandole a sabini ed etruschi e divenendo, attraverso continue guerre, il centro di un vasto impero (l'Impero romano [C]) che si estendeva dalle coste del Mediterraneo fino all'attuale Inghilterra.

Successivamente, però, l'impero entrò in una fase di crisi: Roma fu saccheggiata dai barbari e il suo ultimo imperatore fu deposto nel 476.

Nel frattempo la città era divenuta sede del papato e, a partire dall'età medievale, di un vero e proprio **Stato della Chiesa** in cui il papa aveva anche l'autorità di governo. Fu attraverso un atto di forza (la breccia di Porta Pia) che, nel 1870, l'Unità d'Italia poté infine compiersi, restituendo a Roma il proprio ruolo di capitale.

S.Borisov/Shutterstock

C *I fori imperiali*

Nel Novecento la città fu protagonista di eventi drammatici, come la Marcia su Roma del 1922 e l'occupazione tedesca nel 1943-44. Nel dopoguerra ha conosciuto infine una fase di veloce e incontrollato sviluppo urbanistico, spesso ai limiti della legalità.

Una città di servizi

Il profilo economico di Roma è fortemente influenzato dal suo ruolo di capitale e di sede pontificia. Molti italiani, in particolare fra gli anni '50 e '80 sono stati infatti attratti dagli impieghi che si andavano aprendo nella burocrazia statale, nelle attività turistiche, nella produzione televisiva e cinematografica. Ciò ha provocato una **crescita urbana** spesso incontrollata e caotica, con la nascita di quartieri dormitorio e crescenti problemi di traffico. A partire dagli anni '80, la popolazione di Roma ha cominciato gradualmente a diminuire: molte famiglie si sono trasferite in centri limitrofi, fuggendo dal caos della grande città.

Dal 1990, nell'ambito del progetto **«Roma capitale»**, sono stati finanziati numerosi interventi di riqualificazione urbana: creazione di aree pedonali, ampliamento della metropolitana e delle linee ferroviarie urbane, allargamento e riqualificazione delle aree verdi. In occasione del Giubileo del 2000, inoltre, è stata notevolmente migliorata la gestione delle strutture ricettive (alberghi, ostelli, residence) e dei musei.

Città d'arte

Grazie alla propria storia millenaria, Roma vanta un patrimonio artistico estremamente vasto che attira milioni di turisti. Si spazia dalle testimonianze dell'**epoca romana**, come le Mura serviane, la Via Appia Antica, il Colosseo, l'Arco di Costantino, a quelle dell'epoca cristiana come le Catacombe, fino a quelle della Roma **rinascimentale** e barocca, come Palazzo Venezia, i Palazzi Vaticani, la Basilica di San Pietro con la grande piazza che la racchiude.

Da ricordare poi Piazza Navona con le sue fontane, **Piazza di Spagna** con la suggestiva scalinata di Trinità dei Monti, la Fontana di Trevi, Piazza del Popolo, il complesso dell'EUR e lo Stadio Olimpico.

I musei di Roma conservano una quantità di opere e reperti unica al mondo. Basti pensare ai **Musei Vaticani** con le meravigliose Stanze affrescate da Raffaello, la Cappella Sistina opera di Michelangelo e le meravigliose pitture di Giotto, Leonardo, Tiziano, Caravaggio.

La città è sede di numerose università, sia pubbliche sia private.

Umberto Shtanzman/Shutterstock

D *Castel Sant'Angelo*

Castel Sant'Angelo

La sua costruzione cominciò nel 125 d.C. come tomba dell'imperatore Adriano. Il nome attuale gli fu attribuito nel 590 quando Roma fu flagellata da una grave pestilenza. Per fermare questo evento fu organizzata una processione durante la quale sembrò che un angelo apparisse sulla cima del castello. Ciò fu interpretato come la fine della pestilenza e da quel giorno i cittadini cominciarono a chiamare quella struttura Castel Sant'Angelo [D]. Questa straordinaria fortezza nel corso dei secoli ha cambiato più volte destinazione d'uso. Da avamposto fortificato divenne terribile prigione e magnifica dimora rinascimentale. Nel 1367 l'edificio divenne proprietà papale e da allora fu usato dal papa come difesa durante le rivolte e le guerre.

Una delle parti più suggestive da visitare è quella delle **prigioni**, piccole e anguste nicchie dove furono rinchiusi cardinali che tramavano contro il papa, ma anche personaggi scomodi per le loro idee. Tra i più famosi carcerati si ricorda **Giordano Bruno**.

Sempre nella zona delle prigioni ci sono le oliare, 83 giare atte a contenere olio, ed enormi silos dove veniva stipato il grano poiché in tempo di assedio una fortezza doveva essere autonoma per molti mesi.

Proseguendo la visita si può ammirare il **Cortile dell'Angelo**, così chiamato per via della grande statua dell'Arcangelo Michele posta nel 1747, da cui inizia il percorso tra le varie stanze dei papi, fra cortili e graziosi giardini.

La visita si conclude con la **terrazza dell'Angelo**, famosa terrazza che ispirò anche artisti celebri come Puccini, che vi ambientò parte dell'opera Tosca. Qui si trova la campana dei condannati i cui rintocchi indicavano l'esecuzione di una condanna a morte.

METTITI ALLA PROVA

Vero o falso?

1. La fondazione di Roma risale all'VIII secolo a.C. V F

Completa

2. Le principali attività di Roma e del Lazio sono legate alla ....
3. Dall'epoca .... Roma era diventata la sede dello .... Fu solo nel .... che la città tornò ad essere la capitale d'Italia.

13 ABRUZZO

Una gita in Abruzzo

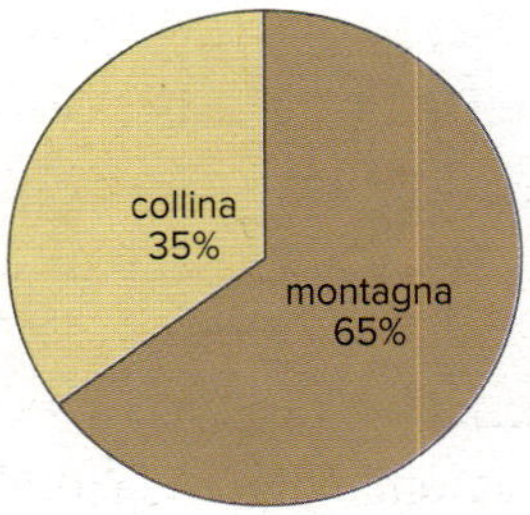

Superficie **10 832 km²**
Popolazione **1 332 000 abitanti**
Densità di popolazione **123 ab./km²**
Città principali
Pescara **121 366 ab.**
L'Aquila (capoluogo di regione) **70 230**
Teramo **54 993**
Chieti **52 163**

L'origine del nome è incerta. Alcuni la fanno risalire al termine latino abruptum *(scosceso) in riferimento al tipo di territorio. Altri si riferiscono alla parola latina* aper *(cinghiale), animale molto diffuso nella zona.*

Una terra tra Appennino e mare

La parte interna della regione è occupata dall'Appennino abruzzese dove si trovano le montagne più alte come i massicci del **Gran Sasso** e della **Maiella** che si avvicinano ai 3000 metri. Tra gli Appennini e la costa si estende una fascia di catene collinari disposte a pettine i cui terreni argillosi sono soggetti a frane. Non esistono vere e proprie pianure, ma conche, cioè territori pianeggianti a un'altitudine di 4-600 metri, circondati da montagne. La più ampia e fertile è la **conca del Fucino**, occupata in passato da un ampio lago a tratti paludoso che fu prosciugato con un'opera di bonifica terminata nel 1885. Altri pianori presentano imponenti fenomeni carsici con inghiottitoi, doline e grotte.

I corsi d'acqua della regione hanno un regime abbastanza regolare anche se non di grande portata. I più importanti sono, da nord a sud, il Tronto che nella parte terminale fa da confine con le Marche, l'Aterno-Pescara, il Sangro e il Trigno al confine con il Molise. Tutti sfociano nell'Adriatico. L'unico lago naturale è lo Scanno. Numerosi altri sono artificiali, creati lungo i fiumi per la produzione di energia elettrica.

La costa della regione è uniforme, bassa e sabbiosa, in certe zone con arenili anche ampi. Solo nell'ultimo tratto, a sud, i rilievi arrivano fino al mare e la costa diventa alta con qualche sporgenza.

Una regione in cerca di sviluppo

L'Abruzzo ha fatto registrare una lunga fase di regresso demografico, nel periodo 1951-1971, causata dall'**emigrazione**. A questa è seguita una discreta ripresa, grazie soprattutto all'intensificarsi dei rientri, conclusi negli anni '90. Il movimento migratorio era rivolto in prevalenza verso Roma, con correnti minori dirette anche verso le regioni industriali dell'Italia settentrionale.

La fascia litoranea è la più popolosa poiché il turismo balneare ha favorito lo sviluppo di città come Giulianova, Montesilvano, Francavilla a Mare, che si sono aggiunte ad altre con un'economia già consolidata come Teramo, Pescara, Chieti, avvantaggiate da linee di trasporto ferroviario e autostradale. In montagna si è sviluppato il turismo invernale nei centri di Roccaraso, Scanno e altri, mentre il turismo naturalistico è attratto dai parchi naturali. In questa regione ve ne sono tre; il Parco nazionale d'Abruzzo-Lazio-Molise, istituito nel 1923 con la denominazione di **Parco nazionale d'Abruzzo** [A], ha avuto un ruolo basilare nella conservazione di alcune specie animali, fra le quali l'orso marsicano. Nel 1991 se ne sono aggiunti altri due: quello della Maiella e quello del Gran Sasso e Monti della Laga.

I tratturi

La **transumanza** è la migrazione stagionale e temporanea delle greggi, che si spostano dai pascoli estivi situati in zone collinari o montane verso quelli invernali delle pianure e viceversa, percorrendo le vie naturali. Ormai da tempo questa pratica non esiste più, ma in Abruzzo esistono ancora i tratturi, vie erbose tracciate nei secoli dal passaggio delle greggi.

Economia

Nelle basse valli, nella fascia costiera e nelle conche sono diffuse le colture di cereali e ortaggi che si alternano a frutteti, oliveti e vigneti che danno uva da tavola, vini e oli di qualità. La coltura della barbabietola alimenta importanti zuccherifici. Coltivazioni tipiche sono quelle del tabacco, dello zafferano e della liquirizia.

L'industria presenta un'ampia diffusione, sia pure con impianti di piccole dimensioni. Più rilevanti gli impianti elettrochimici, del cemento e dell'asfalto e, nel comprensorio di **Vasto**, l'industria del vetro. In aumento è l'afflusso turistico nei parchi naturali del Gran Sasso e della Maiella e nelle località balneari. Di rilevanza mondiale è l'attività dei **laboratori di ricerca** dedicati allo studio della fisica delle particelle, costruiti all'interno del massiccio del Gran Sasso.

L'AQUILA

Situata a 700 metri di altitudine, la città si trova al centro di una zona montuosa dominata dalla catena del Gran Sasso. Secondo la tradizione, fu fondata nel 1254 dall'imperatore Federico II, che volle riunire le popolazioni di molte decine di castelli dei dintorni. Il monumento più conosciuto della città, la **Fontana delle 99 Cannelle**, sembra si riferisca al numero di castelli che avrebbero partecipato alla fondazione. La città in pochi decenni divenne un crocevia di traffici tanto che ricevette dal sovrano il privilegio di battere moneta propria. Nel corso dei secoli le alterne vicende politico-militari, le epidemie di peste e i frequenti terremoti causarono distruzioni e abbandoni a cui però seguirono imponenti ricostruzioni.

Il forte terremoto del 2009, che ha devastato la città e i dintorni, causando morti e feriti, ha inferto un duro colpo anche all'economia della regione.

canadastock/Shutterstock

A *Parco nazionale d'Abruzzo e veduta del Gran Sasso*

METTITI ALLA PROVA

Vero o falso?

1. Tutti i fiumi abruzzesi sfociano nel Mar Adriatico. V F
2. I «tratturi» sono gli antichi mezzi di trasporto con cui si movimentava il bestiame. V F

Scegli l'alternativa corretta

3. La maggior parte della popolazione vive sulla costa/in montagna.

Completa

4. Nella regione frequenti sono le .... , territori pianeggianti sopra i 400 m circondati da .... La più grande è quella del ....

14 MOLISE

Una gita in Molise

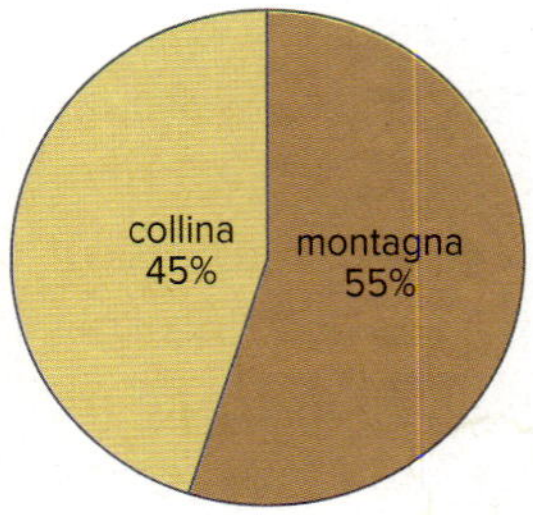

Superficie 4461 km²
Popolazione 313 000 abitanti
Densità di popolazione 70 ab./km²
Città principali
Campobasso (capoluogo di regione) **49 434 ab.**
Termoli **33 576**
Isernia **21 981**

La Contea di Molise, creata dai normanni nell'XI secolo, prese il nome da un castello costruito nella zona dove si trovava l'antica città di Melae o Meles.

Un piccolo territorio fra le montagne

L'**Appennino sannita** attraversa la regione con i monti Frentani e il massiccio del Matese [A]. Procedendo verso il mare si trovano ampie ondulazioni collinari soggette spesso a frane, fino ad arrivare a una stretta striscia costiera bassa e sabbiosa lunga una trentina di chilometri. I fiumi sono legati al ritmo delle precipitazioni e hanno regime torrentizio con accentuate magre estive. Fra questi, solo il Biferno scorre interamente in territorio molisano. In Molise nasce anche il Volturno che dopo un breve tratto entra il Campania e sfocia nel mar Tirreno. Gli unici due laghi sono bacini artificiali.

Una popolazione coraggiosa

Alla fine dell'Ottocento un ambiente difficile e un'economia debole spinsero all'**emigrazione** oltreoceano gran parte delle forze lavorative che abitavano il Molise. Negli anni '50 dello scorso secolo il flusso migratorio si rivolse al Lazio, all'Italia settentrionale e ai paesi europei più sviluppati. Ciò portò allo **spopolamento delle campagne** e alla decadenza della pastorizia. Dagli anni '70 con lo sviluppo dell'industrializzazione si è avuto uno spostamento della popolazione dai comuni rurali a tutto vantaggio della fascia litoranea, con la creazione a Termoli dello stabilimento FIAT e di altre attività industriali, che attualmente vivono però una situazione di crisi.

Tips Images

A *Il massiccio del Matese, con il Monte Miletto*

anzeletti/iStock

B *Il Borgo Antico di Termoli*

Enzart/Shutterstock

C *Campobasso*

Il fascino del Borgo Antico

Grazie al suo mare pulito, che ha meritato più volte la bandiera blu, comincia a svilupparsi in Molise anche il turismo balneare a cui si collega un retroterra con importanti destinazioni paesaggistiche. Ma anche il mare non è solo spiaggia e sole, se pensiamo al fascino del **borgo antico di Termoli** [B], che sorge su un piccolo promontorio dove si respira ancora la tradizione marinara. Il borgo recintato da mura risale al V secolo, quando gli abitanti dovevano difendersi dagli attacchi dei saraceni, ed è costituito da un intricato labirinto di stradine strette e tortuose dirette verso il duomo di pietra chiara che risale a più di 900 anni fa. Il castello di Termoli risale all'XI secolo ma deve il suo attuale aspetto alla fortificazione voluta da Federico II nel XIII secolo.

Economia

L'agricoltura presenta un incremento nella coltivazione di cereali e nella produzione di vino e olio. Viene praticato l'allevamento, soprattutto quello ovino, anche se fortemente ridotto rispetto al passato.

Il principale polo industriale è quello meccanico di Termoli, dove c'è uno stabilimento FIAT. Altre industrie (alimentari, del mobile, delle confezioni) si trovano nelle zone di Isernia e Campobasso. Molto ridotto è il turismo quasi esclusivamente balneare, nonostante la regione abbia grandi bellezze naturali e interessanti monumenti storici. Negli ultimi anni c'è stato un relativo incremento di presenze specialmente dall'estero.

CAMPOBASSO

La città è situata a 700 metri di altitudine sul pendio di un colle fra i bacini dei fiumi Biferno e Fortore. È composta da un nucleo storico, la cosiddetta città vecchia [C], e da una parte nuova con moderni quartieri residenziali. L'ampliamento è derivato sia dal ruolo amministrativo regionale che dall'istituzione nel 1982 dell'**Università del Molise** con sede a Campobasso.

Il nome della città è di origine incerta: secondo la versione più semplicistica sembra che in origine l'abitato fosse diviso in due borghi, uno chiamato *Campus de Prata* e l'altro *Campus Bassus*. Il primo insediamento, posto più in alto, sarebbe andato distrutto e gli abitanti si sarebbero trasferiti nell'altro che avrebbe così dato il nome alla futura città.

METTITI ALLA PROVA

Vero o falso?

1. Campobasso è situata fra i bacini dei fiumi Biferno e Volturno. V F

Scegli l'alternativa corretta

2. A Termoli/Isernia è presente uno stabilimento di produzione FIAT.
3. La principale attrazione turistica sono le spiagge/i musei.

Completa

4. L' .... comprende i monti .... e il massiccio del ....

15 CAMPANIA

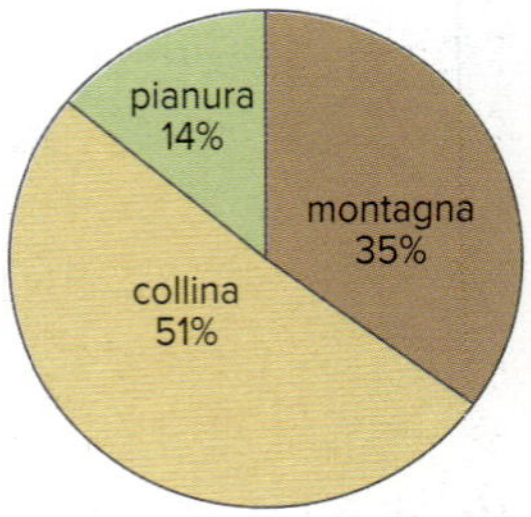

Superficie 13 671 km²
Popolazione 5 862 000 abitanti
Densità di popolazione 429 ab./km²
Città principali
Napoli (capoluogo di regione)
978 399 ab.
città metropolitana
3 118 149 ab.
Salerno 135 603
Caserta 76 887
Benevento 60 504
Avellino 55 171

Una gita in Campania

Alcuni fanno derivare il nome dal latino campus *(pianura) che indicava inizialmente il territorio della pianura campana. Altri lo riferiscono alla città greca di Capua e ai suoi abitanti, i capuani, poi modificati in campani.*

Un territorio geologicamente instabile

Nel territorio campano si distinguono chiaramente due parti: una litoranea per lo più pianeggiante, fertile e popolosa, inframmezzata da rilievi montuosi d'origine vulcanica, e una sezione interna collinare e montuosa. L'**Appennino campano** costituisce un rilievo molto articolato, formato da catene e massicci disposti irregolarmente sul territorio. Le montagne sono di natura calcarea, ricche di grotte, e soggette a fenomeni sismici. Le colline sono invece di natura argillosa e quindi soggette a frane. Nel Golfo di Napoli si leva il **Vesuvio** [A], un vulcano ancora attivo, in quiete dalla data dell'ultima eruzione del 1944. Le pianure, un tempo acquitrinose e malariche, sono fertili e densamente abitate. Quella più vasta è la Pianura Campana, chiamata anche Terra di Lavoro. I fiumi principali sono il Volturno e il Sele.

Il territorio che si affaccia sul Mar Tirreno alterna coste alte e rocciose a basse e sabbiose. Quattro ampi golfi, intervallati da promontori, si susseguono da nord a sud: Gaeta (a metà con il Lazio), Napoli, Salerno e Policastro (a metà con la Basilicata). Poco lontane dalle coste si trovano le isole Ischia e Procida, di origine vulcanica, e Capri [B], che in tempi remoti era unita alla costa. In Campania si verificano **fenomeni vulcanici e sismici**. Nell'area dei Campi Flegrei è evidente il fenomeno del bradisismo, mentre numerosi terremoti hanno colpito, nel tempo, le aree interne come l'Irpinia e la stessa area napoletana. Fra quelli più gravi l'ultimo si è verificato nel 1980.

I Campi Flegrei

I Campi Flegrei sono una vasta area vulcanica situata a nord-ovest di Napoli. Il nome deriva dal termine greco che significa «ardente», da cui si capisce che l'area è caratterizzata dalla forte presenza di attività vulcanica.

Particolarmente interessante è la **solfatara di Pozzuoli**, cratere ancora attivo dove si manifestano potenti fumarole che emettono vapori sulfurei a oltre 160 °C. Il suolo è costituito prevalentemente da materiale di colore biancastro, nubi di vapore si levano dalla depressione nella quale ribollono incessantemente caldi fanghi grigiastri. Il biancore del suolo contrasta con il verde della macchia mediterranea che ricopre i ripidi pendii e la parte più alta del cratere. Qui si trova il **Lago d'Averno**, una caldera vulcanica considerata dagli antichi romani l'entrata dell'Oltretomba, chiamata appunto Averno.

A. Nardi/Tips

A *Il cratere del Vesuvio*

La città che si alza e si abbassa

La città di Pozzuoli è interessata dal **bradisismo**, cioè dall'alternarsi lentissimo di abbassamento e innalzamento del suolo. Gli strumenti utilizzati per la sua rilevazione sono stati, per il passato, tre colonne di marmo del cosiddetto Tempio di Serapide (in realtà l'antico mercato romano risalente a 2000 anni fa). Fino al 1983 si trovavano parzialmente sommerse dal mare, e oggi si ritrovano al di sopra del livello del mare. Esse mostrano fori di molluschi fino ad un'altezza di circa 6 metri dal piano dell'edificio, livello che indica il massimo abbassamento subìto dai Campi Flegrei in epoca medievale. Oggi misurazioni estremamente precise vengono rilevate dai satelliti.

Jeremy Reddington/Shutterstock

B *Una veduta dell'isola di Capri*

METTITI ALLA PROVA

Vero o falso?

1. Il Vesuvio è considerato un vulcano spento. V F
2. Il Golfo di Gaeta è condiviso con la Basilicata. V F

Scegli l'alternativa corretta

3. La città di Napoli/Pozzuoli è caratterizzata dal fenomeno del bradisismo.

Completa

4. Le montagne della Campania sono di natura .... Le colline sono .... , per cui soggette a ....

Economia

L'agricoltura è localizzata principalmente nella piana del Sele, nel casertano e in Irpinia, costituita soprattutto da grandi aziende cerealicole e vinicole. Grazie alla **fertilità dei suoli vulcanici**, l'agricoltura resta un settore importante dell'economia regionale. La Campania si trova ai primi posti in Italia per la produzione di patate, fagioli, albicocche, noci e fichi e possiede una parte considerevole della flotta per la pesca del tonno nel Tirreno.

Le industrie meccaniche, petrolchimiche, elettroniche, alimentari, calzaturiere e altre si concentrano nel napoletano, salernitano e casertano. Il **porto di Napoli** rappresenta una realtà molto importante per il traffico commerciale, crocieristico e di passeggeri.

Altri importanti centri di commercio all'ingrosso sono a Pozzuoli, Torre del Greco e Salerno.

Notevole è l'apporto economico del turismo, favorito dal clima mite, dalle bellezze naturali (Capri, Ischia, Costiera Amalfitana) e dalla presenza del sito archeologico di **Pompei**.

NAPOLI

C *Napoli con il Vesuvio sullo sfondo*

Tips Images

Storia

Neapolis [C] (che significa «città nuova») fu fondata verso la metà del V secolo a.C. da coloni provenienti da Cuma, la maggiore **colonia greca** del golfo, su un precedente insediamento denominato Partenope.

Nel corso dei secoli successivi si alleò con Roma, fu conquistata dai goti, dai normanni, dalla casata di Svevia, dagli Angioini e dagli spagnoli. Passò poi stabilmente sotto il controllo dei **Borbone** (1734), che ne fecero la capitale di un regno autonomo. La diffusione delle idee dell'Illuminismo e della Rivoluzione francese spinsero gli intellettuali napoletani a proclamare, nel 1799 con l'appoggio delle truppe francesi, la **Repubblica partenopea**. Si trattò comunque di una esperienza assai breve, dato che, dopo la partenza dei francesi, nella città riconquistata tornarono i Borbone e i ribelli furono sanguinosamente repressi.

Il re dovette però fuggire di lì a poco dalla città quando, nel 1806, Napoleone invase il regno proclamandone sovrano prima il fratello Giuseppe, poi il cognato Gioacchino Murat. Durante il decennio napoleonico, Napoli visse un periodo di grandi riforme civili (soppressione dei privilegi feudali, creazione di una banca centrale, adozione del codice civile, riforma dell'istruzione). Il Congresso di Vienna (1815) ristabilì la sovranità borbonica, prolungatasi fino all'occupazione garibaldina, con il passaggio della città al Regno d'Italia (1860).

Nel nuovo contesto dell'Italia unita, Napoli perse gradualmente il primato economico di capitale. Durante il ventennio fascista perse anche il ruolo di porto militare a favore di Taranto. Durante la Seconda guerra mondiale, in seguito al distacco dell'Italia dall'alleanza con la Germania nazista avvenuto l'8 settembre 1943, le truppe tedesche a Napoli iniziarono una dura repressione, uccidendo e deportando migliaia fra civili e militari. La rabbia e l'esasperazione dei napoletani e la **resistenza** di gruppi di militari italiani di fronte alle esecuzioni indiscriminate, ai saccheggi, ai rastrellamenti della popolazione civile culminò con la rivolta popolare delle «Quattro Giornate». Il 27-30 settembre, in una battaglia improvvisata che coinvolse anche ragazzini, anziani e donne, gli invasori nazisti furono costretti a ritirarsi. Questa azione consentì all'esercito anglo-americano di trovare al suo arrivo, il 1° ottobre, una città già libera dall'occupazione. Alla città di Napoli al termine della guerra fu conferita la medaglia d'oro al valore militare.

Economia e società

L'economia napoletana ruota principalmente attorno ai **servizi** (attività portuali, commercio al minuto, amministrazione pubblica, turismo). Accanto a questo settore visibile, esiste tuttavia un vastissimo settore sommerso, il cosiddetto «lavoro nero», concentrato oggi nelle aree periferiche e specializzato nella produzione di scarpe e abbigliamento.

Il tasso di disoccupazione è fra i più alti d'Italia, specialmente in seguito al processo di **deindustrializzazione**, completato negli anni '90 con la chiusura totale del centro siderurgico di Bagnoli, all'estremità occidentale della città.

Un altro grave problema deriva dalla scarsa propensione all'investimento di lungo periodo, dovuta alla presenza di associazioni criminali che spesso estorcono denaro a imprenditori e commercianti.

Dal punto di vista demografico, Napoli è caratterizzata da un'altissima densità residenziale. Tale **sovraffollamento** ha conseguenze spesso drammatiche sul traffico e sulle infrastrutture urbane (rete idrica, servizi al cittadino, etc.). Per questo motivo il cuore della città ha cominciato a spopolarsi, anche a causa della parziale inagibilità di molti edifici, causata dal terremoto del 1980.

Ciò nonostante, negli ultimi anni è stata avviata una significativa opera di risanamento. La realizzazione del nuovo Centro direzionale della città, opera dell'architetto giapponese Kenzo Tange, la costruzione della nuova metropolitana, il riassetto di Piazza del Plebiscito, fanno sperare in un possibile rilancio della città.

Arte e cultura

Napoli vanta un patrimonio artistico estremamente vasto e articolato, frutto dell'influenza di culture differenti: il Duomo (XIII secolo), la Chiesa di S. Chiara affrescata da Giotto, la Tomba del cardinal Brancaccio, opera di Donatello e Michelozzo, il Palazzo Reale (1600-1748), il Teatro S. Carlo (1737), il più antico teatro lirico d'Europa.

La città è anche sede di importanti **musei**, come l'Archeologico Nazionale con reperti provenienti da Pompei ed Ercolano, il Civico G. Filangieri, la Galleria Nazionale di Capodimonte.

Napoli rimane un polo culturale di prestigio. Ospita numerose **università** pubbliche e private: la Federico II, la seconda Università degli Studi, l'Orientale (all'avanguardia negli studi orientalistici e sinologici), la Pontificia Facoltà Teologica dell'Italia Meridionale.

Castel Nuovo

Detto anche **Maschio Angioino** [D], è uno storico castello medievale che risale al 1282. Nel corso dei secoli fu ristrutturato e ampliato divenendo un centro di cultura che ospitò importanti letterati come Petrarca e Boccaccio o pittori come Giotto. Intorno al 1450 la fortezza venne ricostruita nelle forme attuali. Essa presenta una forma trapezoidale circondata da cinque grandi torri cilindriche coronate da merli. Tra le due torri che difendevano l'ingresso si trova un arco di trionfo in marmo ispirato allo stile dell'antica Roma. Oggi il castello ospita un percorso museale di pittura e scultura.

S-F/Shutterstock

D *Castel Nuovo*

METTITI ALLA PROVA

Vero o falso?

1. Il tasso di disoccupazione è fra i più bassi d'Italia. V F
2. La costruzione del Maschio Angioino risale al Medioevo. V F

Scegli l'alternativa corretta

3. Il principale settore economico è quello dei servizi/dell'agricoltura.

Completa

4. Dopo il periodo .... , con il Congresso di .... la città torna alla dominazione dei .... , che si conclude con l'entrata nel .... nel 1860.

16 PUGLIA

Una gita in Puglia

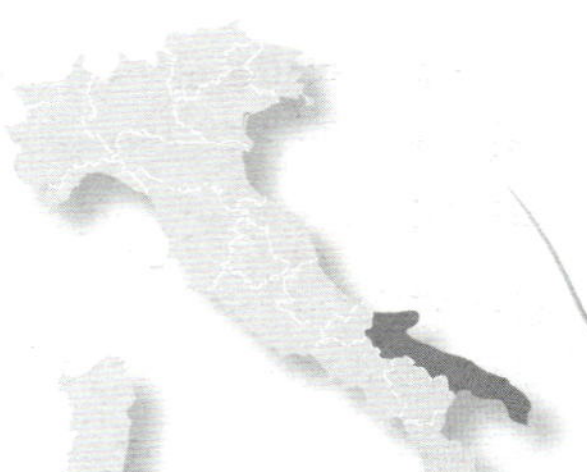

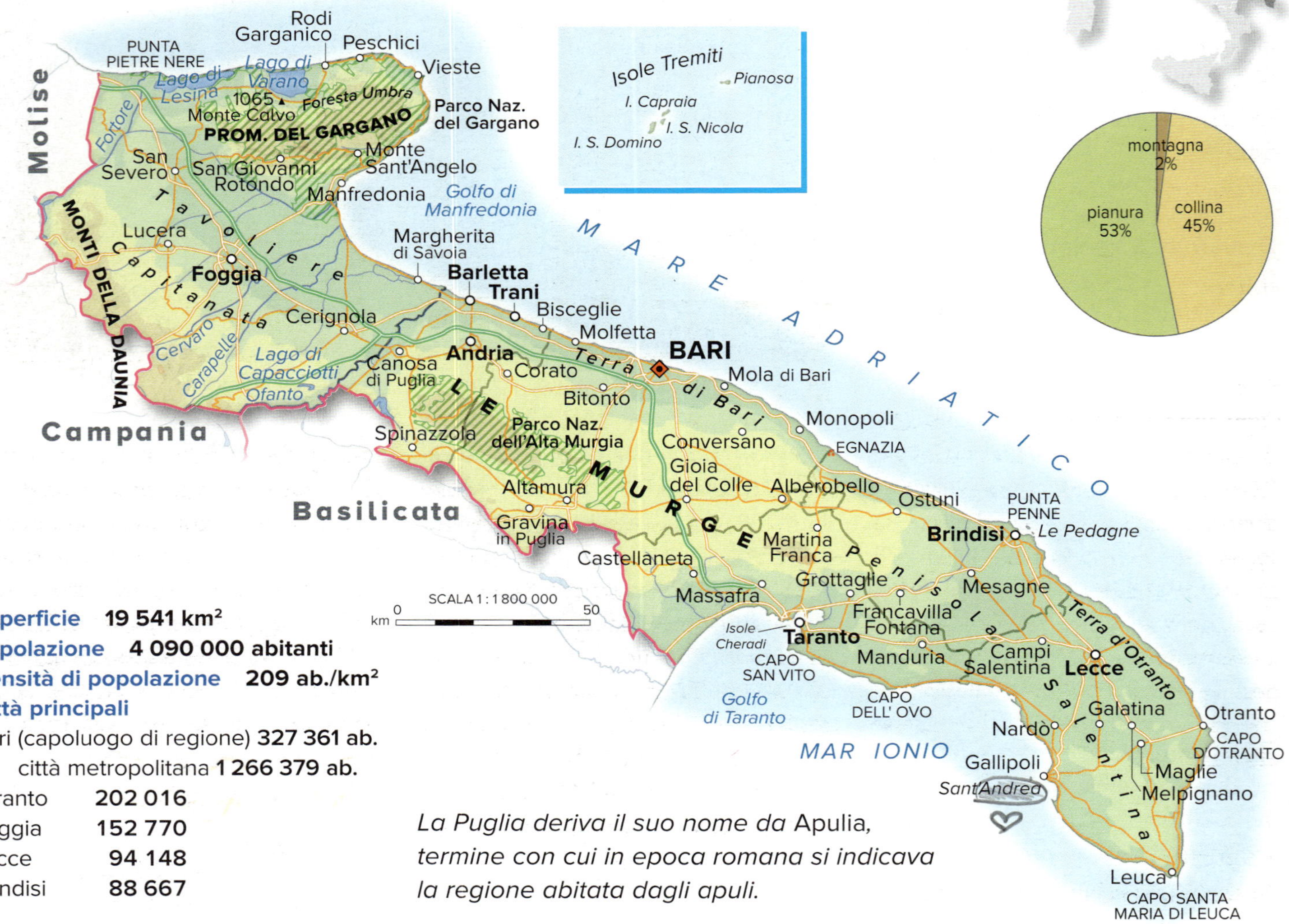

Superficie 19 541 km²
Popolazione 4 090 000 abitanti
Densità di popolazione 209 ab./km²
Città principali

Bari (capoluogo di regione) **327 361 ab.**
città metropolitana **1 266 379 ab.**

Taranto	202 016
Foggia	152 770
Lecce	94 148
Brindisi	88 667

La Puglia deriva il suo nome da Apulia, *termine con cui in epoca romana si indicava la regione abitata dagli apuli.*

Una regione pianeggiante

Il territorio mostra una relativa uniformità: prevalgono le forme piatte o lievemente ondulate. I rilievi che raggiungono o superano di poco i 1000 m sono i Monti della Daunia, e il Monte Calvo nel promontorio del Gargano. Il centro della regione è occupato dalle **Murge**, un vasto altopiano lungo 150 km la cui altitudine varia dai 400 ai 680 metri. Il terreno è formato da rocce calcaree molto permeabili che lasciano filtrare l'acqua in profondità dando origine a grotte carsiche. Nella parte settentrionale della regione si stende l'ampia pianura del **Tavoliere** tagliata dal corso di numerosi torrenti. Il territorio, irrigato dall'acquedotto pugliese, è intensamente coltivato. Il fiume Ofanto separa il Tavoliere dall'altra pianura, la **Terra di Bari**. A sud, nella penisola salentina, il territorio pianeggiante si alterna a dolci ondulazioni ed è praticamente privo di corsi d'acqua.

Mare e arte

La Puglia, con i suoi 860 km, possiede lo sviluppo costiero maggiore di ogni altra regione peninsulare. Il litorale è molto vario: alto e roccioso sul Gargano, roccioso e sabbioso nella Terra di Bari, roccioso e ricco di grotte nel Salento, roccioso e sabbioso sullo Ionio.

Le aree turistiche più importanti, dotate di rilevanti mete naturali e culturali, sono il Gargano e il Salento.

In particolare è il mare cristallino ad attirare ogni anno migliaia di turisti. Ma ai paesaggi naturali si aggiungono eventi, folklore, castelli, boschi e gastronomia. Le chiese barocche a Lecce, i trulli di Alberobello, il meraviglioso mosaico sul pavimento della cattedrale di Otranto, il castello di Federico II (Patrimonio dell'umanità dal 1996) le Isole Tremiti, definite «Perle dell'Adriatico» per la loro bellezza incontaminata, sono solo alcuni dei luoghi che meritano di essere visitati.

Massimiliano Pieraccini/Shutterstock

A La basilica di San Nicola, a Bari

Folklore

Ogni anno a Melpignano, e non solo, si scatena la «**Notte della Taranta**». È un festival di musica popolare tradizionale che si svolge nel mese di agosto in Salento. Si balla la pizzica al suono frenetico del tamburello. Secondo la tradizione la pizzica, oltre a essere ballata nelle feste, era usata per «guarire» le donne «tarantate» che si credeva fossero state morse dalla tarantola.

Economia

Anche la Puglia ha conosciuto in passato un intenso movimento migratorio sia verso oltreoceano che verso le regioni del Nord Italia. Ciò ha avuto termine con gli anni '80 grazie allo sviluppo di un'**agricoltura moderna** ad alto rendimento, ai poli industriali associati alle maggiori aree urbane (anche se oggi colpiti dalla crisi), e al turismo. L'agricoltura è specializzata in determinate zone: nel Salento e nelle Murge per gli olivi, in terra di Bari per vigneti e alberi da frutto, nel Tavoliere per il grano. Di lunga tradizione la **pesca** e l'allevamento di crostacei e molluschi.

Le **attività industriali**, che stanno oggi attraversando un periodo di crisi, sono concentrate nelle aree di Taranto (siderurgia), Brindisi (petrolchimica), Bari e Foggia (meccanica). Notevole il traffico portuale sia di merci che di passeggeri. Un ruolo egemone spetta al **porto di Taranto**, seguito dai porti di Bari e Brindisi, specializzati nel traffico passeggeri. In forte crescita è il **turismo**, specie nel Gargano e nel Salento, grazie alle attrattive naturali e culturali della regione.

BARI

La città ebbe origine su un piccolo promontorio dove oggi sorge la città vecchia [A]. Dopo la caduta dell'Impero romano fu contesa a lungo fra bizantini, longobardi e arabi. Fu soprattutto con i normanni che visse un periodo di grande prosperità. Durante le Crociate divenne uno dei maggiori centri della cristianità e punto di partenza verso l'Oriente. Nel periodo napoleonico la città fu ampliata con la costruzione del borgo nuovo fuori dalle mura medievali. Durante il ventennio fascista fu costruito il lungomare monumentale. Attualmente, grazie alla **funzione strategica** del porto, dell'aeroporto e dell'importante complesso della Fiera del Levante, Bari ha assunto un ruolo fondamentale nelle relazioni con i paesi affacciati sul Mediterraneo.

METTITI ALLA PROVA

Vero o falso?

1. Le Murge sono un esteso altopiano situato a sud della regione. V F
2. Il territorio della regione è prevalentemente pianeggiante. V F

Scegli l'alternativa corretta

3. I porti più importanti sono quelli di Bari, Taranto e Brindisi/Lecce.

Completa

4. La Puglia è dotata di un lungo litorale molto vario: alto e roccioso sul .... , roccioso e sabbioso nella .... , roccioso e con molte grotte nel .... , roccioso e sabbioso sullo ....

17 BASILICATA

Una gita in Basilicata

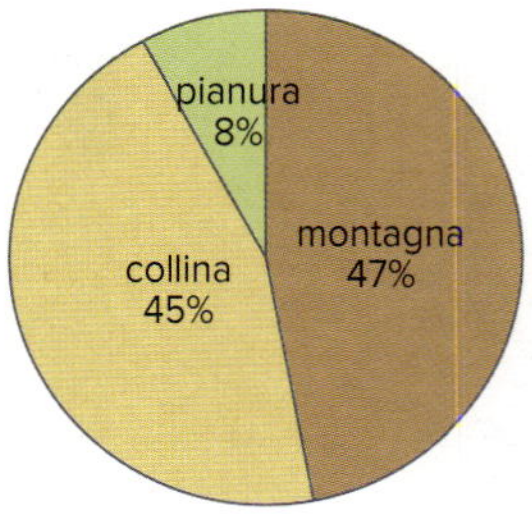

Superficie **10 073 km²**
Popolazione **577 000 abitanti**
Densità di popolazione **57 ab./km²**
Città principali
Potenza (capoluogo di regione) **67 348 ab.**
Matera **60 524**

Il nome deriva dal termine greco basilikòs, che in epoca medievale indicava il governatore bizantino della regione. In precedenza veniva usato il termine Lucania, dal nome del popolo o dal latino lucus (bosco) in riferimento alla ricca vegetazione della zona. Dal 1932 al 1947 è stato usato di nuovo il termine Lucania, dal 1948 il nome ufficiale è Basilicata. Gli abitanti si chiamano però lucani.

Un territorio di monti e colline

Il territorio della regione è per la maggior parte montuoso e collinare. Le pianure, che coprono appena l'8% della sua superficie, sono limitate ai fondovalle e alla zona costiera ionica dove si trova la Piana di Metaponto, un tempo coperta da vaste paludi e oggi florida zona agricola.

L'**Appennino lucano** separa la regione dalla Campania: da nord a sud troviamo il gruppo vulcanico spento del Vulture, il Volturino, il Sirino e il più alto, il Pollino, al confine con la Calabria con la quale condivide il Parco nazionale. Le colline, che scendono a pettine verso il **Mar Ionio**, sono soggette a una forte erosione a causa della natura argillosa del terreno e del secolare disboscamento.

I fiumi Basento, Agri, Bradano, Sinni sfociano paralleli nel Mar Ionio, hanno alvei ampi e ciottolosi detti fiumare. Lungo il loro corso sono stati costruiti laghi artificiali per porre rimedio alle alluvioni e facilitare l'irrigazione delle colture. La costa ionica, che si affaccia sul Golfo di Taranto, è bassa e sabbiosa, il breve tratto di costa tirrenica del Golfo di Policastro è invece alto e roccioso.

Un tuffo nel passato

Uno dei luoghi più suggestivi della regione sono «**i Sassi**» della città di Matera [A]. L'intero abitato antico si sviluppa sul ripido versante di una *gravina*, una profonda incisione della crosta terrestre simile a un canyon. Qui si apre uno spettacolo affascinante, fatto di grotte abitate fin dalla preistoria e chiese rupestri. Non a caso dal 1993 l'Unesco ha dichiarato questa «città di pietra» Patrimonio dell'umanità. Un dedalo di stradine si inerpica fra grotte naturali e altre ricavate scavando nella tenera roccia calcarea, fra palazzotti appoggiati o incavati nelle pareti rocciose. Fino al 1954 circa la metà dei materani abitava in questa zona, in condizioni di grave degrado dovuto all'affollamento e alla povertà. Fu quindi deciso lo sfollamento dei Sassi e il trasferimento degli abitanti in nuove e salubri case popolari. Nell'arco di circa 15 anni i Sassi vennero completamente abbandonati e fu dichiarato illegale abitarci.

Dopo decenni di abbandono è cominciata una lunga opera di recupero. Attualmente quelle stesse grotte ristrutturate sono divenute luoghi confortevoli ed estremamente affascinanti. In molti casi queste antiche dimore sono state riadattate come insediamenti turistici e privati.

La città di Matera ha ricevuto anche un altro importante riconoscimento: è stata dichiarata «Capitale europea della Cultura» per il 2019.

A *I Sassi di Matera*

donfiore/Shutterstock

Economia

Una buona percentuale di lavoratori è ancora impiegata nell'**agricoltura**. Continua, anche se in lieve diminuzione, la coltivazione di cereali, mentre nelle aree pianeggianti e più fertili si sono sviluppate colture più redditizie come ortaggi, fragole, fichi, a cui si aggiungono le barbabietole da zucchero, l'ulivo, la vite, gli agrumi e il tabacco. L'allevamento è costituito per la maggior parte dalla **pastorizia** ovina e caprina.

Poche le grosse industrie, eccetto il moderno stabilimento della FIAT a Melfi. La regione è ricca di **metano** nella valle del Basento e di **petrolio** in Val d'Agri. L'attività industriale prevalente si basa su piccole e medie imprese alimentari. Rilevante è il ruolo di primo piano assunto nel settore del legno e dell'arredamento. Il turismo, ancora a livelli modesti, è in crescita sia sulla costa tirrenica che ionica. Il centro propulsore del turismo è Maratea sul Tirreno dotata anche di un porto turistico, mentre si stanno sviluppando anche Metaponto e Policoro sullo Ionio.

POTENZA

La città sorge a un'altitudine di 800 metri lungo una dorsale appenninica nell'alta valle del fiume Basento, circondata da monti più alti. L'antico **nucleo medievale** è situato nella parte alta della città, mentre i quartieri moderni sono sorti più in basso. La città fu assoggettata a romani, bizantini, svevi, ma i suoi abitanti mantennero sempre un atteggiamento ostile verso ogni influenza straniera e tentarono spesso di ribellarsi. Passata sotto il dominio spagnolo, questa fiera popolazione montanara tentò di opporsi ad esso con moti popolari, che furono però sempre repressi nel sangue. La città fu colpita nei secoli da frequenti e violentissimi **terremoti**, fino al più recente nel 1980 di magnitudo 6,9 che distrusse ancora una volta gran parte della città, provocando morti e distruzioni. Gli anni successivi furono caratterizzati da una lenta e difficile ricostruzione. Per muoversi agevolmente in questa città «tutta in salita» è stato costruito un sistema di ascensori e scale mobili.

METTITI ALLA PROVA

Vero o falso?

1. La Piana di Metaponto è la pianura più importante della regione. V F
2. Il Monte Pollino confina con la Campania. V F

Scegli l'alternativa corretta

3. La maggior parte del territorio è pianeggiante/montuosa.
4. A Melfi/Potenza c'è un grosso stabilimento FIAT.

Completa

5. I .... sono abitazioni scavate nelle pareti di roccia.

18 CALABRIA

Una gita in Calabria

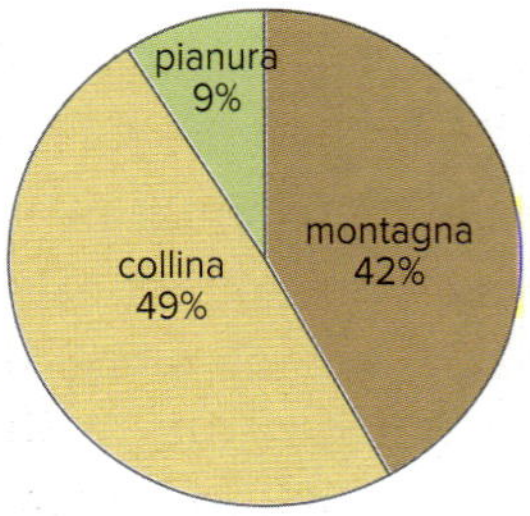

Superficie **15 222 km²**
Popolazione **1 977 000 abitanti**
Densità di popolazione **130 ab./km²**
Città principali

Reggio Calabria **183 974 ab.**
città metropolitana **557 993**
Catanzaro (capoluogo di regione) **90 840**

Lamezia Terme	**70 515**
Cosenza	**67 679**
Crotone	**61 131**
Vibo Valentia	**33 897**

Anticamente la regione si chiamava Brutium dal nome del popolo dei bruzi che l'abitavano. Dal VII secolo, sotto il dominio bizantino, cominciò a essere chiamata Calabria, nome appartenente in precedenza solo alla penisola salentina in Puglia.

La punta dello stivale

Situata all'estremità meridionale della penisola, stretta fra Tirreno e Ionio, la Calabria è quasi esclusivamente montuosa, con le sole zone pianeggianti marginali di Sibari, San Eufemia e Gioia Tauro. Il rilievo è costituito dall'**Appennino calabro** che si presenta con cinque sezioni principali: il massiccio del Pollino a nord, poco più a sud la Catena Costiera affiancata a est dalla Sila. Al di sotto si allungano le Serre e all'estremità si allarga il massiccio dell'Aspromonte. La zona collinare, che contorna tutti i rilievi maggiori, digrada verso le coste con terreni di natura argillosa e quindi soggetti a frane e smottamenti. Specie nella parte meridionale il territorio è fortemente sismico.

I corsi d'acqua sono numerosi ma abbastanza brevi data la distanza limitata dei monti dalla costa. Hanno tutti carattere torrentizio con alvei ampi e ciottolosi (fiumare), piene disastrose e, in estate, alvei in secca. I laghi sono quasi tutti artificiali, costruiti specialmente per l'irrigazione e la produzione di energia elettrica. Le coste sono generalmente basse e sabbiose sullo Ionio; alte, rocciose e con insenature sabbiose quelle tirreniche. La lunga linea di costa di circa 750 km ha dato grande impulso allo sviluppo del **turismo balneare** [A].

mRGB/Shutterstock

A *Veduta della costa di Tropea*

Magna Grecia

Nella sua storia la Calabria ha visto l'alternarsi di popoli e culture provenienti da tutto il Mediterraneo. Fin dall'VIII secolo a.C. **coloni greci** sbarcarono in periodi successivi sulle coste, fondandovi città come Reggio, Metaponto, Sibari, Crotone. I coloni sceglievano la località dove fermarsi in base alle indicazioni che ricevevano in patria dall'Oracolo del santuario di Apollo a Delfi. Le città divennero ben presto più ricche e potenti di quelle d'origine in Grecia. Il nome Magna Grecia (Grande Grecia), attribuito loro, ha questo significato. Intensi traffici commerciali, ricchezza economica, splendore in campo culturale e artistico caratterizzarono queste città che ampliarono la loro presenza fondandone altre ed espandendo la civiltà greca a tutto il territorio della Calabria. Purtroppo il tipo di società, basato sulle città-stato indipendenti causò rivalità che sfociarono in guerre, e questo nel tempo portò alla decadenza economica e politica.

Economia

Il fondamento dell'economia rimane l'agricoltura, anche se il terreno è scarsamente produttivo per l'abbondanza dei rilievi, l'irregolarità delle piogge e la scarsità degli impianti di irrigazione. La **coltura degli agrumi** è la più redditizia; ad essa si affiancano la vite e l'olivo, seguono i cereali, gli ortaggi e le patate.

Di notevole importanza è il **patrimonio boschivo**. Rilevante è la pesca del tonno e quella del pesce spada.

L'industria è limitata e, in certi settori (alimentare, del legno e della carta, tessile), ha compiuto passi indietro. Gli insediamenti industriali si concentrano in particolare nelle aree di Crotone (metallurgia, meccanica, chimica), Reggio Calabria e Vibo Valentia.

A Gioia Tauro c'è il maggiore porto commerciale per il traffico di container d'Italia.

Il turismo è un settore economico in espansione, grazie alle grandi attrattive della regione.

CATANZARO

È conosciuta con l'appellativo di città dei due mari poiché è situata nell'istmo di Catanzaro, la striscia di terra più stretta d'Italia, dove solo 30 km separano il Mar Ionio dal Tirreno. Da alcuni quartieri della città, in giornate particolarmente limpide, si possono scorgere all'orizzonte i due mari e le isole Eolie.

È conosciuta anche come **città dei tre colli**, poiché la parte più antica è edificata proprio su tre colli che sono rappresentati sullo stemma civico. Una tradizione popolare la indica come la **città delle tre V**: il patrono San Vitaliano, il vento che soffia costante e il velluto che vi si produceva.

Fino all'Ottocento la città era circondata da una cinta muraria con torri, bastioni e porte. Queste testimonianze del passato sono scomparse a causa di terremoti, bombardamenti e scelte urbanistiche non conservative.

METTITI ALLA PROVA

Vero o falso?

1. Gioia Tauro è una delle poche zone pianeggianti della regione. V F
2. Il settore economico principale è il turismo. V F

Scegli l'alternativa corretta

3. L'Aspromonte è situato nella parte nord/sud della regione.
4. Le coste tirreniche/ioniche sono basse e sabbiose.

Completa

5. Sotto le montagne, le colline scendono verso il .... con terreni .... e quindi soggetti a .... A sud il territorio è molto ....

19 SICILIA

Una gita in Sicilia

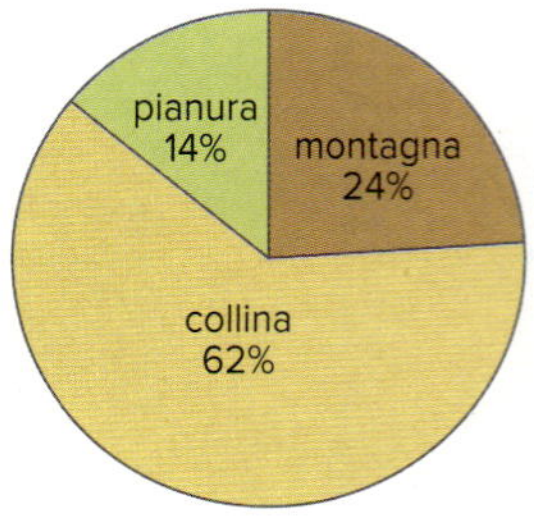

Superficie **25 832 km²**
Popolazione **5 074 000 abitanti**
Densità di popolazione **197 ab./km²**
Città principali
Palermo (capoluogo di regione) **667 492 ab.**
città metropolitana **1 276 525 ab.**

Catania	**315 601**
Messina	**240 414**
Siracusa	**122 503**
Ragusa	**73 030**
Trapani	**69 182**
Caltanissetta	**63 290**
Agrigento	**59 645**

Enna (capoluogo più alto d'Italia, 931 m) **28 219**

Regione autonoma a statuto speciale dal 1946.

La regione deriva il suo nome dal greco sikelia, *legato a uno dei popoli che l'abitava, i siculi, e al suo presunto re Sikelos. Questo nome si sostituì all'antico termine Trinacria, usato da Omero nell'Odissea per indicare uno dei luoghi di approdo di Ulisse e dei suoi compagni nel lungo viaggio di ritorno dalla guerra di Troia.*

A *Vulcano e Lipari (in secondo piano), nelle Isole Eolie*

B *Il tempio della Concordia ad Agrigento*

L'isola più grande del Mediterraneo

È circondata da tre mari: il **Tirreno**, il **Mediterraneo** e lo **Ionio**.

Nella parte settentrionale dell'isola si estende l'**Appennino siculo** con i Peloritani, i Nebrodi e le Madonie dalle cime poco elevate. Nella parte centrale troviamo i Monti Sicani ed Erei, a sud-est i Monti Iblei, un tavolato che non raggiunge i 1000 metri. Sul Mar Ionio si leva il vulcano attivo dell'**Etna** con i suoi 3350 metri. Il resto del territorio è in maggioranza collinare. Tutta la regione è soggetta a fenomeni sismici.

Le pianure si trovano nelle zone costiere. La più vasta è la Piana di Catania, che si affaccia sullo Ionio. Meno estese sono la Piana di Gela a sud, la Piana di Trapani-Marsala sulla punta ovest e la Conca d'Oro a nord.

I fiumi sono brevi e a carattere torrentizio. Il maggiore è il Salso, che sfocia nel Mediterraneo. Il secondo è il Simeto, che sbocca nello Ionio dopo aver attraversato la Piana di Catania. I corsi d'acqua che sfociano nel Tirreno sono brevi e con il regime irregolare delle fiumare.

Il perimetro costiero si snoda per oltre 1000 km. Il lato tirrenico è alto e frastagliato. Fra i promontori si aprono numerosi e ampi golfi. La costa ionica è per metà rettilinea con scogliere a strapiombo e per l'altra metà in prevalenza bassa e sabbiosa. Il lato sud presenta una costa bassa e uniforme. Il tratto occidentale è piatto e sabbioso con zone paludose intervallate da tozzi promontori. Fanno parte del territorio regionale **numerose isole**: a nord Ustica e l'arcipelago delle Eolie (o Lipari) [A], a ovest le Egadi, a sud Pantelleria (distante 100 km) e l'arcipelago delle Pelagie con Lampedusa (a 200 km).

La Valle dei Templi

Il paesaggio monumentale della Valle dei Templi dell'antica città di *Akragas* (odierna **Agrigento**) costituisce la testimonianza più significativa dell'insediamento greco in Sicilia. Nel 1997 l'Unesco lo ha dichiarato Patrimonio dell'umanità. I templi, di stile dorico, sono stati costruiti a partire del V secolo a.C. Fra tutti spicca quello della Concordia [B], conservato quasi integro. I templi erano tutti rivolti verso est in modo che il sole del mattino illuminasse la statua della divinità all'interno.

La Scala dei Turchi

Tra la spiaggia e le colline del paese di Realmonte si erge la Scala dei Turchi. Si tratta di un'alta scogliera di roccia dal colore bianco abbagliante sulla quale il vento e la pioggia hanno scavato una gradinata naturale. Il nome deriva da un'antica leggenda secondo cui la scogliera servì da scala per l'attacco dei **pirati saraceni**.

Aci Trezza, il paese dei Malavoglia

La costa è formata da nera **scogliera lavica**. Ovunque si sente l'odore del mare e delle alghe. Di fronte ad essa sorgono sette **faraglioni** che la leggenda racconta essere stati scagliati in mare dal ciclope Polifemo ingannato dal furbo Ulisse. Ancora oggi decine di pescherecci testimoniano l'attività principale degli abitanti, come quei Malavoglia di cui Giovanni Verga raccontò vite e destini legati al mare e alle sue tempeste.

Erice

A 750 metri di altezza, a 15 km da Trapani, sorge la cittadina di Erice. Le sue origini sono antichissime e ci parlano dell'esistenza di un tempio dedicato a una divinità femminile che proteggeva i naviganti e dava loro l'orientamento con la luce del fuoco sacro che ardeva all'interno. Durante la dominazione normanna e nel corso dei secoli successivi Erice divenne quella cittadina che è rimasta quasi intatta fino ai nostri giorni. Essa raggruppa in un perimetro triangolare le strette stradine acciottolate, le piazzette, i cortili e le case ornate di fiori. Su tutte domina l'antica **Chiesa Madre** e il poderoso campanile costruito alla fine del '200 su una più antica torre di vedetta. Dall'alto, nelle giornate serene, la vista spazia sulla città di Trapani e sulle saline dello Stagnone con i mulini a vento e i bianchissimi cumuli del sale raccolto.

Economia

L'agricoltura siciliana è una delle agricolture più produttive del nostro paese: le aree interne sono coltivate a cereali, la **coltura della vite** è concentrata nel trapanese, a Marsala e nelle zone collinari intorno all'Etna. La coltivazione è diversificata in uva da tavola di qualità pregiate e uva destinata alla produzione di vini forti, tra i quali sono famosi il marsala e il moscato. La **produzione degli agrumi** raggiunge circa l'80% del totale nazionale.

La Sicilia è inoltre dotata della maggiore **flotta peschereccia** e si trova al primo posto in Italia per quantità di pescato.

L'**industria energetica** è costituita da grandi raffinerie di petrolio e centrali termoelettriche. Nel siracusano si trova uno dei maggiori complessi petrolchimici di tutta Europa. Le piccole e medie imprese sono molto numerose.

Il clima, le attrattive naturali e il patrimonio storico, artistico e archeologico dell'isola determinano un notevole afflusso turistico.

METTITI ALLA PROVA

Vero o falso?

1. I fiumi siciliani hanno una portata costante tutto l'anno. V F
2. L'isola di Lampedusa si trova a nord della regione. V F

Scegli l'alternativa corretta

3. La costa tirrenica è alta e rocciosa/bassa e sabbiosa.
4. L'Etna si affaccia sul Mar Tirreno/Ionio.
5. La Valle dei Templi si trova ad Agrigento/Trapani.

Completa

6. La pianura più vasta è la Piana di .... , che si affaccia sullo .... Il principale fiume è il .... , che sfocia nel ....

PALERMO

C *Una veduta di Palermo, con la cattedrale*

Storia

Graffiti e pitture rupestri testimoniano la presenza umana fin dalla preistoria. Il primo centro urbano nell'area palermitana risale all'VIII secolo a.C. con i fenici e poi i cartaginesi. I greci la chiamarono *Panormos*, cioè «tutto porto», per indicarne la **vocazione marittima**.

La città venne successivamente conquistata da romani, goti, bizantini, arabi e infine, nel 1072, dai normanni. Durante questi due ultimi periodi la città fu capitale dell'emirato di Sicilia e poi del regno normanno, durante i quali conobbe un forte sviluppo e si arricchì di un notevole patrimonio artistico e architettonico [C]. Passata sotto gli svevi, fu residenza di **Federico II**, che ne fece un polo culturale di prima grandezza, favorendo gli studi scientifico-filosofici e la produzione letteraria con

Alanstix64/Shutterstock

D *Agrumeti sotto l'Etna*

la famosa **scuola poetica siciliana**. Successivamente la città cominciò a declinare, passando da capitale di un grande regno a centro economico e politico marginale. Negli anni della dominazione spagnola, tra il XVI e il XVII secolo, ripresero forza i ceti aristocratici (i baroni), umiliando la borghesia e impoverendo i ceti popolari.

Dal 1736 Palermo fu stabilmente inglobata nel regno dei Borbone e privata del proprio ruolo di capitale. Conquistata dai garibaldini nel 1860, fu annessa al Regno d'Italia. Durante la Seconda guerra mondiale, il centro abitato fu bombardato, con numerose vittime civili e ingenti danni, fino all'ingresso in città degli alleati, il 24 luglio del 1943.

Economia e società

La maggior parte delle attività economiche della città è concentrata soprattutto nell'amministrazione pubblica, nel commercio dei prodotti agricoli, nella vendita al minuto e nel turismo culturale e balneare.

Il settore industriale, ridotto ma comunque presente, si distingue per attività edilizie e cantieristiche legate al porto. In campo agricolo, l'area palermitana è un importante centro di **coltivazione degli agrumi** [D].

Già a partire dagli anni '50, la città ha conosciuto uno sviluppo edilizio di vasta portata, spesso legato ad attività speculative gestite dalla mafia. L'area della **Conca d'Oro** è oggi largamente cementificata e l'espansione incontrollata dell'abitato impedisce qualsiasi allargamento del porto, producendo notevoli danni economici.

Una parte del patrimonio edilizio versa comunque in condizioni di forte degrado. I quartieri popolari della periferia sono ancora largamente privi di infrastrutture, mentre molti palazzi del centro storico sono in rovina o inagibili.

Arte e cultura

Essendo passata sotto la dominazione di numerose civiltà, Palermo ha subito influenze artistiche molto varie. Si possono ricordare, fra le altre, quelle bizantine, arabe e normanne, nonché i frutti del mecenatismo di Federico II.

Dal punto di vista architettonico, ricordiamo la Cattedrale risalente al 1185, poi arricchita e rimaneggiata in epoche successive, dove si trovano i grandi sarcofagi di porfido rosso con le spoglie di Federico II e della madre Costanza d'Altavilla, e la cappella di Santa Rosalia, patrona di Palermo. Altri importanti monumenti, per citarne solo alcuni, sono le chiese di S. Cataldo, S. Giovanni dei Lebbrosi, S. Giovanni degli Eremiti, sulla quale spiccano le rosse cupole di chiara ispirazione araba, il **Palazzo dei Normanni** con gli splendidi mosaici della Cappella Palatina, il **Palazzo Chiaramonte** (1380), oggi sede del rettorato dell'Università di Palermo. Questo massiccio e imponente palazzo, fatto costruire dal potente barone Manfredi Chiaramonte, fu poi residenza dei viceré durante il dominio spagnolo e ospitò per quasi 200 anni il Tribunale dell'Inquisizione. Durante i restauri sono venute alla luce le testimonianze di questo orribile passato: i graffiti dei carcerati e le invocazioni delle donne accusate di stregoneria, che documentano le sofferenze patite durante la loro detenzione.

Altri monumenti di epoca più recente sono la Fontana Pretoria (1554) e il Teatro Massimo (1897). La città ospita anche importanti musei, come l'Archeologico e la Galleria Nazionale della Sicilia. L'Università, fondata nel 1805, è oggi nota per gli studi giuridici e umanistici.

METTITI ALLA PROVA

Vero o falso?

1. Il settore industriale è più sviluppato di quello turistico. V F

Scegli l'alternativa corretta

2. La Conca d'Oro favorisce/impedisce l'allargamento del porto adiacente.

Completa

3. Nella .... di Palermo sono conservate le spoglie di ....

20 SARDEGNA

Una gita in Sardegna

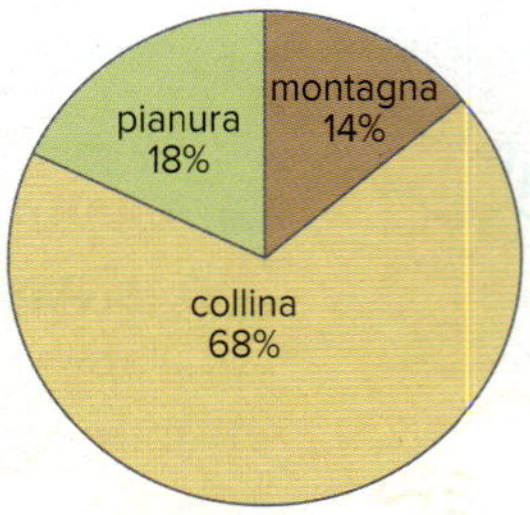

Superficie 24 100 km²
Popolazione 1 663 000 abitanti
Densità di popolazione 69 ab./km²
Città principali

Cagliari (capoluogo di regione)	**154 478 ab.**
città metropolitana	**431 302 ab.**
Sassari	**127 625**
Quartu Sant'Elena	**71 282**
Olbia	**58 723**
Alghero	**44 082**
Nuoro	**37 304**

Dal 1948 è stata dichiarata regione autonoma a statuto speciale.

Il nome della regione deriva dal popolo dei sardi che abitava l'isola prima che fosse conquistata dai cartaginesi e poi dai romani. I greci in origine la chiamarono sandalyon *per la somiglianza con l'impronta di un piede.*

Il territorio

È la seconda isola per grandezza del Mediterraneo. Il territorio è costituito principalmente da colline e montagne. I rilievi sono di origine molto antica, con forme arrotondate e levigate dagli agenti atmosferici. La parte pianeggiante è molto limitata.

A nord, nella regione della **Gallura**, si leva il massiccio del Limbara. Al di sotto si stende l'allineamento obliquo delle catene del Marghine, del Goceano e di Alà. Al centro dell'isola si colloca un'area montuosa di grande estensione, il massiccio del **Gennargentu** [A]. La parte sud-occidentale è occupata dai monti dell'**Iglesiente**, un tempo intensamente sfruttati per le risorse minerarie.

La pianura più vasta è quella alluvionale del **Campidano**, che si allunga diagonalmente fra i golfi di Oristano e di Cagliari. Un tempo paludosa e malarica, è oggi la regione più fertile della Sardegna. I fiumi principali sono quattro. A nord il Coghinas, al centro il Tirso, a sud il Flumendosa e il Mannu. Hanno tutti un regime torrentizio, con forti piene invernali e primaverili e magre estive. Per questo motivo sui fiumi

Pecold/Shutterstock

A *Il Massiccio del Gennargentu*

fretschi/Shutterstock

B *L'arcipelago della Maddalena*

sono stati creati numerosi laghi artificiali per l'irrigazione, la regolamentazione delle piene e la produzione di energia idroelettrica. Le coste sarde sono in prevalenza alte e rocciose, ricche di golfi profondi e di promontori. Poche e di piccole dimensioni le strisce sabbiose. Frequenti e molto suggestive le **grotte marine**. Fanno parte della regione l'arcipelago della Maddalena [B], l'Asinara, la Tavolara a nord e le isole di San Pietro e Sant'Antioco a sud.

La civiltà nuragica

Intorno alla metà del II millennio a.C., **torri megalitiche** di forma tronco conica si diffusero ampiamente in tutto il territorio della Sardegna. Furono il centro della vita sociale degli antichi sardi e diedero il nome alla loro civiltà, sebbene la loro funzione e destinazione sia ancora altamente controversa tra storici ed archeologi che, di volta in volta, hanno elaborato teorie sul loro uso: militare, civile, religioso o per la sepoltura dei defunti. Col passare dei secoli numerosi **villaggi** vennero costruiti in prossimità di queste poderose costruzioni, edificate spesso sulla sommità di un'altura. Si aggiunsero anche altre torri a quella più antica, addossandole o collegandole tra loro con cortine murarie.

I nuraghi giunti fino a noi sono costruzioni imponenti e complesse, con annessi villaggi a formare costruzioni simili a castelli, a volte denominati dagli studiosi anche regge nuragiche. Il più importante è **Su Nuraxi** di Barumini [C], che l'Unesco ha eletto a simbolo della civiltà nuragica e ha inserito fra i Patrimoni dell'umanità.

Economia

La posizione strategica della Sardegna al centro del Mediterraneo occidentale e la sua ricchezza mine-

Pecold/Shutterstock

C *Il nuraghe di Su Nuraxi a Barumini*

raria favorirono nell'antichità il suo popolamento e lo svilupparsi di traffici commerciali e scambi culturali tra i suoi abitanti e i popoli rivieraschi. Oggi che le miniere sono tutte chiuse, per esaurimento o per scarsa redditività, un posto di primaria importanza spetta alle attività connesse al **turismo balneare**, che ha registrato una fortissima crescita a partire dagli anni '60, trasformando in breve tempo la Sardegna in «paradiso delle vacanze».

L'**agricoltura**, anche se la superficie coltivata si è ridotta, continua ad avere un ruolo rilevante. Alle colture tradizionali (uva, agrumi, frumento) si sono aggiunte la floricoltura e la coltivazione della barbabietola da zucchero. L'**allevamento** più importante rimane quello degli **ovini** con la conseguente produzione di formaggi di ogni tipo.

Il comparto industriale comprende due differenti tipi di strutture: da un lato la **grande industria** di base con impianti petrolchimici, metallurgici, di raffinazione del petrolio, meccanici, peraltro soggetti a forti ristrutturazioni e calo di addetti, e dall'altro un gran numero di **piccole imprese** locali. Di grande rilievo il traffico passeggeri, sia marittimo che aereo, e il traffico merci.

METTITI ALLA PROVA

Vero o falso?

1. Le coste sono in prevalenza alte e rocciose. V F
2. L'Asinara di trova a sud della regione. V F

Scegli l'alternativa corretta

3. Il massiccio del Gennargentu si trova a nord/al centro.
4. I primi nuraghi sono sorti alla metà del II secolo/millennio a.C.

Completa

5. La pianura più vasta è quella del .... , che era in origine una .... e oggi è la zona più .... della Sardegna.

CAGLIARI

Sean Pavone/Shutterstock

D *Veduta di Cagliari*

Una storia antichissima

La città [D] è situata nella zona meridionale della Sardegna, affacciata su un ampio golfo e disposta, come Roma, su sette colli e su ampie zone pianeggianti. La sua nascita si perde nella leggenda di un mitico fondatore greco. Intorno all'XI secolo a.C. diventa scalo commerciale dei fenici e poi dei cartaginesi.

Numerose testimonianze archeologiche risalgono all'**epoca romana**, quando la città era chiamata *Caralis*. La più importante è il grande anfiteatro scavato nella roccia e ancora ben conservato. Dopo il dominio di vandali e bizantini furono gli arabi a tentare la conquista, che però non riuscirono a completare.

Intorno al 1200 Cagliari fu presa dai pisani, che ne fortificarono la zona detta poi del Castello. Fu poi la volta degli spagnoli, finché la regione fu consegnata ai Savoia ma, come sotto ogni altro dominio precedente, la città continuò a essere sfruttata tanto da scatenare numerose rivolte. Nemmeno dopo l'Unità d'Italia giunse per la Sardegna il progresso sperato, anzi arrivarono maggiori imposte e l'obbligo di leva. Durante la Seconda guerra mondiale, aerei americani e inglesi bombardarono a più riprese la città, radendola quasi al suolo e causando parecchie migliaia di morti e feriti, tanto che Cagliari fu dichiarata Città Martire.

Dopo la Seconda guerra mondiale, Cagliari ha conosciuto una nuova vita: attorno al nucleo urbano di epoca storica è cresciuta una nuova città che in soli venti anni, dal 1951 al 1971, ha visto raddoppiare il numero

Stefano Garau/Shutterstock

E *Saline in provincia di Cagliari*

Stefano Garau/Shutterstock

F *Il porto industriale di Cagliari*

delle abitazioni, attirando la popolazione delle aree circostanti e gettando così le basi della odierna città metropolitana.

Il Castello

Il Castello è il principale dei quattro quartieri storici della città. Sorge su un colle in posizione preminente. I pisani lo fondarono nel XIII secolo, dotandolo di mura, torri e bastioni e vi trasferirono le sedi del loro potere civile, militare e religioso. Da allora, è passato sotto la dominazione aragonese-spagnola (XIV-XVIII secolo) e poi piemontese (XVIII-XIX secolo). Di fatto, fino al secondo dopoguerra il Castello ha ospitato i palazzi del potere e le residenze nobiliari, tanto da identificarsi con la città, che non a caso in sardo si chiama *Castéddu*. Al quartiere ancora oggi si accede attraverso le antiche porte medievali, aperte nelle mura che cingono gran parte del perimetro del castello, isolandolo dal resto della città.

Spiagge e oasi naturali

A pochi passi dal mare si trovano anche lagune e oasi naturali, che sono un ecosistema ideale per molte specie animali e vegetali. A ovest di Cagliari si trova lo **stagno di Santa Gilla**, che costituisce una vera e propria laguna, ricchissima di biodiversità. Più a est, nel più piccolo **stagno di Molentargius**, si trovano alcune vecchie saline [E], dove è possibile ammirare i fenicotteri rosa, che costruiscono i loro nidi su alcuni isolotti.

Il polmone verde della città è l'**Orto botanico** con i suoi ficus secolari e rarissimi esemplari della flora mediterranea e tropicale.

Il porto

Si hanno tracce dell'esistenza di un porto a Cagliari già nel periodo fenicio e cartaginese. Quello di oggi risale al Novecento poiché fino all'Unità d'Italia era molto piccolo e separato dalla città dalle mura. I pesanti bombardamenti che la città subì nel 1943 inflissero gravi danni al porto, che nel dopoguerra fu ricostruito e ampliato.

Oggi nel golfo di Cagliari, chiamato anche Golfo degli Angeli, si trovano due aree principali. Una è quella moderna del porto industriale (o porto canale) [F] costruito negli anni '80 presso l'antico quartiere dei pescatori, destinato al trasporto e allo smistamento dei container. A est, più vicino all'abitato, si trova il porto antico, dove approdano i traghetti e le navi da crociera.

METTITI ALLA PROVA

Vero o falso?

1. Nel porto di Cagliari fanno scalo le navi da crociera. V F
2. Le città è stata a lungo sotto il dominio arabo. V F

Scegli l'alternativa corretta

3. Cagliari si trova nella parte nord/sud della Sardegna.
4. Il Castello è un palazzo fortificato/quartiere della città.

DIARIO

Per mettere a confronto le regioni che hai studiato puoi costruire sul quaderno dei grafici con i dati che trovi in ciascuna regione. La forma di grafico più utile è quella dell'istogramma orizzontale.
Ti permetterà di costruire delle «classifiche» nelle quali collocherai la tua regione.
Come procedere?

1. Prima di tutto devi scegliere un parametro, ad esempio la popolazione.
   Sul libro, in corrispondenza di ogni regione, trovi indicata la popolazione.
2. Per costruire un grafico, devi ordinare i singoli valori dal più grande al più piccolo (dalla regione più popolosa a quella meno popolosa).
   Un piccolo trucco: scrivi il nome di ciascuna regione e della sua popolazione su un diverso foglietto; poi metti i foglietti in ordine decrescente di popolazione e infine trascrivi l'elenco.
3. Costruisci il grafico. Sull'asse verticale riporta l'elenco ordinato delle 20 regioni.
   Sull'asse orizzontale riporta i valori della popolazione.
   Attenzione, devi graduare l'asse orizzontale in modo che ti permetta di indicare i valori per tutte le regioni.
4. Se vuoi, indica la tua regione con un colore diverso rispetto alle altre.

Alla fine il grafico apparirà così.

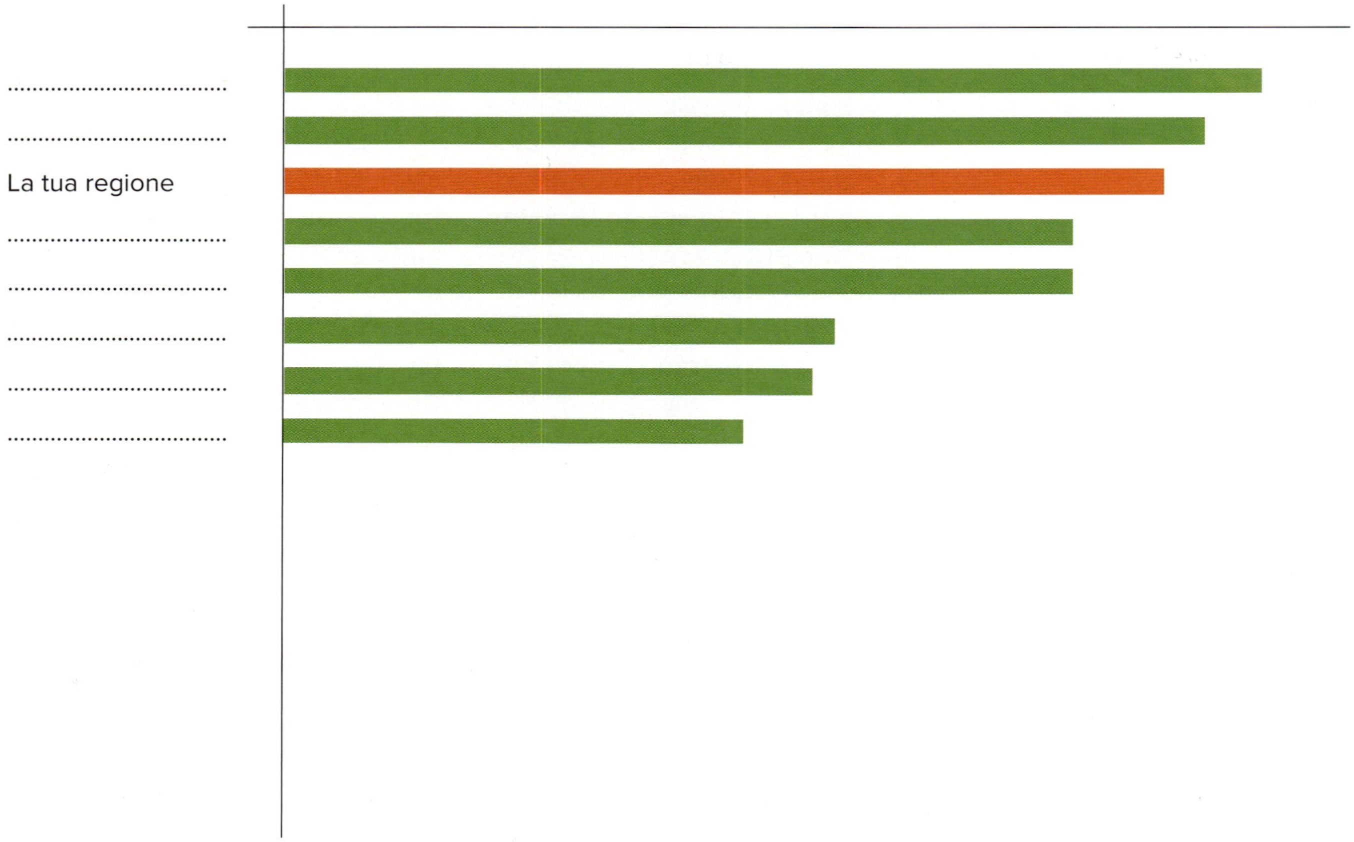

Per ogni altro grafico puoi scegliere i dati che ti interessano di più, ad esempio la superficie, la densità demografica, la percentuale del territorio occupata dalle pianure ecc.

ATLANTINO

ITALIA SETTENTRIONALE

AUSTRIA
SLOVENIA
CROAZIA
ALTO ADIGE
TRENTINO
VENETO
FRIULI
VENEZIA GIULIA
ROMAGNA
TOSCANA
S. MARINO
MARCHE
ALPI AURINE
ALPI BREONIE
ALPI VENOSTE
ALPI RETICHE
ALPI CARNICHE
ALPI GIULIE
PREALPI VENETE
DOLOMITI
Vetta d'Italia 2911
Testa Gemella Occid. 2837
Passo del Brennero 1375
3507 Pan di Zucchero
Pso. del Rombo 2497
3510 Gran Pilastro
Val Aurina
3435 Collalto
Palla Bianca 3736
L'Altissima 3497
Vipiteno
Brunico
Val Pusteria
Dobbiaco
Tre Cime di Lavaredo 2998
M. Cristallo 3216
Cortina d'Ampezzo
Le Tofane 3243
Gruppo di Sella 3151
Val Badia
Val Gardena
Bressanone
Merano
Bolzano
Malles Venosta
Silandro
Val Venosta
Val d'Ultimo
Parco Nazionale dello Stelvio
Ortles 3899
Cevedale 3764
Appiano sulla strada del vino
Passo Pordoi 2239
Marmolada 3343
Passo Falzarego 2105
M. Civetta 3220
Moena
Val di Fassa
Val di Fiemme
Passo di Rolle 1970
San Martino di Castrozza
2996 Pale di San Martino
Cadore
Carnia
Sappada
2780 M. Coglians
Passo di Mte. Croce di Comelico 1636
1360 Passo di Mte. Croce Carnico
813 Sella di Camporosso
Tarvisio
Tolmezzo
M. Canin 2571
M. Pramaggiore 2478
2706 Cima dei Preti
Tagliamento
Gemona d. Friuli
San Daniele d. Friuli
Cividale d. Friuli
Udine
Castello di Albana
Natisone
Gorizia
Maniago
Spilimbergo
Belluno
M. Pavione 2334
2847 Cima d'Asta
Madonna di Campiglio
Val di Sole
Presanella
3556
Gruppo di Brenta
Val di Non
Noce
TRENTO
Pergine Valsugana
Val Sugana
Valli Giudicarie
Borgo Valsugana
Passo del Brocon 1615
Feltre
Bosco del Cansiglio
Vittorio Veneto
Sacile
Cordenons
Pordenone
Casarsa della Delizia
Codroipo
Palmanova
Ronchi d. Legionari
Monfalcone
Castello di Miramare
TRIESTE
Muggia
Golfo di Trieste
Grado
Aquileia
Laguna di Grado
Laguna di Marano
Cervignano del Friuli
Latisana
Lignano Sabbiadoro
San Michele al Tagliamento
Portogruaro
Concordia Sagittaria
Caorle
Eraclea
San Donà di Piave
Jesolo
Azzano Decimo
Oderzo
Conegliano
Valdobbiadene
Il Montello 371
1775 M. Grappa
Bassano del Grappa
Asiago
Altopiano di Asiago
Rovereto
Riva del Garda
Sarca
L. di Ledro
Lago di Garda
2235 M. Pasubio
2218 M. Baldo
Val Lagarina
Schio
Thiene
Marostica
Recoaro Terme
Monti Lessini
Valdagno
Malo
Dueville
Arzignano
Vicenza
Montecchio Maggiore
Valpolicella
Verona
Peschiera del Garda
Sirmione
Bussolengo
San Martino Buon Albergo
San Giovanni Lupatoto
Villafranca di Verona
Sommacampagna
Isola d. Scala
Bovolone
Cerea
Legnago
Mantova
Mincio
Monti Berici
Colli Euganei
Abano Terme
Padova
Este
Monselice
Montagnana
Castelfranco Veneto
Cittadella
Vedelago
Treviso
Montebelluna
Villorba
Paese
San Biagio di Callalta
Roncade
Piave
Mogliano Veneto
Mestre
Marcon
Scorzè
Noale
Martellago
Mirano
Dolo
Mira
Vigonza
Campodarsego
Piazzola sul Brenta
San Martino di Lupari
VENEZIA
Murano
Burano
PTA. SABBIONI
Lido
Golfo di Venezia
Piove di Sacco
Chioggia
Sottomarina
Foci del Brenta e dell'Adige
Adige
Brenta
Rovigo
Adria
Badia Polesine
Lendinara
Valli Grandi Veronesi
Polesine
Porto Tolle
Foci del Po
MAR ADRIATICO
Po
Suzzara
Casalmaggiore
Viadana
Bondeno
Copparo
Mirandola
Finale Emilia
Ferrara
Bonif. Ferrarese
Codigoro
Novellara
Carpi
Correggio
Soliera
Reggio nell'Emilia
Modena
Nonantola
Cento
Crevalcore
Reno
Portomaggiore
SPINA
Comacchio
Lido degli Estensi
Valli di Comacchio
Castelfranco Emilia
Formigine
Sassuolo
Scandiano
Spilamberto
Molinella
Castel Maggiore
BOLOGNA
Alfonsine
Marina di Ravenna
Ravenna
Romagna
Maranello
Vignola
Casalecchio di Reno
San Lazzaro di Savena
Medicina
Lugo
Bagnacavallo
Russi
Imola
Castel San Pietro Terme
Sasso Marconi
Pavullo nel Frignano
Pianoro
Frignano
Milano Mar.
Cervia
Cesenatico
Faenza
Forlì
Forlimpopoli
Cesena
Bellaria - Igea Marina
San Mauro Pascoli
Savignano sul Rubicone
Rimini
Riccione
Santarcangelo di Romagna
Cattolica
Castello di Gradara
Pesaro
Fano
M. Cimone 2165
M. Belvedere 1140
Porretta Terme
Passo di Raticosa 968
903 Passo della Futa
Passo dell'Abetone 1388
Passo della Porretta 932
APPENNINO TOSCO-EMILIANO
Passo del Muraglione 907
Pistoia
Borgo San Lorenzo
Mugello
Agliana
Prato
Montecatini Terme
Calenzano
Sesto Fiorentino
Fiesole
FIRENZE
Campi Bisenzio
Signa
Lastra a Signa
Scandicci
Pontassieve
Impruneta
Empoli
Vinci
Fucecchio
Santa Croce sull'Arno
Montelupo Fiorentino
San Miniato
Pontedera
Castelfiorentino
San Casciano in Val di Pesa
Greve in Chianti
Figline Valdarno
Valdarno
Pratomagno
Casentino
Bibbiena
1654 M. Falterona
Passo dei Mandrioli 1173
M. Fumaiolo 1407
Montefeltro
Bocca Trabaria 1049
Sansepolcro
Urbino
Fossombrone
Metauro
Candigliano
Senigallia
Falconara Marittima
ANCONA
M. Conero 572
Numana
Chiaravalle
Jesi
Osimo
Cagli
Pergola
Cesano
Foglia
Savio
Ronco
Santerno
Sillaro
Lamone
Senio
Castrocaro Terme
Secchia
Panaro
Arno
Collesalvetti
Ponsacco
Pescia
Barga
Monsummano Terme
Capannori
Valli
Saló
Gardone Riviera
Negrar
Castelnuovo
Lonigo
San Bonifacio
Montichiari
L'Adda
Lago d'Idro
Valle

EMILIA - ROMAGNA
LIGURIA
TOSCANA
UMBRIA
LAZIO
S. MARINO
CITTÀ DEL VATICANO
Corsica (Francia)
SARDEGNA
MAR LIGURE
MAR TIRRENO
Arcipelago Toscano
APPENNINO TOSCO - EMILIANO
APPENNINO UMBRO - MARCHIGIANO
ALPI APUANE
COLLINE METALLIFERE
Riviera di Levante
Bocche di Bonifacio
GENOVA
Chiavari
Sestri Levante
Cinque Terre
Portovenere
La Spezia
Lerici
Sarzana
Carrara
Massa
Marina di Carrara
Marina di Massa
Forte dei Marmi
Seravezza
Pietrasanta
Camaiore
Viareggio
Lago di Massaciuccoli
Massarosa
Lucca
Capannori
San Giuliano Terme
Pisa
Cascina
Pontedera
Livorno
Collesalvetti
Rosignano Marittimo
Cecina
Gorgona (Livorno)
Capraia (Livorno)
Isola d'Elba (Livorno)
M. Capanne 1019
Portoferraio
Pianosa (Livorno)
Scoglio d'Affrica (Formica di Montecristo)
Montecristo (Livorno)
Giglio (Grosseto)
Giannutri (Grosseto)
Golfo di Baratti
POPULONIA
Piombino
Canale di Piombino
Golfo di Follonica
Follonica
PUNTA ALA
Castiglione della Pescaia
Grosseto
Talamone
Bocca d'Ombrone
Formiche di Grosseto
Laguna di Orbetello
Orbetello
M. Argentario 635
PTA. AVOLTORE
PORTO CLEMENTINO
Tarquinia
TARQUINIA
Civitavecchia
C. LINARO
CERVETERI
Cerveteri
Ladispoli
Fiumicino
OSTIA
Lido di Ostia
ROMA
Pomezia
Lavinio Lido di Enea
Anzio
Nettuno
Latina
Reggio nell'Emilia
Modena
BOLOGNA
Ravenna
Forlì
Rimini
Riccione
Cesenatico
Cesena
Faenza
Imola
Lugo
Ferrara
Comacchio
Valli di Comacchio
Lido degli Estensi
Marina di Ravenna
Pistoia
Prato
FIRENZE
Fiesole
Empoli
San Miniato
Siena
Arezzo
Cortona
PERUGIA
Assisi
Foligno
Spoleto
Todi
Terni
Narni
Orvieto
Viterbo
Lago di Bolsena
Lago Trasimeno
Lago di Bracciano
Bracciano
Urbino
Gubbio
Città di Castello
Sansepolcro
Montepulciano
Chianciano Terme
Chiusi
M. Amiata 1738
Volterra
San Gimignano
Poggibonsi
Colle di Val d'Elsa
Larderello
Massa Marittima
Campiglia Marittima
Roccastrada
MONTI VOLSINI
MONTI CIMINI
MONTI SABATINI
MONTI SABINI
Rieti
Tivoli
VILLA ADRIANA
Frascati
Marino
Albano Laziale
Genzano di Roma
Velletri
Aprilia
Cisterna di Latina
L. di Fogliano
M. Cimone 2165
M. Cusma 2121
M. Falterona 1654
M. Fumaiolo 1407
M. Subasio 1290
M. Gottero 1639
M. Penna 1735
M. Alfeo 1651
M. Caio 1580
M. Maggiorasca 1799
Passo della Futa 903
Passo dell'Abetone 1388
Passo di Raticosa 968
Passo della Cisa 1041
Passo del Cerreto 1261
Mugello
Casentino
Valdarno
Val di Chiana
Val Tiberina
Chianti
Garfagnana
Lunigiana
Maremma
Montefeltro
Frignano
Sta. Maria
La Maddalena
Caprera
Casa di Garibaldi
Palau
Porto Cervo
Arzachena
Costa Smeralda
Golfo Aranci
SCALA 1 : 1 500 000
0 20 40 km
10°
11°
12°
42°
43°
44°

ITALIA CENTRALE

ITALIA MERIDIONALE

Golfo di Manfredonia
Margherita di Savoia
Barletta
Trinitapoli
San Ferdinando di Puglia
Trani
Bisceglie
Molfetta
Cerignola
Canosa di Puglia
Andria
Corato
Castel del Monte
Bitonto
BARI
Triggiano
Mola di Bari
Polignano a Mare
Monopoli
Modugno
Minervino Murge
Lavello
Melfi
Venosa
M. Vúlture
Grumo Appula
Adelfia
Rutigliano
Conversano
Casamassima
EGNAZIA
Castellana Grotte
Putignano
Fasano
Alberobello
Locorotondo
Gioia del Colle
Noci
Castel Lagopesole
M. Santa Croce
1074 M. Torretta
Lago di Serra di Corvo
Gravina in Puglia
Altamura
Santeramo in Colle
Martina Franca
Cisternino
Ostuni
San Vito dei Normanni
PTA. PENNE
Le Pedagne
Brindisi
Mesagne
Latiano
POTENZA
Matera
Laterza
Mottola
Massafra
Castellaneta
Ginosa
Palagiano
Grottaglie
Francavilla Fontana
Oria
San Pietro Vernotico
Campi Salentina
Squinzano
Surbo
Lecce
Monteroni di Lecce
Taranto
Isole Cheradi
Mar Piccolo
Mar Grande
San Giorgio Ionico
Manduria
CAPO SAN VITO
Lago di San Giuliano
Basento
Bradano
Cavone
BASILICATA
1835 M. Volturino
Sala Consilina
Bernalda
Pisticci
METAPONTO
Piana di Metaponto
Agri
Sinni
ERACLEA
Policoro
Lago del Pertusillo
CAPO DELL' OVO
Leverano
Copertino
Nardò
Galatone
Galatina
Maglie
CAPO D'OTRANTO
Sant'Andrea
Gallipoli
Grotta Zinzulusa
Ruffano
Casarano
Taviano
Taurisano
Ugento
Tricase
PTA. RÌSTOLA
C. SANTA MARIA DI LEUCA
Golfo di Taranto
2005 M. Sirino
Lauria
1524 M. Caramola
POLLINO 2248
CAPO SPÙLICO
Golfo di Corigliano
Scalea
Castrovillari
Cassano allo Ionio
Czo. d. Pellegrino 1987
SYBARIS-CRATI
Montea 1785
740 Passo dello Scalone
Crati
Piana di Sibari
Corigliano Calabro
Rossano
CAPO TRIONTO
Cetraro
Bisignano
SILA GRECA
Cariati
PTA. FIUME NICÀ
Acri
Luzzi
Montalto Uffugo
Lago di Cecita
PUNTA ALICE
Cirò Marina
Lipuda
Paola
Rende
Cosenza
CATENA COSTIERA
SILA GRANDE
M. Botte Donato 1928
S. Giovanni in Fiore
Lago Arvo
L. Ampollino
Neto
Tacina
M. Gariglione 1765
Petilia Policastro
SILA PICCOLA
Amantea
Crotone
HERA LACINIA
C. COLONNE
Cutro
Marchesato
Nicastro
CATANZARO
Isola di Capo Rizzuto
CAPO RIZZUTO
Lamezia Terme
Piana di S. Eufemia
Golfo di Sant' Eufemia
Golfo di Squillace
Lago dell'Angitola
LE SERRE
Soverato
Vibo Valentia
CAPO VATICANO
APPENNINO CALABRO
M. Pecoraro 1423
1276 M. Crocco
Golfo di Gioia
Rosarno
Gioia Tauro
Polistena
PUNTA STILO
Palmi
Taurianova
Cittanova
Passo Mella 953
Siderno
Locri
LOCRI EPIZEFIRI
C. PELORO O PTA. DEL FARO
Bagnara Calabra
Villa San Giovanni
1955 M. Montalto
ASPROMONTE
Reggio di Calabria
CAPO BRUZZANO
CAPO SPARTIVENTO
PUNTA DI MELITO
MARE ADRIATICO
MAR IONIO
PUGLIE
Penisola Salentina
CALABRIA
Murge
SCALA 1 : 1 500 000
0 20 40 km
41°
40°
39°
38°
16°
17°
18°
19°

SARDEGNA E SICILIA

MAR TIRRENO
Ùstica (Palermo)
Isole Eolie o Lipari (Messina)
Stromboli
Panarea
Salina
Alicudi
Filicudi
Lipari
Vulcano
Golfo di Sant' Eufemia
Vibo Valentia
CALABRIA
CAPO VATICANO
Rosarno
Golfo di Gioia
Gioia Tauro
Polistena
Palmi
Taurianova
Paola
CATENA COSTIERA
Amantea
C. RASOCOLMO
C. PELORO O PTA. DEL FARO
Bagnara Calabra
Villa San Giovanni
M. Montalto 1955
Reggio di Calabria
ASPROMONTE
PUNTA DI MELITO
Stretto di Messina
Messina
CAPO DI MILAZZO
Golfo di Milazzo
Milazzo
Golfo di Patti
Barcellona Pozzo di Gotto
C. CALAVÀ
Patti
Capo d'Orlando
Sant'Agata di Militello
MONTI PELORITANI
Val Demone
MONTI NEBRODI
1847 M. Soro
1566 M. Castelli
1374 Montagna Grande
Taormina
Alcantara
Randazzo
M. Etna (Mongibello) 3323
Bronte
Troina
Riposto
Giarre
Acireale
Aci Catena
Aci Castello
Adrano
Biancavilla
Belpasso
Paternò
Misterbianco
Catania
Golfo di Catania
Piana di Catania
Simeto
Lago di Pozzillo
MAR IONIO
CAPO GALLO
M. Pellegrino 600
PUNTA RAISI
Golfo di Palermo
PALERMO
Conca d'Oro
Carini
Bagheria
Golfo di Termini Imerese
Termini Imerese
Misilmeri
Monreale
Partinico
CAPO SAN VITO
Golfo di Castellammare
Castellammare del Golfo
Erice
Alcamo
SEGESTA
Salemi
Val di Mazara
Lago di Piana degli Albanesi
1613 Rocca Busambra
Corleone
1457 Pzo. Cangialoso
Partanna
Castelvetrano
SELINUNTE
Campobello di Mazara
PTA. GRANITOLA
Menfi
Sciacca
CAPO S. MARCO
Ribera
ERACLEA
1578 M. Cammarata
Lercara Friddi
Cefalù
C. RAISIGERBI
Castelbuono
Pizzo Carbonara 1979
LE MADONIE
1333 M. Zimmarca
Nicosia
Leonforte
SICILIA
Enna
Lago di Pergusa
Mussomeli
Casteltermini
Caltanissetta
S.Cataldo
MONTI EREI
Valguarnera Caropepe
Piazza Armerina
Raffadali
Aragona
Racalmuto
Agrigento
Porto Empedocle
VALLE DEI TEMPLI
Favara
Canicattì
Naro
Riesi
Caltagirone
Scordia
Francofonte
Lentini
Augusta
C. CAMPOLATO
C. STA. CROCE
Golfo di Augusta
NECROPOLI PANTALICA
Grammichele
Niscemi
M. Lauro 986
MONTI IBLEI
Val di Noto
Piana di Gela
Palazzolo Acreide
Floridia
Siracusa
Pen. della Maddalena
C. MURRO DI PORCO
Licata
Gela
Golfo di Gela
Vittoria
Comiso
Ragusa
NOTO ANTICA
Noto
Avola
Modica
Rosolini
Golfo di Noto
Marina di Ragusa
Scicli
Ispica
PTA. DEL CORVO
PTA. RELIGIONE
Pozzallo
Pachino
C. PASSERO
C. DELLE FORMICHE
CAPO DELLE CORRENTI
Is. delle Correnti
MAR DI SICILIA
MAR MEDITERRANEO
Linosa
Isole Pelagie (Agrigento)
Lampione
Lampedusa
Gozo
Malta
SCALA 1 : 1 500 000
0 20 40 km

EUROPA SUD-OCCIDENTALE

Blois
Vierzon
Bourges
Berry
Châteauroux
Nivernese
Nevers
Digione
Le Creusot
Chalon-sur-Saône
Moulins
Montluçon
Borbonese
Guéret
Clermont-Ferrand
Limoges
Roanne
Mâcon
Bourg-en-Bresse
Villefranche-sur-Saône
Lione
1465
Puy de Dôme
1886
Brive-la-Gaillarde
Tulle
MASSICCIO
CENTRALE
St-Étienne
Aurillac
1858
Plomb du Cantal
Le Puy
Vienne
Valence
Privas
Cahors
Rodez
Mende
Mt. Aigoual
1667
Alès
Montauban
CEVENNE
Nîmes
Montpellier
Castres
Béziers
Carcassonne
Sète
Camargue
Arles
Avignone
Aix-en-Provence
Marsiglia
Tolone
Is. d'Hyères
Narbona
CORBIÈRES
ANDORRA
ANDORRA LA VELLA
Perpignano
C. DE CREUS
Figueres
Gerona
Costa Brava
C. BAGUR
Manresa
Terrasa
Sabadell
Mataró
Badalona
Barcellona
Igualada
Tarragona
Golfo del Leone
Besançon
Neuchâtel
GIURA
Losanna
Lons-le-Saunier
Ginevra
Annecy
Chambéry
Grenoble
Delfinato
Montélimar
Mt. Ventoux
1912
Gap
Digne
Provenza
Durance
Draguignan
Grasse
Nizza
Cannes
MONACO
C. CAMARAT
Massif du Pelvoux
4102
Monviso
3841
Mt. Pelat
3051
Col di Tenda
1908
ALPI OCCIDENTALI
Zurigo
Lucerna
BERNA
VADUZ
SVIZZERA
4158
Jungfrau
Lugano
4810
M. Bianco
4634
M. Rosa
4061
Gran Paradiso
Aosta
Biella
Verbania
Varese
Como
Lecco
Bergamo
Gallarate
Novara
Vercelli
Vigevano
Milano
Monza
Lodi
Pavia
Cremona
Casale Monferrato
Torino
Rivoli
Moncalieri
Settimo T.
Nichelino
Pinerolo
Asti
Alba
Bra
Alessandria
Cuneo
Savona
Genova
Chiavari
La Spezia
Imperia
San Remo
Golfo di Genova
MAR LIGURE
ALPI CENTRALI
Sondrio
Brescia
Mantova
Piacenza
Parma
Reggio nell'Emilia
Modena
Bologna
Ferrara
Rovigo
Padova
Venezia
Chioggia
Golfo di Venezia
Foci del Po
Verona
Vicenza
Trento
Bolzano
Rovereto
Bassano del Grappa
Treviso
Belluno
Pordenone
Udine
Gorizia
Trieste
CARSO
ALPI DELL'OTZ
ALPI ORIENTALI
ALPI CARNICHE
AUSTRIA
Klagenfurt
SLOVENIA
LUBIANA
M. Nevoso
1796
Tricorno
2863
Pohorje
1543
3899
Ortles
Bernina
4050
3554
Adamello
3343
Marmolada
Istria
Fiume (Rijeka)
Veglia
CROAZIA
Pola (Pula)
C. PROMONTORE
Cherso
Lussino
Pago
MAR ADRIATICO
Lunga
Comacchio
Ravenna
Rimini
Pesaro
Fano
Senigallia
Ancona
Imola
Faenza
Forlì
S. MARINO
APPENNINO SETTENTRIONALE
M. Cimone
2165
Pistoia
Prato
Lucca
Firenze
Viareggio
Pisa
Livorno
Empoli
Scandicci
Arezzo
Siena
COLLINE METALLIFERE
1060
Gorgona
Capraia
Piombino
Isola d'Elba
Pianosa
Montecristo
Giglio
Giannutri
Grosseto
Maremma
ITALIA
Perugia
Gubbio
Foligno
Spoleto
Terni
Lago Trasimeno
Macerata
Fermo
San Benedetto del Tronto
Ascoli Piceno
Teramo
Pescara
Chieti
Gran Sasso
2912
L'Aquila
Rieti
Viterbo
L. di Bolsena
L. di Bracciano
Civitavecchia
C. LINARO
ROMA
Lido di Ostia
Tivoli
Avezzano
Frosinone
Isernia
Velletri
Aprilia
Latina
Ciociaria
Terracina
APPENNINO CENTRALE
Arcipelago Toscano
Isole Ponziane
Palmarola
Ponza
Golfo di Gaeta
Aversa
Ischia
Arcip. Campano
Bastia
Calvi
2706
M. Cinto
Corsica
(FRANCIA)
Ajaccio
Porto-Vecchio
Bonifacio
Bocche di Bonifacio
La Maddalena
Caprera
Asinara
Golfo dell'Asinara
Gallura
1362
M. Limbara
Olbia
Sassari
Logudoro
L. di Coghinas
C. CACCIA
Golfo di Alghero
Alghero
1259
Nuoro
C. COMINO
Golfo di Orosei
L. Omodeo
Gennargentu
1834
Lanusei
Oristano
Golfo di Oristano
Barbagia
Sardegna
(ITALIA)
Campidano
Iglesias
Carbonia
Quartu Sant'Elena
Cagliari
Golfo di Cagliari
C. CARBONARA
San Pietro
Sant'Antioco
C. TEULADA
C. SPARTIVENTO
MAR DI SARDEGNA
MAR TIRRENO
Canale di Sardegna
Ustica
Palermo
Isole Egadi
Trapani
Alcamo
Marsala
Mazara del Vallo
Sciacca
Sicilia
(ITALIA)
Isole Baleari
C. DE FORMENTOR
1445
Puig Mayor
La Puebla
Minorca
Palma
Maiorca
C. DE SALINAS
Cabrera
Ibiza
PTA. GROSA
Formentera
MEDITERRANEO
ALGERIA
TUNISIA
44°
42°
40°
36°
2°
4°
6°
8°
10°
12°

ISOLE BRITANNICHE E REGIONE FRANCESE

Galles
Baia di Cardigan
MONTI CAMBRICI
Shrewsbury
Telford
Wolverhampton
Birmingham
Peterborough
Leicester
Norfolk
King's Lynn
Norwich
Lowestoft
Coventry
Northampton
Bedford
Suffolk
Inghilterra
Cambridge
Ipswich
MARE
DEL
NORD
Worcester
Hereford
Fishguard
ST. DAVID'S HEAD
Swansea
Rhondda
Newport
Gloucester
Cheltenham
Swindon
Oxford
Luton
Watford
Stevenage
Essex
Colchester
Chelmsford
Milton Keynes
Canale di Bristol
Cardiff
Bristol
Reading
LONDRA
Southend on Sea
NORTH FORELAND
Canterbury
Dover
Kent
Ashford
Bridgwater
Somerset
Salisbury
Guildford
Surrey
Winchester
Southampton
Hampshire
Sussex
Worthing
Brighton
Devon
Dorset
Cornovaglia
Torquay
Exeter
Bournemouth
Portsmouth
Is. di Wight
Plymouth
Baia di Lyme
Redruth
START POINT
LIZARD POINT
La Manica
Passo di Calais
C. GRIS-NEZ
Boulogne-sur-Mer
Calais
Dunkerque
Abbeville
Dieppe
Is. del Canale (GB)
C. DE LA HAGUE
P.TA DI BARFLEUR
Cherbourg
Guernsey
Jersey
Baia d. Senna
Le Havre
Caen
Saint-Lô
Cotentin
Lisieux
SILLON DE TALBERT
Golfo di St.-Malo
St.-Malo
St.-Brieuc
Brest
MTS. 384 D'ARRÉE
Loudéac
Quimper
Bretagna
Rennes
Fougères
COLLINES DE NORMANDIE
COLL. DU PERCHE
Normandia
Alençon
Maine
Laval
Châteaubriant
Lorient
Vannes
I. di Groix
Nozay
Belle-Ile
St.-Nazaire
Nantes
I. de Noirmoutier
I. d'Yeu
La Roche-sur-Yon
Vandea
Cholet
Angiò
Angers
Le Mans
Sarthe
Loira
Vilaine
Oust
OCEANO
ATLANTICO
Pertuis Breton
I. de Ré
Pertuis d'Antioche
I. d'Oléron
La Rochelle
Niort
Poitou
Poitiers
Turenna
Tours
Sologne
Blois
Orléans
Orleanese
Beauce
Chartres
Dreux
Évreux
Rouen
Pontoise
Nanterre
PARIGI
Bobigny
Versailles
Créteil
Évry
Melun
Ile de France
Beauvais
Compiègne
Bray
Amiens
Piccardia
Artois
St.-Quentin
Arras
Douai
Lens
Lilla
Roubaix
Tournai
Mons
Maubeuge
Charleroi
Namur
BRUXELLES
Gent
Anversa
Brugge
Middelburg
BELGIO
Fiandre
Mechelen
Lovanio
Hasselt
Liegi
Maastricht
Aquisgrana
694 Botrange
ARDENNE
Charleville-Mézières
Laon
Reims
Châlons-sur-Marne
ARGONNE
Verdun
Metz
Thionville
Trois-Vierges
Diekirch
Arlon
LUSS.
LUSSEMBURGO
AMSTERDAM
Den Helder
Alkmaar
Haarlem
Lelystad
Leida
L'Aia
Utrecht
Rotterdam
Dordrecht
Breda
Tilburg
Eindhoven
PAESI BASSI
Nimega
Arnhem
Apeldoorn
Zwolle
Almelo
Emmen
Lingen
Enschede
Münster
Osnabrück
Bielefeld
Hannover
Nienburg
Celle
Hildesheim
Salzgitter
Bassa Sassonia
SELVA DI TEUTOBURGO
GERMANIA
Hamm
Paderborn
Dortmund
Essen
Bochum
Duisburg
Krefeld
Wesel
Borken
Mönchengladbach
Düsseldorf
Wuppertal
Colonia
Bonn
Arnsberg
Kassel
Göttingen
Münden
ROTHAAR-GEB.
Marburg a.d.Lahn
Siegen
Bad Hersfeld
Fulda
Gießen
Wetzlar
Coblenza
Francoforte s. M.
Offenbach a.M.
Aschaffenburg
Wiesbaden
Magonza
Darmstadt
Würzburg
Bad Kreuznach
Worms
Ludwigshafen
Mannheim
Heidelberg
Heilbronn
Saarlouis
Pirmasens
Saarbrücken
Karlsruhe
Pforzheim
Stoccarda
Baden-Baden
Tübingen
Reutlingen
Offenburg
Strasburgo
Friburgo
Tuttlingen
SELVA NERA
GIURA SVEVO
Danubio
Ravensburg
Costanza
Sciaffusa
Winterthur
Mulhouse
Basilea
Belfort
VOSGI
Alsazia
Lorena
Nancy
Bar-le-Duc
St.-Dizier
Chaumont
Épinal
Langres
Troyes
Sens
Brie
Marna
Senna
Champagne
Can. di Borgogna
Auxerre
Montargis
FRANCIA
Digione
Borgogna
Besançon
Franca Contea
Doubs
Giura
Nivernese
Nevers
Bourges
Vierzon
Berry
Châteauroux
Châtellerault
Le Creusot
Chalon-sur-Saône
Lons-le-Saunier
Moulins
Montluçon
Borbonese
Guéret
Marche
Bellac
Limosino
Limoges
Angoumois
Angoulême
Saintes
Cognac
Saintonge
Gironda
Charente
Clermont-Ferrand
1465 Puy de Dôme
1886 Puy de Sancy
MASSICCIO CENTRALE
Tulle
Brive-la-Gaillarde
Aurillac
1858 Plomb du Cantal
Périgueux
Perigord
Dordogna
Bergerac
Libourne
Bordeaux
Medoc
Arcachon
Biscarrosse
Mimizan
Langon
Guienna
Garonna
Labouheyre
Golfo di Guascogna
Golfo di Biscaglia
Mont-de-Marsan
Dax
Nérac
Agen
Cahors
Lot
Rodez
Montauban
Albi
Tarn
Castres
Tolosa
Auch
Armagnac
Guascogna
Bayonne
Biarritz
Béarn
Pau
Tarbes
Mende
Mt. Aigoual 1667
CEVENNE
Linguadoca
Alès
Nîmes
Montpellier
Sète
Béziers
Carcassonne
Can. del Mezzogiorno
Narbona
CORBIÈRES
Perpignano
Col de Perthus
Roanne
Vichy
Alvernia
Allier
Mâcon
Villefranche-sur-Saône
Bourg-en-Bresse
Lione
Vienne
St-Étienne
Le Puy
Valence
Privas
Montélimar
Rodano
Camargue
Arles
Avignone
Mt. Ventoux 1912
Aix-en-Provence
Provenza
Marsiglia
Tolone
Is. d'Hyères
C. CAMARAT
Draguignan
Grasse
Cannes
Nizza
MONACO
San Remo
Imperia
Savona
Genova
MAR LIGURE
Delfinato
Grenoble
Chambéry
Annecy
Ginevra
Savoia
Massif du Pelvoux 4102
Gap
Digne
Lago di Ginevra
Losanna
SVIZZERA
BERNA
Neuchâtel
Lucerna
Zurigo
Jungfrau 4158
Passo del Sempione 2005
Passo del G. S. Bernardo 2473
4634 M. Rosa
4810 M. Bianco
Piccolo S. Bernardo
Aosta
4061 Gran Paradiso
Biella
Lago Maggiore
Lugano
Como
Bellinzona
Coira
Varese
Verbania
Monza
Milano
Novara
Vigevano
Pavia
Casale Monferrato
Settimo T.
Moncalieri
Torino
Asti
Alessandria
Alba
Bra
Langhe
Cuneo
ITALIA
ALPI OCCIDENTALI
Moncenisio 2083
Monginevro 1850
3841 Monviso
Nichelino
Colle della Maddalena 1996
3051 Mt. Pelat
Col di Tenda 1908
Colle di Cadibona 435
Santander
Torrelavega
Cantabria
Bilbao
Portugalete
San Sebastián
Irún
Prov. Basche
Vitoria
Miranda de Ebro
Navarra
Pamplona
St. Jean-Pied-de-Port
Somport
1632
3298 Pico de Vignemale
3355 M. Perdido
3404 Pico de Aneto
PIRENEI
ANDORRA
ANDORRA LA VELLA
Burgos
Logroño
La Rioja
Aragón
Huesca
SPAGNA
2226
Soria
SISTEMA IBERICO
S.RA DEL MONCAYO 2313
Aranda de Duero
Saragozza
Ebro
Lérida
Calatayud
Caspe
Peñalara 2430
SISTEMA CENTRALE
Guadalajara
MADRID
Catalogna
Gerona
Figueres
C. DE CREUS
Costa Brava
C. BAGUR
Manresa
Sabadell
Terrassa
Mataró
Igualada
Badalona
Barcellona
Reus
Tarragona
Tortosa
C. DE TORTOSA
MAR MEDITERRANEO
Golfo del Leone
C. CORSO
Capraia
Isola d'Elba
Golfo di S. Fiorenzo
Bastia
Calvi
Pianosa
2706 M. Cinto
2625 M. Rotondo
Corsica (FRANCIA)
Ajaccio
Golfo di Ajaccio
Porto-Vecchio
Bonifacio

EUROPA CENTRALE

Västergötland
Lago Vättern
Linköping
Mjölby
Gotska Sandön
Saaremaa
Kuressare
Golfo di Riga
Ruhnu
Kolkasrags
Stretto di Irbes
L. di Pskov
Munamägi 318
Pskov
Dedoviči
Östergötland
Falköping
Göteborg
Borås
Jönköping
Nässjö
Västervik
Visby
Gotland
Ventspils
LETTONIA
Talsi
Livonia
Valka
Valga
Valmiera
Limbaži
Smiltene
Ape
Alūksne
Ostrov
RUSSIA
Göta land
Vetlanda
Oskarshamn
Curlandia
Kuldīga
Jūrmala
RIGA
Sigulda
ALTURE VIDZEMES
Gaizinkalns 311
Gulbene
Balvi
Opočka
Varberg
Värnamo
SVEZIA
Halland
Ljungby
Växjö
Småland
Kalmar
Öland
MAR BALTICO
Capo Akman
Liepāja
Aizpute
Alture di Curlandia 145
Saldus
Jelgava
Dvina Occ.
Lielupe
Madona
L. Lubānas
Rēzekne
Ludza
Sebež
Nasva
Velikije Luki
Halmstad
Blekinge
Priekule
Bauska
Jēkabpils
Letgallia
Preili
Nevel
Helsingborg
Hässleholm
Karlskrona
Zemgalia
Bīržai
Subate
Daugavpils
Zabor
Scania
Kristianstad
Venta
Telšiai
Siauliai
Samogizia
Panevėžys
Druja
Polock
Malmö
Baia di Hanö
Klaipeda
Radviliškis
Braslav
Miory
Disna
Ula
COPENAGHEN
Žemaičių Aukštuma
Utena
Glubokoe
Neringa-Nida
LITUANIA
Ukmergė
Postavy
Lepel'
Sjanno
Bornholm
Kuršių kosa
Pagėgiai
Jonava
Nemunas
Neris
Mjadel
Lago Naroč
Dokšicy
C. Taran
RUSSIA
Kaunas
VILNIUS
Vilija
Svir
Vilejka
Halopeniči
Rügen
Sassnitz
L. di Leba
Gdynia
Kaliningrad
Samland
Gusev
Kapsukas
Alytus
292 Juozapines
Ošmjany
Molodečno
BIELORUSSIA
Borisov
Stralsund
Slupsk
Sopot
Golfo di Danzica
Zalew Wiślany
Cemjahovsk
Varena
Zaslavl
Berazino
Greifswald
Baia di Pomerania
Kołobrzeg
Koszalin
Cassubia
Danzica
Elbląg
L. Mamry
Suwałki
Druskininkai
Lida
Iv'e
MINSK
Červen'
Usedom
Wolin
Świnoujście
Pomerania
Tczew
Starogard Gd.
Malbork
Prussia Orientale
Ketrzyn
Giżycko
Ełk
Augustów
Grodno
Ščučin
Djatlovo
323
Jalizava
Peene
Neubrandenburg
Szczecinek
Chojnice
Vistola
Ostróda
Olsztyn
L. Śniardwy
Neman
Nesviz
Bobrujsk
Müritz
Stettino
Świecie
Grudziądz
Iława
Masuria
Mosty
ALTURE DELLA
Baranoviči
Sluck
Neustrelitz
Stargard Szcz.
Wałcz
Piła
Bydgoszcz
Ostrołęka
Łomża
Białystok
Slonim
Soligorsk
Hlusk
Brandeburgo
Schwedt
Gwda
Toruń
Mława
Podlachia
Volkovysk
Kossovo
Ščara
Gancevici
Akcjabrski
Neuruppin
Eberswalde
Odra
Gorzów Wlkp.
POLONIA
Cuiavia
Wkra
Ciechanów
Narew
Bug
BIELORUSSIA
BERLINO
Noteć
Inowrocław
Gniezno
Włocławek
Płock
Beloozersk
Ivanovo
Potsdam
Fürstenwalde
Warta
Poznań
Września
Kutno
Legionowo
VARSAVIA
Vysokoe
Kobrin
Antopol
Drogicin
Pinsk
Pripjat
Francoforte s. Oder
Grande Polonia
Sochaczew
Pruszków
Mińsk Maz.
Siedlce
Brest
Stolino
Tonež
Zielona Góra
Konin
Warta
Bzura
Łowicz
Biała Podlaska
Malonta
Wittenberg
Sprea
Nowa Sól
Leszno
Kalisz
Zgierz
Skierniewice
Łuków
Kamen'-Kaširskij
Dubrovica
Olevsk
Schw. Elster
Odra
Ostrów Wlkp.
Pabianice
Łódź
Wieprz
Volinia
Samy
Ostky
Korosten
Cottbus
Hoyerswerda
Bóbr
Głogów
Sieradz
Zduńska Wola
Tomaszów Mazow.
Radom
Puławy
Lublino
Goryn
Elba
Riesa
Sassonia
Lubin
Prosna
Piotrków Trybunalski
Piccola Polonia
Kovel
Styr
Bolesławiec
Oleśnica
Skarżysko Kam.
Starachowice
Chełm
Kostopol
Görlitz
Legnica
Slesia
Breslavia
Radomsko
Pilica
Ostrowiec Świet.
Zamość
Rovno
Korec
Novograd Volynskij
Dresda
MONTI DEI GIGANTI
Jelenia Góra
Świdnica
Odra
Częstochowa
Kielce
ROZTOCZE
Luck
Novovolynsk
Dubno
Zdolbunov
Freiberg
Děčín
Wałbrzych
Opole
Tarnobrzeg
Červonograd
Alture della Volinia
Šepetovka
METALLIFERI
Ústí n. L.
Liberec
Jablonec n.-N.
Kłodzko
Nida
Vistola
Tanew
Teplice
Chomutov
Mladá Boleslav
Trutnov
Praděd 1492
Nysa
Bytom
Dąbrowa Górn.
Mielec
San
Brody
Antoniny
Ohře
Elba
Hradec Králové
Král Sněžník 1424
Gliwice
Sosnowiec
Wisłok
Jarosław
UCRAINA
Kladno
Racibórz
Rybnik
Katowice
Cracovia
Dębica
Rzeszów
Leopoli
Zbaraz
PRAGA
Pardubice
Opava
Wodzisław Śląski
Bochnia
Tarnów
Przemyśl
Ternopol
Hmelnicki
Plzeň
Šumperk
Ostrava
Bielsko-Biała
Galizia
Krosno
Sambor
Ripiano Podolico
Žmerinka
REP. CECA
Boemia
Olomouc
Frýdek-Místek
MONTI BESCHIDI
Babia Góra 1725
Nowy Targ
Nowy Sącz
Passo di Dukla 502
Passo Łupków 657
Sanok
Drogobyč
Stryj
Příbram
Tábor
Jihlava
ALTURE MORAVE
Moravia
Prostějov
Přerov
Zlín
CARPAZI OCCIDENTALI
Žilina
ALTI TATRA 2655
Poprad
Ivano-Frankovsk
Kamenec-Podolskij
Mogilev-Podolskij
Písek
Moldava
Třebíč
Brno
Martin
BASSI TATRA 2043
1477
Prešov
Humenné
Otynja
Dnestr
SELVA BOEMA
Morava
Znojmo
Hodonín
CARPAZI BIANCHI
PICCOLI CARPAZI
Trenčín
Slovacchia
Ondava
Michalovce
Kolomyja
MOLDOVA
Edinet
České Budějovice
Piešťany
Banská Bystrica
MONTI METALLIFERI SLOVACCHI
Košice
Užgorod
CARPAZI ORIENTALI
Kuty
Černovcy
BAVARESE
Passau
Bassa Austria
Zvolen
REP. SLOVACCA
Mukačevo
Hust
2061 Goverla
Dorohoi
Bălți
Bessarabia
Linz
VIENNA
Danubio
Trnava
Nitra
Hron
Sajó
Miskolc
Bucovina
Rădăuți
Botoșani
Alta Austria
Wels
Steyr
Sankt Pölten
BRATISLAVA
Levice
Lučenec
Ózd 959
Satu Mare
Suceava
Iași
Prut
Salisburgo
Austria
Eisenstadt
L. Neusiedl
Ostrov
Danubio
Nové Zámky
Komárno
Salgótarján
MTI. BÜKK
Miskolc
Vác
1015 MTI. MATRA
Eger
Nyíregyháza
Vf. Pietrosu 2305
Pașcani
Enns
Burgenland
Győr
Tatabánya
Tibisco
Baia Mare
AUSTRIA
Mur
Rába
BUDAPEST
Gödöllő
Zagyva
Debrecen
Carei
Someș
Vatra Domei
Piatra Neamț
Roman
BASSI TAURI 2863
Hochgolling
Leoben
Stiria
Graz
Szombathely
SELVA BACONIA
Székesfehérvár
Szolnok
Karcag
Oradea
Zalău
Bistrița
Toplița
Bicaz
Vaslui
ALPI ORIENTALI
Wolfsberg
Zalaegerszeg
Veszprém
L. Balaton
Dunaújváros
Kecskemét
Alföld
Békéscsaba
Crișul Repede
Cluj-Napoca
Mureș
Transilvania
Tîrgu Mureș
Gheorgheni
Bacău
Miercurea-Ciuc
Carinzia
Villach
Klagenfurt
Drava
Pohorje 1543
Maribor
UNGHERIA
Dunántúl
Hódmezővásárhely
Crișul Negru
Vf. Curcubăta 1848
Turda
Odorheiu Secuiesc
ROMANIA
Tricorno 2863
1156
LUBIANA
Celje
Nagykanizsa
Kaposvár
Szekszárd
Danubio
MECSEK 682
Pécs
Seghedino
Arad
Crișul Alb
Brad
Alba Iulia
Târnava Mare
Sfîntu Gheorghe
Focșani
Udine
Varazdin
Drava
Timisoara
Mureșul
Sebeș
Sibiu
Brașov
Deva
Cugir
Rîmnicu Sărat

REGIONE SCANDINAVA
SCALA 1 : 5 000 000
0 50 100 150 200 km
MARE DI GROENLANDIA
Circolo Polare Artico
ISLANDA
VATNAJÖKULL
HORN
RIFSTANGI
Drangajökull 925
Ísafjördur
Vatneyri
920 Gláma
Breidafjördur
Húnaflói
Skagafjördur
Axarfjördur
Husavík
Langanes
Vopnafjördur
Saudárkrókur
Akureyri
Jökulsá á Fjöllum
Hvammstangl
Seydisfjördur
Ódádahraun
Eskifjördur
Búdir
Breidhdalsvík
Búdhardalur
Snæfellsjökull 1446
1355 Langjökull
1765 Hofsjökull
Bárdhanbunga 2000
Borgarnes
Faxaflói
Thjórsá
REYKJAVÍK
Hvannadals-hnúkur 2119
Höfn
Hekla 1491
Skeidarar-sandur
REYKJANES
Mýrdalsjökull 1480
Hvolsvöllur
Medhalland
Surtsey
Vik DYRHÓLAEY
MAR DI NORVEGIA
OCEANO ATLANTICO
MARE DI NORVEGIA
Helgeland
Namdalen
Ranemsletta
Innerhad
Steinkjer
Frohavet
Frøya
Smøla
Hitra
Trondheim
L. Kallsjön
Sylarna 1762
Molde
Ålesund
Trollheimen 1613
Støren
Jämtland
Nordfjord
Rauma
Snøhetta 2286
DOVREFJELL
1796 Helagsfjället
JOSTEDALSBREEN
JOTUNHEIMAN
Dombås
Rondane 2183
Glåma
Røros
L. Femund
Glittertind 2470
Sognefjorden
Drevsjø
Härjedalen
NORVEGIA
SVEZIA
Dalälven
Dalarna
Lillehammer
Bergen
Hardangerjøkulen 1862
Ringsaker
Gjøvik
Hamar
Lago Mjøsa
Hardangerfjorden
Odda
HARDANGERVIDDA
Mora
L. Siljan
Sauda
Haugesund
Sand
Vinje
Sandvika
Asker
OSLO
Klar
Borlänge
Boknafjorden
Stavanger
Drammen
Telemark
Sandnes
Skien
Moss
Arvika
Ludvika
Svealand
Porsgrunn
Karlstad
Sira
Otra
Oslofjorden
Halden
Karlskoga
Örebro
Arendal
Lago Vänern
LINDESNES
Kristiansand
Trollhättan
Norrköping
Motala
Skagerrak
Kungälv
Göteborg
Västergötland
Lago Vättern
Linköping
Hjørring
Frederikshavn
Borås
Jönköping
Östergötland
DANIMARCA
MARE DEL NORD
Fær Øer (DAN.)
Sandoy
Sudhuroy
Isole Shetland
Yell
Unst
Mainland
Fetlar
Foula
Lerwick
C. SUMBURGH
Isole Orcadi
Westray
Rousay
Mainland
Sanday
Hoy
Kirkwall
Thurso
C. DUNCANSBY
Wick
REGNO UNITO
Kalsoy
Vidhoy
Streymoy
Svinoy
Bordhoy
Vágar
Eysturoy
Tórshavn
Sandoy
Sudhuroy

MAR DI BARENTS
CAPO NORD
Magerøya
NORDKINN
Sørøya
Hammerfest
Vanna
Arnøy
Ringvassøy
Tromsø
Isole Vesterålen
Andøya
Andfjorden
Senja
Langøya
Hinnøya
Lofoten
Vestfjorden
Narvik
Olsborg
Lyngen
Skibotn
Haltiatunturi 1324
Kisteflellet 1633
Altafjorden
Alta
Tsjokkarašša 1139
FINNMARKSVIDDA
L. Jesjavrre
Karasjok
Porsangen
Laksefjorden
Lakselv
Tanafjorden
Pen. di Varanger
Varangerfjorden
Paistunturit 640
Teno
Altaelva
Pen. dei Pescatori
Ostrov Kildin
Nikel
Murmansk
Severomorsk
Costa Murmana
Harlovka
L. Inari
Ivalo
Enontekiö
Lappi
Lotta
Tuloma
L. Verhnetu-lomsk
Pulozero
Lovozero
L. Torneträsk
Torne Lappmark
Kebnekaise 2117
Kiruna
Mørskviskmore
Bodø
Salten
L. Akkajaure
2090 Sarektjäkkå
L. Stora Lulevatten
Gällivare
Pallastunturi 807
Muonio
L. Lokan
Sorsatunturi 626
Mončegorsk
Hibiny 1191
Kirovsk
Apatity
Penisola di Kola
L. Imandra
Kapustoje
Ponoj
Kandalakša
Costa di Kandalakša
Varzuga
Sulitjelma 1599
Tjidtjak 1579
Lule Lappmark
Pite Lappmark
Jokkmokk
Lule
Kalix
Tornio
Torne
Ounas
Kitinen
Luiro
Kemijärvi
MAANSELKÄ
Lago Kovdozero
Kovda
G. di Kandalakša
Kaškarancy
Kuzomen
L. Hornavan
Rovaniemi
L. Kemi
Kemi
L. Uddjaur
Lycksele Lappmark
Pite
Arvidsjaur
Norrbotten
Boden
Töre
Luleå
Kivalo
L. Ylikitka
Kuusamo
L. Muo
Nuoruunen 576
Lago Pja
Costa di Carelia
Louhi
MAR BIANCO
L. Storuman
Storuman
L. Vojmsjön
L. Malgomaj
Skellefte
Vindel
Piteå
Taivalkoski
Ii
L. Top
Baia della Dvina
Is. Solovecki
Penisola di Onega
Norrland
Ume
Lycksele
Västerbotten
Skellefteå
Hailuoto
Oulu
L. Kianta
Juma
Kem'
L. Flåsjön
Raahe
BJURÖKLUBB
Oulu
Vaala
Juškozero
Belomorsk
Baia dell'Onega
Strömsund
Angerman
Umeå
Ylivieska
L. Oulu
Kontiomaki
Kajaani
KARELIJA
Litorale
Nadvoicy
Malenga
Ångermanland
Kokkola
Pohjanmaa
Pyhäsalmi
Reboly
Indals
Sollefteå
Örnsköldsvik
Kramfors
Raippaluoto
Vaasa
SUOMENSELKÄ
L. Pielinen
Lendery
Segeža
Lago Vyg
Härnösand
L. Lappa
Viitasaari
Lago Seg
Petrovskl Jam
Ljungan
Sundsvall
Lapua
L. Keitele
Kuopio
L. Koitere
Medvežjegorsk
L. Kallavesi
Joensuu
Porosozero
Pjalma
Hälsingland
FINLANDIA
Golfo di Botnia
Jyväskylä
L. Orivesi
Kuganavolok
Hudiksvall
L. Puulavesi
Kondopoga
L. Näsijärvi
L. Puruvesi
Suojärvi
Söderhamn
L. Kyrösjärvi
Ripiano dei Laghi
Mikkeli
Harlu
Petrozavodsk
Salski
Pudož
Pori
Tampere
L. Saimaa
Suja
ALTURE DI OLONEC
Lago Onega
Gävle
Rauma
Kokemäki
L. Päijänne
SALPAUSSELKÄ
Imatra
Salmi
Toijala
L. Vesijärvi
Vytegra
Hämeenlinna
Lahti
Lappeenranta
Priozersk
Olonec
Svir'
Gräsö
Hyvinkää
Kouvola
L. Ladoga
Uppland
Alland
Maarianhamina
Turku
Järvenpää
Kotka
Vyborg
Lodejnoe Pole
Uppsala
Vantaa
Väddö
Norrtälje
Espoo
HELSINKI
Kimito
Kemio
Täby
Zelenogorsk
San Pietroburgo
Huddinge
Mälaren
STOCCOLMA
Golfo di Finlandia
Lomonosov
Volhov
Tihvin
TALLINN
Puškin
Kolpino
TIHVINSKAJA GRIADA
Pikalevo
MAR BALTICO
Rakvere
Narva
Gatčina
Volhov
Kohtla-Järve
Vyrica
Kiriši
Hiiumaa
Narva
Slancy
Luga
Čudovo
ESTONIA
Jõgeva
L. dei Ciudi
Luga
Malaja Višera
Hvojnaja
Ustjužna
Pestovo

EUROPA SUD-ORIENTALE

SCALA 1 : 5 000 000

0 50 100 150 200 km

UCRAINA
MOLDAVIA
CHIŞINĂU
Odessa
Golfo di Odessa
B. di Karkinit
Foce del Dnestr
Herson
Nikolajev
Tiraspol
Tighina
Bălţi
Iaşi
Bucovina
CARPAZI ORIENTALI
Transilvania
ROMANIA
CARPAZI OCCIDENTALI
CARPAZI MERIDIONALI
ALPI TRANSILVANICHE
Oltenia
Muntenia
Valacchia
BUCAREST
Ploiesti
Braşov
Sibiu
Cluj Napoca
Târgu Mureş
Oradea
Arad
Timişoara
Craiova
Piteşti
Constanţa
Galaţi
Brăila
Dobrugia
Steppa di Bărăgan
Foci del Danubio
Danubio
Miskolc
Debrecen
Nyíregyháza
Kecskemét
Seghedino
Subotica
Bačka
Banato
Vojvodina
Novi Sad
BELGRADO
SERBIA
Kragujevac
Niš
Priština
Kosovo
MONTENEGRO
PODGORICA
Durmitor 2522
SKOPJE
MACEDONIA
Macedonia
ALPI ALBANESI
TIRANA
ALBANIA
BALCANI OCCIDENTALI
BALCANI CENTRALI
PICCOLI BALCANI
SOFIA
BULGARIA
Plovdiv
Pleven
Ruse
Varna
Burgas
Golfo di Burgas
Stara Zagora
LUDOGORIJE
Musala 2925
Tracia
MAR NERO
Bosforo
MAR DI MARMARA
Salonicco
Penisola Calcidica
GRECIA
Tessaglia
Larissa
Olimpo 2917
Sporadi Settentr.
MAR EGEO
Eubea (Negroponte)
Attica
ATENE
Patrasso
Golfo di Corinto
Peloponneso (Morea)
Arcadia
Isole Ionie
Cefalonia
Zante
Corfù
Canale d'Otranto
Cicladi
Sporadi Merid.
Dodecaneso
Rodi
Lesbo
Chio
Samo
Lemno
Samotracia
TURCHIA
Creta (Candia)
La Canea
Candia
Leukà Óre 2452
Monte Ida 2456
Díkte Óre 2148
G. di Mirabella
Gozzo
Cerigo
Cerigotto

EUROPA ORIENTALE

SCALA 1 : 12 000 000
0 100 200 300 km

ITALIA POLITICA

ITALIA FISICA

EUROPA POLITICA

EUROPA FISICA

GRAFICI A TORTA

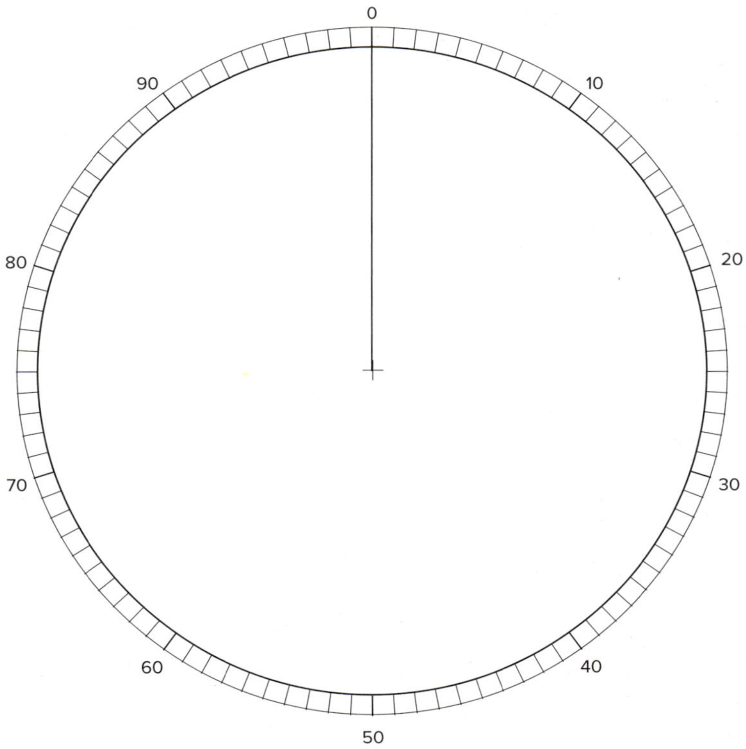

GRAFICI «SE FOSSERO 100»

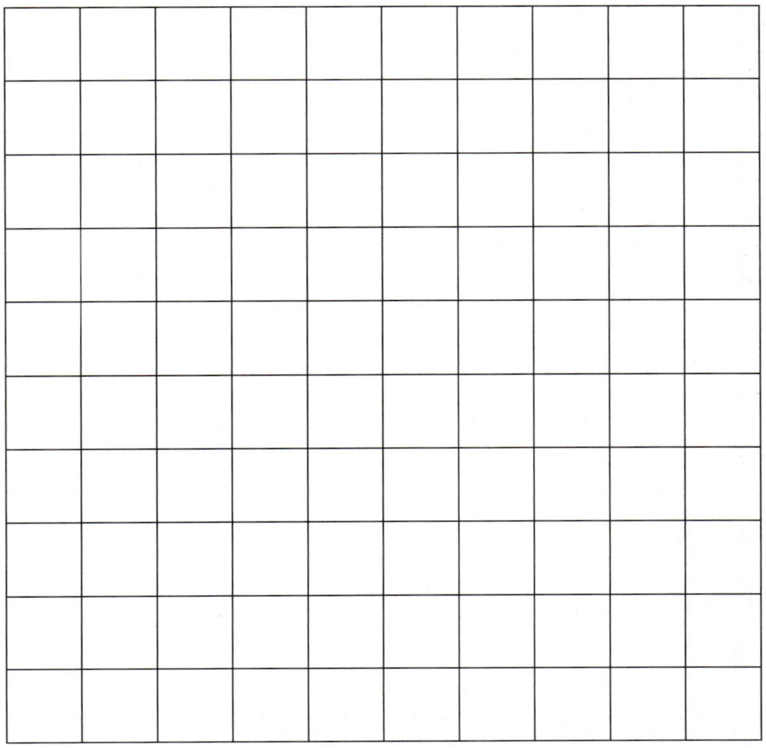

GRIGLIA PER ISTOGRAMMI

GRIGLIA PER DIAGRAMMI CARTESIANI

LE PAROLE DELLA GEOGRAFIA

A

Acque reflue: 131, 176, 210 • Acque che, dopo essere state utilizzate per le attività umane, vengono reimmesse nei fiumi o in mare. Le acque reflue delle abitazioni contengono microrganismi patogeni (cioè che portano malattie) e sostanze nutrienti (che favoriscono la crescita incontrollata ad esempio delle alghe). Le acque reflue delle industrie contengono sostanze chimiche e metalli pesanti (come il piombo) che sono tossici. Le acque reflue dei campi contengono sostanze nutrienti e pesticidi (cioè sostanze che servono per distruggere i microrganismi che possono attaccare le coltivazioni). Per impedire che tutte queste sostanze danneggino l'ambiente e la salute, occorre che le acque reflue siano depurate prima di essere scaricate.

Affluente: 153, 160

Alluvione: 131, 172

Alta pressione: 27, 68

Altitudine: 16, 67

Alveo: 153

Anticiclone delle Azzorre: 68

Anticiclone siberiano: 68

Area intermedia: 98

Area marina protetta: 211

Area metropolitana: 94

Area naturale protetta: 136 • Territorio di particolare valore ambientale e culturale, preservato in tutto o in parte, in modo da conservare inalterate le caratteristiche originarie. In Italia le aree naturali protette comprendono parchi nazionali e regionali, riserve naturali statali e regionali, aree marine e aree gestite da associazioni ambientaliste. Queste aree sono preziose, sia perché servono a conservare la biodiversità, sia perché fungono da laboratori naturali per la ricerca scientifica e l'educazione ambientale.

Atmosfera: 26, 118, 126

B

Bacino idrografico: 152, 157, 160 • Regione le cui acque confluiscono nello stesso fiume, lago o mare. I suoi confini sono costituiti dalle creste dei monti circostanti che fanno da linea spartiacque, ossia lo separano dai bacini confinanti.

Bassa pressione: 27

Bassopiano: 59

Battigia: 194

Biodiversità: 136, 158 • Varietà di organismi vegetali e animali che è alla base della vita sulla Terra. Essa è essenziale al mantenimento degli equilibri naturali. A causa delle attività umane, la biodiversità si sta riducendo. Tale fenomeno è provocato anzitutto dalla distruzione degli habitat naturali, in particolare delle foreste tropicali in cui ha il proprio habitat oltre la metà di tutte le specie vegetali e animali.

Biossido di azoto: 119

Buco nell'ozono: 120 • Riduzione dello strato di gas ozono, che circonda la Terra tra i 10 e i 50 km di quota, causata da alcune sostanze chimiche impiegate negli impianti refrigeranti e nelle bombolette spray. Poiché lo strato di ozono fa da schermo alle radiazioni ultraviolette nocive provenienti dal Sole, la sua riduzione può provocare danni alla salute (come tumori della pelle) e ambientali (in particolare al fitoplancton, cioè alle alghe che vivono in sospensione nelle acque dei mari e dei laghi).

Bussola: 7

C

Canyon sottomarino: 204

Carta geografica: 10, 14

Carta meteorologica: 28

Carta tematica: 15

Cementificazione: 94, 132, 172, 206

Ciclo dell'acqua: 23

Città metropolitana: 97

Clima: **26**, 126 • Insieme delle condizioni meteorologiche medie, determinate soprattutto dalla temperatura e dalle precipitazioni. Il clima varia da zona a zona poiché dipende da diversi fattori: la latitudine, la distanza dall'oceano, la disposizione delle montagne e l'altitudine. Varia anche da periodo a periodo, in tempi generalmente molto lunghi. Nell'ultimo secolo la temperatura media globale è aumentata, determinando alcune variazioni nel clima.

Clima europeo: 66, 70

Clima italiano: 72, 166

Clima mediterraneo: 70

Conca: 63

Consumo di suolo: 130

Continente: 30, 46 • Grande estensione ininterrotta di terraferma circondata da oceani. In base a tale definizione, l'Europa non è un vero e proprio continente. Essa costituisce l'estremità occidentale di un'unica massa continentale, l'Eurasia, che comprende l'Europa e l'Asia estendendosi dall'Oceano Atlantico all'Oceano Pacifico.

I continenti

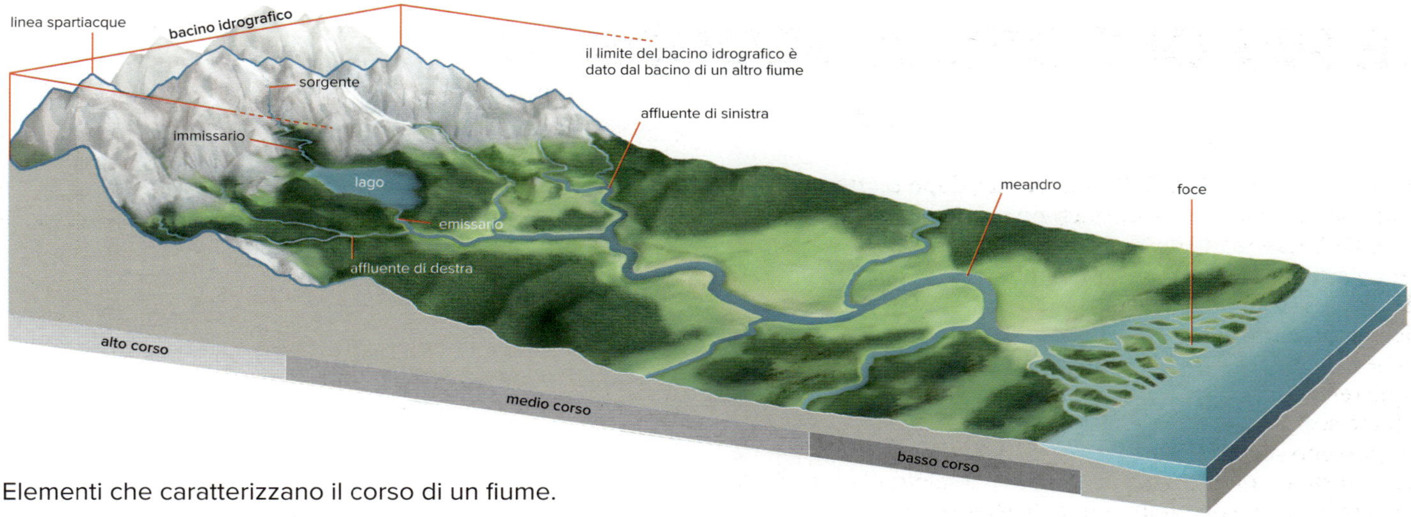

Elementi che caratterizzano il corso di un fiume.

Corso di un fiume: 152

Corrente del Golfo: 66, 198 • Corrente marina calda, che nasce dal Golfo del Messico (ampia insenatura dell'Oceano Atlantico tra le coste di Stati Uniti, Messico e Cuba) e attraversa l'Atlantico da sud a nord fino alle coste della Norvegia. Nell'Atlantico nord-orientale la Corrente del Golfo cede calore all'aria sovrastante, riscaldandola. Ciò mitiga le temperature invernali sulle coste atlantiche settentrionali dell'Europa. Una volta raffreddatasi, la Corrente del Golfo scende in profondità e torna verso sud.

Costa: 194, 198, 202, 206

D

Deforestazione: 126, 130

Densità demografica: 92 • Numero medio di persone che abitano in un kilometro quadrato. In Europa la densità demografica è di circa 70 abitanti/km^2; in Italia di 201 abitanti/km^2.

Desertificazione: 131 • Degradazione delle terre in zone aride e semiaride, che rende il suolo sempre meno adatto alla coltivazione e riduce la vegetazione naturale. Tale fenomeno è causato principalmente dalle attività umane (deforestazione, incendi boschivi, urbanizzazione) e dai cambiamenti climatici. In Italia è a rischio di desertificazione il 30% del territorio: le regioni maggiormente esposte a tale fenomeno sono Puglia, Basilicata, Calabria, Sicilia e Sardegna.

Diagramma cartesiano: 19

Disboscamento: 172

Dissesto idrogeologico: 94, 172 • Squilibrio che le attività umane provocano nel rapporto tra le acque e le condizioni del terreno. Tra le cause principali vi sono l'intensificazione delle piogge dovuta ai cambiamenti climatici, il disboscamento, la cementificazione del territorio, la modifica degli alvei naturali dei fiumi. Tutto ciò, quando piove molto, provoca frane e disastrose alluvioni. In Italia sono a rischio idrogeologico 70 comuni su 100.

Duna: 195, 207

E

Effetto serra: 119, 126 • Fenomeno prodotto dai gas-serra che, insieme al vapore acqueo, trattengono nell'atmosfera terrestre parte del calore proveniente dalla radiazione solare. Essi svolgono la stessa funzione del vetro di una serra: lasciano passare i raggi del Sole che riscaldano la superficie interna, ma trattengono in parte il calore che essa emette, impedendo che si disperda all'esterno. L'effetto serra è essenziale per la vita sul nostro pianeta: se non vi fosse, la temperatura media sarebbe molto più bassa. La sua intensificazione è invece negativa.

Emisfero australe: **2**, 6

Emisfero boreale: **2**, 6

Emissario: 164

Epicentro: 31 • Il punto sulla superficie terrestre dal quale sembra avere inizio il terremoto (che in realtà ha inizio nell'ipocentro). Dall'epicentro partono le onde sismiche di superficie.

Equatore: 2

Equinozio di autunno: 3

Equinozio di primavera: 3

Erosione: 50, 130 • Asportazione delle parti superficiali del terreno dovuta all'azione dell'acqua, del vento e dei ghiacciai.

Erosione delle coste: 207

Erosione fluviale: 24, 153

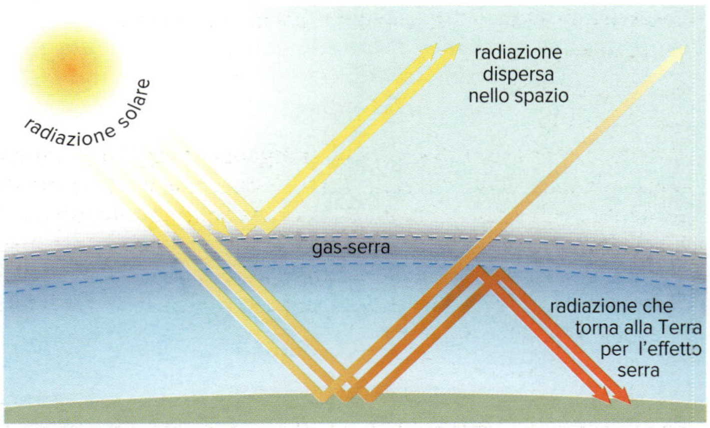

Effetto serra.

Erosione idrica: 130
Eurasia: 32, 46
Eutrofizzazione: 177, 211 • Eccessiva crescita di alghe che, riducendo la percentuale di ossigeno nell'acqua e impedendo il passaggio della luce del Sole, causa la scomparsa di altre specie sia vegetali sia animali. Il fenomeno è provocato dalle sostanze nutrienti, contenute nei fertilizzanti e nei detersivi, che attraverso le acque reflue vanno a finire nei fiumi, nei laghi e in mare. Sono colpiti da tale fenomeno soprattutto i mari chiusi, come il Mar Nero e il Mediterraneo, in cui l'acqua impiega più tempo a rinnovarsi.

F

Faglia: 31
Falda idrica: 24
Falesia: 195
Faraglione: 195
Fiordo: 200
Fiume: 152, 156, 160
Foce: 153
Foce a delta: 154
Foce a estuario: 154
Foresta: 71, 134
Foresta primaria: 134
Frana: 164, 172
Frangente: 194

G

Gas-serra: 126
Geografia umana: XV
Geografia astronomica: 1
Geografia fisica: XIV
Ghiacciaio: 24, 199 • Grande massa di ghiaccio originata dall'accumularsi della neve nelle regioni nordiche e in quelle di montagna al di sopra del limite delle nevi perenni. La neve si accumula nel bacino collettore, dove si trasforma in ghiaccio. Quindi la massa di ghiaccio, per il suo stesso peso, scivola lentamente verso valle. Il movimento del ghiacciaio esercita una forte azione modellatrice sul terreno, creando la tipica forma a U della valle glaciale.
Grafico: 18 • Rappresentazione degli aspetti quantitativi di un fenomeno attraverso un disegno. I tipi più usati di grafico sono: l'istogramma (che pone a confronto due o più grandezze, rappresentate mediante una serie di colonne); il grafico a torta (che ha la forma di cerchio, diviso in spicchi di ampiezza proporzionale alle diverse grandezze); il diagramma cartesiano (che indica con una linea il mutamento di un valore nel tempo). Il grafico è integrato da una legenda che contiene le indicazioni per interpretare la figura.

I

Immissario: 164
Impermeabilizzazione del suolo: 131
Impianti di depurazione: 176
Inquinamento: 118, 176, 210
Ipocentro: 31 • Il punto di partenza delle onde sismiche all'interno della Terra. Da esso le onde sismiche si propagano in tutte le direzioni.
Isobare: 28
Istogramma: 19

L

Lago: 164
Laguna: 165 • Specchio d'acqua litoraneo, comunicante con il mare aperto, dal quale è separato da un cordone sabbioso. I varchi nel cordone litoraneo, che mettono in comunicazione la laguna con il mare consentendo il flusso e il riflusso della marea, sono chiamati bocche lagunari. Se le bocche si chiudono e la laguna non comunica più col mare, si forma un lago costiero.
Latitudine: 8
Linea spartiacque: 153
Longitudine: 8

M

Macchia mediterranea: 71
Magnitudo: 31
Marea: 154
Meandri: 153
Meridiani: 7
Meridione: 6
Microclima: 72 • L'insieme delle condizioni climatiche particolari di una piccola area della superficie terrestre. Per esempio quella del Lago di Garda, pur trovandosi nella zona prealpina dell'Italia settentrionale, ha un microclima di tipo mediterraneo, poiché le montagne la riparano dai venti freddi del nord e l'acqua del lago restituisce d'inverno il calore accumulato durante l'estate.
Montagne: 50, 54

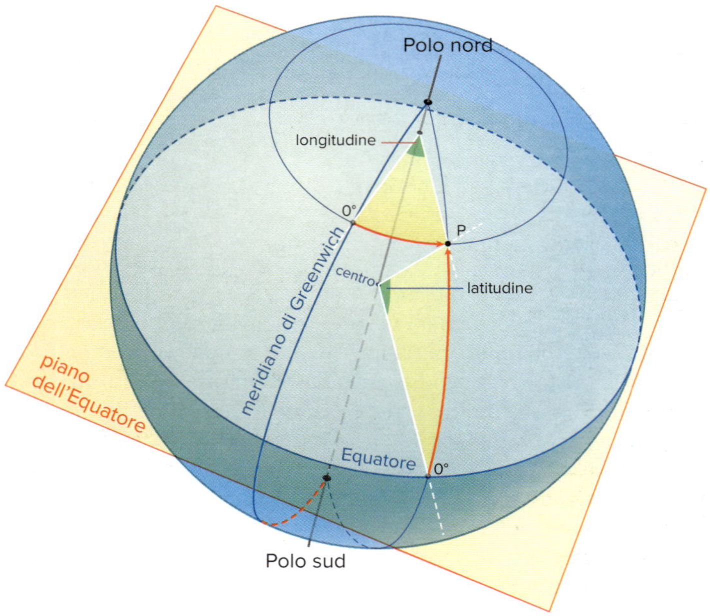

Latitudine e longitudine

O

Occidente: 6
Onde marine: 194
Onde sismiche: 31
Orientamento: 6 • Procedimento che permette di determinare la posizione dei punti cardinali sull'orizzonte del luogo in cui ci si trova. Essa viene determinata a vista (in base alla posizione del Sole o alla Stella Polare), oppure per mezzo di strumenti (come la bussola o il navigatore satellitare). Nel linguaggio comune, il termine indica la capacità di riconoscere il luogo in cui ci si trova, individuando alcuni punti di riferimento (per esempio un certo edificio o un albero).
Oriente: 6
Orogenesi: 52 • Insieme dei fenomeni che determinano la formazione delle catene montuose, principalmente attraverso lo «scontro» tra continenti.
Ozono: 120

P

Paralleli: 7
Permafrost: 70
Pesticidi: 177
Pianeta: 2
Pianta o mappa: 11
Pianura: 16, 58, 62
Pianura alluvionale: 59, 62 • Pianura formata da detriti (sedimenti) depositati da corsi d'acqua. Per esempio, milioni di anni fa, l'area dove ora si estende la Pianura Padana si trovava a qualche centinaio di metri sotto il livello del mare: questa depressione è stata riempita dai sedimenti alluvionali (sabbia, argilla, ghiaia) depositati dal Po e da altri fiumi nel corso di circa un milione di anni.
Piattaforma continentale: 204
Piogge acide: 118, 135 • Piogge contenenti acido solforico immesso nell'atmosfera dalle industrie e dagli autoveicoli. Esse hanno danneggiato oltre un terzo delle foreste europee e provocato la riduzione o la scomparsa di molte specie animali e vegetali in migliaia di laghi, soprattutto in Svezia e Norvegia.
Planisfero: 14
Placche: 30, 52 • Grandi settori in cui è suddivisa la crosta terrestre e che si muovono rispetto alla parte sottostante (formata da roccia fusa). Le placche corrispondono a interi continenti o a loro grandi porzioni. Ad esempio l'Europa e l'Asia fanno parte di un'unica placca: la placca eurasiatica.
Polder: 60
Polo nord: 2
Polo sud: 2
Polveri sottili: 122 • Minuscole particelle sospese nell'aria, non visibili all'occhio umano. Quelle prodotte dal traffico automobilistico, dalle industrie e dagli impianti di riscaldamento sono dannose. Sono note con la sigla PM (materiale particolato), unita a un numero che indica il loro diametro in micron (millesimi di millimetro).
Popolazione: 92, 206
Popolazione urbana: 96
Portata: 153, 161

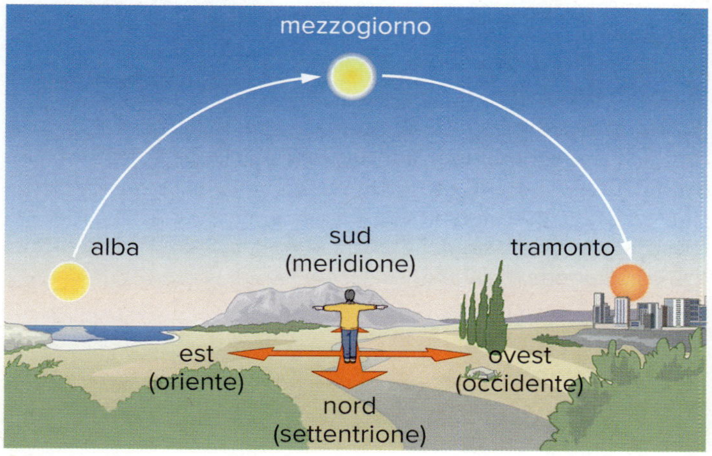

Orientamento

Precipitazioni: 23, 26, 67, 72
Pressione atmosferica: 27
Promontorio: 55
Protocollo di Montreal: 120
Punti cardinali: 6

R

Regione bioclimatica: 70 • Regione geografica con un clima particolare e quindi con una particolare vegetazione e fauna. L'Europa può essere divisa in quattro regioni bioclimatiche: artica (con clima molto freddo per tutto l'anno); continentale (con clima freddo, temperato o arido a seconda della zona); atlantica (con clima temperato); mediterranea (con clima mite). La vegetazione comprende: la tundra nella regione artica, la taiga nella regione continentale, le brughiere e i boschi nella regione atlantica, le pinete e la macchia nella regione mediterranea.
Reticolato geografico: 7
Rifiuti solidi: 210
Ripascimento: 208
Risacca: 195
Riscaldamento globale: 126, • Aumento della temperatura media dell'aria su scala globale. Nel secolo scorso la temperatura globale, misurata al livello del suolo, è cresciuta in media di circa 1 °C. In questo secolo dovrebbe aumentare ancora di più. La maggioranza degli scienziati attribuisce tale fenomeno all'intensificazione dell'effetto serra, dovuta ai gas immessi nell'atmosfera dalle attività umane. Il riscaldamento globale influisce sul clima e sull'ambiente, determinando una intensificazione degli eventi meteorologici estremi.
Risorgive: 63
Risorse idriche: 168 • La quantità di acqua dolce che, sulla terraferma, si rinnova in continuazione nel ciclo dell'acqua attraverso le precipitazioni atmosferiche e lo scorrimento dalla terra al mare. Poiché le precipitazioni non sono distribuite in modo uniforme, le risorse idriche sono quantitativamente diverse da paese a paese e da zona a zona. È diversa anche la quantità di acqua prelevata dalle risorse idriche: essa dipende dal numero di abitanti del paese e dal livello dei loro consumi idrici.
Rivoluzione terrestre: 3
Rotazione terrestre: 2, 4

S

Salinizzazione del suolo: 131
Satelliti artificiali: 32
Scala di riduzione: 11 • Rapporto tra la distanza di due punti su una carta geografica e la distanza fra gli stessi due punti sulla superficie terrestre. Essa indica quante volte la superficie terrestre è stata rimpicciolita nella rappresentazione sulla carta: per esempio, in una carta dell'Italia a scala 1:5000000, un centimetro corrisponde a 50 km.
Scala grafica: 11
Scala numerica: 11
Scala Richter: 31
Scarpata continentale: 204
Scioglimento dei ghiacci: 24, 128, 200
Sedimenti alluvionali: 59, 63 • Sabbia, argilla, ghiaia e altri materiali che vengono trasportati dai corsi d'acqua dopo essere stati asportati in zone di montagna. Si accumulano lungo i corsi dei fiumi (ad esempio in corrispondenza dei meandri), sul fondo di bacini, come i laghi, o in mare, alla foce dei fiumi.
Settentrione: 6
Siccità: 128, 131, 168 • Scarsità di pioggia per un periodo di tempo relativamente lungo. Essa costituisce una normale e ricorrente caratteristica del ciclo dell'acqua e può verificarsi sia in regioni secche sia umide: è quindi un fenomeno naturale. In diverse regioni, tra cui quella mediterranea, tale fenomeno tende però a divenire più frequente e prolungato a causa dei mutamenti climatici dovuti al riscaldamento globale.
Smog fotochimico: 119
Smog invernale: 119
Solstizio: 3
Sorgente: 152, 160
Spiaggia: 195, 203, 208
Stato: 88
Stratosfera: 120
Stress idrico: 169 • Situazione in cui si può trovare un paese, o una sua parte, quando non ha abbastanza acqua per soddisfare le proprie esigenze. Lo stress idrico è tanto più forte quanta più acqua viene prelevata dalle risorse idriche.
Suolo: 130, 135, 172 • Strato di detriti organici e inorganici che copre parte della superficie terrestre. Esso costituisce, insieme all'acqua e all'aria, un ambiente in cui si sviluppano migliaia di forme di vita. Gli alberi, l'erba dei pascoli, le colture agricole hanno bisogno del suolo per rifornirsi di acqua e sostanze nutrienti e per fissare le proprie radici. Poiché occorrono centinaia o migliaia di anni per la formazione di uno strato di suolo adatto alla crescita delle piante e alla coltivazione, è di vitale importanza preservare il suolo da forme di degradazione prodotte dalle attività umane.
Superficie terrestre: 4, 7, 10, 24

T

Tabella: 18
Taiga: 71
Terremoto: 31 • Il terremoto (o sisma) è una vibrazione del terreno prodotta da una improvvisa liberazione di energia. In genere, i terremoti si verificano là dove due placche sono a contatto e le loro rocce vengono messe in tensione per parecchi anni, accumulando energia. Quando, oltre una certa tensione, le rocce si fratturano e slittano in direzioni opposte, l'energia accumulata si libera improvvisamente e si propaga in forma di vibrazioni (onde sismiche).
Terra: 2
Trasporti: 101
Tundra: 71

U

Unione europea: 90

V

Vapore acqueo: 23, 26
Vento: 26, 67, 194, • Spostamento di masse d'aria dovuto a differenze di pressione tra una zona e l'altra dell'atmosfera. Quando l'aria si riscalda, divenendo più leggera, si solleva: si crea così una zona di bassa pressione. Qui affluisce l'aria circostante che, essendo più fredda e più densa, crea una zona di alta pressione. L'aria tende dunque a spostarsi da una zona ad alta pressione a una a bassa pressione.
Vulcano: 31, 55, 204 • Fenditura della crosta terrestre attraverso cui fuoriescono lava, gas, ceneri e lapilli. La roccia fusa, proveniente dall'interno della Terra, si accumula in una cavità detta camera magmatica, collegata al cratere (la parte esterna del vulcano) attraverso un condotto chiamato camino vulcanico. I gas presenti nella camera magmatica spingono il magma a uscire e ha inizio l'eruzione vulcanica. Gli strati di lava che colano lungo i fianchi del vulcano, sovrapponendosi e solidificando, gli danno la caratteristica forma conica.

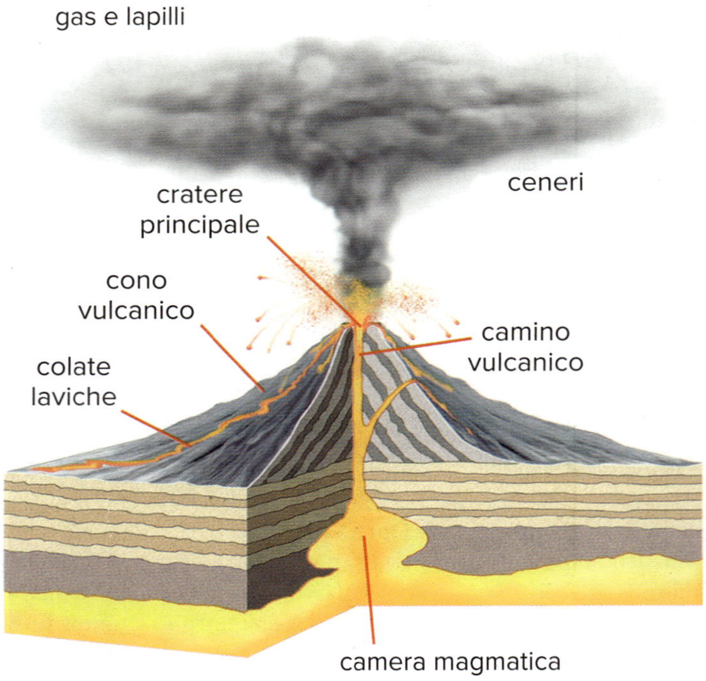

Com'è fatto un vulcano